2019

宁夏经济发展报告

宁夏蓝皮书
BLUE BOOK OF NINGXIA

宁夏经济发展报告

ANNUAL REPORT ON ECONOMIC DEVELOPMENT OF NINGXIA

(2019)

宁夏社会科学院 编

黄河出版传媒集团
宁夏人民出版社

图书在版编目(CIP)数据

宁夏经济发展报告. 2019 / 宁夏社会科学院编. —银川：宁夏人民出版社，2019.1
（宁夏蓝皮书）
ISBN 978-7-227-07024-5

Ⅰ.①宁… Ⅱ.①宁… Ⅲ.①区域经济发展—研究报告—宁夏—2019 Ⅳ. ①F127.43

中国版本图书馆 CIP 数据核字(2019)第 009684 号

宁夏蓝皮书
宁夏经济发展报告(2019) 宁夏社会科学院 编

责任编辑 白 雪 丁丽萍
责任校对 管世献
封面设计 张 宁
责任印制 肖 艳

黄河出版传媒集团
宁夏人民出版社 出版发行

地　　址 宁夏银川市北京东路 139 号出版大厦(750001)
网　　址 http://www.yrpubm.com
网上书店 http://www.hh-book.com
电子信箱 nxrmcbs@126.com
邮购电话 0951-5052104 5052106
经　　销 全国新华书店
印刷装订 宁夏精捷彩色印务有限公司
印刷委托书号 (宁)0012174

开本 720 mm × 980 mm 1/16
印张 23.75 字数 360 千字
版次 2019 年 1 月第 1 版
印次 2019 年 1 月第 1 次印刷
书号 ISBN 978-7-227-07024-5
定价 58.00 元

目录

总 报 告

综合战略篇

分析预测篇

改革开放篇

专题研究篇

产业经济篇

区域发展篇

总报告

ZONGBAOGAO

宁夏经济高质量发展研究

——2018—2019 年宁夏经济形势分析与预测总报告

段庆林

党的十九大报告作出“我国经济已由高速增长阶段转向高质量发展阶段”的科学判断。中央经济工作会议把推动制造业高质量发展作为 2019 年经济工作首要任务。2018 年，自治区党委、政府认真贯彻落实习近平新时代中国特色社会主义思想和党的十九大精神，坚决抓好中央环保督察整改工作，稳步推进地方机构改革，圆满完成自治区成立 60 周年大庆活动。特别是深入实施“三大战略”，打好“三大攻坚战”，在经济高质量发展等方面取得新成效。本文结合当前宁夏经济形势，围绕中央对 2019 年经济工作的战略部署，对促进宁夏经济高质量发展提出对策建议。

一、宁夏经济高质量发展的内涵及其重大意义

所谓经济高质量发展，是指落实创新、协调、绿色、开放、共享新发展理念的全面协调健康可持续的发展，以创新为发展第一动力，以供给侧结构性改革为主线，以提高供给体系质量为主攻方向，通过提高全要素生产率，建设现代化经济体系，推动经济发展质量变革、效率变革、动力变革，不断增强经济活力、创新力和竞争力。

作者简介：段庆林，宁夏社会科学院副院长、研究员，主要研究方向为宁夏经济社会发展战略、西北区域经济、中国农村经济、“一带一路”与内陆开放型经济等。

当前我国经济正处于向高质量发展转变的关键时期，正在加快重塑经济结构，存量问题和风险隐患正在逐步化解，新一轮改革开放举措正在加快落实。[①]2018 年前三季度，中国经济累计增长 6.7%，工业增加值增速也保持平稳态势。新经济、新动能快速增长，第三产业和消费的贡献比重上升。地方隐性债务扩张得到实质性控制，淘汰一批环保不达标企业，房地产涨价预期降温，"三大攻坚战"取得初步成果，"放管服"改革持续深入，积极构建全面开放新格局。中央隆重举行庆祝改革开放 40 周年大会，表明了将改革开放进行到底的坚定决心。尽管中美贸易战影响深远，西方主要国家新一轮经济下行周期来临，国内经济逐季下行压力增加，稳中有变、变中有忧。但中国经济有足够的韧性、广阔的回旋空间和巨大的潜力，仍然处于并将长期处于重要战略机遇期。

为此，我们必须抓住经济运行的主要矛盾，加快推进经济高质量发展。

（一）经济高质量发展内涵

*经济高质量发展是创新发展。*近年来，随着国际市场危机和国内经济紧缩，对能源和原材料需求减缓，宁夏投资的边际效益逐步降低，在经济下行期间，民营企业投资谨慎也是合理的经济行为，严控政府地方债也有利于预防金融危机。促进经济高质量发展，必须实施创新驱动战略，优化产业结构。实现经济高质量发展，必须要从数量追赶转向质量追赶，从规模扩张转向结构升级，从要素驱动转向创新驱动。[②]

*经济高质量发展是协调发展。*协调是经济高质量发展的内在要求。应积极围绕人民日益增长的美好生活需要，重点解决不平衡不充分的发展之间的矛盾。宁夏山川之间、城乡之间差距显著，山区工业化、城镇化水平低，川区也面临如何实现经济转型升级发展问题。宁夏建设富强民主文明和谐美丽的社会主义现代化地区任务非常艰巨。要着力构建区域城乡协调发展新格局，必须促进新型工业化、信息化、城镇化、农业现代化同步协调发展。

---

①李伟：《我国有能力有条件长期保持高质量发展的良好态势》，《求是》2018 年第 16 期。

②王一鸣：《破解高质量发展瓶颈的十大策略》，中国经济大讲堂。

经济高质量发展是绿色发展。宁夏传统经济模式一个很大的弊病，就是经济增长的负外部性太大，环境成本未列入生产成本。宁夏生态环境脆弱，以重化工业为主导的产业结构使得宁夏生态环境压力巨大。痛下决心解决长期困扰银川居民生活的永宁工业园区药厂空气污染问题，加大对贺兰山、黄河、六盘山等的环境保护，体现出经济高质量发展的要求。

经济高质量发展是开放发展。经济高质量发展需要充分发挥国际国内两种资源、两个市场来提高资源配置效率。宁夏作为内陆开放型经济试验区，应该注重以内陆开放视角来制定战略。应该坚持全方位开放，推动形成全面开放新格局。以“一带一路”国家为重点，坚持引进来和走出去并重，实行更高水平的投资贸易便利化政策，更加注重开放经济实效。

经济高质量发展是共享发展。高质量发展的本质是以人民为中心，增进人民福祉是经济高质量发展的出发点和落脚点。宁夏人均GDP水平长期位居全国各省（市、区）第17位左右，而城乡居民人均可支配收入却位居全国后位。积极培育贫困地区内生发展动力，打赢脱贫攻坚战，建设和谐社会，促进包容性发展，是经济高质量发展的目标。

（二）重大意义

经济高质量发展是贯彻新发展理念的根本体现。在党的十八届五中全会上，习近平同志系统论述了创新、协调、绿色、开放、共享“五大发展理念”。新发展理念体现了高质量发展的基本要求：创新是引领发展第一动力，协调是内在要求，绿色是必要条件，开放是必由之路，共享是本质要求。这是对改革开放以来我国经济高质量发展经验的理论总结，是指导我国未来发展思路、发展方向、发展着力点的集中体现。要牢固树立正确的政绩观、科学的发展观，不简单以GDP论英雄，必须破除环境保护影响经济增长的错误认识。

经济高质量发展是适应我国社会主要矛盾变化的必然要求。我国社会主要矛盾已经转化为人民日益增长的美好生活需要和不平衡不充分的发展之间的矛盾。人民对美好生活的需要已经从物质文化层次，向民主、法治、公平、正义、安全、环境等更高更多元的层次发展，对发展提出更高质量的要求。我国虽然已经成为世界第二大经济体，基本改变了落后生产方式，但离现代化强国还有很大距离。这些体现于区域间、城乡间、与发达国家间的发展不平衡不充分问题，主要是我国经济发展质量不高的体现。必须适应社会主要矛盾变化，坚定走经济高质量发展之路。

经济高质量发展是建设现代化经济体系的必由之路。在全面建成小康社会基础上，开启全面建成社会主义现代化国家新征程，必须依靠经济高质量发展。宁夏经济主要依靠投资拉动和要素驱动，全要素生产率贡献度低。解决投资边际效益降低问题，必须注重依靠技术进步和效率提高。突破中等收入陷阱，必须依靠经济高质量发展，才能提高国际产业分工地位，彻底改变中国制造质次价廉的印象，实现产业结构高端化。建设现代化经济体系，必须坚持质量第一、效益优先，推动经济发展质量变革、效率变革和动力变革。

（三）实现经济高质量发展的基本条件

一是人民对物质生活质量要求不断提高。随着收入水平提高，中等收入群体扩大，城乡居民对商品和服务质量的要求越来越高。目前，我国商品质量和服务品质与发达国家还有很大差距，这需要我们推进产业供给结构升级。

二是人民对美好生活多元化需求不断扩大。在满足基本的物质需求基础上，城乡居民对生态环境的需求提升，需要清新的空气、清澈的河水、葱茏的山峦，那种以牺牲生态环境来发展经济的传统发展思路已经落后。同时，民众期望实现共同富裕，希望包容性增长，能够分享发展成果，有更加体面的工作、更为合理的收入、更好的教育、更多的休闲等。此外，民众对公平、正义、安全等要求增强。

三是经济结构发生重大变化。过去经济增长依靠投资拉动，依靠消耗资源，目前宁夏投资边际效益降低，劳动力成本上升，依靠全要素生产率提高就非常关键。目前，我国的劳动生产率、资本回报率、全要素生产率均与发达国家有较大差距。同时，消费对宁夏经济贡献率提高，第三产业比重提升，有利于经济稳定，将为高质量发展提供产业基础。

四是科技创新进入活跃期。目前，各级政府都非常重视创新驱动战略，科技 R&D 投入比重逐步提高，正在逐步形成有利于增加以知识价值为导向的体制机制。企业创新活动能力增强，政府创新投入增加，科研活动日益活跃，将为促进经济动能转换创造条件。

（四）宁夏促进经济高质量发展面临的问题

一是传统增长模式惯性大。过去宁夏经济主要是投资拉动型经济，近年来投资效率下降，要想保持增长就得加大杠杆率。地方政府往往高度依赖土地财政，依赖房地产和基础设施投资拉动。传统增长方式已经不具有可行性。从依靠投资拉动、资源消耗的传统增长模式转向技术进步、效率提高的现代增长模式，需要提高自主创新能力。

二是结构性矛盾突出。宁夏产业结构以重化工业为主导，产品以能源、矿产品初级加工为主，高新产业比重小，绝大多数产品为中低端产品。存在实体经济供需结构性矛盾、金融和实体经济的结构性失衡、房地产和实体经济的失衡。前些年，金融和房地产以及虚拟经济、网络经济越来越赚钱，实体经济投资风险巨大。部分商品供过于求的局面难以在短期内消除，而增量投资少，新招商引资项目少，更难以改变传统产业结构，经济结构性矛盾突出。

三是发展不平衡不充分的矛盾。宁夏川区工业化水平较高，但面临经济动能转换和产业转型升级问题，需要实现新型工业化。同时，宁夏还面临着处理好贺兰山、黄河保护以及沿黄生态经济带建设与经济发展之间的关系。宁夏山区工业化、城市化水平低。要建设美丽新宁夏，就需要优化山川人口分布，促进人口向沿黄城市带和宁南区域中心城市聚集。必须大力发展全域旅游，发展适合宁夏的特色优势产业。

二、宁夏经济处于转型升级关键期

2018年，宁夏各级党委、政府全面贯彻新发展理念，以供给侧结构性改革为主线，实施“三大战略”，在经济下行压力加大的形势下，努力稳中求进，经济社会发展取得新成效。

（一）2018年宁夏经济工作主要措施

一是深化创新驱动战略。以供给侧结构性改革为主线，及时出台稳增长20条、落实创新驱动30条、开发区创新发展22条、民营经济健康发展20条等一系列政策。加强“科技支宁”东西部合作，苏银产业园挂牌开园。将 33 个工业园区整合为 22 个，实施了 21 个低成本化改造项目。深化供给侧结构性改革，降低实体经济成本 90 亿元，淘汰一批落后产能。积极促进传统产业转型升级，工业技改投资增长 15%。预计全社会 R&D 投入强度指数将达到 1.3%，科技对经济贡献率上升。

二是强化基础设施建设补短板。积极促进重大基础设施建设补短板，支持银西高铁顺利建设，争取包银高铁宁夏段开工建设，推进京藏高速公路改扩建项目。银川航空港综合交通枢纽竣工，年旅客吞吐量达到 900 万人次，银川机场有望成为中国西北第三个千万级机场。启动银川都市圈建设，促进相邻城市间公共服务一体化发展。出台《关于实施乡村振兴战略的意见》，积极建设特色小镇和美丽村庄。

三是优化绿色经济发展布局。2018 年，宁夏坚决整改中央环保督察"回头看"反馈问题，落实《关于推进生态立区战略的实施意见》，实施蓝天、碧水、净土三大行动计划，建成银川"东热西送"集中供热工程，淘汰燃煤锅炉，加强煤改气、煤改电工作。启动黄河保卫战，加强水污染治理。落实土壤污染防治行动计划。在全国率先划定生态保护红线。积极构建绿色制造体系，累计培育绿色园区 7 个、绿色工厂 22 个。

（二）2018 年经济形势特点

2018 年，宁夏经济处于产业转型升级的阵痛期。2018 年前三季度，宁夏 GDP 增长率为 7%，其中，第三产业对经济增长贡献率达 53%。宁夏规模以上工业增加值增长速度从 2017 年 12 月的 8.5%下降到 2018 年 5 月的 4.9%，11 月又恢复到 7.6%，工业对经济快速回升起到重要支撑作用。

2018 年，宁夏经济在整体下行压力下也呈现出诸多积极因素和亮点。

一是经济动能逐步转换。2018 年 1—11 月，宁夏工业技术改造投资增长 13.4%，生态保护和环境治理类投资更是大幅度增长。宁夏在煤制油、国产大飞机轮胎、深海油气田阀门、高速动车组铝合金枕梁、3D 打印等制造方面均有较快发展，宁夏蛋氨酸制备技术打破国外垄断，经济动能正在积极转换。过去依靠房地产投资等拉动经济增长，2018 年工业投资降幅收窄，下半年工业增加值增长率逐月回升，尤其是新经济增长迅速，为稳增长奠定基础。

二是企业经济效益回升。随着供给侧结构性改革持续深化，全国去库存力度加大，加上严厉的环保治理政策加速了污染企业的关停，部分行业供需形势发生变化，产品价格上升。1—11 月，宁夏规模以上工业企业主营业务收入增长 10.8%，利润总额增长 22.8%，主营业务收入利润率为 4.47%，比 2017 年同期效益提高。

三是农业经济基础稳固。宁夏社会和谐稳定，农业经济占有重要地位。2018 年全区粮食产量 393 万吨，连续 15 年丰收。1—11 月，实现农林牧渔业增加值 196.8 亿元，同比增长 3.6%。特色优势产业产值占农业总产值比重达 87%以上。中宁枸杞、盐池滩羊产区成功入选首批中国特色农产品优势区。前三季度，全区农村居民人均可支配收入增长 9.1%。出台打赢脱贫攻坚战三年行动计划，整合资金，当年实现 11.5 万人脱贫。农村农业稳定为全区经济社会发展奠定了基础。

（三）存在的问题

2018 年 1—11 月，宁夏固定资产投资同比下降 18.2%，进出口总额同比下降 28.6%，投资与贸易在底部徘徊，对经济增长下降影响最大。全区社会消费品零售总额增长 5%，较 2017 年 9.5%的增长率下降幅度较大。宁夏投资、进出口、消费三大需求同时大幅度下降是我们必须面对的问题。

宁夏经济短期波动的主要影响因素为：

一是固定资产投资下降。宁夏金融机构人民币存款余额增速从 2017 年 10 月的 10.3%下降到 2018 年 11 月的 3.1%，贷款余额增速从 2017 年 8 月的 13.8%下降到 2018 年 11 月的 8.2%。市场形势探底，银行惜贷催还行为严重。2018 年 1—11 月，受防范金融风险、控制地方债务等政策影响，政府投资减缓，基础设施投资下降 22.3%，房地产投资下降 30.7%，宁夏民间投资下降 19.5%。

二是传统产业增长分化。1—11 月，规模以上重工业增加值同比增长 11%，尤其是国有控股企业增势良好，冶金、化工、电力、机械等分别增长 20.5%、19.5%、15.6%、6%，重点行业支撑作用明显。轻工业增加值下降 12.9%，受羊绒业债务危机等影响，服装产量下降 69.2%，并影响原料和成品的进出口。还有多晶硅、水泥、合成氨等产品产量也大幅度减少。

三是受环保治理影响较大。2018年第一批中央环保督察“回头看”，对宁夏灵武再生资源循环经济示范区、永宁望远生物医药产业园等进行整治，关闭了一批破坏生态、污染环境的企业。1—11月，医药制造业增加值下降44%，化学农药原药产量下降12.5%。

宁夏经济运行中存在的问题，既有行业短期市场波动的影响，也有长期发展动能转换不足的问题；既受国际周期性经济危机和国内经济“三期叠加”的影响，也反映出宁夏经济发展中多年累积的结构性矛盾。必须从长期发展大势认识当前形势。宁夏经济处于转型升级的阵痛期，经济高质量发展任重道远。我们必须看到经济转型升级是大趋势，而传统领域的周期性波动只是“小气候”。要抓住主要矛盾，深入实施创新驱动、脱贫富民、生态立区三大战略，坚持走创新引领、绿色经济、区域协调、开放共赢、共享发展的高质量发展之路。

（四）警惕经济风险

2019年，要继续把防范化解重大风险作为重要目标，尤其是要关注国际国内经济新形势对风险因素的累积。

一是经济持续下行可能引发系统风险。自2008年国际金融危机以来，这场10年经济危机至今未有结束迹象。经济危机的特征就是有效需求不足。在出口增速下降、防范债务风险、加强环境保护等约束下，我国正在通过供给侧结构性改革，努力达到总供给与总需求的新均衡（新常态）。目前，经济增长率和物价双双下降，经济有可能从滞胀转为通缩。2018年年底，中国制造业采购经理指数（PMI）跌破荣枯线，2019年中美贸易战等经济不确定因素增多，中央经济工作会议作出“经济运行稳中有变、变中有忧”的判断。经济增速持续下降可能是中国当前的最大风险。①宁夏投资和进出口下降，消费增速减缓，三大需求及其总需求严重不足。要加强逆周期调节，防止总需求不足引发系统性风险。

二是企业金融风险进入多发期。中央把防范化解重大风险作为“三大

---

①余永定：《经济增速持续下降可能是中国当前的最大风险》，“中国金融四十人论坛”公众号，2019年1月3日。

攻坚战”的第一位。随着经济下行压力加大，前几年盲目扩张规模的部分企业相继遇到了金融和债务危机。2018 年 1—11 月，宁夏短期贷款余额同比减少 3.7%，而票据融资同比增长 46.9%，在银行短期贷款惜贷情况下，企业票据融资规模迅速扩大，虽然缓解了企业短期负债的流动性压力，但其风险也不容忽视。2018 年，以宝塔石化为代表的石化、羊绒、冶炼等多家大型民营企业相继出现债务危机，都说明企业债务风险进入高发期，必须高度重视防范化解重大风险。同时，还需要继续防范政府债务风险。

三、宁夏全要素生产率测算分析

党的十九大把提高全要素生产率作为促进经济高质量发展的重要措施。所谓全要素生产率（TFP）是指全部生产要素（包括资本、劳动、土地，但通常分析时都略去土地不计）的投入量都不变时，生产量仍能增加的部分。其是衡量除去所有有形生产要素以外的纯技术进步生产率的增长。

测度全要素生产率的常用方法有生产函数法、数据包络分析法、随机前沿分析法等。生产函数法的基本思路是在经济增长率中，扣除劳动、资本等生产要素贡献后的余值。为节省篇幅，本文略去计算过程。①

（一）全区全要素生产率变化

宁夏经济总体上呈现出要素驱动型发展，特别是投资拉动型增长特征。1979—2016 年，宁夏经济增长中资本的贡献率高达 51.76%，全要素生产率的贡献为 26.58%，劳动的贡献率为 21.66%。

宁夏经济增长正从要素驱动向创新驱动转型。劳动对 GDP 增长贡献率从“七五”时期的 54.8%下降到“十五”时期的 8.1%，随着轻纺等劳动密集型产业发展，贡献率逐步提高到“十二五”时期的 14.1%。资本贡献率虽然从“六五”时期的 59.7%下降到“十二五”时期的 41%，但资本贡献率依然较高，资本密集型的重工业对宁夏的经济支撑作用依然较强。宁夏全要素生产率明显提高，从“七五”时期的-11%提高到“十一五”时期的

①本节依据课题子报告《宁夏全要素生产率的测度及其比较研究》（仇娟东、黄沙利）所提供全要素生产率数据重新总结分析。

48.5%，“十二五”时期略降为 44.9%。

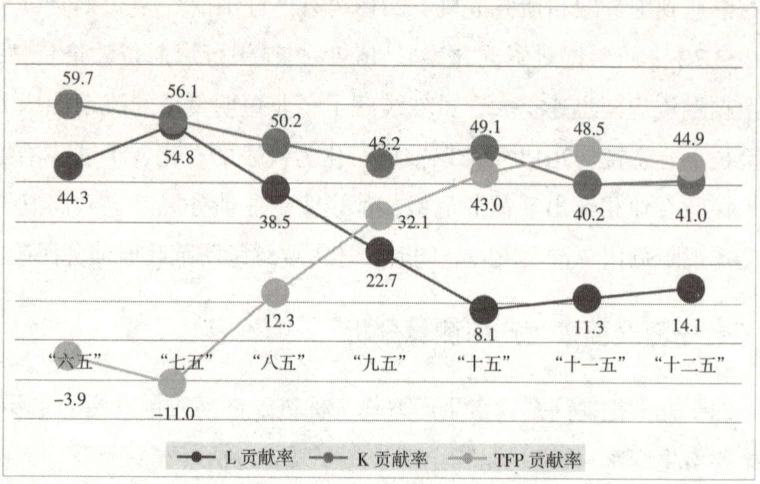

宁夏全要素生产率贡献率变化图

（二）地级市全要素生产率比较

2004—2016 年，宁夏全要素生产率呈现出三个层级：第一层次是银川市，TFP 对经济增长的贡献率达 41.09%；第二层次是石嘴山市、吴忠市、中卫市，TFP 贡献率分别为 35.28%、33.16%、33.01%；第三层次是固原市，TFP 贡献率只有 20.35%。全要素生产率与经济发展水平呈正相关关系。

宁夏各地级市呈现出投资拉动型经济特征。资本对经济增长的贡献率，从吴忠市的 57.28%，到固原市的 46.62%，都是第一位的增长因素，都远远高于劳动和全要素生产率的贡献。

劳动对各地区增长的贡献也不同，其中对固原市经济增长贡献率高达 33%，对石嘴山市经济增长贡献率仅为 8.08%。固原市以劳动密集型产业为主，石嘴山市以重化工业为主。不同的产业结构，劳动力的需求及其贡献会有差异。

（三）一二三产业全要素生产率

1997—2016 年，宁夏资本的产出弹性，第一产业为 0.43，第二产业为 0.4，第三产业仅为 0.26，说明资本投入第一产业收益最高，投入第三产业收益最低。资本投入第一产业和第二产业有利于提高产出效益。劳动的产出弹性，投入第一产业为 0.57、第二产业为 0.6、第三产业为 0.74，说明劳动力从第一产业转移到第三产业，产出效益更高。值得注意的是，资本和劳动，投入第一产业和第二产业的产出弹性差别并不大。

宁夏一二三产业主要靠资本要素投入带动经济增长。1997—2016 年，宁夏一二三产业中资本对经济增长的贡献率分别达 54.43%、57.05%和 59.01%，远远高于劳动和 TFP 的贡献。劳动对第一产业贡献率高达 26.97%，对第二产业贡献率均值仅为 4.68%。近年来，劳动对一二三产业的贡献率均有大幅度下降趋势。

宁夏全要素生产率对三次产业贡献率从高到低依次为：第二产业 38.27%、第三产业 24.76%、第一产业 18.12%。测算表明，自 2008 年国际金融危机以后，第一产业、第三产业全要素生产率均有下降的趋势，唯有第二产业 TFP 的贡献率从 2008 年的 8.4%上升到 2016 年的 58.72%。由于宁夏第二产业在经济中比重较大，技术进步对宁夏经济在新常态下具有重要的支撑作用。

（四）西北五省区全要素生产率比较分析

西北各省区经济都是投资拉动型经济，资本贡献率青海为 62.5%、甘肃为 62.3%、新疆为 58.1%、宁夏为 52.6%、陕西为 52.3%，均在 50%以上。

从全要素生产率对经济增长贡献率的均值来看，陕西为 32.9%，为五省区最高，其他从高到低分别为：新疆 30.8%、宁夏 24.8%、甘肃 23.9%、青海 19.9%。

从以上两组数据来看，越是经济发达的省区，其全要素生产率贡献率越高，而越是欠发达地区，越依赖投资拉动。

根据以上分析得出结论：宁夏经济虽然主要依靠投资拉动，但是全要素生产率对宁夏经济增长的贡献率呈增长态势，宁夏提高经济发展总体质量和技术效率方面已经取得一定成绩。

四、宁夏推动经济高质量发展的对策建议

2019 年是中华人民共和国成立 70 周年，是全面建成小康社会关键之年。2018 年中央召开经济工作会议，强调我国发展仍处于并将长期处于重要战略机遇期，我们要积极抓住国际国内经济发展的“五大新机遇”，把

推动经济高质量发展作为当前和今后一个时期经济发展的根本要求。

（一）深化改革，激发高质量发展活力

一是积极落实新发展理念。尤其是要突出公平、正义、安全、环境等发展新要求，切实解决社会主要矛盾。落实创新驱动、脱贫富民、生态立区“三大战略”，确保与全国同步建成全面小康社会，实现经济繁荣、民族团结、环境优美、人民富裕的宏伟目标。要认真学习理解贯彻习近平总书记“建设美丽新宁夏，共圆伟大中国梦”题词的深刻内涵，在建设美丽新宁夏上下功夫。

二是确立竞争政策的基础性地位。经济高质量发展必须依靠充分竞争来实现，充分竞争下才会更加注重技术创新，充分竞争中才能形成品牌。政府要为市场提供一个公平竞争的政策环境，要处理好政府与市场的关系，坚持市场在资源配置中的决定性作用；要坚持“两个毫不动摇”，坚定支持民营经济发展，稳定企业家预期。

三是构建经济高质量发展评价考核体系。目前，国家有关部门正在制定经济高质量发展评价体系，我们建议以综合指标评价为基础，以创新、协调、绿色、开放、共享五大发展理念为主要任务，以城乡居民满意度为目的，构建经济高质量发展综合评价指标体系。要积极引导科学发展、可持续发展、高质量发展。

四是激励干部担当作为、干事创业。2018 年 5 月，中共中央办公厅印发了《关于进一步激励广大干部新时代新担当新作为的意见》。近年来，中央从严治党，管住了干部乱作为行为，但也存在少数干部担心干得多、错得多，出现不作为、慢作为等现象。中央旗帜鲜明地树立重实干、重实绩的用人导向，建立健全容错纠错机制，各级干部需要适应新时代高质量发展的要求，增强干事创业的本领和能力。

（二）坚持以供给侧结构性改革为主线

一是强化逆周期调节，处理好速度和质量的关系。发展是解决一切问题的关键，保持一定的经济增长率，是短期稳就业、稳预期的需要，也是促进产业转型升级的基础，更是确保与全国同步实现全面小康社会的保证。

经济持续下降将可能引起许多问题的恶化。10 月 31 日，中共中央政治局召开经济形势分析会，根据经济下行压力有所加大的判断，强调“六稳”，即稳就业、稳金融、稳外贸、稳外资、稳投资、稳预期。12 月 21 日，中央经济工作会议更加明确“宏观政策要强化逆周期调节”，“积极的财政政策要加力”，“稳健的货币政策要松紧适度”，开始实施降低存款准备金率、增加政府基础设施投资等政策。宁夏也要较大幅度增加地方政府专项债券规模。但这种政策转暖仅仅是“对冲”下行压力而非“刺激”经济。宁夏企业要在转型升级上下功夫，不要每当经济危机就“休眠”，等待经济复苏后“死灰复燃”，市场往往难以重现，必须保持一定的环保政策压力。预计 2019 年宁夏 GDP 增长率为 6.5%~7%，是确保小康、就业等目标的增速。

以前我们要解决的是商品“有没有”的问题，现在则要解决“好不好”的问题。要处理好速度与质量的关系。没有一定经济增长速度，就没有高质量发展。应坚持以经济建设为中心，加快转变经济发展方式，把重点放在努力提高经济发展的质量和效益上。

二是把补短板和降成本作为供给侧结构性改革的重点任务，在巩固、增强、提升、畅通上下功夫。2015 年年末以来，供给侧结构性改革已经取得显著成绩，去产能、去库存、去杠杆任务已经取得显著成效。2019 年，应该把工作重心从“三去”转向“一降一补”。宁夏经济社会短板多，应该既要坚持做“减法”，更要把主要精力放在做“加法”上。中央强调，必须坚持以供给侧结构性改革为主线不动摇，对经济发展的矛盾主要方面在供给侧的判断并没改变。要在“巩固、增强、提升、畅通”八字方针上下功夫。巩固“三去一降一补”成果，增强微观主体活力，提升产业链水平，畅通国民经济循环，促进市场尽快出清。供给侧结构性改革将更多采用改革的办法，在处理僵尸企业等问题时，更多地运用市场化、法治化的手段，切忌“一刀切”和运动式执法。

把补短板作为工作重点。要着力在培育新动能方面补短板。重点以承接战略性新兴产业转移和主导产业关键核心技术攻关为突破口，在实体经济有效投资方面发力，改变招商引资滞后、储备项目少等局面。积极发展教育、养老、医疗、文化、旅游等生活性服务业，加快科研、金融、信息、运输等生产性服务业发展。

着力在基础设施方面补短板。中国人均资本存量与发达国家差距巨大，宁夏基础设施资金缺口大。要争取加大城际交通、物流、水利、工业互联网、物联网、城市基础设施等建设投资。尽管基础设施投资短期内不可能有很高的商业回报，但在经济紧缩时期，企业缺乏投资意愿，增加政府投资将对保增长起到中流砥柱的作用。应该加快银西、包银、银兰高铁建设，争取银川—固原—西安动车项目早日开工，兰州—固原—太原高铁早日立项。

着力在区域城乡协调发展方面补短板。建设银川都市圈取得实效，促进山区现代化建设，补齐农村基础设施和公共服务设施建设短板。

着力在民生方面补短板。坚决打赢脱贫攻坚战，积极关注和解决城市贫困群体就业生活问题。

实行更大规模的减税降费。改革开放通过制度创新解放和发展了生产力，目前体制成本越来越高，降低体制成本是经济发展的重要出路。应该继续深化“放管服”改革，转变政府职能，以简政放权激发经济活力和动力。优化财政收支结构，大幅度降低企业税费负担，为实体经济发展显著降低成本。高质量发展形势下的积极财政政策，必须注重与调结构、补短板结合起来，实行结构性减税降费政策。积极实施降低企业所得税、增值税及降低社保费率等减税降费措施，为加快转型升级争取空间和时间。

三是推动制造业高质量发展，增强制造业的活力、效益和竞争力。2019年经济工作七大任务中，最重要的是推动制造业高质量发展。制造业是经济增长的主要引擎，是国际产业竞争的核心领域。当前，经济增长的突出问题依然是实体经济特别是制造业的转型升级难题。制造业高质量发展要以提高产品质量和企业效益为目标，努力提高国际竞争力，实现高端化、绿色化、智能化。

2018 年宁夏工业的拐点已经出现，工业成为经济发展的重要支撑力量，但其基础依然不够稳固。2018 年 1—11 月，宁夏制造业增加值增长 6%，远低于电力、热力、燃气及水的生产和供应业增速；十大工业产业继续保持“六增四降”态势，远没有达到全面复苏；工业生产者出厂价格从 2018 年 1 月的同比增长 10.6%下降到 11 月的 4.9%，企业盈利面临压力。2019 年，必须把推动制造业高质量发展作为经济工作重中之重，切实做好传统制造业转型升级、增强活力和竞争力工作。

必须积极改造传统产业。目前，传统制造业是宁夏主导产业，体量大、影响广，不要一提创新驱动，就贬低传统制造业。要加强研发设计，强化技术改造，以数字化、智能化改造传统制造业。要充分发挥企业家精神和工匠精神。要优化有利于高质量发展的制度环境，严厉打击假冒伪劣产品。前些年，宁夏有些企业在经济扩张时期搞多元化战略，有些试图改变代工企业地位，结果造成经营失败。现代跨国企业要求对技术、资源、生产、流通、市场营销、品牌等全产业链进行全面掌控，对经营能力提出了更高要求。宁夏企业过去仅注重生产环节，缺乏跨国公司从全产业链压缩成本的能力，市场竞争能力和抵御风险能力弱，必须循序渐进推进产业转型升级。转变经济发展方式，并不能一蹴而就。

必须瞄准高端供给不足"靶心"，促进从特色产业体系向现代产业体系转型升级。我国处于全球制造业分工第三梯队，以中低端制造为主；宁夏又在全国制造业分工中处于中下端，以资源及其初级工业品输出为主。长期以来，欧美掌握国际定价权，我国企业努力通过降低成本来维持利润，必须改变盈利模式，努力在成本一定基础上，通过创新来获得超额利润。抓住新工业革命机遇，加快落实《中国制造2025宁夏行动纲要》，实现制造强区战略目标，加快发展新一代信息产业、高端装备制造业、环保产业、新材料、生物医药制造业等战略性新兴产业。加快推进质量强区建设，实施"七大质量提升专项行动"，打造富有竞争力、影响力和美誉度的宁夏品牌体系。

（三）构建现代化经济体系

习近平总书记强调："推动经济高质量发展，要把重点放在推动产业结构转型升级上，把实体经济做实做强做优。"①

一是提高供给体系质量。高质量发展，要解决传统产业多而新兴产业少、低端产业多而高端产业少、资源型产业多而高附加值产业少等供给体系问题。深化供给侧结构性改革，落实"三去一降一补"重点任务，实施

①《习近平这样论述高质量发展》，《经济日报》，2018年6月5日。

传统产业提升工程、特色产业品牌工程、新兴产业提速工程、现代服务业提档工程。重点放在降成本、补短板上，继续落实《关于降低实体经济企业成本的实施意见》，加大产业招商承接力度。

二是推进要素市场化改革。经济高质量发展是高效率的增长，市场化是提高资源配置效率的主要机制。改革开放以来，我国商品市场化程度已经很高，但生产资料市场化程度还有待提高。要深化要素市场化改革，努力提高资金、矿产资源、土地、劳动力等资源配置效率。

在国际金融危机和中美贸易战加剧形势下，适当增加政府基础设施投资，包括新一轮西部大开发和乡村振兴战略，可以对冲民营企业投资下降的影响。央行也正在降低存款准备金率，增加资本流动性。但也不可过高期望经济刺激政策，不可妨碍转型升级既定目标，毕竟我国目前发展的主要矛盾是结构性问题而不是总量问题，不要偏离经济高质量发展轨道。

三是实施乡村振兴战略。乡村振兴战略，是高质量发展在乡村建设领域的体现。坚持乡村振兴和新型城镇化双轮驱动，形成区域城乡协调发展新格局。农业是国民经济的基础，乡村是中华文明的基本载体、生态涵养的主体区，实施乡村振兴战略是社会治理的固本之策、实现共同富裕的必然选择。乡村振兴并非扩大内需的暂时策略。要按照产业兴旺、生态宜居、乡风文明、治理有效、生活富裕的总要求，久久为功。要支持有条件的乡村建设以农民合作社为主要载体、让农民充分参与和受益，集循环农业、创意农业、农事体验于一体的田园综合体。

四是推动全方位对外开放，更加注重促进形成强大国内市场。宁夏对外对内开放，必须以构建开放型产业体系为基础，以高质量发展为全方位开放奠定产业基础。努力扩大开放，充分利用国际国内两种资源、两个市场，提高资源配置效率。逐步推动由商品和要素流动型开放向规则等制度型开放转变。努力提高贸易投资便利化、自由化水平，积极提高银川综合保税区建设水平。宁夏要以“一带一路”建设为重点，坚持全方位开放，形成陆海内外联动、东西双向互济的开放格局，积极协同共建陆海新通道。

要把对内开放作为优先选择。随着中国经济发展及其消费升级，将为经济高质量发展提供广阔的内需市场。宁夏要积极参与促进形成强大的国内市场，也要充分利用国内大市场。通过努力扩大内需来对冲对外贸易形势的变化。积极承接东部产业转移，加强东西部科技合作，积极加强与兄弟省区经济技术协作。切实在建设宁夏内陆开放型经济试验区方面取得突破，从内陆视角谋划宁夏对外对内开放，规避内陆劣势，变内陆劣势为中心优势。

要积极打造和优化开放平台。2018 年 1—11 月，宁夏实际使用外资额下降 31.1%。为了适应全面开放新形势，建议争取恢复宁洽会，或打造“一带一路”全方位开放新平台。继续办好中国—阿拉伯国家博览会，稳妥推进企业“走出去”和境外产业园区建设，努力规避各类风险。

（四）提高全要素生产率

经济增长的动力源泉主要包括资本、劳动、人力资本和全要素生产率（TFP）四大类，其中 TFP 是技术进步和效率改进的综合反映，只有 TFP 提高才能够克服生产要素规模报酬递减问题。从要素驱动转向创新驱动，是经济高质量发展的本质要求。

一是实施创新驱动战略。在劳动力成本等刚性上涨之际，如果不能在高技术产业上突破，很可能会陷入中等收入陷阱。提高全要素生产率及其贡献，是创新驱动的根本，必须通过增长动能转换来实现高质量发展。宁夏创新资源短缺，自治区确定的坚持走开放创新之路和走特色创新之路的思路很符合宁夏区情。宁夏就是应该重点在引进消化吸收再创新上下功夫，并在承接产业转移中突出产业转型升级。宁夏具有自主创新能力的企业非常有限，应该打造创新生态，提高 R&D 投入比重，强化企业科技创新主体地位。近年来，宁夏注重科技投入和人才培养，但也要防止基层政府片面注重提高 R&D 比重等硬性指标而忽视投入效益。

二是提高区域资源配置效率。通过提高效率和集约化程度实现经济高质量发展。打造银川都市圈，加快人口、资源向都市圈集聚，产业集群发展，提升沿黄城市群整体竞争实力。加快新型城镇化建设，建设特色小镇，促进区域一体化和城乡一体化。打造沿黄科技创新改革试验区，充分发挥创新资源密集的优势，形成创新集聚效应。打造宁夏沿黄生态经济带，坚持生态优先、绿色发展、产城融合、人水和谐方针。加大整合工业园区，大力发展循环经济、低碳经济，建设生态工业园区。打赢污染防治攻坚战，加大对贺兰山、黄河等生态环境保护，打造西部地区生态文明建设先行区，筑牢西北地区重要生态安全屏障。

三是注重人力资本投资。《经济蓝皮书夏季号：中国经济增长报告（2017—2018）》总报告认为：知识消费—人力资本提高—创新效率的循环补偿，是经济高质量发展的核心机制。产业转型升级，必须要提升人力资本结构，从而提升自主创新能力，为经济高质量发展提供保证。促进科学研究、教育、文化娱乐、医疗健康、体育健身等事业迅速发展，使经济增长过程中伴随的知识消费比重提高，人力资本结构优化，以符合经济高质量发展需要，提高劳动生产率。

四是加强知识产权创造保护运用。产权激励是最有效的激励机制。保护各种经济主体的合法财产权利，是经济运行的基本制度环境。特别是要加强知识产权保护，从传统的专利权、商标权、版权扩展到包括计算机软件、集成电路、植物品种、商业秘密、生物技术等在内的多元对象，促进技术创新和知识创新。

五是深化科技体制改革。加快建设创新型地区，建立以企业为主体、市场为导向、产学研深度融合的技术创新体系。完善以增加知识价值为导向的体制机制，扩大科研机构收入分配自主权，赋予科研人员更大技术路线决策权，加强科技成果产权对科研人员的长期激励。建立完善以信任为前提的科研管理机制，实施哲学社会科学创新工程。要大幅度提高社科等智力密集型项目的间接经费比重，切实减轻科研人员报销经费等环节的负担。激励科研人员积极性，实现科研工作从数量型向质量型转型升级，大力提升创新能力和关键领域核心技术攻关能力，为实现经济高质量发展作贡献。

综合战略篇

ZONGHE ZHANLüEPIAN

改革开放40年宁夏经济社会发展历程及经验

田俊秀

2018年12月18日，党中央召开了庆祝改革开放40周年大会，习近平总书记在大会上发表了重要讲话，向全党全国人民发出了将改革开放进行到底的新的宣言书和动员令。全国各族人民在以习近平同志为核心的党中央正确领导下，在习近平新时代中国特色社会主义思想指引下，站在新时代的新起点，深情回望改革开放的辉煌历史，满怀雄心壮志整装再出发。

宁夏作为西北内陆地区、民族地区和欠发达地区，尽管在总体上还处在发展不足的阶段，但是随着改革开放的推进，也取得了令人瞩目和令人骄傲的辉煌成绩。当全国GDP从1978年的3679亿元跃升到2017年的82.7万亿元，增长224.79倍时①，宁夏GDP从1978年的13.2亿元发展到2017年的3453.9亿元，以增长261.7②倍的业绩赶上了1978年的全国总量；宁夏农民人均纯收入从115.9元增加到2017年的10738元，增长91.6倍；城镇居民人均可支配收入从1978年的346.1元增加到2017年的29472元，增长85.2倍。当全国城镇化率从1978年的17.9%提高到

作者简介：田俊秀，自治区党委党史研究室研究二处处长，公共管理硕士，主要研究方向为中国共产党宁夏历史研究。

①《伟大的变革——庆祝改革开放40周年大型展览》，网址 http://ggkf40.cctv.com。

②宁夏回族自治区统计局编著：《宁夏辉煌60年》，中国统计出版社，2018年，第2页。

2017 年的 58.5%时，宁夏 2017 年的城镇化率已接近全国平均水平，提高到 57.98%。[①]其他一些经济社会发展指标与全国平均水平相比也有巨大进步。站在新的起点，回顾改革开放 40 年的历史性巨变和历史性成就，宁夏人民和全国人民一样深感自豪。

一、党的十一届三中全会后，宁夏经济社会在全面恢复中开局良好

1978 年 12 月 18 日，十一届三中全会的召开，标志着党和国家各项事业发生了历史性的伟大转折。宁夏在 1978—1979 年“真理标准问题大讨论”及其补课[②]中拉开思想解放推动改革开放的序幕，为经济社会发展进一步扫清思想障碍。经过思想解放的洗礼，宁夏各项事业进入改革开放新时期，以家庭联产承包责任制为核心的农村改革、以国有大中型企业放开经营自主权的城市体制改革、打开对外开放的窗口、加强与沿海发达省区的联系合作等方面取得了长足的进步。

特别是从 1979 年开始，宁夏贯彻党中央关于“调整、改革、整顿、提高”的八字方针，以调整为基础，以改革为动力，以整顿为手段，以提高为目的，对经济建设中长期积累的“左”的错误思想和实践进行了全面清理和较为深刻的整顿，促使宁夏经济社会走上了比较符合实际的长期稳定发展之路。在农业方面，向党中央、国务院上报了《关于改变宁夏南部山区干旱地区贫困落后面貌的报告》，第一次提出在固原地区改变“以粮为纲”的发展思路，按照“大力种草种树、兴牧促农、因地制宜、农林牧副渔全面发展”的方针调整农业结构，兼顾长期发展与短期发展的关系。在工业方面，按照国民经济发展需要和原材料、动力的供应可能，对工业布局进行合理调整，关停并转了一些落后产能企业，加强了技术改造，提高了企业效率。在基础设施建设方面，压缩停缓了一些项目，加大了科教文

---

①宁夏回族自治区统计局编著：《宁夏辉煌 60 年》，中国统计出版社，2018 年，第 2 页。

②中共宁夏回族自治区委员会党史研究室编：《中国共产党宁夏简史（1926—2009）》，宁夏人民出版社，2011 年，第 183 页。

卫事业的投资力度，促进了社会事业发展。[①]

实事求是地看待改革开放初期宁夏经济社会发展，可以说，在纵向上实现了比较大的进步，在横向比较上却渐次落后。相对于新中国成立之初全国各地在同一起跑线，之后，宁夏与全国的平均水平在一些重要指标上逐步拉开，如人均工农业总产值，1949 年宁夏与全国分别是 87.7 元和 86 元，1981 年则分别为 521 元和 752 元；人均有粮方面，“一五”期间，宁夏与全国分别为 719 斤和 590 斤，“五五”期间则分别为 581 斤和 637 斤。[②]但是，宁夏作为内陆小省区，在经济体量较小的客观基础上，不甘落后，一直保持在全国平均水平之上，并且在民族团结、扶贫攻坚、多规合一等方面贡献了宁夏智慧。

二、党的十二大后，宁夏经济社会出现了放开搞活的改革新气象

1982 年 9 月，党的十二大提出“建设有中国特色的社会主义”的重大命题和“小康”战略目标，改革开放由此全面展开。宁夏贯彻党中央的统一部署，在改革开放的深入推进中召开了自治区第五次、第六次党代会，掀起了宁夏大地的改革开放大潮，为建立社会主义市场经济体制奠定了一定的基础。

1982—1986 年，宁夏对连续 5 个中央一号文件的贯彻落实，实现了农村改革从“一包就灵”向“一放就活”的转变。[③]农村改革在进一步稳定家庭联产承包责任制的基础上，开始发展第二、第三产业，特别是极大地激发了乡镇企业异军突起的改革潜力与创造活力。仅 1984—1988 年间，宁夏乡镇企业产值每年就以 30%以上的速度高速增长，成为农村经济的“半壁江山”。1990 年乡镇企业发展到 81611 个，1995 年又猛增到 11.74 万个。

①宁夏经济学会组编，杨国林主编、杨旭东副主编：《宁夏经济体制改革 30 年》，宁夏人民出版社，2008 年，第 369~370 页。

②中共宁夏区委党史研究室编：《改革开放时期宁夏党的重要会议文献选编（1978—2009）》，内部资料，第 54 页。

③中共宁夏区委党史研究室编：《宁夏农村改革发展 30 年》，宁夏人民出版社，2011 年，第 7 页。

乡镇企业总产值、总收入、上缴国家税金、纯利润等指标均呈几何级增长，大幅度带动了农村剩余劳动力转移，为农民增收作出了重大贡献。[①]

同一时期，国有企业改革从放权让利、利改税进入了承包经营责任制阶段，为下一步实行现代企业制度奠定了基础。通过公司制改革、实施“债转股”、对劣势企业进行破产兼并和中小企业放开搞活等一系列举措，促进了国有企业经营机制的转变，全区国有企业改制面达到 94.5%。与此同时，在党中央和国务院的亲切关怀下，宁夏南部山区以“三西”建设为主要抓手，以西海固地区为主战场，与甘肃定西地区及河西走廊一道，在全国率先开始了扶贫开发。1991 年 4 月 15 日，中共宁夏回族自治区委员会六届七次全体会议通过的《中共宁夏回族自治区委员会关于制定国民经济和社会发展十年规划和“八五”计划的建议》提出：“全面实施发展宁夏‘黄河经济’的战略构想。”[②]

三、党的十四大后，宁夏经济进入抢抓机遇、加快发展的关键阶段

在全面贯彻党的十四大和十五大精神中，宁夏召开了自治区第七次和第八次党代会，把党中央的决策部署与宁夏发展紧密结合，推动宁夏在建立社会主义市场经济体制中稳步前行。在提出：“黄河经济”的基础上，1997 年 12 月 28 日，自治区党委七届七次全会上提出：“确定银川市、灵武市、吴忠市、青铜峡市这一引黄灌区的精华地带为全区的经济核心区，成为带动南北周边地区的一个发展极。”[③]在改革开放的进程中，宁夏立足中国特色社会主义初级阶段的定位，进行“小而美、小而富、小而强”的建设，为后来“以小见大”辩证实施大银川建设和沿黄经济区建设奠定了良好基础。

---

①中共宁夏区委党史研究室编：《宁夏农村改革发展 30 年》，宁夏人民出版社，2011 年，第 73 页。

②③中共宁夏区委党史研究室编：《改革开放时期宁夏党的重要文献选编（1978—2009）》，内部资料，第 319、457 页。

“西部大开发，宁夏要争先”口号的提出和实施，为宁夏实施西部大开发战略赢得了开门红。1999年6月21日，自治区党委八届三次全会召开，传达贯彻时任中共中央总书记江泽民6月17日在西北五省区国有企业改革和发展座谈会上关于西部大开发战略的重要讲话精神，动员全区广大干部群众抓住西部大开发的历史机遇，加快经济社会发展。随后，自治区以“西部大开发，我们怎么办”为主题，普遍开展了大学习、大讨论，发出了“西部大开发，宁夏要争先”的动员令。经过3年的奋斗，在一些重点工作方面取得了长足进步，开局良好。基础设施建设成效显著，至2002年，全区累计完成固定资产投资近600亿元，年均增长速度达20%以上，建设规模超过了以往任何时期；生态环境明显改善，全区已有17个县（区）被列入国家生态环境重点县（区）建设工程，启动实施了天然森林保护工程、“三北”防护林四期工程、天然草原恢复保护和牧草种子基地等一批生态项目及黄河宁夏段治理工程，完成退耕还林还草104万亩，累计完成人工造林333.7万亩，超过过去10年造林总量；结构调整步伐加快，围绕农业、能源两大优势，全面调整优化经济结构，提高了生产力的合理布局与经济结构的优化完善，科技、教育、信息咨询、旅游、房地产、社区服务等第三产业呈现出良好发展态势，有效地促进了经济社会的快速发展；科教兴宁战略全面实施，高新技术应用和产业化发展步伐加快，银川国家级经济技术开发区建设全面启动；高等院校实现了联合办学，组建了新的宁夏大学；全区17个县（市、区）实施了中小学危房改造工程，一大批中小学办学条件得到改善；医疗卫生体制改革全面推进。在中央旅游国债的支持下，显著改善了沙湖、沙坡头、西夏陵和六盘山等重点旅游区的基础设施条件。①

四、党的十六大后，宁夏经济社会在科学发展中实现新跨越

进入21世纪，带着科教兴国战略、可持续发展战略、西部大开发战

①宁夏国史编审委员会、宁夏国史学会编：《当代宁夏史通鉴》，当代中国出版社，2004年，第198~199页。

略、对外开放“走出去”战略等跨世纪的战略使命，中国实现了从又快又好到又好又快的华丽转身，向跨越式发展迈进。宁夏抢抓国家跨世纪战略部署，全面贯彻落实党的十六大、十七大精神，召开了自治区第九次、第十次和第十一次党代会，在科教兴宁战略和可持续发展战略支撑下，持续推动西部大开发战略，一步一个脚印地创造宁夏新世纪的新辉煌。从宁南到宁北，从城镇到农村，工业到农业乃至服务业，都发生了巨大变化，取得了可喜成就。

党的十六大在经济社会又好又快发展总原则下，明确提出实现“坚持以信息化带动工业化，以工业化促进信息化，走出一条科技含量高、经济效益好、资源消耗低、环境污染少、人力资源优势得到充分发挥的新型工业化路子”。宁夏立足区情，开辟了宁夏新型工业化的新区域，从 2002 年开始谋划筹建，以“再造一个宁夏经济总量”的发展目标，建设了宁东能源化工基地，并自 2004 年将其作为“一号工程”全面建设、全力打造。截至 2012 年年底，宁东基地累计完成固定资产投资 2200 多亿元，占全区固定资产投资的 15%；实现工业增加值 200 多亿元，增长 16%，占全区规模以上工业增加值的 30%。宁东基地逐步成为宁夏经济发展的重要支撑，对全区经济跨越式发展的拉动作用日益显现。[①]

中央连续 15 年下发关于农业农村的“一号文件”，全方位设计和指导了 21 世纪以来我国农村改革的方方面面。宁夏抢抓机遇，有效实施了各项战略举措，把增加农民收入、新农村建设、提高农业综合生产能力等方面的工作有机整合，开始了农村三产融合发展的新探索，为新时代乡村振兴战略的实施奠定了体制机制创新的各方面基础。

党的十六大对新型城镇化的部署，为加快推进中国特色社会主义新型城镇化提供了发展方向，也为宁夏因地制宜实施以“大银川”建设为重点、统筹推进全区城镇化提供了基本遵循。先后出台《自治区党委人民政府关于加快城市化进程的意见》《宁夏城市化发展纲要》《宁夏回族自治区

①中共宁夏回族自治区委员会党史研究室、宁夏回族自治区经济和信息化委员会、宁夏中共党史学会编著：《宁夏工业经济改革与发展史研究》，宁夏人民出版社，2016 年，第 86 页。

城镇体系规划（2014—2030）》，全面指导宁夏新型城镇化进程。“大银川”建设是在1997年年底实施“经济核心区”建设基础上的深耕细做，成效显著，成为沿黄城市带的龙头；宁南区域中小城市建设步伐加快，大县城建设起色明显。[①] 截至2012年年底，宁夏城镇化率从2000年的32.54%提升到2012年的50.67%[②]，实现了每年近2%的城镇化进程，高于全国同期1.5%的城镇化速度。

五、党的十八大以来，宁夏经济社会发展进入砥砺奋进、持续发展的新时代

2012年11月8日，党的十八大胜利召开，全面部署了全面建成小康社会的伟大战略。在继续落实自治区第十一次党代会的基础上，自治区党委全面贯彻落实党的十八大和十八届三中、四中、五中、六中全会精神，召开了自治区第十一届历次全会和第十二次党代会及其历次全会，把宁夏的发展置于全国发展的总体格局，把宁夏发展融入改革开放的潮流，经济社会发展健康前行。5年来，地区生产总值从2012年的2326.64亿元增加到2017年年底的3453.93亿元，增加了1127.29亿元，增长了48.45%，年均增长9%以上；城镇居民可支配收入从2012年的19507元增加到2017年的29472元，5年增加了近1万元；农民人均纯收入从2012年的6776元增加到2017年的10738元，实现突破万元。[③] 各项社会事业繁荣发展，人民福祉不断增加。

2016年7月18—20日，在“十三五”规划实施的开局之年，习近平总书记视察宁夏，银川会议为宁夏发展注入了新动能。习近平总书记冒雨从宁夏南部山区西吉将台堡三军会师地的红色遗址出发，到宁东基地，发出了“不忘初心，走好新的长征路”“社会主义是干出来的”的伟大号召，激励宁夏人民和全国人民砥砺奋进的改革发展热情和共圆伟大中国梦的豪

①中共宁夏回族自治区委员会党史研究室、宁夏回族自治区住房和城乡建设厅、宁夏中共党史学会编著：《宁夏城镇化建设与发展史研究》，宁夏人民出版社，2015年，第5~8页。

②③宁夏回族自治区统计局编著：《宁夏辉煌60年》，中国统计出版社，2018年，彩图、第2页。

情。在东西部扶贫协作会议上，习总书记不仅给宁夏发展带来了东西部合作的优质资源，而且深刻分析了宁夏发展不足的区情，以“五大发展理念”为根本，指出了宁夏发展的有效路径和奋斗方向，开启了宁夏的新起点、新发展。

2017 年 6 月 6—9 日，自治区第十二次党代会召开，全面谋划宁夏发展新蓝图。“三大战略”和“五个扎实推进”凸显了宁夏发展的主战场和主阵地，进一步廓清了宁夏未来的奋斗目标。2018 年 9 月，在迎来宁夏回族自治区成立 60 周年之际，党中央送来了对宁夏人民的亲切关怀和对宁夏发展的高度关注，习近平总书记为宁夏题词“建设美丽新宁夏　共圆伟大中国梦”。宁夏带着党中央、国务院的期许和全区人民的奋斗意愿站在了新的发展起点上。习近平总书记在庆祝改革开放 40 周年大会上的讲话，更是激发了宁夏人民创造新的更大奇迹的热情和激情。截至 2017 年年底，当我国创新能力在世界排名从第 22 名跃居第 17 名，成为前 20 个创新能力强国中唯一一个发展中国家时[①]，宁夏在全国的排位从第 25 名前移到第 22 名[②]，彰显了创新驱动发展战略的动力；当全国贫困发生率从 1978 年的 97.4%下降到 2017 年的 3.1%，实现了“两个 3%”[③]的对调，宁夏贫困发生率从 1978 年的 74.8%下降到 2017 年的 6.0%[④]，贫困县渐次摘帽，绝对贫困人数从数百万之众大幅减少到 30 多万深度贫困人群，区域性贫困问题在稳步解决；当全国防治污染的攻坚战硕果累累时，宁夏的蓝天保卫战、碧水保卫战和净土保卫战也首战告捷，正再接再厉坚持绿色发展理念，将把绿色发展方式变成宁夏发展的底色。

六、经验与启示

总结历史经验，党的领导是实现一个又一个辉煌的制胜法宝。习近平总书记在庆祝改革开放 40 周年大会上讲话中提出了“九个必须坚持”的基

①③《伟大的变革——庆祝改革开放 40 周年大型展览》，网址 http：//ggkf40.cctv.com。

②《宁夏日报》2018 年 5 月 17 日。

④宁夏回族自治区统计局编著：《宁夏辉煌 60 年》，中国统计出版社，2018 年，第 2 页。

本经验。回顾40年的光辉历程和巨大成就，我们发现，宁夏在贯彻落实党在改革开放时期的思想路线、组织路线、政治路线中同样积累了宝贵的经验。

（一）始终坚持党的坚强领导与始终从严治党有机统一

党政军民学、东西南北中，党是领导一切的。中国共产党的坚强领导，是中国特色社会主义的本质特征，也是中国特色社会主义制度的最大优势。宁夏改革开放40年来的历史，也是中国共产党坚强领导民族地区创造奇迹、改善人民生活、提升区域自我发展能力的历史。从改革之初挣脱思想僵化的束缚，到改革开放“四十而不惑”的坚定和执着，在党中央的亲切关怀下，宁夏人民在各级党组织的坚强领导下，把党的基本理论、基本路线、基本纲领变成了满足人民群众日益增长的美好生活需要的福祉，变成了宁夏的各个行业和各个领域的发展成果。没有党的坚强领导，没有党在领导人民脱贫致富奔小康中的自我净化、自我完善、自我革新、自我提高，没有党的建设新的伟大工程的久久为功，就没有宁夏改革开放的伟大成果。

（二）始终坚持以人民为中心的思想不动摇，充分体现人的全面发展和社会全面进步

中国共产党始终不渝的宗旨就是全心全意为人民服务。这个宗旨在不同的历史阶段，体现了不同的时代特点。从“三个有利于”标准和人民拥护不拥护、高兴不高兴、答应不答应、赞成不赞成到“三个代表”重要思想关于代表最广大人民的根本利益，到科学发展观关于以人为本，全面、协调、可持续的发展，再到党的十八大以来，人民对美好生活的向往就是我们的奋斗目标以及习近平新时代中国特色社会主义思想关于以人民为中心的思想，都是对全心全意为人民服务宗旨的继承与发扬。40年来，自治区历届党委和各级党组织始终牢记宗旨，在改革开放的各个阶段，把以人民为中心的思想落到实处、做到细处，全心全意维护了人民的根本利益，最大限度地激发了人民的创造力，推动了中国特色社会主义道路上人的全面发展和社会的全面进步。

（三）始终坚持以马克思主义中国化的理论创新成果武装头脑、指导工作、推动实践

马克思主义是我们党的理论基石。我们党近百年的奋斗历程，就是马克思主义中国化、时代化、大众化的进程。改革开放以来，我们在实践中形成了邓小平理论、“三个代表”重要思想、科学发展观以及习近平新时代中国特色社会主义思想，丰富和发展了中国特色社会主义理论体系，标注了改革开放的方向和道路。从什么是社会主义、怎样建设社会主义，到建设什么样的党、怎样建设党，到推动什么样的发展、怎样推动发展，再到发展什么样的中国特色社会主义、怎样发展中国特色社会主义等，回答了一系列重大理论和现实问题的创新理论，为改革开放的不断深化指明了方向、提供了遵循。从真理标准问题讨论开始到历次党的代表大会和历届全会召开，宁夏都在第一时间深入学习宣传，全面贯彻落实，并把党中央的统一部署与宁夏发展的阶段性特征相结合，实事求是地谋划宁夏每一阶段的发展。始终坚持以马克思主义中国化的最新理论成果武装党员干部的头脑，教育广大干部群众，深入实践党领导下的中国特色社会主义伟大事业。

（四）始终把坚持和发展中国特色社会主义的大文章写在宁夏大地，体现中国特色社会主义伟大事业的宁夏特质

改革开放开创了中国特色社会主义的伟大事业，中国特色社会主义道路越走越宽广。从基本路线不动摇，把立国之本和强国之路有机紧密结合、协同发力，到党的基本理论、基本路线、基本方略全面实施，充分彰显了中国特色社会主义道路自信、理论自信、制度自信和文化自信。在党的坚强领导下，宁夏的改革开放事业在中国特色社会主义发展轨道上，立足区情、放眼全国和全球，不断显现出宁夏的比较优势和后发优势，创造出充满宁夏元素的奇迹。从高度关注能源与以沿黄农业为主的特色农业，到把能源与沿黄经济区和特色农业做大做强，再到进一步深入挖掘地理位置优势开发各类新型产业，将“五位一体”总体布局和“四个全面”战略布局贯彻在宁夏改革开放的具体实践中，创造了“一卡通”“实名制”“一站式服务”“煤制油领先”“闽宁合作”等诸多“宁夏经验”。

（五）始终坚持向改革要活力，向开放要动力，推动发展不断升级

习近平总书记强调，改革开放是当代中国最鲜明的特色，是决定当代中国命运的关键一招，也是实现中华民族伟大复兴的关键一招。宁夏在坚持处理好改革、发展、稳定关系的基础上，始终坚持顶层设计与基层首创精神的统一。营造创新生态、创新体制机制，在40年的改革实践中，创造了许多具有宁夏特色的改革成果，激发了全区各族人民创新创造创业的奔涌活力。在国家渐次开放的大棋局中，顺应国家开放的步履，蹄疾步稳行进在逐步扩大开放的奋斗历程中。在中国的大门越开越大的潮流中，宁夏从开放中获得了发展的动力和定力，从“三点一线”的铺设，到宁夏内陆开放型经济试验区、银川综合保税区的打造，宁夏开放的步伐表现了加速进程。在经历了快速发展、又好又快发展之后，新时代的宁夏，进入了以新发展理念为核心的高质量发展阶段。

（六）始终保持平等、团结、互助、和谐的民族关系，实现各民族共同团结进步、共同繁荣发展

习近平总书记反复强调，全国各族人民要像石榴籽一样紧紧抱在一起，要像爱护眼睛一样珍视民族团结，像珍视生命一样珍视民族团结。改革开放以来，党中央审时度势，关注少数民族和少数民族地区的发展进步，针对不同阶段的不同历史任务，从战略和长远的高度，及时部署民族团结进步事业。在40年改革开放的伟大进程中，宁夏始终以民族团结、宗教和顺为主旋律。一方面，始终不渝坚持对党员干部的马克思主义民族观、宗教观教育，坚决摒弃唯心主义思想对干部队伍的侵蚀；另一方面，尊崇和实施《中华人民共和国宪法》和《中华人民共和国民族区域自治法》，切实保障群众权利。针对少数民族地区发展的短板，采取了一系列措施，在提高少数民族地区群众素质水平、培养德才兼备的少数民族干部、加强少数民族集聚区的基础设施建设等方面都取得了一系列成绩，收到了良好效果，最大限度地凝聚了全区各族人民共建共享美好家园的磅礴力量，创造了令宁夏人民自豪的辉煌。

（七）始终运用辩证唯物主义和历史唯物主义的世界观和方法论谋划和推动改革开放

习近平总书记强调，该改的、能改的要坚决改，不该改的、不能改的要坚决不改。对我们党及其领导的改革开放伟大事业来说，始终不能改的就是中国特色社会主义伟大旗帜和马克思主义中国化、时代化、大众化的科学真理，特别是运用马克思主义的辩证唯物主义和历史唯物主义的世界观和方法论，分析和解决改革开放进程中系列问题的成功经验和优良传统。40 年来，自治区党委始终坚持科学的世界观和方法论，在关键时刻正确研判形势、正确决策部署。早在 1982 年 10 月，自治区党委召开四届五次全会，学习贯彻党的十二大精神。在向全区各条战线、各族群众发出“为完成十二大提出的伟大任务而奋斗”号召时，特别强调了要处理好自力更生与国家支援的关系，充分发掘现有企业潜力与上新项目的关系、经济效益与发展速度的关系、川区建设和山区建设的关系、物质资料生产与人口生产的关系等 5 种关系，充分体现了自治区党委坚持马克思主义观点立场方法分析和解决问题的智慧和视野。在以后的 30 多年中，从“黄河经济”的提出和实施，到沿黄经济区上升到国家战略，从专项扶贫的开局到开放式扶贫的开创，再到打赢精准扶贫攻坚战，无不体现辩证唯物主义和历史唯物主义的科学方法。2017 年自治区第十二次党代会的召开，充分体现了自治区党委善于抓住主要矛盾和矛盾的主要方面，科学谋划和布局宁夏发展战略的路径。“三大战略”和“五个扎实推进”的蓝图，科学谋划了宁夏改革开放再出发的宏图伟业；“创新 30 条”“脱贫富民 34 条”“生态立区 28 条”的战略举措，为“建设美丽新宁夏，共圆伟大中国梦”积淀了丰厚的发展基石。

回眸宁夏四十载伟大历程，展望新时代美好愿景，宁夏人民正在以习近平新时代中国特色社会主义思想为指导，满怀着“社会主义是干出来”的雄心壮志整装再出发。

宁夏构建绿色制造体系研究

段庆林

宁夏第十二次党代会提出坚持高端化、智能化、绿色化产业发展方向，这是适应信息产业革命和可持续发展理念的需要。其中，绿色化是重要目标。宁夏提出生态立区战略，并非仅仅指营造山清水秀的生态环境，还包括按照绿色循环低碳要求，建设生态产业园区。宁夏是重化工业主导的地区，工业污染是造成环境污染的重要原因，打造沿黄生态经济带的难点也在此。要以传统工业园区的生态化改造为抓手，打造绿色园区，构建绿色制造体系，推动形成绿色生产方式。

一、绿色发展的时代背景

西方发达国家基本都经历过先污染后治理的发展道路。当工业化高速增长造成日益严重的资源枯竭和环境污染问题时，绿色发展问题开始引起重视。1962 年，美国海洋学家蕾切尔·卡逊出版《寂静的春天》，揭露了杀虫剂等对生物链的破坏，引起人们对环境污染问题的关注。1972 年，罗马俱乐部出版《增长的极限》，强调了地球资源的有限性和资源开发的不可持续性。1987 年，世界环境与发展委员会出版《我们共同的未来》，第一次发布了可持续发展国际性宣言。1992 年，联合国环境与发展大会通过了《21 世纪议程》，成为世界范围内可持续发展行动计划。2008 年，联合国环境规划署发起绿色经济倡议。自 20 世纪 60 年代以来，美国生态经济学家戴利的《超越增长——可持续发展的经济学》等关于生态环境经济学著作大批出现，生态经济学、产业生态学、环境经济学、可持续发展理论、低碳经济、循环经济、清洁生产、气候变化、绿色经济等理论，在国际组织和各国政府倡议下，逐步成为新发展理念。全球最早的生态工业园区是丹麦的卡伦堡工业园区，自 1972 年开始以企业间协议方式促进园区内热电厂、炼油厂、制药厂、石膏板厂等之间资源循环利用。目前，欧美日韩等主要发达国家和地区都普遍启动或制订了绿色发展计划、绿色园区建设、绿色产品认证、绿色供应链管理等政策。

我国生态经济学和绿色发展理念基本起源于改革开放以后。1994 年，国务院通过了《中国 21 世纪议程》，把可持续发展列入国家战略。历次党代会陆续提出了走新型工业化道路、建设资源节约型和环境友好型社会，转变发展方式，发展循环经济、低碳经济、绿色经济等。党的十八大提出生态文明建设、建设美丽中国等。党的十八届五中全会提出“必须牢固树立并切实贯彻创新、协调、绿色、开放和共享的五大发展理念”。2015 年，国务院颁布《中国制造 2025》，提出积极构建绿色制造体系。绿色制造体系包括绿色园区、绿色供应链、绿色工厂、绿色产品、绿色制造标准体系、绿色制造评价机制和绿色制造服务平台等内容。[①]随后还制定了《工业绿色发展规划（2016—2020 年）》等制度。这是对国际经济发展形势和我国经济现代化发展大势的深刻把握。

二、切实抓好传统工业园区的生态化、绿色化改造

（一）工业园区建设进入生态经济阶段

工业园区建设大致经历四个阶段，目前，宁夏经济面临产业升级和环保压力，工业园区在管理体制上的整合非常必要，未来更应该注重促进产业集群和生态工业园发展。

第一阶段，实现资源空间集聚。在土地、基础设施、管理等方面实现规模效应。这是我们 10 多年来主要实现的目标。目前，经过供给侧结构性

①李敏，王璟等编著：《绿色制造体系创建及评价指南》，电子工业出版社，2018 年。

改革，正在降低管理成本，打造低成本园区，努力提高资源配置效率。

第二阶段，追求产业集群效应。努力延长产业链，加强产业集群，形成产业共同体，逐步促进产业转型升级。宁夏已经基本形成了煤化工、羊绒工业等特色产业链，但依然处于产业链低端，资源型企业多，高技术产业少。延伸优势产业产业链，发展战略性新兴产业，也是需要长期坚持的方向。

第三阶段，建设生态产业园区。随着生态文明建设，特别是中央环保督察，宁夏经济发展中的生态环境约束越来越强，宁夏重化工业比重大，必须按照绿色园区的要求，通过发展循环经济、清洁生产和环保产业，改造传统工业园区，实现园区资源减量化、再利用和污染零排放。这个阶段实施创新驱动最为重要，要积极促进高科技人口集聚，实现高端化、智能化、绿色化目标。

第四阶段，实现产城融合发展。早期工业园区很少顾及服务业和生活配套设施，尤其是像宁东基地的化工园区，采取城市与制造业基地分离更为安全。一些初期选址于城郊地带的园区，如永宁望远工业园，随着城市建设逐渐被居住区包围，成为居民投诉的重点，需要改造或搬迁。产业园区和城市融合，是园区发展的最终形态。产业园区将逐步向高新技术、现代服务业和绿色园区转型，促进园区从规模化园区向功能化园区转型。

（二）当前工业园区存在的问题

我国工业园区在经历了一段突飞猛进的规模扩张阶段后，开始进入革命性的质量变革阶段。目前，园区普遍存在数量过多、低水平重复建设、产业布局不合理、主导产业没有形成集群、部分园区产业空心化等问题。过去企业注重圈地，造成土地浪费和国有资产流失，部分园区注重规模扩张而忽视生态环境保护，与绿色发展理念格格不入。

目前，全国正在对产业园区进行全面整顿改革。江苏省出台我国首部省级“园区法”——《江苏省开发区条例》，天津市把 314 个工业园区整合成 37 个，安徽省 37 个工业园区被撤销。供给侧结构性改革进入园区层面的战略性改革创新阶段。

宁夏工业园区建设存在以下问题：

一是土地圈占较多，园区经济规模较低。2016 年，宁夏工业园区已开发面积只占规划开发面积的 21.4%，园区和企业普遍希望多圈占土地，按已经开发面积计算的亩均工业总产值只有 8.9 万元。虽然园区占全区规模以上工业总产值比重达 74.4%，但与全国及周边省区相比，工业总产值超过 500 亿元规模的园区只有一家，宁夏没有一家园区入选全国百强产业园区。

二是以高耗能产业为主，高新技术产业比重低。宁夏煤电化等高耗能产业占工业总产值的 75%以上，处于产业链低端，三废污染环境。宁夏两家国家级高新区创新能力不足，国家级高新技术企业只有 14 家。在西部地区中各种指标排名居后。

三是主导产业不明显，产业集聚集群率较低。除宁东基地外，绝大多数园区没有形成主导产业，产业同质化竞争，缺乏上下游产业配套，产业链较短。

2018 年，自治区党委办公厅、政府办公厅出台《开发区整合优化和改革创新实施方案》。按照一县一区原则，将全区 33 家开发区整合优化为 22 家。宁夏对工业园区的整合，除了深化开发区体制机制改革之外，最为重要的是促进工业园区转型升级。严格控制开发区土地集约利用管理，明确各类产业土地投资强度、容积率、亩均产值等控制性指标。推进产业循环化改造，加快绿色园区建设。计划到 2020 年建成 5 个左右绿色园区、20 个左右绿色工厂。

三、构建高效、清洁、低碳、循环的绿色制造体系

党的十八大提出着力推进绿色发展、循环发展、低碳发展，2015 年出台的《中国制造 2025》提出努力构建高效、清洁、低碳、循环的绿色制造体系。

工信部已经先后公布三批绿色制造名单，宁夏共有 5 个园区获绿色园区称号、10 家工厂获绿色工厂称号，还有 4 个产品获得绿色设计产品称号，宁夏还没有入列绿色供应链管理示范企业的企业，在绿色产品和绿色供应链方面还有较大差距。

宁夏入列国家绿色制造名录表

分 类	批 次	名 录
绿色园区	第一批(2017年)	石嘴山经济技术开发区
		宁夏宁东能源化工基地
		银川高新技术产业开发区
	第二批(2018年)	石嘴山生态经济开发区
		银川经济技术开发区
绿色工厂	第一批(2017年)	共享装备股份有限公司
		宁夏天元锰业有限公司
		宁夏如意科技时尚产业有限公司
		宁夏大地循环发展股份有限公司
	第二批(2018年)	宁夏荣昌绒业集团有限公司
		宁夏巨能机器人股份有限公司
	第三批(2018年)	宁夏厚生记食品有限公司
		宁夏中盛电缆技术有限公司
		力成电气集团有限公司
		宁夏伊利乳业有限责任公司
绿色设计产品	第二批(2018年)	宁夏荣昌绒业集团有限公司羊绒针织制品
	第三批(2018年)	银川瑞纳服饰有限公司 MARSA 羊绒衫
		宁夏荣昌绒业集团有限公司“灵州雪”羊绒针织纱线
		宁夏荣昌绒业集团有限公司“灵州雪”无毛绒
绿色供应链管理示范企业		无

宁夏绿色经济已经取得一定成绩，已经形成一些成功的案例，但单位GDP能源消耗依然较高，节能降耗减排任务艰巨，按照循环经济倡导的减量化、再利用、资源化原则，今后发展的重点是：

(一) 以清洁生产为手段，大力建设绿色工厂

绿色工厂是绿色经济的主体。建设绿色工厂的基本要求是：“实现厂房集约化、原料无害化、生产洁净化、废物资源化、能源低碳化。”[①]宁夏建设绿色工厂的关键是使用绿色技术，从源头就减少污染物产生为切入点。污染治理是末端治理，环保投资巨大，许多企业即使投资了大量环保设施，往往为了降低成本也会偷偷排放。而清洁生产注重生产过程中的控制。清

①转自《中国制造2025》积极构建绿色制造部分。

洁生产从源头预防污染，尽量采用无害原料，重点采用先进工艺技术与设备，减少生产、服务和产品使用过程中污染物的产生和排放。要加强政策激励，鼓励使用清洁生产技术。提高能源使用效率，集约使用土地资源。

（二）以绿色园区为载体，把循环经济发展提高到新水平

绿色园区（生态产业园区）是继经济技术开发区、高新技术开发区之后的第三代产业园区。绿色园区旨在通过供求关系形成网络，达到产业共生，促进园区资源交换，提高资源循环利用效率，达到以园区为整体的零排放。建设绿色园区，首先，应加强绿色园区规划。宁夏应该利用园区整合机会，对园区重新定位，建设改造生态工业园，今后新园区要加强总体规划设计。其次，要强化循环经济发展。园区要加强基础设施共建共享，完善园区电力、热能、天然气、污水处理等设施。鼓励企业间相互使用原材料及废料，努力降低园区排放总量。再次，要提高绿色技术应用能力，努力节能降耗。最后，创新绿色园区管理制度。完善绿色认证制度，建立企业绿色发展诚信制度。

（三）以绿色供应链为主线，加强产品全生命周期管理

绿色供应链管理包括绿色设计、绿色采购、绿色制造、绿色营销、绿色物流、绿色消费和绿色回收再制造7个环节。绿色供应链管理注重产品全生命周期管理，尤其是重视将环境影响和资源效率纳入供应链管理的综合考虑之中。加强绿色供应链管理，应抓住好以下环节：首先，加强对生态环境设计，关注产品的环境属性。其次，依托市场形成生态产业链。我国东南沿海地区主要通过市场联结轻工业集群，宁夏企业间的市场化配套协作也越来越多。园区建设要强化产业链招商，注重产业链延伸和补链。再次，强化大型企业产业链延伸。西北地区主要通过企业内部产业链延伸来形成重工业集群。例如宁夏大地循环发展股份有限公司从铁合金起家，逐步形成石灰石—电石—聚乙烯醇—高强高模工程纤维产业链，并且利用本厂资源生产水泥、高性能子午线轮胎等产品，建立了自备电厂等，形成产业集团，通过生态产业链，逐步向高附加值产业延伸，也降低了生产成本和市场风险。宁夏绿色供应链是发展短板，今后需要加强企业间供应链关系，强化产业配套，形成产业集群。

（四）支持开发绿色产品，发展绿色和环保产业

绿色产品是指以环境保护为核心概念的可循环降解产品。发展绿色产品及环保产业，首先，应树立绿色设计理念，开发设计具有无害化、节能环保、降耗、可靠性高、寿命长、易降解、易回收的绿色产品，从产品设计环节就把环境影响考虑其中，负面影响降到最低。其次，发展环保产业。加强对废旧产品的全面回收，通过税收优惠政策，大力发展资源再生产业，最大限度地促进资源无限次循环利用，提高资源综合利用效率，减少废物排放。

构建绿色制造体系，宁夏还处于起步阶段，绿色发展理念普及不到位，园区基础设施和企业环保投资巨大，绿色技术的系统集成应用严重不足，正向激励机制尚未形成体系。但沿黄生态经济区，必须成为宁夏绿色发展的先行区和核心区。构建绿色制造体系，是宁夏现代化新征程的必然选择，是生态文明建设的必由之路，是宁夏工业强区、质量强区的内在要求。

四、处理好高载能产业与绿色发展的关系

宁夏电力优势，是招商引资的重要条件，无论是纺织业、大数据产业，还是高载能产业，其发展都与电力有关。

近年来，电价优惠问题成为各个园区特别是高耗能企业主要诉求之一，也是政府打造低成本园区的重点措施。宁夏工业用电占全区总用电量的90%，部分高载能企业的电费成本占生产成本的40%~80%，电价对宁夏工业影响巨大。宁夏具有煤炭及火电优势，但工业用电价格却高于周边省区。内蒙古等地坑口电站多，又有地方电网，往往火电成本比宁夏低廉，使得宁夏在招商引资中电价优势不太明显。

随着东部地区环境容量和电力紧张压力，部分高载能产业逐步向西部具有电力优势的地区转移。其中西南地区的云南、四川、贵州以水电为主，水电成本比煤电具有显著优势，目前全国火电的上网电价平均约为0.36元/千瓦时，而水电约为0.26元/千瓦时。相对来说，西南地区比西北地区更具有电价优势。目前，中铝等集团正在通过内部产能转移方式将部分产能转移到西南电价优势地区。近期，国家上马大柳树水利枢纽工程的可能性

较低，宁夏依靠水电优化能源结构还不现实。在强调大柳树工程防洪灌溉意义之外，适当强调一级开发方案的水电建设对降低电价成本等功能，可能会增加共识的基础。

宁夏降低企业用电成本的措施。首先，电力直接交易。全区直接交易电量由2013年的2500万千瓦时扩大到2017年的280亿千瓦时，占全社会售电量的比重达40%。直接交易比重居全国第二位。通过新能源与火电的打捆参与市场交易，共为企业降低用电成本11亿元。其次，建设自备电厂。由于用电成本是一些高载能大型企业的主要支出，积极争取政策建设自备电厂，将电力纳入工厂产业链，降低用电成本。最后，园区热电联产供给。如青铜峡新材料基地，国电投宁夏电能配售电有限公司分期投资建设园区工业蒸汽循环利用项目，利用青铝发电厂2×330MW机组供热，建成后将关闭园区30家燃煤锅炉，将有利于降低园区企业成本。

2004—2017年，宁夏能源消费总量中，按照等价值计算，煤炭从86.2%降到79.7%，石油从8.4%降到5%，天然气从3.9%提高到5%，电力从1.5%提高到10.3%。煤炭消费比重降低，而电力消费比重提高。近年来，随着经济进入新常态，原煤生产量从2013年的8800万吨减少到2016年的7069万吨，发电量从2014年的1201亿千瓦时减少到2016年的1144亿千瓦时。2017年开始随着全国去产能改革，宁夏原煤产量、发电量分别回升到7644万吨和1381亿千瓦时，发电量已经达到历史最高水平。2017年，宁夏通过银川—山东、宁东—浙江两条直流特高压线路外送电量达400亿千瓦时。目前，国家特高压输电线路建设重启，沿海各省均有增加西电东送的意愿，对电力需求将会长期保持增长。

宁夏要积极深化电力体制改革，促进经济高质量发展。

1. 坚定支持高载能产业发展

宁夏是煤炭、电力富集地区，支持高载能产业发展有利于把资源优势转化为经济优势，要积极发展新能源、环保产业和电能替代，努力提高能源使用效率。云南出台《关于推动水电硅材加工一体化产业发展的实施意见》，四川提出开展水电消纳产业示范区试点，宁夏也应该选择一些战略性新兴产业和特色优势产业，给予差别化电价政策支持，增强电力优势在招商引资中的竞争力。

2. 促进电网企业市场化改革

宁夏电力市场由国家电网独家垄断，造成基础电价高、电网购销差价大等问题，形成发电企业不赚钱、电网高盈利、用电企业用不起的现象。我国于2002年和2015年先后出台电力体制改革方案，重点是售电侧市场化改革，力图改变电网盈利模式，博弈结果是逐步扩大输配电价改革试点范围。电价的变化是整个电力体系的核心，电力改革的最终落脚点应是切实降低电价，这也是供给侧结构性改革的降成本目标之一。2018年《政府工作报告》要求，降低电网环节收费和输配电价格，一般工商业电价平均降低10%。应该逐步理顺电力价格体系，实行厂网分开、竞价上网的电价形成机制，支持经济健康发展。

五、宁夏生态立区战略的实质是在生态优先导向下实现新型工业化、新型城镇化、新型农业现代化

宁夏发展绿色经济，必须考虑宁夏发展阶段对“低碳”和“发展”的需要。中国作为发展中国家，人均二氧化碳排放水平低于发达国家水平。中国正处于突破中等收入陷阱的关键时期，需要重点解决人民日益增长的美好生活需要和不平衡不充分的发展之间的矛盾。中国低碳经济战略必须考虑给予必要的发展空间，特别是欠发达地区的生存性排放。宁夏作为我国的欠发达地区，川区处于产业转型升级阶段，山区依然处于工业化初级阶段。宁夏在全国和国际产业分工中，承担着煤炭、电力供给重任，二氧化碳排放相对较多也是产业结构所决定的。我们既要提防超越发展阶段过分强调减排责任的思想①，更要认识到传统增长方式的不可持续性。靠污染环境而转嫁成本谋取暴利的时代已经一去不复返了，尤其是贺兰山、黄河和宁夏沿黄生态经济带等重大生态屏障，一旦生态环境被破坏，可能花再多钱也是不能修复的。必须正确认识环境保护与经济发展的关系，严格落实中央环境保护督察组督察反馈意见整改方案。

---

①盛馥来，诸大建主编：《绿色经济：联合国视野中的理论、方法与案例》，中国财政经济出版社，2015年。

建设美丽新宁夏，不可能不依靠经济发展而坐享其成，其中建设宁夏沿黄生态经济带至关重要。

1. 向高新技术转型升级要绿色发展空间

创新驱动战略是脱贫富民战略、生态立区战略的基础。宁夏只有实现增长动能转换，实现产业转型升级，才能够为生态立区奠定产业基础。宁夏沿黄科技创新改革示范区建设，要积极加强东西部科技合作，融科技进步于承接产业转移之中，强化特色优势产业的产业链招商引资。严控开发区项目入区门槛。用信息技术改造传统产业，建设智慧园区，注重用智能化、物联网、大数据等技术加强园区和企业绿色经济管理。

2. 向优化产业布局要绿色发展空间

宁夏沿黄生态经济带是城市人口密集区，要按照环保要求，尽快优化产业布局。银川、石嘴山、吴忠等地园区，重点发展高新技术产业和现代服务业，要逐步把生物制药等企业搬离城区。新增重化工业主要向宁东—红寺堡、中卫—中宁工业园区等不占用耕地、环境承载力较大的地区布局。积极保护宁夏河套平原的生态环境和耕地资源。

2017 年，宁夏规模以上战略性新兴产业共有 203 家企业，工业增加值虽然比上年增长 23.1%，但仅占全部规模以上工业增加值的 8.6%，尤其是节能环保产业仅增长 6.1%，占战略性新兴产业比重仅为 1.8%。[①]宁夏绿色经济发展严重滞后，必须加快落实《宁夏回族自治区工业对标提升转型发展行动方案》。

中央经济工作会议提出推动制造业高质量发展，构建绿色制造体系，是经济高质量发展的重中之重。其中对传统工业园区的整合优化，要以建设生态产业园区为目标，延长绿色产业链，开发绿色产品，加速建设绿色生产方式和绿色生活方式相适应的产城融合发展的美丽新宁夏。

---

①石艳君：《2017 年宁夏规模以上工业战略新兴产业发展报告》，《统计与经济》2018 年第 4 期。

宁夏产业转型升级方向研究

刘 雨 黄海伟 张存华 杨哲轶 孙 涛

推进产业转型发展，是自治区第十二次党代会部署的一项重大任务。自治区十二届三次全委会围绕推动经济高质量发展，对推进产业转型发展提出了明确要求。近期，自治区党委政策研究室聚焦工业领域产业转型发展涉及的相关问题开展了调查研究。

一、关于传统产业改造提升的问题

传统产业是宁夏工业经济的主体，煤、电、原材料等传统产业占全区工业比重达75%以上。改造提升传统产业，是推进产业转型发展进而推动全区经济由高速度增长转向高质量发展的紧迫任务。

当前，宁夏传统产业正处于转型发展的关键期和阵痛期，无论在认识上还是实践上都有一些深层次问题需要解决。一是对传统产业的认识存在误区。从调研看，有的地方对传统产业发展在认识上还存在片面性。一种情况是传统产业情结过重。特别是在经济景气时，难以摆脱粗放式发展的路径依赖，对发展传统产业存在扩张冲动。另一种情况是对产业演进规律

作者简介：刘雨，自治区党委政策研究室副主任；黄海伟，自治区党委政策研究室综合研究三处处长；张存华，自治区党委政策研究室综合研究三处副处长；杨哲轶，自治区党委政策研究室综合研究三处主任科员；孙涛，自治区党委政策研究室综合研究三处主任科员。

缺乏深刻认识，简单地把产业转型发展看成是新兴产业对传统产业的替代，认为传统产业是转型发展的包袱，将传统产业等同于低端产业、落后产业，推动转型发展就是要“另起炉灶”。我们认为，持上述观点是因为没有看到许多现代产业是脱胎于传统产业而发展起来的。不改造提升传统产业，现代产业发展没有出路；撇开传统产业，发展现代产业或新兴产业只能是缘木求鱼。二是企业迈向价值链中高端的动力不足。目前，宁夏像共享铸造、吴忠仪表、小巨人机床等这样的企业屈指可数，过百亿元的企业仅有 4 家。全区传统产业中的制造业属于原材料工业，其中六大高耗能行业增加值占全部规上工业增加值的比重达 69.4%。主要工业产品以原材料和初级加工产品为主，产业链条短、精深加工不够，在国内外产业分工体系中长期处于低端低效的环节。有业内人士反映，即使在市场竞争日趋激烈的当下，一些企业仍存在苦熬市场的“博弈”心态，在市场疲软时赔一点，市场扩张时捞一把，以丰补歉。加之有的地方基于政绩考虑，通过行政手段或资源给予企业扶持，弱化了企业向价值链中高端转型发展的动力。三是传统产业升级与先进水平对标不够清晰。从调研与企业座谈的情况看，30 多家企业中许多企业都认为，自己的产品、装备、技术、能耗、流程、性能、质量等在同行业中都不同程度地具有先进性，但当具体说到本行业国际国内先进水平是什么样、企业自身达到了什么程度时，这些企业又大多依据的是经验判断，往往用自身市场份额、企业规模或个别技术指标的先进性作出回应，给不出一个客观、综合的评价标准。

基于以上问题的分析，我们建议自治区在推进产业转型发展过程中应进一步聚焦传统产业改造提升。一是保持改造提升传统产业的战略定力。深入实施传统产业改造提升工程，在创新升级、整合优化、强链补链、有序退出等方面精准发力，坚定不移淘汰落后产能的同时，坚持不懈推进蕴含生机、有比较优势的传统产业向高端化、智能化、绿色化方向发展。二是大力推进传统产业技术改造。把市场倒逼与政策引导有机结合起来，围绕煤炭、电力、化工、冶金、建材等传统产业，聚焦企业设备更新换代、产业链延伸、质量品牌培育等重点，每年确定一批重大技术改造项目，通过以奖代补、全额贴息、延长贴息年限等方式支持企业采用新技术、运用新设备、开发新产品、拓展新业态。另外，建议借鉴石嘴山市推行企业亩产效益综合评价的做法，建立健全分类分档、公开排序、动态管理的企业综合评价机制，提高企业发展质量和效益，加快传统产业改造升级步伐。三是大力实施工业企业对标行动。面向煤化工、仪表、铸造等重点行业领域，推动企业与国际国内先进水平对标，支持企业坚定不移地走中高档产品、中高端市场之路，鼓励企业占领高端市场、开拓新型市场、巩固传统市场，培育壮大一批骨干龙头企业。大力实施产业化项目，在新材料、机械电子、精细化工、现代纺织等重点行业培育一批行业领军企业。

二、关于资源型地区转型发展的问题

自治区第十二次党代会将“推进宁夏东北部老工业城市和资源型城市产业转型升级示范区建设”作为全区未来五年经济社会发展的主要任务之一。可以说，石嘴山和宁东是宁夏打造西部产业转型示范区重点发力部位之一。

目前，宁东转型发展在积极推进，示范带动作用也正在显现。但石嘴山市作为资源枯竭型城市，产业转型升级和可持续发展面临诸多困难。一是产业转型爬坡艰难。石嘴山工业倚能倚重特征明显，传统产业比重大，节能环保和安全生产压力大。全市煤炭年产量由最高年份的 2266 万吨锐减到 397 万吨，直接累计减少工业增加值 120 亿元左右，间接影响相关行业减少增加值近 130 亿元。全域旅游、现代物流、网络经济和健康养老等新经济新业态新产业尚处于孕育期，新旧产业和发展动能转换正处在接续关键期。二是财政收支入不敷出。受经济增速放缓、结构性减税和宁煤集团战略调整等因素影响，市级地方财政收入逐年下降，由 2012 年的 32.82 亿元降至 2017 年的 16.2 亿元，5 年间减少 16.62 亿元，年均下降 13.2%；全市一般公共预算收入年均增幅为-7.6%，较其他地区低 10~19 个百分点，为五个地市中唯一连续 5 年减收的地区。同时，在清除“僵尸企业”过程中，涉及的土地使用税、固定资产变更税费、滞纳金等历史性欠税和企业债务问题，解决起来难度很大。三是资源环境约束趋紧。长期的粗放型经济发展模式对生态环境造成很大破坏，环境承载能力接近上限。随着节能减排力度不断加大，进一步削减污染物排放量的空间越来越小，高载能产业比重高达 48%，重化工比重达 98%左右，节能降耗形势严峻。另外，由于经济下行压力加大，企业效益下降，加之融资困难，资金短缺，节能减排资金投入不足，影响了节能减排工程建设力度和进度。

推进石嘴山等资源枯竭型城市转型发展，应当充分利用老工业城市和资源型城市产业转型升级示范区建设的有利契机，用好用足国家相关政策。一是加强统筹规划。从自治区层面统筹好石嘴山和宁东两个行政区域，综合考虑体制、机制创新，以及基础设施、环境保护、经济发展、城市建设等各个领域。建议自治区相关部门牵头，组织力量围绕国家赋予的“四项探索”任务开展深入调研，抓好顶层设计和整体谋划，拿出解决的时间表和路线图。二是积极争取国家政策支持。认真研究吃透国家支持示范区建设的政策精神，拆分具体任务，开列责任清单，积极对接国家相关部委，争取各项政策举措及早落实落地。同时，加大对国家支持石嘴山市相关项目配套资金的支持，特别是在城区老工业区搬迁改造、东北振兴新动能培育平台及设施建设、独立工矿区改造、采煤深陷区综合治理等方面的项目资金，争取国家支持的各类项目资金落实到位。三是加大示范区建设支持力度。建议自治区召开宁夏东北部产业转型升级示范区推进会或石嘴山老工业基地振兴专题会议，比照国家支持东北等老工业基地做法，尽快出台支持宁夏东北部产业转型升级示范区建设、支持石嘴山老工业基地产业升级等一揽子政策，从创新、金融、土地、投资等方面给予政策倾斜。

三、关于中小微企业发展的问题

近年来，宁夏把发展中小微企业作为扩大就业、推动经济增长的重要力量，先后出台了一系列鼓励、引导和支持中小微企业发展的政策法规，中小微企业得到快速发展。目前，全区共有中小微企业近 14 万户，从业人员 100 万人左右，累计培育专精特新企业 677 家、示范企业 295 家、双创梯队企业 357 家、公共服务示范平台 67 家，搭建双创平台 9 个、双创基地 35 家、示范园区 49 家。全区 85%的新增劳动力和 90%的下岗失业人员在中小微企业实现再就业。

虽然宁夏中小微企业发展取得了一些成绩，但从全区经济发展整体格局来看，中小微企业还没有显现出“专精特新”的总体效果，与推进宁夏产业转型发展的需要存在较大差距。一是可持续发展能力弱。目前，宁夏中小微企业大部分仍集中在传统产业领域，处在产业链和价值链低端，市场竞争力不强，抵御市场风险能力较弱。据相关调查，一季度，受环保治理、淘汰落后产能、季节性生产、竞争力不强等因素影响，中小微企业关停比较多，占全部样本企业的53.17%。从行业看，非金属矿物制品业、金属制品业、农副食品加工业、化学原料和化学制品制造业关停企业较多，分别占全部关停企业的23.94%、11.13%、7.24%、7.19%。二是融资难仍然是制约中小微企业发展的瓶颈。一些企业普遍反映，贷款融资困难、资金短缺是企业加快发展的最大制约。相关数据显示，25.43%的企业认为资金紧张是当前存在的突出问题，41.33%的企业流动资金较为紧张，仅有0.58%的企业流动资金较为富裕。苏宁新能源设备有限公司负责人反映，完成现代化全方位的整体铸造生产线改造升级需要的资金量较大，对于中小企业来说，一次性到位的改造升级很困难，只能对关键性技术和工艺环节进行改造升级，造成了改造升级不彻底。三是多数中小微企业游离于产业配套之外。由于宁夏上规模的成套设备、终端制造等企业少，大中型企业多处于产业链上游，对中小微企业配套需求少，导致中小微企业多处在离散式发展状态。还有一些中小企业经营者存在着“小富即安”观念，主动寻求为大企业做配套的动力不足。另外，由于宁夏大部分中小微企业技术水平低、管理粗放，缺乏专精尖的配套能力优势，为大企业和高新技术产业配套做不成也做不好。比如，宁东能源化工基地有许多高科技企业，需要很多配套产品，周边中小企业无法满足配套需要，而必须从区外引进，区内其他大型企业也存在这样的困难。宁夏招商引资中，一些具有集成性特征的大项目、好项目难以落地，一个重要因素就是企业配套能力跟不上。

从一定意义上讲，重视中小微企业的发展，就是重视宁夏的未来发展。建议：一是进一步加大对中小微企业相关政策的落实力度。完善“专精特新”企业发现、培育、认定、扶持、监测、服务等机制，打造一批深耕专业市场的行业冠军；大力实施“科技型小巨人”企业培育计划，引导企业加大研发投入，提升技术创新能力，塑造行业核心竞争力，推动传统中小企业向科技型企业、高新技术企业转型。大力实施“个转企、小转规、规转股、股转市”自治区、市、县分级培育计划，推进中小微企业创新发展。二是进一步优化融资环境。大力实施“引金入宁”计划，丰富金融业态，鼓励金融机构为中小微企业提供多种融资服务，切实降低融资成本。积极创新融资担保模式，扩大中小微企业贷款风险补偿、政策性转贷、助保贷等风险补偿助贷范围，持续推进企业融资租赁、小票贴现、应收账款质押等融资服务，探索多种途径缓解企业融资困难。三是加强中小微企业开展协作配套支持和引导。建立为中小微企业与大企业配套发展提供服务的工作机制，举办中小微企业与大企业配套合作项目洽谈会，搭建中小微企业与大企业交流合作平台。支持龙头企业按照降低生产成本、实现利益共赢的发展思路，优先与本地中小微企业开展配套协作，分离配套环节及特定的生产工艺，通过专业分工、服务外包、订单生产和引资设厂等方式，将相关产品和服务委托给中小微企业经营，带动和促进中小微企业发展。四是打造双创示范平台。以推进石嘴山市小微企业双创基地城市示范建设为抓手，培育一批自治区级小微双创孵化示范基地和众创空间，集中资本及资源优势打造优质创客服务体系，提升双创服务功能。同时，应推动县域围绕“小资源”做“大文章”，引导中小微企业在特色产业发展上走精细化之路，积极培育形成一批具有地域特色的中小微优势产业集群。

四、关于优化营商环境的问题

近年来，自治区党委、政府高度重视营商环境建设，通过一系列政策措施，着力优化政务环境、社会环境、经营环境、金融环境，在改善营商环境方面取得了积极进展。

但从调研了解的情况看，相对于优化营商环境的要求，宁夏还有许多地方需要持续用力。一是政务服务环境有待进一步优化。有的企业反映，一些优惠政策具有较强的实效性，由于传导不及时，等企业知道了，或者申报时间已过，或者只有一两天时间，企业措手不及，错失良机。另外，部分领域行政审批环节依然过多，审批程序仍然繁杂，加之受“信息孤岛”

的影响，政务服务信息系统没有打通，与“不见面、马上办”的改革要求还有差距。据了解，全区企业开办时间需要20个工作日，与国家要求的8.5天还有较大差距，与山东的3天差距更大，特别是在项目的安评、环评、能评、验收等环节手续更为复杂，审核时间更长。二是企业家成长环境有待进一步改善。调研了解到，一些规范化和制度化的政商沟通机制还没有建立，特别是在制定相关企业政策时，有些企业认为相关部门没有征求他们的意见建议，一些出台的政策针对性和实效性还不够强，对他们不实用。有的企业家反映，现在培训比较多，但不接地气，企业家参加的积极性不高。近3年来，自治区相关部门组织的企业高级管理人员培训，企业董事长、总经理参加培训的仅占30%左右。三是园区环境有待进一步配套完善。随着各工业园区项目落地，环保、安监、综合执法等监管任务日益繁重，职能与任务不相匹配，影响园区管理运行效能。同时，受历史因素、产业结构和开发模式的制约，绝大多数企业在基本建成后往往成了城市经济发展的“孤岛”，居住、服务、消费等多元化的综合配套跟不上，与城市发展脱节，导致出现职住失衡与“钟摆式交通”等问题。比如，天地奔牛实业集团有限公司反映，由于厂区位于石嘴山市区较为偏僻的地方，工人下班后，没有地方消费娱乐，只能到市区，但到市区几十公里，没有配套公交线路，很多年轻人最短3个月、最长1年就走了。

综上，建议继续深化各项改革，持续完善配套服务，努力构建“亲”“清”新型政商关系，营造便捷、高效、优质的营商环境。一是持续深化“放管服”改革。深入推进“互联网+公共服务”，做实做细“不见面、马上办”，大力推行投资项目“区域能评、环评+区块能耗、环境标准”“多评合一”，进一步精简审批程序，缩短办结时限；推行全程代办制，实行集中研究审议招商项目举措，对已签约的项目，分层次选派一批干部作为“营商专员”进驻项目一线和企业，提供“店小二”式的全程代办、“经理人”式的全程跟进、“监护人”式的全程保护。二是营造良好企业家成长环境。建立完善制度化、经常化的政企沟通机制，搭建政企交流合作平台，发挥好企业家建言献策的能动作用。建立优秀企业家社会贡献奖制度，定期评选一批对经济贡献大、吸纳就业多、社会反响好的企业进行表彰奖励，充分调动企业家投身宁夏转型发展的积极性和创造力。加大舆论宣传和引导，加强对优秀企业家先进事迹和突出贡献的宣传报道，营造培育企业家的良好氛围，让企业家精神在宁夏生根发芽、开花结果。三是加快推进园区整合优化。全面落实自治区《关于促进开发区改革和创新发展的实施意见》，抓紧制订工业园区（开发区）整合优化实施方案，进一步理顺体制机制，释放园区发展活力。加大对高新区、工业园区等企业聚集区的公共服务设施配套力度，特别是对医疗卫生、文化体育、公共交通等企业职工急需的生活设施，通过政府购买服务等方式逐步实现全覆盖，为企业营造良好环境。

宁夏创新驱动战略研究

王　宇

自治区第十二次党代会把创新驱动战略作为“三大战略”中的第一大战略，提出“大力实施创新驱动战略，加快经济转型发展”，这是宁夏立足区情、审时度势作出的重大战略抉择。未来5~10年，将是宁夏深入实施创新驱动战略的攻坚期。必须坚持以习近平新时代中国特色社会主义思想和党的十九大精神为指导，在新发展理念指引下，进一步明确创新发展战略的主攻方向和关键举措，更好适应和引领经济发展新常态，为经济发展方式转变注入强大动力。

一、宁夏实施创新驱动战略整体情况

自治区第十二次党代会以来，自治区出台了《关于推进创新驱动战略的实施意见》（以下简称“创新30条”）等一系列政策文件，全区上下大力实施创新驱动战略，坚持走开放创新、特色创新之路，狠抓“创新30条”政策落实，各项工作取得明显成效。

（一）科技创新环境持续优化

一是科技创新政策体系不断完善。自治区第十二次党代会将创新驱动

作者简介：王宇，自治区科技厅发展计划处处长，参与起草《自治区党委人民政府关于推进创新驱动战略的实施意见》，主要研究方向为科技创新管理与区域经济发展。

战略确立为“三大战略”之首，专门召开实施创新驱动战略推进会，出台了一系列政策措施和配套文件，形成了比较完善的科技创新政策体系。二是科技项目管理改革深入推进。深入推进科技项目管理“放管服”改革，重点是改革项目形成机制，坚持“围绕产业、聚焦瓶颈、重点突破”的原则，采取“顶层设计+需求征集”相结合的方式凝练科技项目，重点支持企业牵头开展集中攻关。改革科技项目监管机制，制定《科技项目经费监管办法》等制度措施，建立了重大重点科技项目年度报告、中期评估等制度，加强对项目经费使用的监管；制定《科研失信企业名单管理暂行办法》，加强对企业科研失信行为的监管，推进科研诚信体系建设；建立了科技项目立项廉政风险预警谈话机制，督促项目承担单位加强科研资金廉政风险防范。

（二）推动研发投入持续增长

一是政府投入导向作用不断强化。加强顶层设计，出台了《关于提高全社会研发投入水平的行动计划》，明确 2018 年到 2020 年的年度目标和主要措施；加强对 R&D 投入和财政科技投入的效能考核，督促市县加大 R&D 投入；加强统计督导，建立科技、教育、财政、统计等部门 R&D 投入联训联审联席机制和区市联动机制，督促五市建立了 R&D 督导机制。2017 年，全区 R&D 投入 38.94 亿元（2016 年为 29.93 亿元），增长 30.1%；全区 R&D 投入强度达到 1.13%（2016 年为 0.95%），增长 18.9%，这是自治区成立 60 年以来增幅最大的一年。二是科技金融结合更加紧密。把科技金融作为撬动 R&D 投入的重要手段，组织实施科技金融创新行动，2018 年重新制定了《自治区科技型中小微企业风险补偿专项资金管理暂行办法》，扩大支持范围，延长企业贷款年限，实现了风险补偿贷款试点对五个地级市的全覆盖；启动科技创新券补贴工作，设立了 2.5 亿元的科技创新与高层次人才创新创业担保基金，正在组建总规模为 5 亿元的科技成果转化投资基金。三是企业后补助政策更加完善。制定了《自治区企业研究开发费用财政后补助管理办法》，将后补助政策与研发费用加计扣除政策相结合，把对企业项目研发投入后补助改为对企业年度研发费用总额给予 10%~15%的经费补助，规上工业企业研发投入占主营业务达 3%的对其新增的研发经费给予 10%的补助，进一步调动企业研发投入的积极性，增强了政策的普惠性。

（三）企业主体地位持续增强

一是大力培育科技型企业。实施高新技术企业倍增计划、百家科技“小巨人”企业培育计划和千家科技型中小企业培育计划。目前，全区国家级高新技术企业达到95家，自治区科技“小巨人”企业达到23家，自治区科技型中小企业达到534家。二是进一步完善科技型企业培育体系。开展了国家科技型企业评价备案、自治区农业高新技术企业培育和自治区技术先进型服务企业培育等工作，形成了从自治区科技型企业到国家高新技术企业的梯级培育体系。三是大力支持企业组建研发机构和科技创新平台。目前，全区各类企业建有研发机构201家，占全区研发机构总数的71.5%；建有各类科技创新平台219家，占全区科技创新平台总数的70.6%。

（四）科技创新体系持续完善

一是加强科技园区基地建设。获批建设了2个国家高新区、5个国家农业科技园区和2个国家可持续发展实验区，宁夏大学科技园获批为国家大学科技园，组建了各类国家科技基地9个。银川市获批为国家创新型城市试点、国家促进科技和金融结合试点城市，石嘴山市成为全国首批15个小微城市创业创新城市示范之一，中卫市被科技部评为全国4个节水型社会创新试点之一。通过东西部科技合作，银川市建设了银川中关村科技创新创业园，正在组建中国枸杞研究院、中国（宁夏）奶业研究院、宁夏碳基材料研究院、上海交通大学（银川）新材料研究院等科技创新基地。积极推动银川市理顺银川高新区管理体制机制，培育自治区级高新区。二是加强科技创新平台建设。组建了国家和自治区级重点实验室35家、工程技术研究中心52家、自治区技术创新中心173家。2017年以来培育了自治区产业技术协同创新中心4家、临床医学研究中心20家。建成国家和自治区科技企业孵化器、众创空间42家，获批国家级“星创天地”30家。正在北京电子科技研究院、上海交通大学和苏州工业园建设3个离岸孵化器。三是加强科技创新人才团队建设。围绕煤化工、智能制造、枸杞深加工等重点领域培育组建了73家自治区科技创新团队，遴选了56名科技创新领军人才培养对象；持续推进科技特派员创业行动，3500多名科技特派员成为推进农村农业领域创新创业的生力军。

（五）支撑引领高质量发展成效明显

组织实施产业重大科技攻关行动，聚焦能源化工、现代纺织、先进装备制造、新材料、生物医药等 9 大重点领域关键技术难题，立项实施了 25 个重大科技项目和一批重点科技项目，着力攻克制约产业发展的重大技术瓶颈。组织实施科技成果转移转化行动，出台《自治区科技成果转化条例》，建成了宁夏首个线上线下相结合的技术交易市场。经过努力，宁夏取得了一批重要科技成果，有力地支撑了经济社会发展。工业领域，400 万吨煤制油项目综合技术水平国际领先，钽铌铍等稀有金属材料研发和生产能力居世界两强之一，百万千瓦超超临界蒸汽轮机球墨铸铁件打破了我国高效蒸汽轮机基础部件长期受制于发达国家的局面，铸造用工业级 3D 打印设备实现产业化应用，三峡工程、高速铁路、载人航天等国家重大工程都有宁夏制造的身影。农业领域，围绕“一特三高”农业发展，在新品种选育、节水高效农业、健康养殖、生物发酵等方面取得了一批国内领先的重要成果，优质粮食超高产栽培技术连续创造单产新高，突破了葡萄架型选择、脱毒种苗培育等关键技术，初步建立分子辅助育种体系，农作物优良品种覆盖率和畜禽改良率达 90%以上。社会民生领域，在人口健康、生态环境、公共安全等民生领域取得了一批重要科技成果，面向基层累计推广先进技术成果 220 余项，培训基层医疗技术人员超过 1.5 万人，累计培训农民 2 万余人次，培育了 360 多户中药材产业科技示范户。

（六）东西部科技合作扎实推进

认真贯彻习近平总书记来宁视察重要指示精神，把加强东西部科技合作作为吸引资源、聚集人才、引进成果的重要途径全力推进、持续深化。2017 年，在科技部大力支持下，宁夏建立了“科技支宁”东西部合作机制，召开了首届东西部科技合作推进会。2018 年组织召开了第二次“科技支宁”东西部合作推进会，合作省份由 8 个省市扩展到上海、湖北等 11 个省市和浙江大学，合作范围涉及 21 个省市和院校。51 个重大、重点东西部合作项目现场签约。进一步扩大合作领域，既有产业重大技术合作，也有民生领域科技合作。两年来，宁夏企业、高校、院所与东部实施各类科技合作项目400多项，其中列入自治区重点研发计划的有177项，自治区财政投入7.8亿元。

二、宁夏实施创新驱动战略面临的主要问题

总体来看，近年来宁夏科技创新快速发展，在培育经济发展内生动力、促进新旧动能转换、培育新兴产业和新的经济增长点等方面的作用逐步显现。但是，当前宁夏创新驱动中仍然存在一些问题和困难，制约着科技创新能力和支撑发展能力的快速提高，主要有以下几个方面。

（一）科技创新意识仍然不强

自治区实施创新驱动战略一年多来，全区对科技创新更加重视，科技投入大幅增长，科技创新氛围更加浓厚。但总体来看，宁夏整体科技创新意识仍然不强，主要表现在：一是贯彻新发展理念不够深入。一些领导干部贯彻习近平总书记来宁视察重要讲话精神和新发展理念不够深入，不愿、不懂、不会抓科技创新工作等问题比较突出，仍然用惯性思维、粗放式发展理念推动发展，没有把科技创新摆在经济社会发展全局的重要位置，科技与经济存在“两张皮”。二是市县对科技创新重视不够。对于抓科技创新工作，市县普遍存在说起来重要、干起来不重要的现象，还做不到把科技创新工作与经济工作同部署、同推进、同落实；市县科技投入增长较慢，大部分仍然达不到“财政R&D经费投入年增长速度30%以上”的要求，部分市县企业后补助资金配套迟迟不能到位；科技创新政策宣传、解读、培训和落实落地不够细致和精准。三是企业科技创新意识不强。大部分企业不会创新、不愿创新、不敢创新的观念仍然普遍存在。全区规上工业企业中有研发活动的只有255家，占20.9%，企业研发投入的57.3%主要集中在20家企业，大部分企业没有研发活动，也没有研发投入。

（二）科技体制机制改革滞后

一是科技领域自身改革还不够深入。科技项目申报管理存在繁文缛节、申报要求过多、各类材料复杂等问题，还存在着要求项目申报者在项目研发开始前就确定产品的主要指标等问题，忽视研发过程的不确定性；科技经费管理自主权下放不够，科研项目经费支出进度要求不符合科研规律，

管得过多、过死、过于繁琐；一些项目承担单位尤其是高校院所，没有结合自身特点和科研规律建立健全科研项目资金管理制度，导致科研项目承担人员不知如何操作。二是促进科技成果转化的体制机制尚未形成。当前，宁夏科技管理工作中重科技研发、轻成果引进转化的局面还未得到扭转，支持引进转化科技成果的机制尚未形成；《自治区科技成果转化条例》出台较晚，技术交易市场建设滞后，技术合同交易额度只有 7.34 亿元（全国技术合同交易额为 1.34 万亿元）。三是科技服务业发展缓慢。宁夏科技服务业起步较晚，市场发育不足，知识产权、科技金融、技术转移等科技服务中介机构较少、能力较弱，科技服务从业人员少，为科研开发和成果转化的服务体系尚未形成。

（三）高新区发展慢，高新技术企业数量少

一是国家高新区创新能力不足，发展缓慢。银川、石嘴山两个国家高新区科技投入不足，高新技术企业数量少（银川高新区 2 家，石嘴山高新区 12 家），科技人才缺乏，高新技术产业发展还处于产业链低端，创新发展能力与国家高新区平均水平相差还很大。2017 年，科技部公布的 147 家国家高新区综合评价结果中，银川高新区排名第 146 位，石嘴山高新区排名第 115 位，特别是银川高新区排名连续下滑，有被摘牌的危险。管理体制不顺、机制不活，银川市、石嘴山市没有赋予两个国家高新区相应的地市级经济和社会事务管理权限，国家高新区在财政、土地、政策和劳动人事等方面没有自主权。二是自治区高新区尚未建立。虽然启动了自治区高新区培育工作，推动吴忠金积工业园、中卫工业园培育认定自治区高新区，但由于环保、土地规划等方面的问题尚未妥善解决，目前还没有正式认定。宁夏培育认定自治区高新区尚未突破零状态。三是高新技术企业数量少。目前，全国高新技术企业已经达到 13.6 万家，宁夏才 95 家，相邻的甘肃、青海、新疆也已分别达到 436 家、189 家、374 家，宁夏与其数量差距很大。

（四）R&D 投入仍然不足

R&D 投入是全面建成小康社会的约束性指标，也是短板指标。2017 年，宁夏投入强度为 1.13%，虽然实现了大幅增长，但仍然远低于全国 2.12%的平均水平，与 2020 年达到 2.0%的目标差距依然很大。其中，政府经费占全社会 R&D 投入的比重只有 21.5%，远低于西部 36.8%、西北五省区 48.4%的平均水平。企业 R&D 投入不足，大部分企业没有研发投入，科技金融撬动作用发挥还不充分。

三、宁夏实施创新驱动战略的关键举措

宁夏实施创新驱动战略，必须坚持面向全区经济社会发展主战场，围绕“调结构、强动力、提速度”这一目标，坚持开放创新、特色创新，以高新区建设和高新技术企业培育为抓手，进一步加大科技创新投入力度，加快推进沿黄科技创新改革试验区建设，深入开展东西部科技合作，为实现宁夏高质量发展提供更加有力的科技支撑。主要举措如下。

（一）深化科技管理机制改革

按照习近平总书记关于政府科技管理部门“抓战略、抓规划、抓政策、抓服务”的要求，认真落实中央办公厅、国务院办公厅《关于深化项目评审、人才评价、机构评估改革的意见》精神，制定宁夏实施意见，继续深化科技体制机制改革，推动科技创新与体制机制创新“双轮驱动”。

1. 优化调整科技计划体系

一是调整现有科技项目计划体系。根据宁夏经济社会发展战略需求和科技发展自身需要，优化整合实行公开竞争方式的自治区级财政科技计划，对定位不清、重复交叉、实施效果不好的，通过撤、并、转等方式进行必要调整和优化。围绕科技计划功能定位，整合形成重点研发计划、技术创新引导计划、基础条件建设计划、基础研究计划等四大类科技计划，解决科技计划交叉重叠、目标分散等问题，建立各类科技计划的绩效评估、动态调整和终止机制。二是加强各类计划统筹协调和有机衔接。坚持重点研发计划项目技术攻关，突出成果应用与转化；科技重大项目围绕重点产业发展，突出技术支撑和产业化；引导性科技项目聚焦应用研究、突出项目源培育；科技创新平台密切产学研合作，突出提高集成创新能力；基础研究项目立足人才培养，突出原始创新导向；后补助项目引导企业先行投入自主创新，促进科技成果落地转化；公益性项目坚持自主选题、稳定扶持，提高科研机构的研发和公共服务能力。

2. 创新项目形成机制

一是重大科技项目突出政府目标导向。要聚焦自治区党委、政府经济社会发展的中心工作、重大工程和主导产业、优势特色产业的重大关键环节技术，发挥集中力量办大事的体制优势，在设定时期内进行集成式协同攻关。要坚持有所为有所不为，准确把握技术路线和方向，聚焦攻关重点，设定明确的项目目标和关键节点目标并明确考核指标，采取定向择优方式遴选优势单位承担项目，按照“成熟一个、启动一个”的原则滚动实施。二是重点研发项目突出技术支撑。要聚焦宁夏产业部门关注的产业重大关键技术瓶颈、重大工程技术难题和民生科技优先领域，重点支持企业在新产品研发、技术水平提升、市场拓展、转型升级等方面的技术研发、技术引进。支持高校、院所与企业联合承担重点科技攻关项目。三是技术创新引导项目突出产业化导向。充分发挥财政科技资金的杠杆撬动作用，引导企业真正成为技术创新研发投入、科研组织和成果转化的主体，支持企业牵头实施科技成果转化项目，培育创新产品，开展产业化示范和金融风险补偿，促进科技成果商品化、资本化、产业化。四是基础条件建设项目突出能力提升。重点支持科研基础条件、科学研究、工程化开发、转移转化、企业孵化、产业园区等科技创新基地（平台）建设和能力提升，促进科技资源开放共享，提升科技创新的条件保障能力和产业化服务能力。五是基础研究项目突出原始创新。聚焦全区经济社会发展战略性、基础性、前瞻性重大科学问题，鼓励自由探索，支持科研人员开展基础研究和前沿技术研究，创新理论和方法，强化前期应用技术开发和原创成果储备，培养优秀科技人才，提升原始创新能力。

3. 改进项目立项管理

一是提高指南编制的科学性、针对性。编制五年和中长期科技创新规划指南，自治区党委、政府重大工作部署以及年度科技工作要以此为依据。扩大指南编制的参与范围，建立由产学研多方参与的项目指南论证机制。明确科技研发项目的支持方向和范围，项目数量及经费支持方式，申报金额、申报条件、申报材料以及其他相关申报要求。二是提高项目评审的科学性、公正性。完善专家库建设，与科技部、其他省市区专家库对接共享。

邀请区内外高水平专家参与评审，扩大企业专家参与项目评估比重。完善评审方式，竞争性项目评审以网络评审为主，通过管理系统实行自动分组，按照领域相关性原则自动匹配评审专家。优化项目预算评审，项目预算作为预算执行和监督检查的重要依据。三是建立规范公正的项目立项决策机制。在评审、论证的基础上，按评审结果，根据申报指南，以一定比例择优建立项目备选库。坚持集体讨论、民主决策原则，以专家评审意见作为项目立项的主要依据，对项目申请者及其合作方的资质、科研能力、发展前景等进行重点审核，从项目备选库中择优确定项目承担者。健全立项管理的内部控制制度，全面实行痕迹管理，实现立项过程可查询、可追溯。

4. 规范项目过程管理

一是加强对项目进行中期评估或绩效评估。对项目实施不力的要加强督导，对存在违规行为的要责成项目承担单位限期整改，对问题严重的要暂停项目实施或终止实施，终止项目按程序收回财政科研资金。加大对项目实施和经费使用中违规违纪违法行为的惩处力度。二是简化项目验收和结题审查。区分重大项目、重点项目和一般项目，有针对性地制定不同的验收、结题管理办法。三是积极探索依托专业机构的管理项目。积极探索依托具备条件的科研管理类事业单位或社会化科技服务机构管理的科研项目。可委托具备相应条件的第三方机构对项目的相关环节进行管理。授权项目管理专业机构对相关科技计划项目进行专业化管理，负责受理项目申请、组织项目评审、过程管理、结题验收和绩效评估等工作。四是强化项目实施过程管理主体责任。项目承担单位履行项目实施法人主体责任，负责项目实施的具体管理，对项目经费进行独立核算，对项目完成及实施效果负责。四是建立科研诚信制度。建立覆盖项目申请、评估评审、立项、实施、验收全过程的科研信用记录制度，完善科技计划项目“资信管理子系统”建设。对于项目承担单位和项目负责人的项目申报、实施、结题和绩效评价情况，以及专家参与项目评估评审、验收和绩效评价等科技活动的行为信用进行记录，作为今后项目评审立项的重要参考。对弄虚作假、违纪违约等不良行为建立“黑名单”，阶段性或永久取消其申请自治区科技计划项目或参与项目管理的资格。

5.改进财政项目资金管理

一是简化预算编制，下放预算调剂权限。赋予科研单位更多科研项目经费管理使用自主权，赋予科研人员更大技术路线决策权。在项目经费总额不变的情况下，项目直接费用中的材料费、测试化验加工费、燃料动力费等及其他支出如需调剂预算，由项目负责人提出申请，报项目承担单位核准即可。改进预算编制方法，实行部门预算批复前项目资金预拨制度，保证科研人员及时使用项目资金。二是改进项目结转结余资金留用处理方式。项目实施期间，年度剩余资金可结转下一年度继续使用。项目完成任务目标并通过验收，且承担单位信用评价较好的，结余资金留归项目承担单位使用，在 2 年内由项目承担单位统筹安排用于科研活动的直接费用支出；2 年后未使用完的，按规定收回。未通过验收和整改后通过验收的项目、承担单位信用评价或预算执行评价较差的项目，结余资金按原渠道收回。三是自主规范管理横向经费。支持高校、科研院所通过签订合作研究、委托研究、技术开发、技术咨询、技术服务等方式，从企事业单位、社会团体或个人等获得非财政拨款性质的横向科研项目经费。项目承担单位以市场委托方式取得的横向经费，纳入单位财务统一管理，由项目承担单位按委托方要求或合同约定管理使用。

（二）加强沿黄科技创新试验区建设

沿黄科技创新试验区聚集了全区 70%以上的创新资源，拥有全面创新的条件和基础。可以说，抓沿黄科技创新试验区创新工作，就抓住了全区创新发展的关键。

1. 加快区域创新联动改革

一是强化区域协同创新。立足产业基础，跨区域整合创新政策与创新资源，以创新要素的优化配置与集聚流动促进产业合理分工，以点带面，试点示范，推动“4+1”主体之间形成园区合作、联合攻关、产业对接、成果转化、资源共享、市场一体化的科技创新资源高效利用机制。二是推进“一区多园”改革试点。在沿黄科技创新试验区内，“4+1”主体要打破行政区划界线，推动和支持七大园区建立“一区多园”或“一园多区”机制，跨区域建立“飞地式”分区，促进区域资源和市场整合。各园区要面向区域共性问题，联合建设一批与区域产业结构调整相适应的创新平台，联合推出一批重大科技项目，联合组织科技攻关，联合申报国家重大科技项目和国际科技合作项目。三是加快区域一体化建设。“4+1”主体联合编制行业科技合作发展规划、发展区域性技术市场，举办科技服务交流活动，创新科技金融融合方式，促进区域性科技资源共建共享。

2. 建立高效工作推进机制

一是建立分级负责机制。明确自治区和“4+1”主体各自责任，即自治区主要负有顶层设计、统筹协调、资源配置和督查考核等主导责任，“4+1”主体主要负有各自试验区建设方案制定、建设任务落实等主建责任。二是建立多方共建机制。将沿黄试验区建设作为自治区与科技部会商的固定内容，加强与东部科技强省和大院名校合作共建，吸纳并利用好国家和外省创新资源。“4+1”主体积极争取区内外各方支持，形成良好的协同共建机制。三是建立督查考核机制。根据自治区主导责任和“4+1”主体主建责任建立两级责任清单和年度、中长期考核台账，制定考核办法，量化考核指标，公开考核结果。同时建立追责清单，明确追责程序及责罚标准，对未完成任务的责任主体严格进行追责。

3. 培育形成特色创新集群

一是强化企业技术创新能力建设。推进构建以企业为主体的技术创新战略联盟，充分激发企业创新的内生动力，通过引导民间资本投资兴办、对现有企业进行科技嫁接改造、加大引进科技型企业力度、鼓励大中型企业延长产业链等多种方式，大力培育和引进科技型企业。二是鼓励企业加大创新投入，引导各类创新资源向企业聚集，引进消化吸收再创新、实用技术创新和创新成果转化应用，加速科技投入成果化、科研成果效益化。三是支持产学研协同创新。坚持需求导向和产业化方向，探索多形式协同创新模式，深化产学研、大中小企业配套协作，促进产业链和创新链深度融合，在精细化工、3D 打印、智能制造、云计算和电子信息、新材料、现代纺织、生物医药等产业领域实现新突破。

（三）加强高新区建设和高新技术企业培育

高新区是科技的集聚地，也是创新的孵化器。要把加强高新区建设和高新技术企业培育作为实施创新驱动战略的重要抓手。

1. 加强国家和自治区级高新区建设

一是推动国家高新区加快发展。推动银川市、石嘴山市进一步理顺国家高新区管理体制机制，赋予高新区地市级经济和社会事务管理权限，加快形成事权与责任相匹配的运行机制；强化高新区管委会的综合服务功能和科技创新促进功能，提升园区发展活力和创新效率；建立符合国家高新区特点的考核评价体系，加强对国家高新区建设发展情况的考核；推动银川高新区划归由银川市政府直接管理，整合相关园区实现“一区多园”发展。二是加快培育自治区高新区。推动吴忠市、中卫市尽快解决金积工业园、中卫工业园环保、土地规划等方面存在的问题，建设自治区级高新区；结合自治区整合优化工业园区工作，择优选择基础条件较好的工业园区培育自治区高新区，力争 2020 年实现自治区高新区对五市的全覆盖。

2. 大力引进培育高新技术企业

一是着力实施高新技术企业倍增计划，建立高新技术企业培育库，力争用 3 年时间培育国家高新技术企业 100 家以上，争取 2020 年全区国家高新技术企业数实现翻番。二是建设高新技术企业培育梯队。加强科技“小巨人”企业、科技型中小企业培育，着力培育一批高新技术企业“后备军”。

（四）深入推进东西部科技合作

认真贯彻习近平总书记视察宁夏时关于推进东西部科技联动和对口支援的重要讲话精神，持续推进“科技支宁”东西部合作。

1. 进一步完善“科技支宁”东西部合作机制

充分发挥“科技支宁”东西部合作协调领导小组职责，坚持“政府引导、市场主导、互惠互利、合作共赢”原则，以引进转化区外先进技术成果、柔性引进使用东部科技创新人才为核心，建立完善技术交易、成果对接、联合攻关、合作共建平台园区基地等机制，持续拓展合作省份，丰富合作内容，扩大合作领域，争取每年落地实施一批科研攻关和成果转化项目，合作共建一批科技创新平台园区，柔性引进聚集一批科技创新团队。

2. 坚持以需求为导向强化东西部科技创新合作

坚持优势互补、互利共赢，以宁夏科技创新能力提升和高质量发展重大需求为导向，聚焦合作重点领域，梳理和摸清需求，凝练形成项目清单，主动加强与东部省市对接合作。充分发挥科技管理部门的“牵线搭桥”作用，采取“走出去、请进来”的方式，组织各类创新主体深入开展技术交流对接，不断提高东西部合作的质量和效益。

3. 坚持以园区载体深化东西部科技创新合作

推动宁夏高新区与东部高新区建立对口合作关系，围绕双方关联性强、互补性强的产业，深入开展园区合作共建，吸引集聚创新要素，培育壮大特色优势高技术企业。探索“飞地园区”模式和利益共享机制，引进发达地区的先进经验、管理团队，创新管理体制和运行机制，加强产学研深度合作，促进科技成果向西部地区落地转化。

（五）继续加强科技投入

紧紧围绕 2020 年全区 R&D 投入达 2.0%以上的目标，继续推动加大科技投入力度。

1. 推动市县财政加大科技投入

发挥好效能考核指标棒作用，推动市县加大财政科技投入力度，争取达到财政 R&D 经费投入年增长速度 30%以上的要求。

2. 引导企业加大投入力度

充分发挥各级财政资金引导作用，通过企业科技项目合同制管理、加强企业后补助政策落实等措施，着力支持企业加大研发投入力度，引导企业成为研发投入的主体。

3. 大力推进科技和金融深度融合

进一步完善科技金融机制，建立科技金融专营机构，通过贷款贴息、风险补偿、科技保险、知识产权质押、科技创新引导基金等多种方式，撬动金融资本向科技创新领域涌流，进一步解决企业科技创新融资难题，引导企业和社会资本加大科技投入力度。

宁夏民营经济发展深层次问题研究

王林伶

我国以民营企业为代表的非公有制经济，是改革开放以来在党的方针政策指引下发展起来的，从不允许到允许，从“有益补充”到“重要组成部分”，再到“两个毫不动摇”“三个没有变”，是不断“松绑”、放活、鼓励、支持和保护的发展史。正如习近平总书记在讲话中所说：“党的十一届三中全会以后，我们党破除所有制问题上的传统观念束缚，为非公有制经济发展打开了大门。”随后，一批批民营企业蓬勃兴起，不断发展壮大。从小到大，从弱到强，从国内走向国际。民营企业通过艰苦奋斗、锲而不舍、不断创新，为国民经济作出巨大贡献，夯实了自己的地位，得到了党和政府的大力支持。党的十九大报告提出“毫不动摇巩固和发展公有制经济，毫不动摇鼓励、支持、引导非公有制经济发展……”“支持民营企业发展，激发各类市场主体活力”。从中可以看出，党和国家对非公有制经济的支持与鼓励是明确的、一贯的、不断深化的，并且写进了党章和宪法，充分显示了党中央对民营经济的支持力度超过以往。

针对当前社会上出现的关于动摇民营经济发展的种种是非言论，习近平总书记在给“万企帮万村”受表彰的民营企业家回信中强调：“民营经

作者简介：王林伶，宁夏社会科学院综合经济研究所副研究员，主要研究方向为区域经济与产业经济、“一带一路”与中阿经贸关系、资源环境与可持续发展研究等。

本文是宁夏创新驱动战略研究中心成果之一。

济的历史贡献不可磨灭，民营经济的地位作用不容置疑，任何否定、弱化民营经济的言论和做法都是错误的。”同时习近平总书记在民营企业座谈会上指出：“任何否定、怀疑、动摇我国基本经济制度的言行都不符合党和国家方针政策，都不要听、不要信！所有民营企业和民营企业家完全可以吃下定心丸、安心谋发展！”充分展示了党中央对支持民营经济发展的信心与决心。

宁夏回族自治区第十二次党代会提出：“鼓励支持引导民营经济发展，鼓励民营企业依法进入更多领域。”10月25日，自治区党委书记石泰峰调研宁夏民营经济时强调：“自治区党委和政府高度重视民营经济的重要地位和突出作用，坚定不移支持和推进民营经济发展……这一点决不会动摇、决不会改变。”11月8—9日，自治区主席咸辉在调研时也要求要“细化实化政策措施，全力支持民营企业发展壮大，助推我区民营经济走向更广阔的舞台”。充分说明自治区党委、政府对宁夏民营经济的发展十分支持与关注。

一、宁夏民营经济发展现状

改革开放以来，经过40年的发展，宁夏民营经济经历了从无到有、从有到优不断发展壮大、砥砺前行的历程，如今成为拉动宁夏经济增长的重要力量与全区经济发展的重要支撑，占宁夏经济总量的“半壁江山”，并在稳增长、调结构、促进创新创业、增加税收、吸纳就业、改善民生等方面发挥了重要作用，作出了重要贡献。

（一）经济社会贡献稳中有升

多年来，宁夏民营经济持续发展，始终维持着“45678”发展格局，对稳增长、促就业、增税收等起着重要作用。截至2018年6月底，宁夏共登记注册民营企业13.5万户，注册资本11578亿元，登记注册个体工商户39.6万户，注册资本424.8亿元。截至2016年，民营经济实现增加值1392.58亿元，占全区经济总量的47.8%，经济增长贡献率达68%；完成固定资产投资1856.69亿元，占全社会投资的比重为52.6%；创造了65%的税收，提供了70%的就业岗位，贡献了70%以上的创新成果和80%的进出口总额。

（二）产业结构调整扩展延伸

民营经济发展领域逐步拓宽，从早期集聚在商贸批发、商务服务、零售、广告、租赁等服务业领域逐步扩展到煤炭、冶金、建材、建筑、轻纺等制造业领域，现在又向信息技术、智能互联、大数据、装备制造、现代能源化工、现代纺织、生物科技、节能环保、新材料应用等新兴产业和基础设施、休闲文化、社区养老、社会公共事业等领域拓展，已遍及全区国民经济 16 个门类中 90%以上行业。

（三）创业实力逐步壮大增强

在大众创业、万众创新利好政策驱动下，民营经济市场主体数量快速增长，发展实力逐步增强。2016 年，全区规上民营经济工业企业 1093 户，占全部规上企业（1242 户）的 88%，实现增加值 459.3 亿元；民营经济法人单位 6.08 万户（不含个体经营户），占全区法人单位总数的 90.3%；民营经济组织 47.01 万户，占全区各类市场主体总数的 98.17%。2017 年，宁夏 100 强企业排行榜中，国有企业 34 家，民营企业 56 家，其中前十名中，国有企业占 7 家，民营企业占 3 家。截止到 2018 年 8 月，宁夏上市公司 13 家，其中，民营企业上市公司 7 家。2018 年全国民营企业 500 强排行榜中，宁夏有 3 家企业上榜，分别为宁夏天元锰业集团、宝塔石化、宁夏宝丰集团，这与西北五省区相比，甘肃和青海没有，陕西有 5 家、新疆有 3 家上榜全国民营企业 500 强企业，宁夏民营企业还具有一定实力。

二、宁夏民营经济发展中存在的主要问题

宁夏民营经济正在从传统中低端领域向中高端领域迈进，对经济发展作出了重要贡献。但也要看到，宁夏民营经济发展较东部地区还有较大差距，发展中还存在诸多问题与短板。

（一）政府服务有待提升，营商环境还需改善

一是行政管理存在简政放权不到位、不彻底，管理口径不一致、一次告知不彻底，导致办事效率不高，证明材料没有减多少，通常都要跑两三趟，“玻璃门”“旋转门”“弹簧门”还存在。二是政策缺乏连续性，个别部门会上表态说得好，下去行动落实办得慢，深度服务上不去。个别地方

政府履行合同责任不到位，尤其在招商引资、与社会资本合作过程中签订的各类合同，存在新官不理旧账、能拖则拖、能赖则赖的行为，使得企业家缺乏安全感，不想投、不敢投。三是政策落实难。自治区出台了几十项涉及民营经济的文件，却分散在各行业、各部门，相互缺乏协同整合，存在政策多、奖励多、行业杂、协同差、落实难、执行难等现象，多项政策门槛设置较高，普惠性措施少，各种隐性壁垒多，大部分优惠政策仅适用于规模以上企业，中小企业无法享受。2013 年自治区出台的设立 5 亿元中小微企业发展基金、中小企业发展专项资金每年递增 10%、对小微企业依据前三年的贡献情况给予奖励等政策就没有落实到位。四是部分商业银行对民营企业投资还存有戒备之心，没有与国企、央企一视同仁，还存在附加条件、歧视条款、隐形障碍和条条框框限制，致使贷款下降明显。2018 年前三季度，全区民间投资同比下降 20.9%，民营经济中工业增长乏力，前三季度占全区规模以上工业增加值 45.7%，增速比全区平均水平下降 3.1%。2017 年中国城市营商环境报告显示，全国 35 个直辖市、省会城市、评估单列城市中，在城市营商环境指数方面银川排名倒数第二，在营商软环境指数方面（包括开办企业、执行合同、财产登记、内外资增速、税负水平）银川排名倒数第三，总体说明宁夏营商环境还需进一步提升。

（二）融资渠道单一，融资难融资贵

一是银行、担保公司、保险公司等金融机构区域布局覆盖度欠缺，县、镇、乡金融机构逐层直线递减，终端自动支付设备空白较多。二是出于防范风险的考虑，商业银行不太愿意给“轻资产型”民营中小微企业放贷，这类企业资产抵押物品较少，不容易达到银行贷款的高要求和融资要求。三是金融机构的融资产品、信贷业务、业务服务较为单一，传统型的信贷业务较多，新兴的中间业务尚未普及，民营企业、小微企业融资渠道狭窄。四是担保体系不完善，融资成本较高。中小微企业即使通过国有担保机构担保进行融资，仍然面临审批效率缓慢、资金使用率低、时间短、期限不够灵活等问题，担保费用高，隐性融资成本高，银行机构向贷款企业违规附加贷款条件、搭售保险和基金产品等行为时有发生，银行常提高放贷门槛，惜贷、抽贷、断贷问题比较普遍，规模以上民营企业也同样面临贷款难问题。五是信用体系建设不完善，部分企业并不属于恶意拖欠、逃废银行债务行为，或因银行提醒时间较短，未能及时还上贷款而上了失信黑名单，造成不能再次借贷。总体看，宁夏融资成本指数高达 1.635，排在全国第 4 位，银行融资的平均利率高出全国 2 个百分点。2018 年前三季度，全区当年新增人民币贷款仅为 437 亿元，比上年同期减少 199 亿元，贷款同比下降 5.4%。

（三）企业生产经营成本高、负担重

一是税费负担重，五险缴费比例较高。企业为职工缴费占到 32.8%，若将住房公积金加上将超过 40%，企业人力成本逐年增高，有些企业承担的各种税费已占到利润的三到四成，企业负担过重。二是政府招投标门槛高，对中标企业收取占工程款 20%~30%的保证金，且存在工程验收合格后不能及时退还等问题，也增加了企业的运营成本。三是电力、天然气价格较高，很多企业平均电价在 0.50 元/度左右，与内蒙古的 0.38 元/度、青海的 0.36 元/度存在差距，天然气等能源行业存在初装费垄断收费情况。总体来看，因物流成本、税费、电费等多项费用的叠加，宁夏企业负担与全国其他省（区、市）企业负担相比，综合负担指数为 0.979，比全国平均水平 0.852 高 0.127，在 31 个省（区、市）中排名 23 位。

（四）创新主体弱小，发展动力不足

数据显示，目前宁夏民营经济占比和经济增长贡献率都低于全国平均水平，相差都接近 20%。虽然全区有 13.5 万家民营企业，但有 99%为中小微企业；规模以上的民营企业只有 1300 多家，仅占 1%，且多集中在“两高一资”行业，高耗能企业产值占比超过 60%；进入全国民营经济 500 强的仅有 3 家企业，排名分别为 67 位、120 位、431 位；民营企业创新能力、创新投入、创新产品“不强不足不多”三者并存，规模以上民营企业参与 R&D 活动不足 20%，建有研发机构的只有 142 家，不到 12%；全区 166 种工业产品只有 21 种最终产品。总体看来，宁夏的民营企业还集中在传统产业领域，规模体量偏小，创新产品研发缓慢，生产经营粗放，产品附加值低，竞争与带动较弱，多处在产业链和价值链的低端，创新发展、转型发展迫在眉睫。

（五）培育民营企业家滞后，服务民营经济不强

服务民营经济与民营企业家的渠道与机制不够完善，弘扬、保护、激励、考核优秀宁商、企业家的机制不够完善，深化民营企业家理想信念教育实践活动不够广泛，对民营企业引进人才支持定位不够准确，自治区出台的引进人才多注重博士等学历型，而企业所需的人才多为实用型、技术型人才，导致出台的政策不接地气。在构建亲清新型政商关系方面指导措施较为滞后。

三、宁夏推动民营经济发展的对策建议

（一）构建服务型政府，打造优质营商环境

1. 推进“放管服”改革，着力解决办事难问题

深入推进审批服务标准化和便利化，聚焦市场准入、企业投资、工程建设、不动产登记等企业关注的重点事项，按照减环节、减资料、减时限、减费用的要求，构建和完善形式直观、易看、易懂、易操作的办理流程图，还要取消审批服务中的模糊条款，如“其他资料”“有关材料”等。探索建立“全城通办”服务机制。依托自治区政务大数据服务平台，推行“就近办”“网上办”“马上办”“一次办”，实现“全城通办”，实现一站式办妥。实行首接负责、容缺受理、容缺办理、限时办结机制，推行试点告知承诺制，实现“多项合一”“多证合一”“一证通办”，相关证明信息跨部门、跨区域共认共享，全面提升“放管服”效率。

2. 政策打包汇集，全面集中公开

政府要全面公布涉企政策清单，每年清理并公布一次，要将所有的政策汇集打包，集中在自治区级与市级政府网站统一公开，实现为企业减负政策、财政奖补政策、惠民利民政策和招标投标信息等涉企政府信息“一站式”集中公开。

3. 放宽民间投资领域，国企、民企一视同仁

实行市场准入负面清单管理制度，调整完善行政许可目录，按照“法无禁止即可为”非禁即入、非禁即准的原则，充实民营投资重点项目库、PPP 项目库。支持民营资本进入清单以外的行业和领域；支持民间资本以

独资、参股、控股等多种方式，进入市场化运作的民用机场、能源站、轨道交通等城市基础设施建设领域，进入市政公用事业、铁路、电信运营、油气勘探开发、国防科技等行业和领域，落实民营企业在投融资、招投标等方面与国有及国有控股企业同等待遇。

（二）着力拓宽融资渠道，解决融资难、融资贵问题

必须要用主动服务全区经济社会发展、主动担当、主动更新观念、主动提升业务水准的理念与思维，对区内的融资产品、金融服务进行深度整合与创新。

1. 扩大直接融资规模

大力支持民营企业建立现代企业制度，优化资产负债结构，鼓励民营企业股份制改造、上市挂牌和多渠道融资，增强企业综合实力和竞争力，对实现挂牌上市的企业要按自治区相关规定进行奖励与及时兑现。争取国家对宁夏企业发债工作的支持，积极开展项目收益债、绿色债等债券创新品种的策划和发行，拓展民营企业直接融资空间。扩大企业债券融资规模，支持符合条件的企业申报发行城市地下综合管廊、“东热西送”供暖工程、城市停车场、配电网建设、战略性新兴产业、“双创”孵化、社会领域产业等国家或地方重点支持的专项债券。扩大科技创业投资、天使投资引导基金规模，鼓励社会资本对科技型企业的投入。鼓励各类社会资本投资设立私募股权投资基金，并按自治区相关规定进行奖励。要大力支持中小微企业、民营企业、涉农企业和国有企业持有商业汇票贴现融资。对向先进制造业、现代服务业、战略性新兴产业等高端产业转型升级的传统企业，进行差异化融资支持。

2. 创新融资产品和服务

宁夏的银行要采取更加灵活的方式，有针对性地开发新的融资产品，拓宽银行抵质押物范围，开展特许经营权质押、政府采购订单质押、收费权质押、商标质押、品牌影响质押、产品质量质押、知识产权质押、创新研发质押、效益效率质押、股权质押、存货产品抵押、不动产与动产抵押等新型融资方式，尤其支持解决民营企业、中小微企业融资难的问题。建议对中小企业利率实行国家基准利率，放款贷款期限以两年为主。加快推进农村产权制度改革，扩大农民住房财产权与农村承包土地经营权“两权”质押试点范围，推动农村产权有序进入市场，让农民的“死资源”变“活资本”。同时，加强银行机构监管，督促银行机构落实服务价格相关规定，严禁向民营企业违规附加贷款条件、收取承诺费和资金管理费、搭售保险和基金产品等行为。

3. 构建信用保证保险

实行“信用重建”，分类释放“黑名单”，对不属于恶意拖欠、逃废银行债务的责任人或企业，采取减利息、还本金等措施，并进行重新评级授信。协调建立小微企业、涉农企业贷款差别化监管机制，适当提高对小微企业贷款不良率容忍度。完善民营小微企业续贷政策，落实民营小微企业授信尽职免责有关制度，对符合条件的转贷企业，允许“无还本续贷”和使用“应急转贷”。要将政府引导专项调控资金、金融资性担保风险补偿基金等向民营企业尤其是中小微企业进一步倾斜，扩大资金规模和覆盖面，针对宁夏民间投资比较集中的旅游、服务业、农牧业等领域，在产业引导基金下增设专项产业基金，加大对民间投资的支持力度。借鉴发达地区经验，探索扩大民营企业、中小微企业风险补偿范围，制定并完善有关支持标准和办法，积极探索开展企业商业价值信用贷款试点，大力发展价值链融资和物流链融资、知识价值信用贷款风险补偿基金，推进科技型企业知识价值信用贷款试点。以“政府+银行+担保+信用+保险+基金”模式，大力推行“5221”[①]风险损失分担补偿机制。

4. 建立并完善考核、激励和约束机制

政府、国有担保机构要综合运用贴息、风险补偿、信用保证基金、政银合作产品等方式，将政府引导专项调控资金、融资担保风险补偿基金等进一步向中小微企业扩大资金规模和覆盖面。银行、金融机构还要制定专门的授信政策，下放审批权限，单列信贷额度，确保对民营企业始终有信贷空间。要加强对银行的监督与考核，真正落实对中小微企业

①5221：指风险损失分担机制，即国有背景融资担保机构分担50%，自治区融资担保风险补偿金与宁夏再担保集团共同分担20%，合作银行分担20%，所在地本级财政分担10%。

的贷款“三个不低于”[①]社会目标责任。要在信贷资源安排、授信审批权限设置、绩效考核政策上完善服务民营和小微企业的制度安排；把银行业绩考核与支持民营企业挂钩，大型银行对民营企业的贷款不低于1/3，中小型银行不低于2/3，优化尽职免责和容错纠错机制，取消对信贷员终身追责的条款。

（三）加大政策财税帮扶力度，解决企业负担重问题

1. 减轻税费负担，阶段性下调比例

实行阶段性下调养老、医疗、工伤、失业、生育“五险”企业单位缴存比例，对企业承担的职工基本养老保险企业缴费比例从20%下调至19%，医疗保险企业缴费比例从10%下调至9%，失业保险企业缴费比例从1%降到0.5%，工伤保险费率由1%降到0.5%。对缴税确有困难的小微企业，设置缓交期。试行2年阶段性减税政策，对自2019年1月1日起新开办的小型微利企业所得税，地方留成部分即征即奖给企业；尝试将企业所得税率下调到15%，同时工业企业将利润用于再投资的，再投资部分可以相应免除所得税；将国家级科技企业孵化器和大学科技园享受的免征房产税、增值税等优惠政策范围扩大至全区。对科技型中小企业发生的符合条件研发费用，按照75%税前加计扣除。对符合条件的小型微利企业所得减半计算应纳税所得额，并按20%优惠税率缴纳企业所得税。要加大政策、财税的帮扶力度，将已经出台的多项政策通过再细化后依法依规落实到位、兑现到位，真正按照政策执行，着力解决企业负担重问题，达到降成本的目的。

2. 简化办税流程，推动银税互动

进一步推行电子发票，探索推行纳税人办税“容缺制”，纳税申报“提醒纠错制”。把银税互动由“线下”搬到“线上”，推动商业银行依托纳税信用创新信贷产品。

3. 清理不合理收费，试行共性评估共享

取消产业园区内地勘、安全、防洪、防雷、气候、文物等共性评估评审事项，由园区进行区域统一评估，将评估结果免费提供给入园企业共享

---

① “三个不低于”是指中小微企业贷款增速不低于各项贷款平均增速，户数不低于上年同期户数，申贷获得率不低于上年同期水平。

共用。降低企业建设过程中环评、安评、水源、水土、消防等审批收费标准，缩短审批时间，属于区域类共性的评估应当取消，杜绝重复性评估。继续实施涉企行政事业性收费目录清单制度，禁止清单外收费，实现涉企行政事业性收费零收费。取消以评比、达标、表彰等形式向企业变相收费。推动电力、天然气、高速公路收费等行业改革。解决电力、天然气价格偏高问题，降低天然气初装费及供气价格，有序放开上网电价，扩大电力直接交易，降低电网环节收费和输配电价格，降低调峰电价和一般工商电价水平。

4. 降低企业物流成本

严格控制新设收费站，撤除到期收费站；降低银川到贺兰县、永宁县、河东机场高速公路收费标准，降低河东机场停车收费标准（由原来15分钟后起步价6元，改为1小时以内免费，起步价2元），解决刚需和不合理收费。

（四）深入实施创新驱动战略，增强民营企业核心竞争力

要立足宁夏实际，依靠科技创新，做大做强，着力推动宁夏民营经济扩规模、上档次，建立现代化民营经济体系。

1. 实施创新驱动战略，建立企业技术创新主体

自治区第十二次党代会明确提出要深入实施创新驱动战略，关键是要建立以企业为主体的技术创新体系。对企业来说，创新是生存之道、立身之本，所以必须要在创新发展上探索出路。对于民营企业来讲，一定要增强创新意识，把企业发展的基点放在创新上，坚持向创新要活力、要效益、要竞争力。科技创新是创新的“牛鼻子”，要支持有实力的民营企业根据自身发展主动承担国家、自治区、市科技项目，以项目带动研发，支持民营企业设立重点实验室、工程研究中心、工程实验室、企业技术中心等国家、自治区、市级研发机构，优先给予政策扶持，增强企业自主创新能力，努力成为有核心竞争力的高新技术企业。实施科技创新券制度，支持有创新基础的中小企业向科研院所、高校及科技服务机构购买与其科技创新活动直接相关的科技服务，促进“产学研用”相结合的市场化协同创新机制形成，以此打造科技型小巨人。

2. 全面优化产业结构，引导企业转型升级

宁夏现有民营企业 13.5 万家，但上规模的只有 1300 多家，仅占宁夏规上企业数的 1%，所以要通过实施“百千万”工程，推进民营企业转型升级。以发展低碳经济、绿色经济为导向，大力发展先进制造业、现代服务业、都市农业，支持民营制造企业通过技术改造、设备升级，提升传统产业，实现由技术改造向产品结构调整升级转变，由设备更新向生产全过程转变，由生产制造向研发、设计、营销、服务全流程转变，由单个企业的改造向上下产业链的配套改造转变，由对分散布点企业的改造向促进专业化、规模化、集聚化改造转变。培育发展新兴产业与战略性新兴产业，通过产业、政策、技术和投资合作等模式，支持发展现代物流、电子商务、信息服务、新能源、新材料、新技术等新兴产业与战略性新兴产业集群发展，推动民营实体经济与分享经济、数字经济、网络经济、智能经济的深度融合，研发“专精特新”产品、智能制造与“互联网+应用”，以此全面提升宁夏产业层次、创新发展水平和民营企业转型步伐。

3. 培育骨干企业和市场主体

围绕全区产业发展规划，加强对民营制造业的政策引导，积极培育各类民营市场主体，形成“个转企”“微升小”“小升规”“规改股”“股上市”“中小微企业铺天盖地”“大型企业顶天立地”的良好局面。通过建立企业数据库，开展精准帮扶，分行业分层次，动态跟踪服务，每年培育 4~5 家中国 500 强企业、行业龙头企业、上市企业和外商投资企业；着力扶优扶强，形成核心竞争力强、规模效益高的大企业、大集团。鼓励支持有实力的民营企业“走出去”，积极参与“一带一路”沿线国家的重大项目开发建设，不断探索境外经贸合作发展的新模式，使其成为“外商投资企业”。加快培育一批拥有自主知识产权、品牌知名度高的民营企业开展跨行业、跨地区兼并重组，形成具有国际竞争力的行业龙头骨干企业。引导民营企业围绕细分市场进一步做专、做精、做强，加大市场创新、产品质量提升和品牌培育，打造一批“科技小巨人”和专特优精“单项冠军”企业。加强对民营高新技术企业培育，支持企业研发高新技术产品，采用先进工艺，全面加强质量管理，推动科技型小微企业加快成长为高新技术企

业。着力培养成长性好、市场潜力大、发展前景好的规下企业，助推更多规下企业升为规上企业。

（五）加强组织领导，强化保障机制

1. 建立对口联系机制，完善政策落地机制

建立健全主要领导联系重点民营企业、帮扶民营企业制度，强化对发展民营经济，优化营商环境的组织领导和工作协调。定期组织召开全区民营经济发展联席会，听取企业意见建议，现场帮助企业解决具体问题或指明解决问题途径，搭建党委、政府与民营企业三方协商平台，进一步健全领导干部联系企业家制度，做到帮扶企业制度化、常态化。每半年召开一次全区民营经济人士座谈会，采取多种形式通过定期走访调研，及时发现问题、解决问题，充分听取和采纳民营企业有关行业协会、商会的合理意见和建议。每年至少召开一次全区民营经济发展大会，引导和支持民营企业发展，形成关心支持企业发展的良好环境。

2. 广泛开展“送政策进民企”，增强爱国敬业理想信念

探索将跨部门、跨行业、跨区域的信息集中整合，建立集中统一的涉企政策公共发布平台，及时将中央和自治区的各项政策传递给民营企业，让企业充分了解政策、把握政策、用好政策。也要采用多种形式加大对政策的宣传、解读和培训，分层次送政策、送培训，每年可邀请知名专家、政府部门人士解读经济发展与政策形势，传达习近平总书记在 2018 年 10 月 20 日给以“万企帮万村”行动中受表彰的民营企业家回信中的讲话，宣传党中央和宁夏对民营经济的支持是一贯的、是毫不会动摇的。深化民营企业家理想信念教育实践活动，引导他们增强“四个自信”，坚持中国特色社会主义道路，弘扬民族精神，凝聚爱国力量。引导民营企业人士特别是年轻一代致富思源、富而思进，不断增强爱国、敬业、创新、守法、诚信、奉献的自觉性。同时，举办若干期民营企业负责人进院校（进党校）送培训、送政策，组织若干期民营企业负责人中层干部到经济发达省区和科技创新发达地区考察与座谈，为民营企业家拓展眼光、提升素质、发现商机等搭建平台、提供帮扶。

3. 培育新型企业家，培养高素质专业人才

要通过实施“千企百家”培养工程，加强企业家队伍建设，完善职业经理人市场机制，努力造就一支理想信念高、战略眼光远、创新意识强、管理模式活、决策能力高的民营企业家队伍。弘扬和保护优秀宁商精神，建立宁商荣誉考核激励机制，以爱国敬业、创业创新、追求卓越、守法经营、义利兼顾、吸纳就业、回报社会等指标予以激励，采用多种形式，加强舆论引导，培育宁商精神和宁商文化。对工作成效突出的民营企业、民营企业家进行宣传、表彰和报道，努力促进宁夏民营经济做强做优做大。同时，出台民营企业育才聚才政策，完善人才激励保障机制，搭建育才招才引智平台，支持民营企业用产业聚集人才，用实践造就人才，用机制激励人才，更加注重培养本土人才和引进创新型科技人才、实用型高技能人才和高层次管理人才，支持民营企业专业技术人员申报职称，并享受相应政策；支持民营企业申报推荐宁夏有突出贡献专家及享受政府特殊津贴人员；鼓励支持具备条件的民营企业建立企业首席技师制度，并结合实际对首席技师实施特殊奖励；健全民营经济所需的各类人才引进与培养机制，为民营企业转型升级提供人才支撑。

4. 加强诚信建设，规范政商交往

要建立因政府规划调整、政策变化造成民营企业合法权益受损的依法依规补偿救济机制。要加大政府合同清理力度，确保政府不得以政府换届、相关责任人更替等理由拒绝履行政策承诺和签订的各类合同、协议，切实杜绝“新官不理旧账”行为。每年集中清理兑现一次以政府、园区为源头的资金拖欠，督促依法依规分类及时清偿，对落实不力的予以通报并督促整改兑现。构建亲清新型政商关系，形成政商交往的“正面清单”和“负面清单”，划定“红线”和“绿线”，防止清而不亲、谈商色变和亲而不清、官商勾结。引导机关工作人员把握原则底线，坦荡真诚同民营企业家交朋友，真心实意支持民营企业发展，想企业之所想，忧企业之所忧，急企业之所急，敢亲真清，努力帮助解决民营企业实际困难，提供优质服务。

参考文献：

[1] 程冠军.习近平为民营经济送来浩荡东风.新华网 http://www.xinhuanet.com/politics/20160325.htm.

[2] 周志翔.宁夏民营经济未来辉煌可期.银川日报.2018-09-26.

[3] 非公有制经济服务局.民营经济是宁夏经济社会发展的重要生力军.http://www.nx.gov.cn201709.html.

[4] 宁夏工商业联合会.促进我区非公有制经济发展对策建议.http://www.nxgsl.com/ywgz201705/.html.

[5] 李莹.减轻税费　降低企业成本.华兴时报.2017-08-25.

[6] 河北省多措并举支持民营经济发展.长城网讯.http://www.myzaker.com/article.

分析预测篇

FENXI YUCEPIAN

2018—2019 年宁夏国民经济总体运行情况分析与建议

徐秀梅　马宏德　季　翔

2018 年以来，自治区党委、政府带领全区上下以习近平新时代中国特色社会主义思想为指导，全面贯彻党的十九大精神，坚决落实党中央、国务院的各项决策部署，按照自治区第十二次党代会的安排要求，坚持稳中求进工作总基调，坚定践行新发展理念，主动对标高质量发展的要求，着力深化供给侧结构性改革，坚决打好“三大攻坚战”，大力实施“三大战略”，统筹推进稳增长、促改革、调结构、惠民生、防风险各项工作，全区经济运行保持了总体平稳、稳中有进的发展态势，产业结构优化升级，新兴动能不断成长，质量效益稳步提升，民生福祉持续改善。

一、2018 年经济运行的主要特点

（一）经济保持平稳增长，一二三产业协调发展

面对较大的经济下行压力，自治区党委、政府坚持问题导向、目标导向，持续深化改革、扩大开放、促进创新、优化环境，进一步激发活力、深挖潜力、破解难题，确保经济平稳健康发展。初步核算，前三季度，全区实现生产总值 2784.66 亿元，同比增长 7.0%，增速比全国平均水平高 0.3

作者简介：徐秀梅，自治区统计局党组书记、局长，高级统计师；马宏德，自治区统计局国民经济综合统计处处长，高级统计师；季翔，自治区统计局国民经济综合统计处主任科员。

个百分点。其中，第一产业增加值185.58亿元，增长3.5%；第二产业增加值1382.19亿元，增长6.2%，增速比上半年加快1.2个百分点；第三产业增加值1216.89亿元，增长8.4%。一二三产业对经济增长的贡献率分别为3.5%、43.5%和53.0%，拉动经济分别增长0.2、3.0和3.8个百分点。

1. 农业生产平稳增长

前三季度，全区实现农林牧渔业增加值196.8亿元，同比增长3.6%，增速比上半年加快0.1个百分点。粮食生产喜获丰收。全区全年粮食总产量393万吨，比上年增加24.8万吨，其中夏粮产量43.3万吨，比上年增加4.5万吨，增长11.7%。特色农产品产量增势良好，其中，蔬菜产量410.0万吨，增长1.7%；瓜果产量155.5万吨，增长13.3%；枸杞产量7.5万吨，增长0.4%；鲜切花产量7685万支，增长1.5倍；猪、牛、羊等产量25.2万吨，增长1.8%；牛奶产量127.1万吨，增长6.0%。

2. 工业生产稳中向好

1—11月，全区规模以上工业增加值同比增长7.6%，增速与1—10月持平，比全国高1.3个百分点，继续保持较快增长态势。一是三大行业门类持续增长。其中，采矿业增加值增长4.8%；制造业增长6.0%，增速比1—10月加快1.0个百分点；电力、热力、燃气及水的生产供应业增长14.2%，增速比1—10月加快3.6个百分点。二是重工业增长较快。全区重工业增加值增长11.0%，增速比1—10月加快0.7个百分点。23个重工业大类行业中，有16个行业实现增长，其中，石油、煤炭及其他燃料加工业增长28.3%，电力、热力生产和供应业增长15.5%，化学原料和化学制品制造业增长13.5%，三大行业对规模以上工业增长的贡献率达到116.3%。三是国有控股企业平稳增长。全区国有控股企业增加值增长10.4%，增速比全区平均水平高2.8个百分点，国能集团宁夏煤业有限公司、国网宁夏电力公司、中石油宁夏石化公司等骨干企业增长快速。四是十大工业产业继续保持“六增四降”态势。其中，冶金行业增加值增长20.5%，化工行业增长19.5%，电力行业增长15.6%，机械行业增长6.0%，有色行业增长2.4%，其他行业增长3.4%。五是主要工业产品产量保持增长。其中，工业发电量增长12.9%，初级形态塑料增长20.5%，单晶硅增长18.6%，钢材增长

18.5%，橡胶轮胎外胎增长 12.0%，原铝增长 11.9%，乳制品增长 24.2%。

3. 投资降幅有所收窄

1—11 月，全区固定资产投资同比下降 18.2%，降幅比 1—10 月收窄 0.3 个百分点。分产业看，第一产业投资下降 38.3%，第二产业投资下降 3.6%，第三产业投资下降 23.6%。商品房销售面积增速有所回落。1—11 月，全区商品房销售面积 891.97 万平方米，同比下降 1.1%，增速比 1—9 月回落 4.8 个百分点。其中，住宅销售面积 778.55 万平方米，与上年同期持平；商业营业用房销售面积 74.56 万平方米，下降 15.8%；办公楼销售面积 17.55 万平方米，增长 94.8%。全区商品房销售额 452.12 亿元，增长 10.2%，增速比 1—10 月回落 4.3 个百分点。

4. 市场消费稳中趋缓

1—11 月，全区社会消费品零售总额 853.37 亿元，同比增长 5.0%，增速比 1—10 月回落 0.4 个百分点。限额以上 18 大类商品零售继续保持"八增十降"态势，其中，石油及制品类增长 17.1%，烟酒类增长 15.0%，家用电器和音像器材类增长 11.5%，中西药品类增长 7.1%。

5. 对外贸易降幅较大

据银川海关统计，1—11 月，全区货物贸易进出口总额 220.67 亿元人民币，同比下降 28.6%，降幅比 1—10 月收窄 1.8 个百分点。其中，出口 159.29 亿元，下降 29.0%；进口 61.39 亿元，下降 27.3%。货物进出口差额（出口减进口）97.90 亿元。

6. 市场价格运行平稳

据宁夏调查总队价格监测调查，1—11 月，全区居民消费价格总水平比上年同期上涨 2.4%，涨幅与 1—10 月持平；工业生产者出厂价格同比上涨 7.7%，工业生产者购进价格同比上涨 6.8%，涨幅分别比 1—10 月回落 0.3 和 0.1 个百分点，其中，11 月，工业生产者购进价格同比上涨 4.9%，工业生产者购进价格上涨 6.1%。

（二）扎实推进转型升级，新兴产业快速发展

1. 经济结构调整优化

前三季度，全区三次产业结构由上年同期的 6.8 : 50.2 : 43.0 调整为 6.7:

49.6:43.7，第三产业比重上升 0.7 个百分点；农业优势特色产业比重由上年同期的 85.6%提高到 86.3%，畜牧业占农林牧业增加值的比重比上年同期提高 0.3 个百分点；清洁能源生产比重提高，1—11 月，全区水电、风电、太阳能等可再生能源发电量 264.6 亿千瓦时，同比增长 21.6%，占全部发电量的比重为 18.4%，比上年同期提高 1.4 个百分点。

2. 供给侧结构性改革深入推进

严控新增过剩产能，减税降费降低实体经济成本，调整存量，优化增量，供给侧结构性改革取得实效。商品房库存继续下降。截止到 11 月末，全区商品房待售面积 912.07 万平方米，比 2017 年末减少 124.61 万平方米，同比下降 12.0%，其中，住宅待售面积 380.77 万平方米，下降 19.8%。企业成本不断降低。1—10 月，全区规模以上工业企业每百元主营业务收入中的成本为 83.30 元，比上年同期下降 0.19 元，比全国低 0.97 元。去杠杆效果显现。10 月末，全区规模以上工业企业资产负债率为 66.8%，比上年同期下降 2.1 个百分点。短板领域投资增长较快。1—11 月，全区工业技改投资增长 14.6%，生态保护和环境治理业投资增长 83.0%。

3. 新兴动能加快成长

深入实施创新驱动战略，创新投入不断增加。1—11 月，全区工业技术改造投资增长 14.6%。中高端制造业增势良好。1—11 月，煤化工行业增加值同比增长 19.1%，对规模以上工业增加值增长的贡献率达到 17.3%。新产品增长较快。1—11 月，全区煤制柴油产量增长 1.22 倍，电工仪器仪表增长 56.7%，变压器增长 49.7%，数控金属切削机床增长 20.3%。以“互联网+”为代表的新服务发展较快。1—10 月，全区规模以上互联网和相关服务、软件和信息技术服务业营业收入增长 57.7%，快递业务量增长 78.6%，快递业务收入增长 20.4%，互联网宽带接入用户增长 43.4%，移动互联网接入流量增长 1.7 倍。

（三）高质量发展成效显现，民生福祉不断增强

1. 企业效益增长较快

1—10 月，全区规模以上工业企业实现利润总额 153.8 亿元，同比增长 22.8%，增速比全国高 9.2 个百分点；主营业务收入利润率为 4.47%，比上年同期提高 0.44 个百分点。

2. 财政收入增长平稳

据财政部门统计，1—11 月，全区完成一般公共预算总收入 672.24 亿元，同口径增长 5.9%。其中，地方一般公共预算收入 385.94 亿元，同口径增长 7.2%，增速比 1—10 月加快 1.1 个百分点，完成年度预算的 86.3%。一般公共预算支出 1247.80 亿元，增长 2.5%，增速比 1—10 月加快 0.4 个百分点，完成年度变动预算的 86.3%。

3. 居民收入增长较快

据宁夏调查总队监测调查，前三季度，全区城镇常住居民人均可支配收入 22770.7 元，同比增长 8.5%，增速比上半年加快 0.3 个百分点；农村常住居民人均可支配收入 7466.2 元，增长 9.1%，增速比上半年加快 0.2 个分点。

4. 居民就业态势良好

据人力资源和社会保障部门统计，前三季度，全区城镇登记失业率为 3.89%，低于年初控制目标；城镇新增就业 7.68 万人，增长 1.8%，完成全年目标任务的 102.3%；农村劳动力转移就业 77.22 万人，增长 2.9%。

二、当前经济运行中存在的主要问题

(一) 工业增长的基础尚需稳固

一是企业发展分化明显。国有控股企业发展较快，非公有制企业发展较慢。1—11 月，全区非公有制企业增加值同比增长 5.3%，比全区平均水平低 2.3 个百分点，其中，私营企业增加值仅增长 4.4%。二是停产、减产企业数量依然较多。11 月，全区 1250 户规模以上工业中停产企业 183 户，减少产值 95.8 亿元；1—11 月，减产企业 438 户，减少产值 155.2 亿元。在停产、减产企业中，减少产值在 2000 万元以上的企业有 214 户，减少产值 225.2 亿元。三是轻工业降幅继续扩大。1—11 月，全区轻工业增加值同比下降 12.9%，降幅比 1—10 月扩大 1.7 个百分点。在轻工业 13 个大类行业中，有 11 个行业增速下降，其中，纺织服装、服饰业下降 67.1%，医药制造业下降 44.0%，农副食品加工业下降 7.1%，造纸和纸制品业下降

5.0%，食品制造业下降 4.5%，纺织业下降 3.5%。

（二）投资回升动力不足

一是施工项目数量继续减少。1—11 月，全区开工建设的施工项目 2796 个，同比下降 16.1%。其中，2018 年新开工项目 1649 个，下降 23.3%。二是工业投资持续低迷。1—11 月，占全区投资 36.2%的工业投资同比下降 3.6%。其中，制造业投资下降 7.2%；电力、热力、燃气及水的生产供应业投资下降 7.9%。三是基础设施投资继续下降。1—11 月，占全区投资 24.2%的基础设施投资同比下降 22.3%，增速比上年同期回落 54.9 个百分点。其中，交通运输业投资下降 20.7%；信息传输和信息技术服务业投资下降 51.5%；水利、环境和公共设施管理业投资下降 18.9%。四是房地产开发投资降幅扩大。1—11 月，全区房地产开发投资同比下降 30.7%，降幅比 1—10 月扩大 1.3 个百分点，其中，住宅投资下降 22.4%，商业营业用房投资下降 39.0%；商品房新开工面积 927.65 万平方米，下降 16.4%。五是民间投资增长乏力。1—11 月，占全区投资 55.4%的民间投资同比下降 19.5%。从民间投资主要投向看，农林牧渔业下降 48.1%，工业下降 7.1%，房地产开发下降 30.2%。六是金融支撑明显减弱。1—11 月，全区建设资金本年资金来源 1370.55 亿元，同比下降 17.0%。其中，国家预算资金 73.46 亿元，下降 13.8%；国内贷款 265.55 亿元，下降 38.1%；自筹资金 583.51 亿元，下降 19.6%。

（三）市场销售回升难度较大

2018 年以来，全区市场销售波动下行，增速从一季度的 7.0%回落到 1—11 月的 5.0%。一是汽车销售明显下降。1—11 月，占全区限额以上商品零售额 31.4%的汽车类商品零售额 113.17 亿元，同比下降 13.3%，降幅比 1—10 月扩大 1.3 个百分点，下拉限额以上零售额增速 4.8 个百分点。二是粮油食品类商品销售增速趋缓。1—11 月，占全区限额以上商品零售额 10.9%的粮油食品类零售额 39.32 亿元，增长 2.7%，增速为近几年来新低。三是升级类消费增长不及预期。1—11 月，全区限额以上通信器材类零售额下降 11.6%，服装、鞋帽、针纺织品类零售额下降 4.7%，金银珠宝类下降 2.4%，化妆品类增长 1.8%。

三、保持经济平稳健康发展的建议

2019年是新中国成立70周年，是决胜全面建成小康社会第一个百年奋斗目标的关键之年。从外部环境看，全球经济总体保持温和增长，但复苏分化，部分新兴经济体增长动能减弱。我国经济抵御住了外部因素的不利影响，国民经济保持总体平稳、稳中有进的发展态势，经济结构调整优化，发展质量效益不断改善，改革开放力度明显加大，民生福祉持续增进，正在向高质量发展的方向稳步迈进。从区内发展看，结构调整深入推进，新旧动能接续转换，质量效益稳步提升，高质量发展起步良好。2019年，全区经济工作要以习近平新时代中国特色社会主义思想为指导，全面贯彻党中央、国务院决策部署，坚持稳中求进工作总基调，坚持新发展理念，坚持推进高质量发展，坚持改革开放，坚持以供给侧结构性改革为主线，加快建设现代化经济体系，继续打好“三大攻坚战”，着力实施“三大战役”，进一步做好稳就业、稳金融、稳外贸、稳外资、稳投资、稳预期工作，大力支持民营经济发展，更好发挥各类市场主体作用，着力激发市场活力，增强内生动力，释放内需潜力，不断推动经济高质量发展，以优异成绩庆祝中华人民共和国成立70周年。

（一）以稳增长为目标，促进工业持续发展

坚持把发展实体经济作为应对稳增长的关键举措，全力以赴落实稳定工业发展的各项政策措施，完善相关配套政策，加大对非公有制、中小微企业的政策支持力度，切实帮助企业解决实际困难。加快工业项目建设，力争早日投产达效。抓好重点行业，支持煤炭、化工、冶金、机械、电力等支柱行业和龙头企业稳定运行、开拓市场。加快工业园区优化整合。把政策向工业园区倾斜，保障园区土地、用电、供水等生产要素，大力推进同类企业和项目向特色园区集中，利用工业园区的优势条件吸引关键性企业落户园区，逐步培育与发展产业集群，提高进园项目质量，优化产业结构层次。

（二）以抓项目为根本，增强经济发展后劲

围绕产业转型增投资抓项目，增强经济稳定增长的动力。加强项目储

备，针对当前宁夏施工项目和新开工项目增长乏力的问题，要在2019年谋划一批事关长远的重点项目，为投资增长添后劲。切实解决影响项目开工的审批审核、资金、土地供应和拆迁等问题，加快项目推进力度。继续加大招商引资力度，围绕自治区三大战略，突出煤化工、新能源等战略性新兴产业聚集发展和化工、有色、轻纺等传统优势产业转型升级，精心策划和引进一批建链、造链、强链、补链项目，确保完成招商引资任务。支持民间投资健康发展，落实好国家、自治区促进民间投资的相关政策，通过政策支持、项目示范等措施，鼓励和支持社会资本以特许经营、参股控股等方式参与项目建设运营；积极引导民间投资进入教育、医疗卫生、养老服务、民生基础设施等短板领域。

（三）以扩消费为契机，切实增进民生福祉

尽快落实中央《关于完善促进消费体制机制　进一步激发居民消费潜力的若干意见》，配套出台宁夏的具体实施措施，充分发挥消费对经济增长的拉动作用。积极培育新的消费热点，扩大信息、休闲、教育、健康、养老等方面消费。健全旅游服务体系，推出一批精品旅游产品和创意项目，做精做优旅游经济。鼓励购房、租房并举，扩大需求，化解库存，稳定房地产市场。激励商贸企业创新商业模式，加强与知名电商平台合作。通过增加收入，提升居民消费能力和水平。保障居民工资性收入合理增长，提高最低工资标准，更加重视再就业工作，出台相关优惠政策，进一步激发城乡居民创业活力，确保新增城镇就业、新增农村劳动力在合理水平。实施好大众创业、万众创新，加强创业辅导，鼓励居民创业，增加经营性收入。

（四）以调结构为重点，提升创新驱动能力

加大企业、院校、科研机构的创新力度，不断培育新的经济增长点。做强做优煤化工、新材料、现代纺织等新兴产业，提高产业集聚度和附加值。抓好科技创新平台建设。充分发挥高等院校、科研院所的作用，打造具有较强原创能力的科研平台，依托专业园区和特色产业基地，有效汇集各种创新要素，推进科技基础设施建设。强化企业创新主体地位，引导企业开展智能制造、机器换人、工业强基等新兴技改，形成一批具有较强竞争力的创新型领军企业。紧扣宁夏产业定位和需求，有针对性地引进一批创新创业人才，同时注重培养一批本土创新型企业家和高端创新人才。

（五）以促改革为动力，不断释放经济活力

进一步深化“放管服”改革，促进工商注册便利化。落实好自治区党委、政府《关于促进民营经济健康发展的若干意见》，大力支持民营企业和中小微企业发展，全面落实定向减税、普遍降费等政策，降低实体经济成本。加大金融服务实体经济力度，实施好“引金入宁”计划，鼓励金融企业进一步调整信贷投向、优化信贷结构，把更多信贷资金配置到先进制造业、战略性新兴产业和企业技术改造上来，激励实体经济转型发展。建立多元化产业引导基金，吸引更多社会资本投向实体经济。统筹处理好稳增长和防风险的关系，有效化解地方债务风险，坚决守住不发生系统性和区域性风险的底线。

2018—2019年宁夏农业及农村经济运行情况分析与建议

韩治泰　王洪波　王岚海　王静戟

2018年以来，全区各级深入学习贯彻习近平新时代中国特色社会主义思想和党的十九大精神，牢固树立新发展理念，落实高质量发展要求，以农民增收为核心，深入实施乡村振兴战略，大力推进生态立区，着力强化科学治水，围绕特色优势产业，突出质量兴农、品牌强农、绿色升农、水利助农，农业农村经济逆势增长，持续向好。

一、农业农村经济取得新发展

（一）推进转型升级，特色产业质效凸显

全区粮食播种面积1164.2万亩，预计全年粮食总产370万吨以上，实现“十五连丰”已成定局。现代畜牧业持续稳定发展，主要畜产品价格走势和效益持续向好，规模化养殖水平进一步提升，预计全年肉、蛋、奶总产量分别达到56万吨、11.6万吨、236万吨，同比增长3.3%、2.7%、5.6%。瓜菜产业稳步发展，设施蔬菜、冷凉蔬菜、硒砂瓜面积分别达到108.5万亩、101.9万亩、107.4万亩，产销两旺，量价同增，预计全年瓜菜总产量达到702万吨。枸杞、葡萄产业发展较快，面积分别达到100万亩、57万亩。预计全年特色优势产业产值占农业总产值比重达87%以上。

作者简介：韩治泰，自治区政府研究室办公室主任；王洪波，自治区农业农村厅办公室主任；王岚海，自治区水利厅办公室主任；王静戟，自治区林业和草原局办公室主任。

(二)突出品牌引领,三次产业融合显效

大力实施特色产业品牌工程,评选创建了宁夏菜心、宁夏牛奶、固原黄牛、盐池黄花菜、六盘山冷凉菜等第二批区域公用品牌,“宁夏贺兰山东麓葡萄酒”“中宁枸杞”区域品牌价值分别达到271.44亿元和172.88亿元。中宁枸杞、盐池滩羊产区成功入选首批中国特色农产品优势区。“枸杞之乡、滩羊之乡、甘草之乡、硒砂瓜之乡、马铃薯之乡”的知名度和影响力不断扩大。实施龙头企业带动主导产业融合发展工程,大力发展农产品精深加工业,加快产业融合发展,全区休闲农业营业收入17.8亿元,农产品加工业总产值580亿元。预计全区农产品加工值与农业总产值比为1.8∶1。

(三)加快科技创新,农业绿色发展提速

全区主导品种和主推技术覆盖率达90%以上,农业科技入户率达到80%,主要粮食作物综合机械化水平达74.5%,农业科技进步贡献率达到60%。全面落实“一控两减三基本”,农作物病虫害统防统治及绿色防控618万亩。畜禽粪污资源化利用率达88.7%,农作物秸秆综合利用率和残膜回收利用率均达到83%,草原植被综合覆盖度达53.5%。

(四)深化农村改革,农业经济增添后劲

新增承包地确权登记颁证面积2.43万亩,完成数据变更2.68万户。探索开展了生产设施设备所有权、集体未利用荒地使用权、草原承包经营权等产权确权登记颁证试点,累计发放各种产权证37256本,成立土地股份合作社98个,入股土地面积12.7万亩。扎实开展农村集体资产清产核资。加快发展新型经营主体,新培育家庭农场218家、农民合作社349家,全区家庭农场、农民合作社分别达到2916家和6267家,新创建农业社会化综合服务站40家、农业产业化联合体35家。

(五)攻坚精准帮扶,产业扶贫有益达效

认真落实强农惠农富农政策,全年争取中央和自治区各类农业项目资金38.96亿元。大力实施脱贫富民战略,以“五县一片”深度贫困地区为重点,坚持一手抓贫困村特色产业精准脱贫,一手抓脱贫出列村巩固提升,扎实推进“四个一”产业扶贫示范工程,充分发挥专家技术服务团队作用,不断加强农民务工和创业创新培训,大力推广订单生产、股份合作等产业扶贫模式，引导新型经营主体与贫困户建立紧密利益联结机制。预计全年山区农村居民人均可支配收入同比增长10%以上。

前三季度，全区农村居民人均可支配收入7466.2元，增长9.1%，增幅比全区城镇居民高0.6个百分点，预计全年农村居民人均可支配收入增长8%以上。

二、水利建设发展进入加速期

（一）实施创新驱动战略，水利转型速度加快

加快重点水利工程建设，不断补齐水利基础设施短板。银川都市圈城乡西线供水工程开工建设，黄河宁夏段二期防洪工程基本完成，盐环定扬水更新改造等项目主体工程全部建成通水。固海扬水泵站改造完成试运行。一大批重大水利工程的相继建成，大幅提升了全区特别是深度贫困地区水资源调配保障能力。重点水利项目加快推进。黄委会完成黑山峡河段开发四项专题研究论证，正与陕西省共同推进陕甘宁革命老区供水工程前期工作。

积极争取水利部、黄委会支持宁夏重大项目建设及生态用水指标近5亿立方米，进一步保障了自治区经济社会发展及生态用水安全。以水权、水价、水交易为重点的各项改革任务统筹推进。中央水流产权确权试点、水资源消耗“双控”行动等改革取得实质性进展。利通区政府与宝丰集团通过市场手段，签订全区水权交易第一单。稳妥推进农业水价综合改革，被国家部委评定为良好等次。落实“放管服”改革，水利行政审批实现全流程网上在线办理。加大新技术新设备应用，加快实施“互联网+水利”六大行动。内控制度建设稳步推进。河长制综合管理信息平台实现全覆盖，电子巡河呈常态化。

（二）推进生态立区战略，河湖治理有序推进

湖长制组织体系全面建立。完成自治区级河湖“一河一策”方案和“六河两湖”重点流域水生态修复治理方案并有序实施。入黄排水沟专项整治等取得初步成效，常规监测断面水质持续改善。全区河湖水生态环境整体好转、局部优化。深入开展“四大节水”行动，制定出台节水型城市、

企业等节水型载体地方标准。规模化推进以喷灌、滴灌为重点的节水农业，全区累计发展高效节水灌溉340万亩。现代化灌区试点效益初显，利通区、贺兰县10万亩农田灌溉实现精准计量，初步探索建立了农田水利“投、建、管、服”一体化新机制。落实最严格水资源管理制度，强化“三条红线”管控，顺利完成国务院考核组对全区落实最严格水资源管理制度考核。启动水资源承载能力预警机制建设，加快推进水资源监控能力建设，国控水资源监控项目已全部完成，在全国名列前茅。

（三）落实脱贫富民战略，水利服务日益均等化

始终把贫困地区人饮安全作为重要工作抓紧抓实，已巩固提升45.7万人饮水安全水平，全区自来水普及率达84%，其中9个贫困县自来水入户率已达88.5%。加强计划用水管理，保障了800万亩农田均衡受益。高度重视生态补水，充分利用农业灌溉间歇期和低峰期向湖泊湿地补水。确保了宁东等12个主要工业园区和固原等地200多万人的城乡供水安全。

三、生态立区战略取得新突破

（一）把握生态惠民，国土绿化成效显著

始终坚持生态为民，统筹山水林田湖草综合治理，有效增加绿量，提高绿质绿效，不断满足人民日益增长的优美生态环境需要。依托天然林保护、三北防护林、退耕还林、乡村绿化美化等国家重点生态林业工程，大力实施精准造林工程，全面启动大规模国土绿化行动。截至11月中旬，全区统计上报已完成营造林149万亩，预计全区森林覆盖率可达14.6%，比2017年提高0.6个百分点。

（二）突出动力转换，林业改革重点突破

始终把改革创新作为推动林业高质量发展的根本动力。一是加快推进国有林场改革，组织开展国有林场改革预验收并指导进行整改完善，完成了自治区级国有林场改革验收。二是全力推进湿地产权确权试点改革，进一步扩大试点范围，完成了银川等地湿地产权确权试点改革工作，对全区310万亩湿地进行产权确权。三是持续深化集体林权制度改革，认真贯彻落实《关于完善集体林权制度的实施方案》，落实所有权，稳定承包权，放

活经营权，开展“三权”分置试点改革，全区林下经济达 364.3 万亩。四是深化“放管服”改革，不断优化审批服务流程，实现了政务服务事项 100% 进驻政务大厅。在自治区、市、县三级实现了“不见面”网上联审联办。

（三）坚持节约恢复，资源保护成效明显

坚持节约优先、保护优先、自然恢复为主的方针。一是持续推进贺兰山生态环境综合整治，得到中央环保督查组充分肯定；扎实开展“三山”能力建设，启动宁夏贺兰山采煤迹地植被恢复研究重大科技攻关项目。二是全面启动全区自然保护地大检查和“绿盾”专项行动，六盘山、罗山人类活动整治点全部完成整治并销号。三是严格林地用途、定额和采伐限额管理，强化林权管理和监督，全力保障自治区重大基础实施建设项目。扎实开展林地变更、空间规划林地湿地落界、森林资源规划设计和重点保护野生动植物调查。四是全面完成天保工程营造林三北工程年度任务。完成国家级公益林落界，启动实施了生态效益补偿监测工作，聘请第三方机构参与涉林项目资金稽查。五是加强林业有害生物防控，全面落实防治责任，有害生物成灾率控制在 3.87‰。六是加强湿地保护与恢复，认真落实《宁夏湿地保护修复制度工作方案》，建立并落实宁夏湿地保护修复联席会议制度。银川获得首批“国际湿地城市”称号。七是严格落实森林防火责任制，大力推广森林防火“固原经验”，建立了森林防火行政责任人和管理责任人公示等制度，逐级压实防火责任，全年未发生重大以上森林火灾。八是全力推进林业法治建设，聚焦生态林业发展重点领域，建立并完善法律法规体系，提请自治区人大常委会修订《宁夏湿地保护条例》。协调自治区高级人民法院成立宁夏第一家环境资源保护法庭。

（四）着力提质增效，富民产业进展顺利

持续提供更多优质生态产品。一是枸杞产业持续健康发展，着力在提质增效上下功夫。新增枸杞种植面积 6.1 万亩，改造提升 1.5 万亩，全区枸杞在册面积 100 万亩，产量 14 万吨，产值 130 亿元。加快建立枸杞质量标准体系，大力推广枸杞病虫害“五步法”绿色防控技术，建立 7 个绿色防控核心示范区 15350 亩；建立枸杞病虫害监测预报服务信息平台和服务网络，已覆盖 10 万亩枸杞种植区，探索推广“科研机构+专业化统防统治公司+枸杞经营主体”的新型专业化社会服务组织模式。调整充实更新自治区枸杞产业技术服务专家组，服务面积达20万亩。高质量主办了2018枸杞产业博览会，“中宁枸杞”品牌价值提升到172.88亿元。二是全力扶持特色优势林产业发展，做大做强做精红枣、苹果、种苗、花卉等特色林业产业，合理规划产业布局，优化种植结构，新增经济林6万亩，积极组织林果企业参加全国相关产销对接大会，有效提升特色产业知名度，拓展产品销售渠道。三是实施乡村振兴战略，扎实推进林业助推精准脱贫工作，积极创新林业助推精准脱贫模式，新争取国家林草局安排宁夏2018年生态护林员指标1000名。按照工程规划精准和任务安排精准的原则，在国土绿化中，优先将贫困县纳入规划范围，重点向生态脆弱区贫困地区倾斜，优先使用建档立卡贫困户的苗木，并让其参与造林绿化，据统计，贫困县区林农通过苗木、劳务等收入达10亿元，个别地区建档立卡户参与造林劳务和苗木收入户均超过1.5万元。

（五）夯实发展基础，扎实推进为民服务能力建设

始终坚持问题导向、目标导向，多谋打基础、利长远的实事。一是狠抓项目资金管理，围绕国家和自治区重点林业工程，加大项目资金争取力度，为全区林业改革发展和加快国土绿化等重点工程建设提供资金保障。二是大力实施创新驱动战略，突出枸杞产业、精准造林、荒漠化治理、特色林产业发展等重点领域，推进林业共性关键技术攻关，补齐林业科技短板，服务林业供给侧结构性改革。三是加强林业标准化建设，为制定行业标准奠定了林业科技创新的技术标准基础。

四、存在的问题

（一）农业发展不平衡的问题仍然存在

一是农产品供给总量和质量不平衡，特色农业品牌影响力还不够大，宁夏农产品品牌优势还没有完全发挥出来。二是特色产业规模与效益不平衡，农产品加工转化率不高，产品附加值较低。三是农业生产功能与生态功能不平衡，农业面源污染、农业生态脆弱等问题仍然突出，主要依靠资源消耗的粗放经营方式没有根本改变。四是各类经营主体发展不平衡，农业产业化龙头企业带动能力不强，农村一二三产业融合发展不够，小农户分享农业现代化成果不充分。

（二）水治理不充分与发展之间的矛盾突出

一是水资源供需矛盾日趋加剧。总量不足与结构失衡并存，用水需求呈刚性增长，供需水矛盾日益突出。二是水生态环境形势严峻。全区尚未治理的水土流失面积仍占近一半，山区大部分中小河流常年断流，河流生态功能衰减，河湖水污染不容乐观。三是水利基础设施仍显薄弱。因历史欠账多，水利投入不足，水利工程体系还不完善，水资源利用率还不高。

（三）优质生态产品提供的难度加大

一是生态建设难度增大。制约林业改革发展不平衡不充分的问题尚未完全破解，缺林少绿的林情还没有根本转变。二是资源管护压力加大。经济社会发展对林地征占用需求持续攀升，资源保护压力越来越大。三是是林产业高质量发展不足。绿色优质林产品供给还不能满足市场需求，枸杞等特色产业的区域公共品牌建设亟待加强。

五、2019 年农业农村工作建议

（一）加快实施乡村振兴战略，推进农村全面发展

加快实施自治区乡村振兴战略规划，激活农业农村资源，统筹城乡一体发展，抓重点，补短板，强弱项，加快农业农村经济全面进步，促进乡村产业、人才、文化、生态、组织振兴，推动农业全面升级、农村全面进步、农民全面发展。

（二）推进优势基地建设，打响宁夏地方品牌

大力实施特色产业品牌工程，以创建品种优、技术优、管理优、品质优、价格优“五优”基地为抓手，集中打造一批区域公用品牌，培育一批企业知名品牌和名特优新品牌，把宁夏优质农业品牌做强做亮。

（三）做强特色产业，推动农业转型升级

坚持发展“一特三高”现代农业，聚焦优质粮食、现代畜牧、瓜菜、枸杞、葡萄“1+4”特色优势产业，稳粮强畜优菜，巩固提升枸杞、葡萄产业，积极发展地方特色产业，进一步优化现代农业产业布局，加快新产业新业态培育，推动农业差异化协同发展。

（四）深化农村改革，激活“三农”发展活力

稳步推进农村集体产权制度改革，积极稳妥推进股份合作制改革，不断深化农村土地制度改革。大力培育家庭农场、农民专业合作社等新型经营主体，努力提升农业社会化服务水平，鼓励发展农业适度规模经营，带动农民增收致富。

（五）坚持节水优先，提高水资源利用率

继续把节水作为破解水瓶颈的革命性措施来抓，扎实推进节水型社会建设，切实把节约用水贯穿于经济社会发展和生活生产全过程，推动全社会节水降耗。落实最严格水资源管理制度，促进经济社会发展与水资源、水生态、水环境承载力相适宜。

（六）加快基础建设，切实补齐水利短板

着力构建引、节、供“三位一体”基础水网，全面提升水资源保障能力和利用效率，着眼解决水利发展中存在的不平衡不充分问题，充分发挥水利建设投资拉动作用、经济支撑功能和生态环境效应。加快构建“山川统筹、南北调剂、丰枯补给”的水资源配置体系。

（七）全面落实责任制，提升水生态质量

坚持“绿水青山就是金山银山”的理念，深入推进山水林田湖草系统治理。围绕美丽生态河湖建设目标，加快推动“一河（湖）一策”落实，稳步推进河湖治理保护工作落实到位，稳定提升受益区生态服务功能。

（八）聚焦生态立区目标，持续提升绿化水平

深入实施大规模国土绿化行动。积极争取国家支持，逐步将宁夏适宜坡耕地、严重沙化耕地等纳入退耕还林还草范围，扩大国土绿化面积。

（九）立足创新驱动引领，重构林业科技体制

调整林业科技创新方向，优化林业科研资源配置，重点推进林业共性关键技术攻关，补齐林业科技短板。围绕林业供给侧结构性改革主线，推动林业科技创新与生产相结合、与创新基地相结合，努力形成一批新型实用技术，建设一批林业标准基地和平台，培养造就一批科技人员，形成一批新成果，为林业发展提供有力科技支撑。

（十）推动脱贫富民战略，促进林产业健康发展

化解苗木过剩产能，积极推行专业队造林，探索“购买式”造林模式，支持建档立卡贫困户通过参与国土绿化脱贫增收。发展特色生态产业、绿色林果产业，加快推进枸杞等经济林产业基地规范化建设、标准化管理、绿色化进程，加快推进“宁夏枸杞”地理标志证明商标注册，促进特色经济林产业持续健康发展。

2018—2019年宁夏工业经济运行情况分析与预测

周　涛

2018年以来，面对错综复杂的发展环境和艰巨的改革任务，自治区党委、政府以习近平新时代中国特色社会主义思想为指导，认真贯彻落实党的十九大和中央经济工作会议精神，坚持稳中求进工作总基调，扎实践行新发展理念，深入推进供给侧结构性改革，大力实施“三大战略”，加快工业转型升级，积极推动经济高质量发展，有效应对各种挑战，落实各项惠企政策，全区规模以上工业经济呈现稳中趋缓、稳中有进、质量效益不断提升的运行态势。

一、工业经济运行总体平稳

2018年1—11月，全区规模以上工业增加值同比增长7.6%，增速比上年回落1.0个百分点，其中，采矿业增长4.8%，制造业增长6.0%，电力、热力、燃气及水的生产和供应业增长14.2%，工业经济总体保持了平稳运行态势。

（一）重工业快速增长

1—11月，重工业增加值增长11.0%，比上年加快了1.1个百分点，全区24个重工业主要大类行业中16个行业呈现增长态势。其中，石油、煤

作者简介：周涛，自治区统计局工业处副处长。

炭及其他燃料加工业增长 28.3%，电力、热力生产和供应业增长 15.5%，化学原料和化学制品制造业增长 13.5%。

（二）轻工业整体下降

1—11 月，轻工业增加值下降 12.9%，增速比上年回落 14.7 个百分点，全区 13 个轻工业行业中 11 个行业下降，其中，食品制造业下降 4.5%，纺织业下降幅 3.5%，医药制造业下降 44.0%。

（三）重点行业支撑作用明显

1—11 月，全区 10 大工业产业增加值增速“六增四降”。其中，电力工业增长 15.6%，化工工业增长 19.5%，冶金工业增长 20.5%，有色工业增长 2.4%，机械工业增长 6.0%，其他工业增长 3.4%；下降的行业中，医药工业下降 44.0%，建材工业下降 18.0%，轻纺工业下降 10.1%，煤炭工业下降 3.2%。

（四）主要产品产量平稳增长

1—11 月，全区重点监测的 40 种工业产品中，19 种产品产量同比增长。其中，活性炭增长 69.8%，电工仪器仪表增长 56.7%，变压器增长 49.7%，滚动轴承增长 29.9%，乳制品增长 24.2%，初级形态塑料增长 20.5%，数控金属切削机床增长 20.3%，单晶硅增长 18.6%，钢材增长 18.5%，铝材增长 15.5%，橡胶轮胎外胎增长 12.0%，原铝增长 11.9%，饲料增长 5.1%，铁合金增长 3.3%，电石增长 1.0%。

二、工业运行主要特点

（一）国有控股企业拉动作用明显

1—11 月，国有控股企业增加值同比增长 10.4%，增速比上年提高 1.7 个百分点，比规模以上工业平均增加值增速高出 2.8 个百分点。国有控股工业增加值占全部规模以上工业增加值的 51.5%，对规模以上工业经济增长的贡献率达到 66.7%，拉动规模以上工业经济增长 5.3 个百分点。

（二）大中型工业企业贡献稳定

1—11 月，大中型工业企业增加值同比增长 6.5%，增速虽比规模以上工业平均增加值略低，但大中型工业企业增加值占全部规模以上工业增加值的比重保持在 70%以上，对规模以上工业经济增长的贡献率保持在 60%

以上，拉动规模以上工业经济增长4.8个百分点，充分发挥了规模以上工业经济保持稳定增长的“压舱石”作用。

（三）高耗能行业增速较快

1—11月，高耗能行业增加值同比增长13.5%，比规模以上工业平均增加值增速高出5.9个百分点，对规模以上工业增长的贡献率高达112.2%。其中，石油、煤炭及其他燃料加工业，电力、热力生产供应业，化学原料和化学制品制造业保持高速增长，黑色金属冶炼及压延加工业、有色金属冶炼及压延加工业均保持增长势头，非金属矿物制品业下降。

（四）五市工业经济均保持增长态势

1—11月，五个地级市规模以上工业增加值均保持增长，其中，银川市同比增长6.9%，石嘴山市同比增长13.2%，吴忠市同比增长6.8%，固原市同比增长20.3%，中卫市同比增长3.0%。

（五）工业利润总额保持较快增长

1—10月，全区规模以上工业企业主营业务收入同比增长10.8%，实现利润总额同比增长22.8%，其中，国有控股企业实现利润总额同比增长98.4%，股份制企业实现利润总额同比增长19.5%，外商及港澳台商投资企业实现利润总额同比增长26.9%，制造业实现利润总额同比增长19.3%，电力、热力、燃气及水的生产和供应业实现利润总额同比增长1.1倍。

三、工业高质量发展扎实推进

（一）转型升级持续推进

一是高技术制造业保持稳定运行。1—11月，全区规模以上高技术制造业增加值占全部规模以上工业增加值的4.1%。二是先进制造业成长良好。1—11月，装备制造业增加值占全部规模以上工业增加值的5.3%，比上年提高0.6个百分点。其中，专用设备制造业增长28.2%，仪器仪表制造业增长25.4%，通用设备制造业增长6.9%，汽车制造业增长75.5%。三是电力生产结构持续优化。1—11月，全区水电、风电、太阳能等可再生能源发电量246.6亿千瓦时，同比增长21.6%，占全部发电量的18.4%，比上年提高1.3个百分点。

（二）工业经济整体效益较好

10 月末，规模以上工业产成品存货周转天数为 12.1 天，同比减少 3.2 天；应收账款平均回收期为 29.9 天，同比减少 2.0 天。每百元资产实现的主营业务收入为 84.9 元，同比增加 4.0 元；主营业务收入利润率为 4.47%，同比提高 0.44 个百分点；人均主营业务收入为 144.7 万元，同比增加 20.8 万元。

（三）供给侧结构性改革取得实效

1—10 月，规模以上工业企业每百元主营业务收入中的成本为 83.3 元，同比减少 0.19 元；每百元主营业务收入中的费用为 9.92 元，同比下降 0.1 元；资产负债率为 66.8%，同比降低 2.1 个百分点。10 月末，产成品存货同比下降 12.7%。

（四）亏损企业亏损额同比下降

1—10 月，全区规模以上工业亏损企业亏损额 80.2 亿元，同比下降 12.2%。其中，国有控股亏损企业亏损额同比下降 34.2%，大中型亏损企业亏损额同比下降 18.2%。亏损额同比减少较多的行业主要有：化学原料和化学制品制造业亏损企业亏损额同比下降 45.9%，黑色金属冶炼和压延加工业亏损企业亏损额同比下降 27.5%，非金属矿物制品业亏损企业亏损额同比下降 18.8%，电力、热力生产和供应业亏损企业亏损额同比下降 14.5%。

四、工业运行存在的主要问题

2018 年以来，全区规模以上工业在年初实现“开门红”之后持续走低，进入三季度后逐月回升，并保持稳定增长。但从工业企业生产看，市场供求矛盾突出、新旧动能转换乏力、资金周转困难等多种因素复杂交织，部分企业产品销路不畅，停产、减产企业较多，工业行业分化明显，工业经济持续稳定增的长压力仍然较大。

（一）制造业增速回落较快

1—11 月，全区规模以上制造业增加值占全部规模以上增加值的比重为 61.4%，同比增长 6.0%，增速比上年回落 2.4 个百分点，低于全部规模以上工业增加值平均增速 1.6 个百分点，对整体工业增长的拉动减弱。

（二）非公有制工业增长乏力

1—11月，全区规模以上非公有制工业增加值同比增长5.3%，增速比上年回落1.3个百分点，低于全区规模以上工业增加值平均增速2.3个百分点，对全部规模以上工业增加值的贡献率为33.3%，拉动规模以上工业经济增长2.6个百分点，比上年有所下降。其中，私营企业工业增加值同比增长4.4%，对全部规模以上工业增加值的贡献率为16.5%。

（三）停产、减产企业对工业增长产生不利影响

11月，全区1250户规模以上工业企业中停产183户，减少产值95.8亿元。1—11月，减产企业438户，减少产值155.2亿元。在停产、减产企业中，1—11月累计减少产值2000万元以上的企业达到214户，减少产值225.2亿元。

（四）新增企业同比大幅减少

截止到11月末，全区新增规模以上工业企业27户，比上年同期减少新增企业20户。新增企业对规模以上工业增长的拉动作用有限，一定程度上影响了工业经济增长。

五、2019年趋势预判和对策建议

总的来看，2018年以来，面对错综复杂的发展环境，自治区党委、政府审时度势，采取一系列有效措施，积极应对工业运行中的一系风险挑战，确保了工业经济稳步增长，发展质量得到提高，工业经济效益有所改善，取得成绩来之不易。国内外环境依然错综复杂，经济运行稳中有变，稳中有缓，宁夏工业经济保持稳步增长的基础尚不牢固，工业增长趋缓的势头还未从根本上得到有效遏制，工业结构性矛盾突出，高负债高增长企业经营难以为继，工业投资力度大幅减弱，新旧动能转换动力不足，节能减排约束加剧，行业发展分化明显，2018年保持工业经济持续稳定增长的压力加大。巩固当前工业企稳向好的发展态势，确保工业经济持续健康增长，发挥好工业对全区经济发展的“稳定器”作用，还要从以下几个方面做好工作。

（一）加快推进工业园区整合，充分发挥园区吸引企业发展工业的专业优势

加快推进全区开发区整合优化和改革创新工作，促进开发区整合和升级，完善园区管理运营，加快基础设施建设，打通园区企业生产资料间的流通，切实降低园区企业运营成本，按照园区产业发展定位，加大招商、选商力度，加快引入一批市场前景好，带动能力强的优质企业项目入驻，真正发挥工业园区集聚产业、培育产业、发展企业作用，培育全区工业经济新的有效增长极。

（二）加大产业培育，加速新旧动能转换

大力培育企业创新发展能力，针对性地提高对高新技术产业支持力度，加大培育节能环保、信息技术、高端装备制造、生物医药等产业的恢复和发展，提高新动能的拉动能力，为工业经济发展注入新的活力。

（三）加快传统产业升级改造，积极打造新的比较优势

针对宁夏传统产业的发展实际，特别是高耗能行业企业，坚持产业发展与环境保护同步，强化能耗、土地、安全、质量等指标约束，坚持市场主导，采取科学有效的措施，从法律、财政、金融、土地等方面支持、引导传统行业企业加快设备升级改造，大力实施可循环生产，提高资源的利用率，提高能源的使用效率，进一步降低单位产品的生产成本，在产业链的价值链中、同行业企业的竞争中，形成新的比较优势。

（四）落实各项政策，加快中小微企业发展

采取有力措施，确保《中华人民共和国中小企业促进法》的全面贯彻落实，进一步改善营商环境，创新金融服务，保障中小企业公平地参与各类市场竞争，支持中小企业的创新创造，维护中小企业合法权益，促进中小企业健康发展，充分发挥中小企业在工业经济发展中的重要作用。

（五）加强经济管理，稳定企业生产经营

扎实落实中央和自治区的各项决策部署，用足用好各项惠及企业的优惠政策，加强对经济运行的宏观管理，加大服务企业发展的力度，深入调查研究，把握重点行业、重点企业生产运行特点，找准问题，抓住矛盾，分类指导，解决具体问题，促进企业生产稳定。要高度关注对经济运行影响较大的停产、减产企业，跟踪政策落实，定向精准帮扶，促停产企业复产，切实引导和支持减产企业提质增效，促进企业稳定生产。

2018—2019年宁夏服务业运行情况分析与建议

张广益

2018年，宁夏认真贯彻落实国家和自治区促进服务业发展的各项方针政策，服务业继续保持稳定发展态势。2018年前三季度，全区实现地区生产总值2784.66亿元，按可比价格计算，同比增长7.0%，其中，服务业实现增加值1216.89亿元，同比增长8.4%，对经济增长的贡献率达到53%。

一、宁夏服务业发展逐步增强

（一）服务业经济贡献率继续创新高

2018年前三季度，全区服务业对经济增长的贡献率继续创新高，达到53%，高于上年同期2.3个百分点，高于第二产业9.5个百分点，拉动GDP增长3.8个百分点。与第二产业相比，多拉动经济增长0.8个百分点，对经济增长的贡献继续保持稳定增强态势，服务业引领经济增长的能力继续提升。

（二）服务业经济增速保持“三个高于”

2018年前三季度，全区服务业发展速度继续保持增长态势，服务业在全区深化供给侧结构性改革中，对新旧动能转换发挥带动作用。服务业发展增速与GDP、二次产业及全国平均水平相比，保持了“三个高于”：

作者简介：张广益，宁夏统计局服务业统计处处长，统计师。

一是高于 GDP 增速。一季度增速高于 GDP 增速 1.3 个百分点，上半年增速高于 GDP 增速 3.2 个百分点，三季度增速高于 GDP 增速 1.4 个百分点。二是高于第二产业增速。一季度增速高于第二产业 2.1 个百分点，上半年增速高于第二产业 5.9 个百分点，三季度增速高于第二产业 2.2 个百分点。三是服务业增速高于全国平均水平。一季度增速高于全国平均水平 1.7 个百分点，上半年增速高于全国平均水平 3.3 个百分点，三季度增速高于全国平均水平 0.7 个百分点。

（三）服务业比重呈现两个“提升”

2018 年前三季度，全区服务业增加值占全国的比重、占全区 GDP 的比重呈现两个“提升”。一是服务业增加值占全国的比重逐季提升：一季度为 0.29%，二季度为 0.32%，三季度为 0.35%。二是各季所占全区 GDP 的比重与上年同期相比有所提升：一季度为 47.8%，提升 1.1 个百分点； 二季度为 45.8%，提升 0.9 个百分点；三季度为 43.7%，提升 0.7 个百分点。

（四）服务业吸纳就业能力稳步提高

2018 年 9 月末，在服务行业就业人数占全部就业人数的 27.2%，同比增长 0.7%。其中，信息传输、软件和信息技术服务业增长 3.6%，租赁和商务服务业增长 7.4%，水利、环境和公共设施管理业增长 30.1%，卫生和社会工作增长 17.0%。

二、新旧动能转换带动行业优化升级

随着“互联网+”和大数据等新兴产业不断兴起，服务业新动能加快成长，以互联网和相关服务为代表的现代新兴服务业继续较快发展。2018 年前三季度，全区营利性服务业实现增加值 321.83 亿元，增长 32%，高于上年同期 3.3 个百分点，对服务业的贡献突出。从主要行业看，全区电信业务总量保持高速增长态势，1—10 月同比增长 1.36 倍，移动互联网接入流量增长 1.7 倍，互联网宽带接入用户增长 43.4%。在规模以上服务业企业中，1—10 月，科技服务业营业收入同比增长 0.2%，高技术服务业营业收入同比增长 0.4%。新兴服务业持续活跃，推动行业结构继续优化。1—10 月，全区规模以上互联网和相关服务行业营业收入增长 28.6%，软件和信息技术服务业增长68.5%，租赁和商务服务业增长13.9%。在电子商务和网上零售业快速发展的带动下，全区快递业务快速发展。1—10月，全区快递业务量增长78.6%。互联网等新兴服务业的快速发展，进一步促进了行业转型升级。

三、服务业重点行业总体呈平稳发展

（一）消费市场运行趋稳

随着供给侧结构性改革的进一步推进，城乡居民收入的稳定增加、城镇化进程的不断加快和消费环境的逐步改善，1—11月，全区社会消费品零售总额同比增长5%。前三季度，全区批发零售业和住宿餐饮业增加值分别增长5.5%和6.1%，批发零售业和住宿餐饮业对服务业增长贡献率分别为6.8%和2.5%，拉动经济分别增长0.5和0.2个百分点。

（二）房地产业保持平稳

随着房地产市场调控政策持续深化，全区房地产销售保持平稳增长态势。前三季度，全区房地产业增加值同比增长3.5%，比上年提高0.1个百分点，房地产业对服务业贡献率为4.4%，拉动服务业增长0.4个百分点。

（三）金融业保持稳定

11月末，全区金融机构人民币存贷款余额保持稳定增长。人民币各项存款余额同比增长3.1%，人民币贷款余额同比增长8.2%。2018年前三季度，金融业增加值增长2.5%，对服务业增长的贡献率为4.9%，拉动服务业增长0.4个百分点。

（四）非营利性服务业增长趋稳

1—11月，全区完成一般公共预算总收入同比增长5.9%，一般公共预算支出同比增长2.5%。前三季度，全区非营利性服务业增加值同比增长2.5%，增幅比上年提高0.1个百分点，对服务业的贡献率为7.6%，拉动服务业增长0.6个百分点。

四、需要关注的问题和不利因素

宁夏服务业在转型升级发展过程中，依然还存在一些问题和不利因素，需要引起关注。

（一）相关指标低于全国平均水平

一是服务业贡献率低于全国平均水平。前三季度，全区服务业对经济增长的贡献率为 53%，低于全国平均水平 7.8 个百分点。二是服务业增加值占全区 GDP 的比重低于全国平均水平。前三季度，全区服务业增加值占全区 GDP 的比重为 43.7%，低于全国平均水平 9.4 个百分点。三是批发和零售业增加值增速低于全国平均水平。前三季度，全区为 5.5%，低于全国平均水平 1 个百分点。四是交通运输、仓储和邮政业增加值增速低于全国平均水平。前三季度，全区为-8.1%，低于全国 16.1 个百分点。五是住宿和餐饮业增加值增速低于全国平均水平。前三季度，全区为 6.1%，低于全国 0.6 个百分点。六是金融业增加值增速低于全国平均水平。前三季度，全区为 2.5%，低于全国 1.2 个百分点。七是房地产业增加值增速低于全国平均水平。前三季度，全区为 3.5%，低于全国 0.9 个百分点。

（二）经济发展特征仍是“二三一”结构

从经济发展的一般规律看，当经济发展到一定阶段时，服务业成为主导产业是普遍现象，三次产业结构最终将演进为“三二一”结构。从全国来看，产业结构已演变为“三二一”结构。在服务业经济时代到来的大背景下，全区的产业结构与上年相比仍为“二三一”结构，且服务业增加值占 GDP 比重依然在 45%左右徘徊。

（三）服务业投资出现下降态势

受宏观经济增速放缓、投资需求相对不足和新开工项目支撑乏力等因素的影响，1—11 月，全区服务业固定资产投资下降 23.6%，降幅高于全部投资 5.4 个百分点。

（四）规上服务业企业面临新挑战

一是服务业企业规模小。1—10 月，全区 430 家规模以上服务业企业营业收入超 10 亿元的仅有 2 家，5 亿~10 亿的有 2 家，与发达地区相比差距较大。从企业户均值来看，全区规模以上服务业企业的户均营业收入为 0.4 亿元，低于全国 1.0 亿元/户的平均水平。全区规模以上服务业法人单位实现营业收入仅占全国的 0.1%。二是战略性新兴服务业发展迟缓。1—10

月，全区规模以上服务业中战略性新兴服务业实现营业收入同比下降0.8%，比全国平均水平低16.1个百分点，比全区规模以上服务业增速低1.9个百分点。战略性新兴服务业发展不足，不利于加快服务业转型升级和新动能壮大。三是企业成本升高，营利能力减弱。从营业成本构成看，经营效益下降。1—10月，全区规上服务业企业营业成本同比增长7.3%，高于营业收入6.2个百分点；营业成本比率为75.7%，同比上升4.3个百分点。

五、促进宁夏服务业发展的对策与建议

（一）深化供给侧结构性改革，推动服务业产业结构再升级

继续深化供给侧结构性改革，以高质量发展引领服务业转型升级。以战略性新兴产业发展为引领，引导企业利用高技术向价值链高端发展，向有效供给精准化持续迈进，推动服务业产业结构再升级。一是以现代服务业为引领，推动服务业高质量发展。大力发展数字经济、共享经济、现代供应链等新业态、新模式，打造新兴产业。大力引进信息服务的龙头企业，构建特色鲜明、相对集聚的战略性新兴服务业体系。二是突出抓好现代服务业、战略性新兴服务业等领域的投资。加大招商引资力度，积极引进服务业重大项目，特别是引进具有国际国内影响力的大企业、大项目。调整服务业招商引资方向，推动重点行业向规模化、高端化、专业化和精细化升级，进而以点带面推进服务业加快转型发展。围绕高质量发展引领服务业转型升级，吸引更多高层次、高技术含量的企业到宁夏落户，带动全区相关行业和企业加速发展。三是构建现代产业发展格局，做强做优民营企业。落实好国家各项帮扶政策，科学筹划全区现代服务业的布局，改善营商环境，大力推进简政放权，放宽准入门槛，紧贴企业需求，提升服务效能，激发企业活力，营造良好投资环境，激发民间有效投资，以创造便利通畅的融资环境为重点，通过重点扶持，有目标地选择一些基础好、有潜力的企业，从资金、政策等方面给予重点支持，从而打造一批具有地方特色的产业龙头企业，带动全区服务业健康发展。

（二）推动服务业经济高质量发展，优化高层次人才资源开发环境

我国经济已由高速增长阶段转向高质量发展阶段，围绕服务业经济高

质量发展，构建与服务业经济高质量发展相适应的高层次人才体系。一是把招商引资与招才引智统一起来，牢固树立“人才引领发展”的战略意识。充分认识人才对高质量发展的决定性作用。大力实施人才强区战略，做到招得来、留得住、用得好，强化人才支撑。把促进人的全面发展作为人才工作的根本出发点和落脚点。坚持用事业留人、用待遇留人、用感情留人，注重人才资源开发与产业需求对接，围绕产业引进培育高层次人才。二是创新人才引聚政策机制，树立刚性引才与柔性引才并进的理念，营造高层次人才资源开发环境。以服务业经济高质量发展为导向，以培养人才创新精神和创新能力为重点，不断营造有利于高层次人才创新创业的制度环境、经济环境、文化环境、生活环境，加快形成人力资本积累优势。三是构建与服务业经济高质量发展相适应的高层次人才体系。围绕服务业经济高质量发展和重大战略实施、重点产业培育需要，深入实施高层次人才引进工程，完善海内外高层次专业技术人才来宁夏创新创业特殊支持政策，培养造就战略科技人才、科技领军人才、青年科技人才和高水平创新团队。以提高现代经营管理水平和企业竞争力为核心，以战略企业家和职业经理人为重点，加快推进企业经营管理人才职业化、市场化、专业化和国际化，培育高层次、高素质经营管理人才。

（三）以新特征、新业态、新模式提升城市综合品质

城市综合品质是指城市内部诸要素经过长期发展而形成的一种潜在的和直观的综合素质。城市品质品位体现着城市空间、城市实体、城市历史文化、城市建筑风貌、城市环境、城市功能、城市景观素质的个性特质，代表着城市的价值和地位。城市化是现代化的必由之路，而提高城市品质，是城市化进程中必须解决的重要问题，也是宁夏全面建成小康社会的客观要求。加快城市化进程必须注意提升城市品质。一是要科学谋划城市品质和建设质量，彰显特色形态。突出一个“绿”字，绿色人文在彰显城市内涵以及历史文化底蕴中具有积极作用，因此，精心维护青山绿水，不断整合人文资源，使城市记忆、历史文脉与景观生态交相辉映，打造宜居城市是提升城市品质的首要任务。围绕一个“史”字，在城市规划、建设中，要高水平、高质量地做好历史文化资源保护工作，合理利用历史文化遗存资源，促进历史文化遗存资源向资本方向转变，实现资源保护与利用的良性循环。在保护好历史遗存的同时，注重开发建设一些体现时代特点的人文景观，高标准规划文化标志性建筑，使现代文明与历史文化交相辉映，从而达到资源保护与旅游业发展“双赢”的目的。营造一个“特”字，在知识经济、信息经济主导的新时代，站在更高的起点，科学规划好城市重要节点和核心区域建设，从业态的科学统筹入手，规划工业业态、商业业态、文化业态和社会事业业态等。充分把握城市内涵发展的新特征、新业态、新模式，做到科学决策、精准发力、高质量发展。超前谋划“高铁时代”，高铁的开通将大大缩短宁夏与大城市的时空距离，在带来更多发展机遇的同时，也使得宁夏融入了竞争更加激烈的区域环境。如果没有鲜明的城市个性和特色，没有足够的吸纳力和集聚力形成的“虹吸效应”，容易使高端资源要素因高铁的开通而流向大城市、中心城市。因此，要超前做好谋划，以全国文明城市创建为抓手，进一步强化城市精细化管理，完善商业、文体、教育、医疗等公共设施建设，不断提升市民的获得感和归属感。要顺应大数据时代发展需求，切实把大数据思维的价值观和方法论融入政府管理理念中，积极推进互联网升级改造，加快下一代互联网、5G 应用试点、云计算等部署建设，补齐短板，挖掘潜力，提升能级，全力放大高铁通车带来的正面效应，不断提升智慧城市建设水平。

（四）以跨界融合带动区域协调发展

现代服务业发展水平是衡量现代社会经济发达程度的重要标志，区域协调发展应结合当地实际情况，科学制订新型城镇化规划，发挥好规划引领作用。对县域经济发展分类指导，立足各地产业基础和资源禀赋，促进服务业区域协调发展，加快转型升级，发展各具特色的产业，补齐各区域发展短板。按照产业链上下游各环节发展的内在关联要求，一方面加快现代服务业与制造业等领域的融合发展，促进先进制造业与现代服务业跨界融合，大力推进生产性服务业的集聚式发展，重点发展与制造业良性互动的现代物流、研发设计、商务会展、中介机构、金融保险、软件、科技信息服务等行业，提高金融、信息技术、电子商务、广告咨询、营销和管理等生产性服务的供给水平与质量。着力补齐现代服务业发展短板，扩大需求供给聚合人气。另一方面，将旅游业与现代城市商业综合体、休闲经济、健康产业及扶贫攻坚、农家乐等相融合，推进“互联网+”经济形态与工业、金融、商贸、通信、旅游、物流等产业进行深度融合，促进电子商务、工业互联网、物联网和互联网金融等产业的健康发展。着力补齐公共服务配套短板，进一步激发市场活力。着力补齐旅游业发展短板，要抢抓即将到来的“高铁时代”机遇，加快串联各主要景区的快速通道和餐饮、住宿等配套旅游设施建设，着力打造一批具有核心竞争力的精品旅游线路，面向大城市，精心组织旅游推介活动，提高景区美誉度和知名度。推进服务业态与环节整合重组，减少企业中间成本，实现现代服务业的聚变式发展，培育新的经济增长点。

2018—2019年宁夏财政税收运行情况分析与建议

刘建洲　袁海龙

2018年，面对经济下行压力、减税政策集中释放等因素对财政收支管理的冲击，宁夏各级财税部门以习近平新时代中国特色社会主义思想为指导，认真执行自治区党委、政府决策部署，积极落实好供给侧结构性改革各项措施及减税降费政策，努力推进重大项目建设，着力保障和改善民生，对标年度目标任务，查找差距，剖析原因，补短板，强弱项，不断加强财政收支管理，全力完成全年收支目标任务，巩固好财税经济稳中有进发展态势。

一、宁夏一般公共预算收支情况

（一）收入形势总体趋稳

1—11月，宁夏一般公共预算总收入672.2亿元，同口径增长5.9%。其中，中央级收入286.2亿元，同口径增长4.1%；地方级收入385.9亿元，同口径增长7.2%。

分结构看，1—11月，宁夏税收269.4亿元，增长7.9%，占地方级收入的69.8%；非税收入116.5亿元，下降8.4%，占地方级收入的30.2%。

分级次看，1—11月，宁夏区本级收入147.6亿元，增长12.1%，占地

作者简介：刘建洲，宁夏财政政策研究中心主任；袁海龙，宁夏财政政策研究中心研究助理。

方级收入的38.2%。其中，税收完成101.9亿元，增长9.1%，为年度预算的94.3%；非税收入完成45.7亿元，增长19.1%，为年度预算的100.3%。市县级收入238.3亿元，下降2.7%，占地方级收入的61.8%。市县收入持续负增长，其中税收完成167.5亿元，增长7.2%；非税收入完成70.8亿元，下降20.3%。

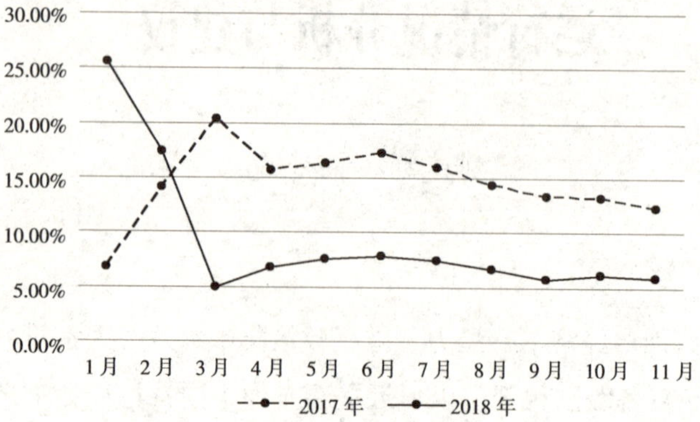

图1　2017—2018年宁夏地方一般公共预算收入增长情况

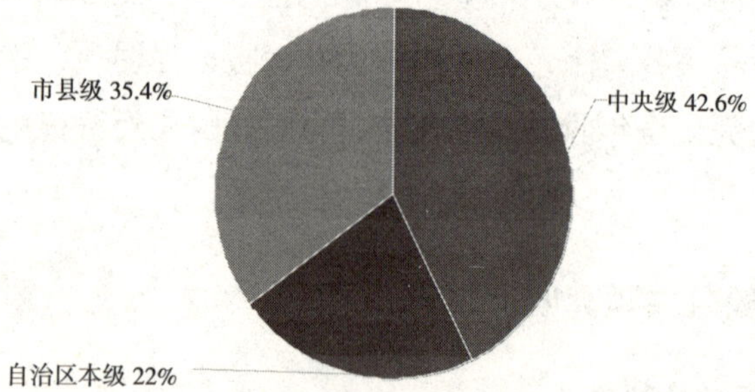

图2　2018年1—11月宁夏一般公共预算收入分级构成

（二）税收增速逐步回升 非税收入短收严重

1—11月，宁夏税收增长7.9%，较1—10月上升1.8个百分点。8—9月，受增值税留抵退税政策影响，税收增速连续两个月回落，从10月开始，税收增速逐步回升，11月当月税收23.3亿元，同比增收5.6亿元，增长31.4%。分税种看，增值税收入120.2亿元，增长7.0%，11月增值税收入11.6亿元，增长26.2%；企业所得税收入30.9亿元，增长22.1%，11月当月完成1.2亿元，增长97.3%；资源税完成20.4亿元，增长15.7%，主要是原油税收增收和2018年开征的水资源税收入；契税收入16.1亿元，增长33.4%，主要是房地产去库存成效显现，房地产交易市场较为活跃，促进相关税收增长。

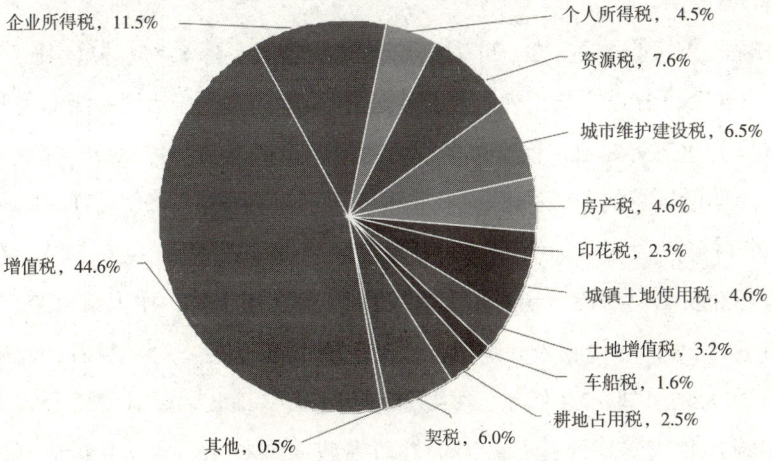

图3　2018年1—11月宁夏税收构成比例

主体税种增收的主要原因：一是重点行业对税收支撑作用明显。1—10月，宁夏规模以上工业增加值同比增长7.6%，增速比1—9月加快0.7个百分点，高于全国1.2个百分点。冶金、化工、电力、煤炭、机械行业工业增加值分别增长21.3%、12.0%、11.6%、8.2%、7.5%。二是价格上涨因素。1—10月，宁夏工业生产者出厂价格（PPI）同比上涨8.0%，工业生产者购进价格同比上涨6.9%，出厂价格比购进价格涨幅高1.1个百分点，工业品价格持续保持“低进高出”状态。三是重点企业生产形势良好。60户工业龙头企业1—10月总产值同比增长19.3%。四是先行指标支撑有力。1—10月，宁夏工业用电量792.9亿千瓦时，增长8.8%，保持较快增长；10月，制造业采购经理指数51.1%，继续运行在景气区间，且扩张速度有所加快。

影响税收增长的不利因素：一是宁夏固定资产投资持续负增长，回升难度较大。1—10月，宁夏固定资产投资同比下降18.5%。分产业看，第一产业投资下降37.0%，第二产业投资下降5.2%，第三产业投资下降23.6%；从投向看，工业投资下降5.2%，房地产开发投资下降29.4%，基础设施投资下降22.4%。二是停产、减产企业数量依然较多。1—10月，减产企业436户，比1—9月增加7户，共减少产值139.1亿元。在停产、减产企业中，减少产值2000万元以上的企业有235户，比1—9月增加23户，减少产值247.5亿元。

非税收入短收严重。1—11月，宁夏非税收入下降8.4%，降幅比1—10月扩大3.6个百分点，与年初预算相比还差30.5亿元。自治区本级非税收入与市县呈分化态势，自治区本级非税收入保持较快增长（19.1%），完成45.7亿元，为年度预算的100.3%；市县非税收入下降20.3%，降幅比1—10月扩大5.8个百分点。五个地级市（本级及辖区）中，银川市（-24.7%）、石嘴山市（-5.8%）、吴忠市（-0.4%）非税收入不同程度下降，中卫市（27.9%）、固原市（43.5%）非税收入分别增收0.8亿元、0.6亿元。分项目看，专项收入增长26.8%，增收7.3亿元，主要是水利建设专项收入、教育资金收入和教育费附加收入等增收；行政事业性收费收入增长16.7%，主要是宁夏法院系统的诉讼费收入增收2.8亿元；罚没收入增长8.5%，主要是法院罚没收入增收0.6亿元。政府住房基金收入增长57.7%，主要是银川市配建商业设施租售收入和计提公共租赁住房收入增收3.0亿元；国有资本经营收入下降74.9%，主要是银川市本年企业利润收入与上年相比减少1.5亿元，以及永宁县上年拍卖中心村闲置房产权转让一次性收入影响；国有资源（资产）有偿使用收入下降39.1%，减收21.1亿元，主要是受银川市本级及辖区2017年同期一次性收入因素影响。

（三）财政支出增速略有回升，全力保障重点民生支出

1—11月，宁夏一般公共预算支出1247.8亿元，增长2.5%，为年度变动预算的86.3%。分级次看，自治区本级支出305.8亿元，增长1.9%；市县级支出942.0亿元，增长2.7%。

宁夏财政支出增速略有回升，支出进度偏慢。1—11月，宁夏一般公共预算支出比2017年同期增加了30.7亿元，增幅较1—10月上升了0.4个百分点，呈低速增长。自治区本级支出慢于序时进度9.7个百分点，主要是节能环保支出、文化体育与传媒支出、科学技术支出、教育支出进度较慢；市县级支出进度慢于序时进度4.0个百分点，宁夏19个市县中，泾源县（95.3%）、中卫市（95.0%）、灵武市本级（94.8%）、固原市（93.7%）、隆德县（92.9%）、盐池县（92.3%）支出进度快于序时进度，其余市县支出均慢于序时进度。

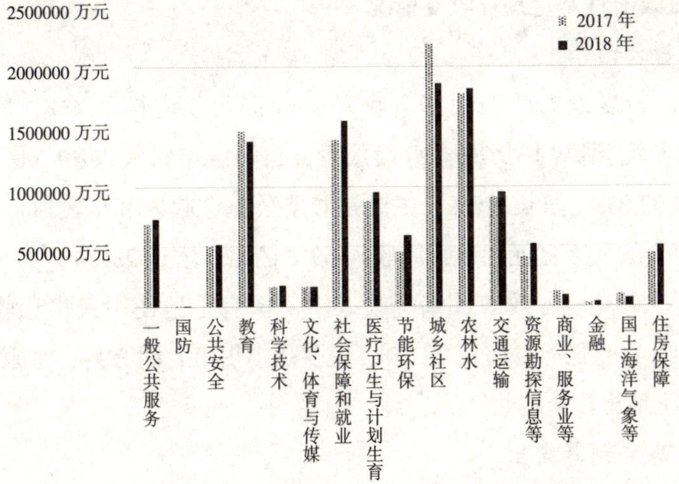

图 4　2018 年 1—11 月宁夏财政支出情况

持续保障和改善民生。2018 年以来，自治区财政力促各项民生事业发展，1—11 月，宁夏财政民生累计支出 938.8 亿元，占一般公共预算支出的 75.2%；市县财政民生支出 767.7 亿元，占市县一般公共预算支出的 81.5%。财政民生支出中，节能环保支出增长 31.4%，增支 14.3 亿元，主要是自治区加大环保力度，区本级、宁东安排的地方债污染防治专项资金及自然生态保护、大气污染防治支出；社会保障和就业支出增长 11.4%，增支 16.0 亿元，主要是对机关事业单位基本养老保险基金和基本养老保险缴费支出和就业补助支出；医疗卫生与计划生育支出增长 8.3%，增支 7.4 亿元，主要是对城乡居民基本医疗保险基金的补助支出；住房保障支出增长 14.4%，增支 6.4 亿元，主要是保障性安居工程配套基础设施项目支出。债务付息支出 37.8 亿元，增长 32.9%，同比增支 9.3 亿元，主要是近年来地方债发行量逐年累计，自治区本级和部分市县地方债付息支出增加。金融支出 4.7 亿元，增长 50.1%，增支 1.5 亿元，主要是本年拨付宁夏银行增资扩股专项资金。国土海洋气象支出下降 25.5%，主要是上年度高标准基本农田建设工程项目资金，本年度无安排。商业服务业支出 9.7 亿元，下降 24.7%，减支 3.2 亿元，主要是 2017 年中阿博览会专项资金和宁夏宁茂通融资担保有限公司“走出去”融资担保资金等支出，本年度无预算安排。城乡社区支出下降 15.4%，减支 33.9 亿元，主要是本年度预算安排减少。

（四）宁夏政府性基金预算收支情况

1. 政府性基金预算收入

1—11 月，宁夏地方政府性基金收入 98.6 亿元，增长 18.6%，增收 15.4 亿元，为年度预算的 79.2%。分级次看，自治区本级收入 29.4 亿元，为年度预算的 92.0%，增长 8.0%，主要是彩票公益金收入和车辆通行费，分别增收 1.7 亿元、0.8 亿元；市县级收入 69.2 亿元，增长 23.7%，为年度预算的 69.6%。宁夏地方政府性基金收入中，国有土地使用权出让收入 64.9 亿元，增收 14.0 亿元，增长 27.5%，主要是银川市、同心县、海原县、吴忠市等市县土地出让金增收。

2. 政府性基金预算支出

1—11 月，宁夏政府性基金支出 162.7 亿元，增长 62.4%，为年度变动预算的 86.9%。11 月当月支出 34.8 亿元，与 2017 年同期相比增长了 2.9 倍。分级次看，自治区本级支出 63.9 亿元，增长 95.5%，主要是下达宁夏国有资本运营集团有限责任公司 2018 年铁路建设项目政府专项债券资金 36 亿元。市县级支出 98.8 亿元，增长 46.4%，为年度变动预算的 65.2%。宁夏政府性基金支出中，国有土地使用权出让收入安排的支出 84.3 亿元，增支 28.0 亿元，增长 49.7%，主要是银川市、灵武市、固原市土地出让支出，银川市、同心县、中卫市征地拆迁补偿支出和部分市县新增专项债务支出等。

二、宁夏财政运行主要特点

（一）财政收入运行总体平稳

分季度看，地方财政收入增幅一季度高开低走，二季度上行走稳，三季度缓慢下行，从 1 月的 25.5%，到 3 月的 5.0%、6 月的 7.8%、9 月的 5.8%、11 月 5.9%，总体呈“L”形走势。分级次看，2018 年以来，区本级收入增幅持续增长，从年初的 38.7%逐步回落至二季度末的 10.9%，第三季度回升至12.2%，是拉动宁夏财政收入增长的主力。市县级收入持续低位运行，增长乏力。从进度看，地方一般公共预算收入中，税收完成年度征收计划的89.8%，非税收入完成年度征收计划的79.2%。

（二）税收拉动财政收入增长

1—11月，宁夏地方税收增长7.9%，增收19.8亿元。其中：自治区本级税收增长9.1%，增收8.5亿元；市县税收增长7.2%，增收11.3亿元。从税种看，以增值税、企业所得税、契税和资源税等为代表的主体税种增长较快，累计完成199.6亿元，占税收的74.1%，税源结构基本保持稳定。

（三）财政收入质量持续改善

1—11月，地方一般公共预算收入中税收占比为69.8%，与1—10月相比上升了0.1个百分点，财政收入质量持续改善。分级次看，自治区本级收入中税收占比为69.0%，市县财政收入中税收占比为70.3%。一般公共预算收入中税收占比较高的有宁东（91.1%）、平罗（80.6%）、贺兰（78.1%）、永宁（76.9%）、中宁（75.0%），税收占比较低的有固原市本级及辖区（56.5%）和红寺堡区（45.4%）。

（四）非税收入持续呈负增长态势

截至11月末，宁夏非税收入下降8.4%，减收10.6亿元，降幅比1—10月扩大3.5个百分点。自治区本级非税收入与市县均衡性较差：自治区本级非税收入45.7亿元，增长19.1%，增收7.3亿元；市县非税收入下降20.3%，减收18亿元。

（五）保障重点支出，力促宁夏经济社会发展

各级财政部门全力保障重点民生支出。截至11月末，宁夏民生支出938.8亿元，占一般公共预算支出的75.2%；市县财政民生支出完成767.7亿元，占市县一般公共预算支出的81.5%，有效保障了自治区重点民生项目落实。

三、当前财政经济运行中存在的主要问题

（一）工业向好，但基础尚待稳固

一是停产、减产企业数量依然较多。10月，宁夏规模以上工业停产企

业 177 户，比 9 月减少 7 户，共减少产值 167.4 亿元；1—10 月，减产企业 436 户，比 1—9 月增加 7 户，共减少产值 139.1 亿元。二是轻工业降幅仍然较大。前三季度，宁夏轻工业增加值同比下降 9.5%，下拉工业增速 1.3 个百分点。三是非公有制工业增长乏力。前三季度，占宁夏规模以上工业增加值 45.7%的非公有制工业同比增长 3.8%，增速比宁夏平均水平低 3.1 个百分点，比上年同期回落 5.0 个百分点，其中，私营企业仅增长 3.3%。

(二) 投资回升难度较大

各地项目储备不足，工业、基础设施等重点领域投资持续下降，企业发展预期不稳，民间投资意愿不强，建设资金大幅下降，投资回升难度不断加大。一是施工项目数继续减少。前三季度，宁夏开工建设的施工项目 2295 个，比上年同期减少 641 个，同比下降 21.8%。二是工业投资持续低迷。占宁夏投资 37.6%的工业投资继续呈下降态势，同比下降 5.3%。三是房地产开发投资降幅扩大。宁夏房地产开发投资同比下降 28.6%，下拉投资增速 7.3 个百分点。四是基础设施投资继续下降。占宁夏投资 24.3%的基础设施投资同比下降 23.9%，增速比上年同期回落 66.2 个百分点。五是民间投资增长乏力。宁夏民间投资同比下降 20.9%，下拉投资增速 11.7 个百分点。

(三) 消费市场增长不及预期

2018 年以来，汽车类商品消费热度减退，服装、化妆品、金银珠宝、通信器材等升级类消费受网购冲击较大，居民消费低速增长。一是汽车类商品零售额降幅较大。前三季度，占宁夏限额以上零售额 31.8%的汽车类商品零售额 91.8 亿元，同比下降 10.8%。二是粮油食品类商品增长缓慢。占限额以上商品零售额 11.3%的粮油食品类零售额 32.7 亿元，仅增长 3.4%。三是网络购物对本地消费影响加大。宁夏限额以上通信器材类零售额下降 9.8%，服装、鞋帽、针纺织品类下降 2.4%，金银珠宝类下降 2.0%，化妆品类仅增长 1.9%。

(四) 第三产业增速回落

2018 年前三季度，宁夏第三产业增加值同比增长 8.4%，增速比上半年回落 2.5 个百分点。一是占第三产业增加值 8.5%的交通运输业持续负增长。

宁夏公路客货运输周转量同比下降 18.1%，降幅连续 18 个月处于负增长区间；宁夏交通运输业增加值同比下降 8.1%。二是占 15.3%的金融业增速趋缓。8 月末，宁夏金融机构人民币存款余额增长 3.2%，贷款余额增长 7.3%。三是占 25.7%的非营利性服务业增速回落。前三季度，宁夏财政公共预算支出中 8 项支出合计同比增长 5.6%，低于上半年 6.2 个百分点，是 2015 年以来季度累计最低增幅。宁夏非营利性服务业增加值同比增长 2.5%，增速分别比一季度和上半年分别回落 1.7 和 2.1 个百分点。四是占 10.2%的房地产业缓慢增长。宁夏商品房销售面积增速总体呈现趋缓态势，宁夏房地产业增加值仅增长 3.5%，对服务业贡献率为 4.4%。

（五）财政运行与管理仍存在的困难和问题

一是减税政策对完成税收目标任务冲击较大。截至目前，国家共出台减税政策 13 项。8—9 月落实增值税留抵退税政策，对符合条件的企业留抵退税 10.4 亿元，其中地方级 5.2 亿元，加之增值税税率降低，增值税增速逐月回落，预计全年减少地方级税收 12 亿元左右。二是市县增收后劲不足。2018 年以来，市县收入持续低迷，主要是非税收入大幅减少。截至 9 月末，宁夏 19 个市、县（区）中，11 个市、县（区）非税收入呈负增长，合计减收 9.0 亿元。三是第四季度支出压力较大，部分项目支出进度缓慢。

四、促进财政经济平稳健康发展的对策建议

从区内情况看，面对错综复杂的发展环境，宁夏积极应对一系列风险挑战，保持经济平稳增长，提高发展质量和效益，增进人民福祉，但当前宁夏经济持续向好的基础尚不牢固，结构性矛盾与外部环境冲击交织叠加，保持经济平稳健康发展，完成全年经济增长预期目标的任务仍很艰巨。从财政改革发展看，落实各项减税降费政策、稳定经济增长、推进重大项目建设、着力保障和改善民生等刚性支出继续增加，财政收支矛盾突出，实现全年收支目标任务压力较大。下阶段，宁夏要以习近平新时代中国特色社会主义思想为指导，对标年度目标任务，查找差距，剖析原因，补短板，强弱项，加强财政收支管理，全力完成全年收支目标任务，巩固好经济稳中有进发展态势。

各级财政部门围绕全年收入目标任务，强化财税部门沟通协作，完善财税联席会议制度，狠抓收入组织工作，加大清欠力度，按月、按旬分解落实，动态监测收入增减趋势，确保年度收入目标任务完成。进一步调整优化财政支出结构，盘活存量资金，加大督导力度，严格落实财政收支考核、通报、约谈机制。加快项目资金支付进度，发挥地方债项目资金效益。推进财政资金统筹使用，优先保工资、保运转、保民生，加大转移支付力度，防范化解市县财政运行风险，全面开展扶贫资金动态监控工作。精准编制 2019 年预算，全力保障自治区党委、政府重大战略部署和重点工作任务，全面调整预算支出结构，有效整合专项转移支付，提高项目预算精细化、科学化管理水平。

2018—2019 年宁夏金融业发展与预测

万春明

2018 年以来，全区金融系统紧紧围绕服务实体经济、防控金融风险、深化金融改革，大力实施“引金入宁”计划，着力解决融资难、融资贵问题，金融服务自治区“三大战略”的能力和水平进一步提高，有力地支撑和保障了全区经济社会发展。

一、2018 年宁夏金融业发展情况

（一）“引金入宁”计划稳步推进

坚持引进、组建、培育三管齐下，不断丰富金融服务业态，金融组织体系更加健全。支持安粮期货在宁夏设立营业部，开源证券、东方财富两家证券机构开设宁夏分公司，建信养老金管理有限责任公司设立管理中心，组建消费金融公司，万达财险申请已报银保监会，民营银行等筹建工作有序推进。政府性融资担保业务实现市、县全覆盖，村镇银行县域覆盖率 86%，小额贷款公司县域覆盖率 95%、乡镇覆盖率 35%、业务乡镇覆盖率 63.2%。截至 2018 年 8 月末，全区共有银行业机构 58 家，证券机构 57 家，保险主体 23 家，小贷公司 162 家，融资担保机构 68 家（政府背景的 32 家），初步形成多层次、全方位、广覆盖的综合金融服务格局。

作者简介：万春明，宁夏地方金融监管局副主任科员，经济法学硕士。

（二）服务实体经济发展持续有力

积极引导银行业金融机构扩大信贷规模，加大对重大工程、重点项目投放力度。据人民银行银川中心支行和宁夏银监局统计，截至 2018 年 10 月末，全区各项贷款达到 6786.61 亿元，同比增长 8.5%，较年初新增 454.1 亿元，同比少增 131.94 亿元，其中中长期贷款余额达到 4228.02 亿元，同比增长 11.55%，较年初新增 363.12 亿元，占全部新增贷款的 80%。重点支持银川至百色、京藏高速公路宁夏段改扩建、银川综合地下管廊等重大基础设施建设；全区基础设施行业贷款同比增长 37.8%，高于全部贷款增速 23.9 个百分点，占全部新增贷款的 32.5%。实施企业融资辅导工程，创新“专家培训+现场融资+企业问诊”模式，坚持一月一次融资讲座、一周一次融资沙龙，积极引导银行业、金融机构加大对民营、小微企业的资金精准对接投放力度。截至 2018 年 10 月末，小微企业贷款余额 1389.82 亿元，同比增长 7.4%，较年初新增 96.15 亿元，占企业新增贷款的 22.5%；涉农贷款余额 2217.21 亿元，较年初增加 48.14 亿元，增幅 2.22%。推动设立融资性担保风险补偿金，创新推广融资性担保业务“5221”风险分担机制，发挥融资担保增信和风险缓释作用。截至 10 月末，全区担保机构在保余额 207.23 亿元，同比减少 10%；在保户数 27538 户，同比增长 55%。切实加大企业续贷支持力度，累计发放助贷资金 110.66 亿元，助贷余额 11.34 亿元，同比增加 2.8 亿元。

（三）资本市场直接融资功能不断增强

持续举办 IPO 推进培训会、常态化项目路演、资本市场市（县）轮训等工作，加大企业上市、挂牌辅导力度，多层次资本市场初具雏形。实现境外首发、借壳上市双突破，达力环保已于 2018 年 11 月 29 日在香港上市，成为宁夏首家在港成功上市企业；宝丰集团旗下宝丰国际成为宁夏首家在香港成功借壳上市的企业。同时，重点辅导宝丰能源加快境内上市步伐，百瑞源等 7 家企业进入辅导备案，神州轮胎等 20 多家企业列入上市企业后备库。债券融资规模保持较快增长，截至 10 月末，全区共发行各类债券 1201.51 亿元，其中：地方政府债券 405.79 亿元，银行间市场债券 765.6 亿元，公司债券 30 亿元，宁夏股交中心私募可转债 0.12 亿元。首次实现在交易所债券市场发行地方政府债券、在交易所市场发行“高铁债”。

（四）保险风险保障功能不断提高

据宁夏保监局统计，截至2018年10月末，全区保险保费收入160.36亿元，同比增长10.67%，增速全国排名第8位、西部12省区第5位，其中，财产险、人身险保费收入分别为53.2亿元和107.16亿元，增速分别为14.62%和8.81%。各项赔款和给付48.53亿元，简单赔付率30.27%。大力引入保险资金支持全区经济发展，保险在宁投资主体达15家，累计投资18个项目，资金规模达到63.6亿元，投资种类涵盖政府债、公司债、基础设施债权计划等，投资领域覆盖能源、交通、电力、城市建设等国计民生重点领域。保险机构与9个贫困县区签订“一保一县”帮扶协议，实现全覆盖。“扶贫保”项目累计承保人数160.88万人次，提供风险保障1171.62亿元。特色优势产业保险承保各类作物72.07万亩，牲畜99.98万头，提供风险保障20.32亿元；大病补充医疗保险、家庭意外伤害保险分别为79.18万名和79万名建档立卡贫困人口提供风险保障，分别保障825.11亿元和313.07亿元；借款人意外伤害保险帮助27341名建档立卡贫困户获得13.12亿元支农融资贷款。

（五）金融扶贫力度进一步加大

加快以省为单位的金融扶贫示范区建设，推广金融扶贫“盐池模式”“蔡川模式”，深化“一行一县”“一司一县”“一保一县”对口帮扶。开发试点宁夏金融扶贫APP。支持组建农村金融综合服务站，集中消除27个金融服务空白乡镇。截至2018年10月末，全区金融精准扶贫贷款731.7亿元，同比增加43.5亿元、增长6.3%。其中，扶贫小额信贷累计发放62.4亿元，余额84.8亿元，同比增加26.8亿元，增长46.13%，存量获贷户数17.66万户，户均贷款4.8万元，贷款覆盖率84.1%。

（六）金融风险得到有效防范化解

实施金融风险防范化解工程，出台并落实全区金融突发事件应急预案和防范化解金融风险实施方案，进一步完善金融突发事件应急管理和金融风险防控机制，严守系统性、行业性、区域性风险底线。稳妥化解银行业和融资担保机构等金融风险，充分发挥债委会作用，积极帮助企业走出困境。截至10月末，存续债委会91家，累计帮扶企业166家，为企业续贷680.85亿元。深入开展金融风险摸排，强化防范非法集资宣传、教育和培训，运用大数据、人工智能等技术手段开展非法集资监测预警，持续保持打击非法集资高压态势，处非工作呈现“三降一升”态势。截至10月末，全区非法集资案件立案30起，同比下降58.9%；破案23起，同比下降67.1%；参与人数4770人，同比下降76.5%；挽回损失1.44亿元，同比上升1542%。持续开展互联网金融风险专项整治行动，对“现金贷”“套路贷”“校园贷”等5个违法违规业务开展专项排查整治工作。强化金融风险源头管控，推动问题机构有序退出。近两年，共有55家小额贷款公司、7家融资担保机构退出市场。妥善处置交易场所、民间借贷登记服务机构等涉访涉诉问题，各类风险总体可控。

（七）金融改革创新发展深入推进

自治区地方金融监督管理局挂牌成立，地方金融监管体制逐步完善。支持地方金融机构深化改革，支持宁夏银行通过财政注资（4.5亿元）、发行二级资本债券（25亿元）补充资本金；推动石嘴山银行通过吸收两家民企资金增资扩股，并合作建立大数据智能信审风控数据实验室，增强业务发展能力和风险管理水平。推动保险产品和险资直投模式创新，24类52种特色农险涵盖重点致富产业，价格、产量等险种占新型险种的75%。农村“两权”抵押贷款试点范围和信贷规模不断扩大，截至8月末，试点县区“两权”抵押贷款余额9.23亿元，同比增长31.2%。实施《宁夏科技金融创新行动实施方案》，打好银行、保险、担保、财政、风险补偿支持科技金融发展“组合拳”，撬动金融资本近18亿元对208家科技企业创新创业发展进行支持。制定《关于实施生态立区战略　加快发展绿色金融的实施意见》，绿色贷款余额达到663.49亿元，比年初新增20.87亿元。深入推进环境污染责任保险试点，为25家企业提供风险保障8400万元。

二、宁夏金融业发展存在的问题

宁夏金融业发展形势虽然较好，但不平衡不充分的矛盾依然突出，主要表现在：

（一）金融风险防控压力加大

银行信用风险突出，受内外部多重因素影响，全区银行不良贷款自年初以来持续呈“双升”态势。截至2018年10月末，全区银行业不良贷款222.59亿元，比年初增加98.18亿元，同比增长79.18%；不良贷款率3.13%，比年初上升1.24个百分点，同比上升1.22个百分点。金融机构不良贷款盘活和核销效率较低，市场化、法治化债转股签订协议多、实地落地少，债权人委员会实质性工作推进还不够，协调事项较难落实，煤炭、羊绒等重点产业、重点企业的债委会没有充分发挥在联合授信、集体协商、风险处置方面的作用。一些县（区）、行业非法集资风险集中暴露，防非处非工作压力依然较大。此外，个别上市企业股权质押、退市风险以及部分民营企业债券到期不能兑付问题仍需持续关注。

（二）多层次资本市场培育仍需加强

区内上市后备企业不足的困境依然存在，部分上市后备及辅导企业受自身发展限制，上市之路任重道远。受“新三板”市场融资渠道不畅影响，企业挂牌数量和意愿双下降，加之挂牌收益和成本不匹配，一些挂牌企业申请摘牌成为常态。还有一些企业对资本市场和各类证券融资工具不够熟悉，对股权和债券融资不会用、不敢用，造成企业债发债规模长期呈低速增长态势。

（三）金融服务水平有待提高

普惠金融、科技金融和绿色金融创新机制还不健全，特别是对科技金融和绿色金融的金融支持力度还有待进一步加大。金融在社会民生等薄弱环节和薄弱领域资源配置还不均衡，小微、民营企业融资难、融资贵问题尚需进一步破解。

（四）金融改革推进较为缓慢

受机构改革和监管趋严影响，民营银行、消费金融公司等地方法人金融机构组建工作缓慢，地方法人银行引进战投工作成效不大，小额贷款、融资担保机构转型发展艰难。金融人才培养机制还不完善，复合型金融人才紧缺，金融工具的组合运用不够，金融服务能力和水平与实体经济发展还不相适应。

三、2019 年宁夏金融业发展对策建议

（一）坚决防范化解金融风险

坚持底线思维，增强忧患意识，切实落实属地金融监管和风险防范处置职责，维护金融稳定。进一步强化对小额贷款公司、融资担保公司、区域性股权市场等地方金融机构的日常监管，制定完善《地方资产管理公司监督管理办法》《宁夏区域性股权市场监督管理实施细则》等监管制度，严把市场准入关，防止违法违规经营。尽快建成宁夏地方金融监管和风险防控平台，加强对金融机构和金融活动的全流程、全链条动态监测预警，及时有效识别重大风险隐患，切实做到早发现、早预防、早整治。持续深入开展打击非法集资行动，深入推进互联网金融风险整治，推动各类交易场所规范发展，切实维护金融秩序。积极协助相关部门做好银行业不良贷款、上市企业股权质押、中小企业私募债兑付、企业担保圈等风险的防范处置工作，防止风险扩散蔓延。做好突发性金融风险应急处置工作，健全风险防范和应急处置机制，防范处置风险过程中可能引发的次生风险。

（二）提高服务实体经济水平

坚持以供给侧结构性改革为主线，以解决融资难、融资贵为抓手，全面提升金融机构和金融市场服务功能与效率，引导更多金融资源配置到经济社会发展的重点领域和薄弱环节，用好再贷款、再贴现等货币信贷政策，进一步提高融资可得性和可及性。通过搭建“金融+”联席会议平台、融资对接大数据平台、“集中培训+企业问诊+现场融资”合作交流平台，有效整合各类金融资源，发挥好“几家抬”的合力，提高银企融资对接成效。积极回应民营企业融资需求。进一步制定完善民营企业和小微企业金融服务的政策措施，支持企业通过发行公司债、企业债等方式拓宽融资渠道，用好民营企业债券和股权融资支持工具，发挥好融资担保增信功能，扩大各类风险补偿基金规模，增强金融机构内在激励，形成服务民营企业特别是小微企业的长效机制。持续做好企业引导培训工作，整合优化现有上市奖励、挂牌、发债扶持政策，建立股改、报辅、报会等上市分阶段奖励机制，引导更多企业走向资本市场。扩大保险资金在宁投资规模，通过债权、

股权、股债结合、基金等多种形式，支持特色优势产业、科技创新、绿色产业发展。

（三）坚定深化金融改革

认真落实“引金入宁”计划，加快机构、资金、人才的引进，提升金融发展质量。加快推动地方银行业金融机构深化改革，开拓创新，做活做优，支持通过增资扩股、引进战略投资、扩大开放等方式优化股权结构，增强资本实力，提高抗风险能力，力争完成1~2家农信社改制农商行工作。稳步扩大农村合作金融、农村产权交易市场化改革和“两权”抵押贷款等试点工作。健全完善融资担保体系，推进融资担保业务“5221”风险分担机制扩面增效。引导小额贷款公司、助贷机构加快转型发展，找准市场定位，提升服务“三农”、小微企业的能力和水平。完善协同机制，综合运用货币政策、财税政策、监管政策和政府服务的协同作用，打好“财政+银行+担保+保险”的“组合拳”，打通金融活水流向实体经济“最后一公里”。

（四）优化金融发展环境

进一步加大《关于服务实体经济　防控金融风险　深化金融改革的实施意见》《关于改善金融发展环境　支持金融业健康发展的若干意见》等政策文件的落实力度，研究细化配套措施，确保各项优惠政策落地生效，努力为金融业发展创造最优惠的政策、最优质的服务、最优良的环境。持续做好“金融支持贡献奖”“金融服务创新奖”“金融环境创建奖”的评选表彰工作，加大项目成果推广应用，充分调动金融支持经济社会发展的积极性。完善信用奖惩机制，实行市场准入“黑名单”制度，进一步加大对恶意逃废金融债务的惩处力度。制定全区高层次人才金融服务综合方案，加快金融人才库建设。加强与“一行二局”及有关单位的沟通协调，完善监管信息共享和风险处置协作机制，推动地方金融管理工作规范化、制度化，切实为金融业的发展创造更好的政策环境、信用环境、人才环境和监管环境。

2018—2019 年宁夏物价形势分析与预测

张云云

2018 年，宁夏按照“去产能、调结构、转型升级”的高质量发展要求，积极稳步推进结构调整，市场供给能力不断提升，经济持续稳中向好。2018 年受资源性产品价格改革、生产成本推动、服务性消费需求增加等诸多因素影响，宁夏居民消费价格总体水平维持在相对稳定温和上升的运行状态。受国内需求拉动、国际大宗商品价格上升及供给侧结构性改革成效显现等因素的影响，宁夏工业生产者价格继续上涨，但涨幅有所回落。

一、2018 年宁夏居民消费价格运行特点

2018 年 1—11 月，宁夏居民消费价格指数（CPI）总水平同比上涨 2.4%，涨幅比全国略高 0.4 个百分点，走势与全国一致，总体保持温和上涨态势。从全国排位看，宁夏 CPI 同比涨幅在全国 31 个省（区、市）中，位居第 5，从西北 5 省（区）看，宁夏 CPI 同比涨幅在西北 5 省（区）中位居第 2。

（一）总体涨幅温和，走势平稳

从同比情况看，CPI 呈现冲高—回落—反弹的走势。1—2 月受传统节日及季节性因素影响，涨幅同比明显提高，2 月同比上涨 2.8%，为 1—11 月各月同比最高点；3 月涨幅同比回落至 2.1%；5—11 月涨幅同比保持在 2.5%

作者简介：张云云，国家统计局宁夏调查总队综合处副主任科员（挂职），研究方向为经济统计。

左右，运行稳定。

从环比情况看，各月价格总水平受节日、季节因素影响变动幅度明显，扣除鲜活食品、燃油价格的核心CPI，各月环比涨跌幅度较小（见图1）。

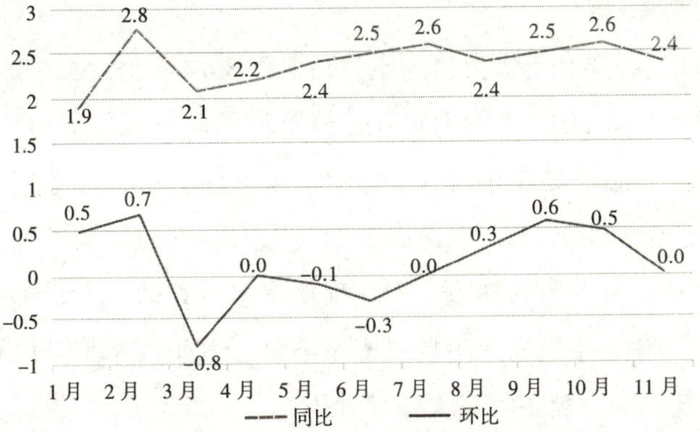

图1　2018年1—11月宁夏CPI同比及环比涨跌变化趋势（单位：%）

（二）八大类商品及服务价格全面上涨

2018年1—11月，宁夏CPI同比上涨2.4%，其中，城市上涨2.2%，农村上涨2.8%。消费品价格上涨2.9%，服务价格上涨1.2%。1—11月，居民消费八大类商品及服务价格同比全面上涨（见图2）。其中，食品烟酒价格上涨2.5%，衣着上涨2.3%，居住上涨2.6%，生活用品及服务上涨2.4%，交通和通信上涨3.0%，教育、文化和娱乐上涨2.0%，医疗保健上涨1.8%，其他用品和服务上涨1.1%。

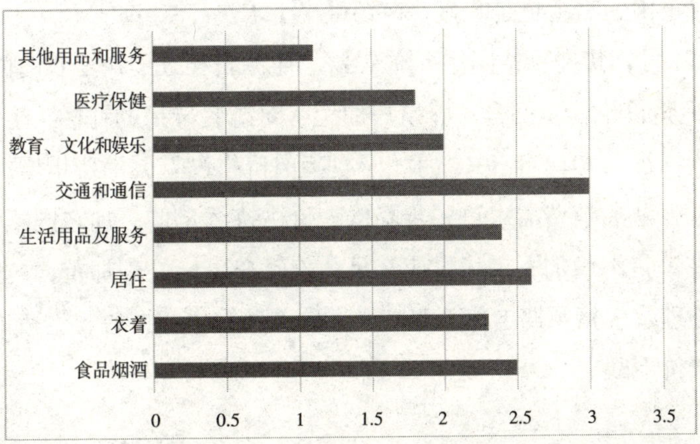

图2　2018年1—11月宁夏八大类商品及服务价格同比涨跌幅度（单位：%）

（三）食品烟酒类价格回升，主要消费品涨跌明显

2018年1—11月，宁夏食品烟酒类价格同比上涨2.5%，影响CPI总水平上涨0.77个百分点。其中，鲜菜、鸡蛋、羊肉和猪肉价格是影响食品类价格变动的主要因素。

1—11月，鲜菜和鸡蛋价格同比分别上涨8.6%、15.8%，对CPI总水平回升引领较强。受2017年同期鲜菜价格罕见回落形成较低对比基期影响，以及入秋以来气温较之往年偏低，露地蔬菜提前退市，鲜菜供应主要靠外运，蔬菜外运的包装成本、运输成本均要摊入菜价，拉动了鲜菜价格的上涨。2017年年初部分省市爆发H7N9型禽流感，养殖户大量淘汰蛋鸡，鸡蛋货源短缺。2018年以来受市场供应量不足、养殖成本上升以及节假日需求增加等因素影响，鸡蛋价格大幅攀升。

从2018年4月开始，宁夏羊肉价格持续上涨，1—11月同比上涨15.9%，究其原因：一是市场活羊供应不足。2014年小反刍疫情爆发后，羊肉价格持续低迷，部分养殖户退出养殖或转而养牛，使基础母羊数量下降，造成市场活羊供应量减少，供需失衡。二是养殖成本增加。一方面，环保压力下，养殖户在防污染治理方面投入更多的资金，致使养殖成本增加；另一方面，2018年7月，我国提高了美国大豆关税，受此影响，豆粕饲料价格出现一定程度上涨，从而加大畜牧养殖成本。三是羊肉需求量增加。宁夏羊肉品质优良，近年来外销量逐年增加，特别是进入秋冬季节，市场上对羊肉的需求更是旺盛，市场供小于求。

1—11月，猪肉价格同比下降9.0%，生猪价格在经历了长时间低迷后，2016年生猪价格稳步回升，养殖户加大了对能繁母猪的补栏，生猪产能恢复，存栏增加。2018年1—2月，宁夏猪肉价格没有因消费量增加而上涨，价格趋低，节后消费需求进一步降低，价格持续走低；加之国家储备猪肉抛储和进口猪肉增加，市场供应充足；养殖户恐慌心理加重，“卖跌不卖涨”的心理及生猪预期走势不明朗，导致养殖户争相抛售，生猪集中出栏，加剧了猪价下跌。

二、宁夏居民消费价格变动因素分析

（一）政策因素推动

一是随着供给侧结构性改革持续深入，大宗商品及工业生产价格得到有效提升。尤其是在国家环保政策的影响下，使得过剩产能出清的同时，工业品价格持续保持高位，进而对CPI工业消费品类价格形成支撑。二是水资源价格改革影响居民用水价格。按照资源性产品价格改革的总体安排，宁夏进一步完善水资源价格形成机制，规范和加强水资源价格管理，有序推进城市供水价格改革，建立健全污水处理收费制度，导致1—11月居民用水价格同比上涨4.2%。三是2017年以来，宁夏放开65项医疗服务项目价格的定价管理权，由公立医疗机构根据市场情况自主确定和动态调整医疗价格，1—11月医疗服务价格上涨0.9%。

（二）居民消费转型升级，服务需求拉动

居民消费转型升级，服务型消费需求持续增加，加之人力资源成本不断上升，推动相关服务价格逐步上涨。1—11月教育、文化娱乐、医疗服务类价格分别上涨2.9%、0.4%、0.9%。

（三）工业原材料成本拉动

2018年，石油和天然气开采业、石油煤炭及其他燃料加工业、黑色金属冶炼和压延加工业、有色金属冶炼和压延加工业、化学原料和化学制品制造业、煤炭开采和洗涤业等生产价格涨幅有所扩大，而上游产品价格上行逐步向下游传递，尤其对居民消费价格中家具、家电、交通工具、其他燃料、服装、建材等类别商品价格影响明显。

三、宁夏居民消费价格变动特征

（一）PPI和IPI价格同比继续上涨，但涨幅有所回落

从同比看，1—11月工业生产者出厂价格指数（PPI）和工业生产者购进价格指数（IPI）同比均平稳上涨，但涨幅逐月回落。在供给侧结构性改革成效明显、市场需求总体趋稳等因素的影响下，1—11月PPI同比分别上涨10.6%、10.0%、7.6%、7.1%、8.3%、8.9%、8.6%、7.6%、6.4%、5.7%

和 7.7%，IPI 同比分别上涨 7.0%、6.9%、6.0%、6.2%、6.1%、6.9%、8.7%、7.8%、7.1%、6.3%和 6.8%。同期 PPI 和 IPI 走势相同，但 1—7 月 IPI 同比上涨幅度小于 PPI，8 月以后 IPI 同比上涨幅度高于 PPI。

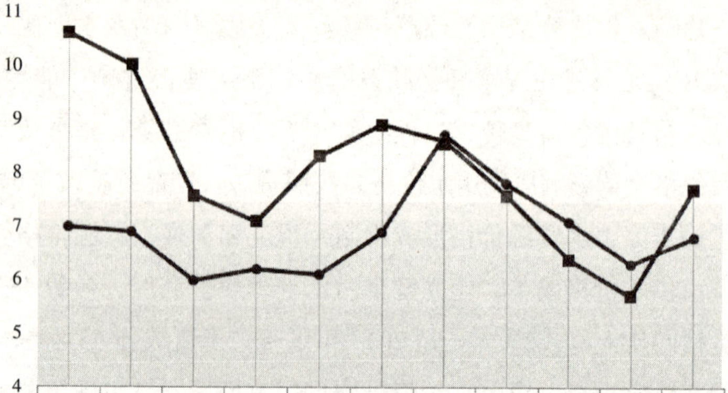

	1月	2月	3月	4月	5月	6月	7月	8月	9月	10月	11月
出厂同比	10.6	10.0	7.6	7.1	8.3	8.9	8.6	7.6	6.4	5.7	7.7
购进同比	7.0	6.9	6.0	6.2	6.1	6.9	8.7	7.8	7.1	6.3	6.8

—■— 出厂同比　—●— 购进同比

图 3　2018 年 1—11 月宁夏工业生产者价格同比走势（单位：%）

（二）价格环比总体平稳，小幅波动

从环比看，宁夏 PPI 和 IPI 环比总体平稳，小幅波动。2018 年 1—3 月，受化工、黑色金属、液化天然气等重点行业价格下跌的影响，PPI 由上涨转为下降，由 1 月上涨 1.0%下降至 3 月的-0.4%。从 4 月以后进入回升区间，原油、黑色金属、有色金属、水泥价格持续走强，合力拉动环比指数再次转正，价格涨幅逐渐扩大，5 月环比涨幅达到最高点，环比上涨 1.3%。同期，

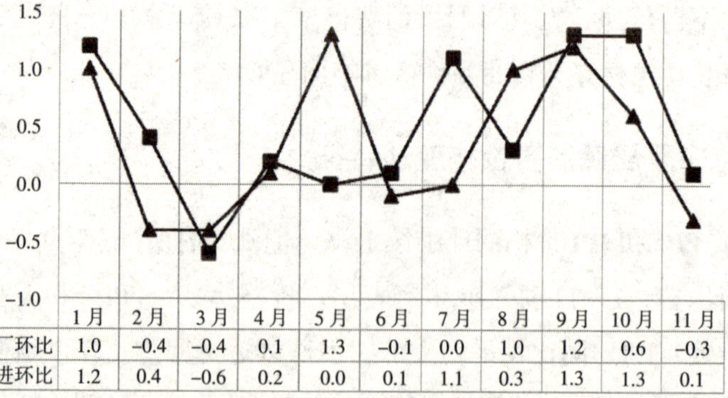

	1月	2月	3月	4月	5月	6月	7月	8月	9月	10月	11月
出厂环比	1.0	-0.4	-0.4	0.1	1.3	-0.1	0.0	1.0	1.2	0.6	-0.3
购进环比	1.2	0.4	-0.6	0.2	0.0	0.1	1.1	0.3	1.3	1.3	0.1

—▲— 出厂环比　—■— 购进环比

图 4　2018 年 1—11 月宁夏工业生产者价格环比走势（单位：%）

IPI 走势基本一致，1—3 月环比涨幅由上涨 1.2%回落至下降 0.6%，4—11 月环比涨幅分别为 0.2%、0.0%、0.1%、1.1%、0.3%、1.3%、1.3%和 0.1%。

（三）生产资料价格上涨幅度大于生活资料

2018 年 1—11 月生产资料价格累计上涨较大，其中，原材料类上涨 9.0%，加工类上涨 6.5%；生活资料类价格相对平稳，其中食品类上涨 3.0%，衣着类下降 4.4%。

另外，在宁夏工业生产者价格调查中，1—11 月木材及纸浆上涨 17.4%、黑色金属材料上涨 11.7%、燃料和动力相关行业上涨 8.4%、建筑材料上涨 6.6%等价格上涨是拉动 IPI 上涨的主要因素。

四、宁夏工业生产者价格变动因素分析

（一）国际大宗商品价格上涨影响

由于世界经济逐步复苏、汇率波动、地缘政治因素不确定性增多、贸易战阴影等多因素影响，石油、铜、铁矿石等国际大宗商品价格持续上涨，给国内生产资料价格带来输入性价格上涨压力，对企业生产成本的抬升和销售产品价格的上涨形成了比较大的推动力，并推动 PPI 继续上涨。

（二）供给侧结构性改革成效显现

随着供给侧结构性改革深入推进，传统行业的企业紧密结合产业结构升级，淘汰落后产能成效显现。石油、化工、黑色金属和有色金属等传统行业同比上涨最为明显，对 PPI 总水平上涨起到较大推动作用。

（三）环境治理力度加大，拉动价格上涨

随着党中央进一步加大推进生态文明建设和环境保护工作，企业对于环保治理的投入成本可能还将增加，周期可能还会较长，产品的生产经营成本可能会增加，带动价格上涨。2018 年，对全区一批环保不达标的企业采取了强制限产、停产整顿措施，导致钢材、煤炭、水泥、造纸等行业价格上涨。

五、CPI 与 PPI 的关联度分析

CPI 与 PPI 是价格监测分析的重要指标，PPI 反映生产环节价格水平，CPI 反映消费环节价格水平。根据流通经济学理论，从供给角度，PPI 很大

程度上决定着 CPI；从需求角度，CPI 反过来也影响 PPI。PPI 的变化会引起 CPI 的同方向变化，整体价格水平的波动一般首先出现在生产领域，然后通过产业链向下游产业扩散，最后波及消费品。PPI 作为 CPI 的先行指标，PPI 上升将拉动 CPI 上升，PPI 下降则拉动 CPI 下降，但这主要表现为一种正常的传导关系。而在实际情况中，这种传导关系也可能发生变化，即 CPI 与 PPI 的走势不一致，呈现逆向传导关系，出现“剪刀差”或“倒挂”现象。

此外，从 PPI“商品篮子”的具体构成来看，它有 3/4 是生产资料，属于能够形成价格传导效应的上游产品；另外的 1/4 是直接用于居民最终消费的生活资料，它们同时又是 CPI 的调查内容，其价格对 PPI、CPI 的影响应是一致的。这就是说，PPI 本身具备向 CPI 进行价格传导的条件，它为价格传导效应的产生提供了可能。以上分析说明，PPI 与 CPI 的价格传导关系能使 PPI 对 CPI 产生价格传导效应。该效应的最终表现是：PPI 水平上升的时候，CPI 水平也随之上升；PPI 水平开始下降的时候，CPI 水平也随之降低。两者的变动呈现出一致性。

从 2011 年以来宁夏 PPI 和 CPI 的走势可以看出（见图 5），2011 年和 2017 年是两个 PPI 转折点年份，PPI 先行于 CPI，表现为正常的传导关系。2012—2016 年由于全区经济增长缓慢，PPI 落后于 CPI，究其原因，工业品由于供大于求，企业需要通过压缩利润对上涨的成本予以消化，工业品价格由此很难传递到消费品价格上，其结果表现为中下游产品价格稳定，甚

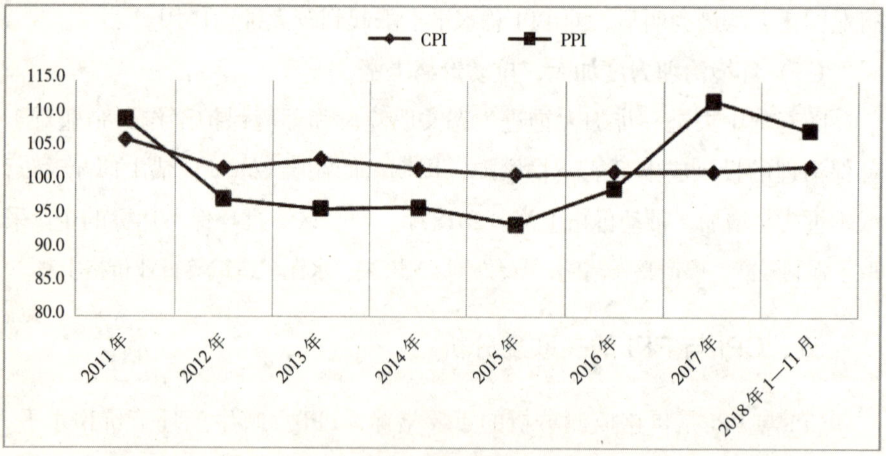

图 5　2011 年以来宁夏 PPI 和 CPI 的走势

至继续走低，企业盈利减少。

六、2019 年宁夏物价走势预判

（一）拉动上涨的因素

一是成本刚性上涨。近年来，宁夏最低工资标准不断上调，加之商品房价格持续上扬，由此带动人工成本、运营成本刚性攀升，劳动力成本上升成为推动物价上涨的长期性因素。

二是服务项目价格的持续上涨。随着我国主要矛盾的转化，居民对居住、教育、家政等服务性需求将不断增加，必将推动服务项目价格持续上涨，从而推动物价上涨。

三是污染防治。随着“三大攻坚战”的逐步深入，全区污染防治工作不断推进，养殖、水泥、纸品、化工等行业不符合环保要求的企业被关停。环保整治有利于经济结构优化和升级，但同时也使企业生产成本有所上升。

四是价格传导作用凸显。前期 PPI 指数持续走高，对居民消费价格传导将日益显现，同时，随着国际原油价格震荡走高，后期原油价格可能会继续上涨，进一步推升石油化工相关行业产品价格。

（二）抑制上涨的因素

2019 年，世界经济依然面临很多周期性和长期性挑战，我国经济正在由高速增长阶段转向高质量发展阶段，外部环境也发生深刻变化，一些政策效应有待进一步释放。在经济下行压力继续加大的情况下，部分企业经营困难较多，长期积累的风险隐患逐步暴露。

一是企业减负有利于市场价格稳定。政府大力推进减税降费等优化营商环境政策的实施，有助于减轻生产经营企业负担，从而有利于商品服务价格的稳定。

二是重点行业价格上涨空间有限。传统的有色、钢铁、水泥等产业在价格传导到下游后，企业利润压缩，价格持续上涨的可持续性不强，而汽车、光伏行业等因补贴政策调整发展受限。

综上所述，虽然当前世界经济不稳定因素仍然存在，我国经济下行压力依然较大，但随着我国经济从快速增长转向高质量、高效率发展，国内经济依然会延续稳中向好的态势。纵观区内，宏观经济稳中向好，经济稳，物价基础稳定，市场供求总体平衡，PPI 中上游产品的涨幅有所回落，减轻了对下游工业消费品价格的传导压力，加之终端市场消费乏力，且竞争加剧，部分工业品价格上涨压力不太大，在没有突发性涨价因素的前提下，预计 2019 年宁夏 CPI 仍将保持温和运行。从主要工业品价格走势来看，供给侧结构性改革带来的短期价格上涨因素正在消退，工业生产者价格的走势与目前工业经济稳中向好的趋势吻合，供求两端关系进一步平衡。预计 2019 年宁夏 PPI 走势总体呈稳中回落、小幅上涨态势。

七、未来需要关注的问题

（一）防范鲜活食品价格异动

鲜活食品价格会随着季节更替出现阶段性波动。进入冬季后，受极端气候影响及运输成本的提高，鲜活食品价格波动幅度较大，食品价格可能重新呈现向上的稳定运行态势。建议相关部门要持续关注鲜活食品的生长、运输和储存链条，环环相扣，不断提升抵御自然灾害能力，降低流通环节和中间消耗费用，降低生产风险和成本，提高产品质量，确保供应稳定。尽量避免其价格发生大范围的波动，对居民生活造成较大影响。

（二）做好价格改革的测算和预警

建议相关部门尽快运用医疗卫生部门数据对医疗服务价格进行测算，以便统计部门及时预计价格改革对 CPI 的影响，合理作出年内 CPI 的预警预测，为政府综合决策提供参考。同时，建议在出台价格改革时，根据 CPI 的预测情况，合理确定改革进度和力度。

（三）关注 PPI 上涨与产能收缩的矛盾

2017 年以来，受环保限产影响，宁夏工业产出受到抑制，限产行业产能逐渐收缩。产能的快速收缩导致限产行业价格持续上升，工业行业形成“量缩价涨”格局。另外，由于盈利改善主要集中在上游限产行业，下游行业在成本上升和终端需求疲软双重挤压之下，盈利还将持续恶化。而上游行业由于产能不能完全释放，盈利改善并不能带来工业投资需求的快速增加。因而，在当前环保限产政策之下，宁夏工业经济短期还将继续呈现“量缩价涨”的格局。

2018—2019 年宁夏对外贸易形势分析与预测

聂一平　冯李婷

2018 年，世界经济形势错综复杂，全球贸易延续萎缩态势，我国对外贸易发展面临的不稳定、不确定因素明显增多，下行压力加大，总体形势复杂严峻。受外需持续低迷、部分企业停限产、资金周转困难、生产经营成本上升等多重因素影响，宁夏对外贸易延续了 2017 年四季度以来的回落态势。据银川海关统计，1—10 月，全区货物贸易进出口总额 194.72 亿元，较上年同期下降 30.4%。其中，出口 139.90 亿元，同比下降 31.6%；进口 54.82 亿元，同比下降 27.2%。货物进出口差额（出口减进口）85.08 亿元。

一、宁夏对外贸易主要特点

（一）进出口持续下滑，与全国增速差距拉大

据银川海关统计，1—2 月、1—3 月、1—4 月、1—5 月、1—6 月、1—7 月、1—8 月、1—9 月、1—10 月宁夏对外货物贸易进出口较上年同期均呈下降态势，同比分别下降 34.0%、18.6%、10.8%、19.5%、22.4%、22.5%、27.7%、31.1%、30.4%，其中，从 4 月开始，与全国增速水平的差距逐渐拉大，分别低 19.6、28.3、30.2、31.1、36.8、41.0、41.7 个百分点。

作者简介：聂一平，自治区统计局贸易外经统计处处长，高级统计师；冯李婷，自治区统计局贸易外经统计处副主任科员。

（二）加工贸易明显下降，一般贸易占主导地位

1—10 月，全区一般贸易实现进出口 167.28 亿元，同比下降 31.6%，占全区外贸进出口总额的 85.9%，比上年同期下降 1.5 个百分点，其中，出口 125.58 亿元，同比下降 33.3%，进口 41.70 亿元，同比下降 26.0%，分别占全区出口总值和进口总值的 89.8%和 76.1%。加工贸易实现进出口 25.68 亿元，同比下降 21.1%，占全区外贸进出口总额的 13.2%，比上年同期提高 1.6 个百分点，其中，出口下降 11.0%，进口下降 30.9%。

（三）民营、国有企业出口下降，外资企业出口增势趋缓

1—10 月，全区民营企业实现进出口 137.03 亿元，同比下降 37.8%，其中，出口 103.45 亿元，同比下降 37.9%，占全区出口总额的 73.9%，比上年同期回落 7.5 个百分点。国有企业实现进出口 20.43 亿元，同比下降 14.7%，其中，出口 15.55 亿元，同比下降 13.7%。在出口中，中外合资企业同比增长 8.0%，外商独资企业同比下降 7.0%，增幅较 1—9 月分别下降 1.1 和 2.2 个百分点。

（四）高新技术产品与机电产品双双下降

1—10 月，全区高新技术产品实现进出口 5.13 亿元，同比下降 30.5%，其中，出口 2.67 亿元，同比下降 26.0%。机电产品实现进出口 33.25 亿元，同比下降 44.7%，其中，出口 21.22 亿元，同比下降 53.2%。

（五）银川与石嘴山两市占主导地位，综合保税区进出口大幅下降

1—10 月，银川与石嘴山两市共实现进出口 169.47 亿元，同比下降 33.0%，占全区进出口总额的 87.0%。银川综保区实现进出口 46.93 亿元，同比下降 65.2%，其中，出口同比下降 68.8%，进口下降 39.2%。

（六）对欧盟、美国、中国香港等进出口下降，对东盟、日本、印度进出口增长

1—10 月，宁夏对欧盟、美国和中国香港分别实现进出口 26.65 亿元、21.46 亿元和 18.48 亿元，同比分别下降 25.1%、47.8%和 46.0%；对东盟、日本和印度分别实现进出口 22.29 亿元、18.42 亿元和 10.86 亿元，同比分别增长 10.2%、6.8%和 7.0%，上述六大贸易伙伴进出口值占宁夏进出口总额的 60.7%。对“一带一路”沿线国家合计实现进出口 59.56 亿元，同比下降9.6%，占全区进出口总额的30.6%。

（七）主要重点出口产品有增有降

1—10月，在全区重点出口产品中，铁合金同比增长1.1倍，双氰胺增长45.4%，饲料添加剂增长42.2%，新的充气橡胶轮胎增长42.0%，焦炭及半焦炭增长36.8%，钽铌铍制品增长30.0%，山羊绒增长27.7%，维生素C及其衍生物增长23.5%，碳化硅增长21.3%，苏氨酸增长17.2%，枸杞增长2.9%，活性炭增长0.2%。金属锰下降10.4%，机床及铸件下降18.5%，果蔬汁下降23.3%，金首饰及零件下降27.5%，泰乐菌素下降29.3%，蛋氨酸下降50.9%，羊绒衫下降61.7%，天然蜂蜜下降62.1%，羊绒纱线下降85.0%。

二、变化原因分析

（一）资金短缺使纺织服装行业出口大幅下滑

羊绒产业属于资金密集型行业，宁夏羊绒企业所需流动资金规模较大，资金来源主要以银行贷款为主，融资方式单一。由于2016年以来银行大幅压缩羊绒企业信贷规模，加之企业自有资金有限，原材料储备不足，影响了企业正常接单。同时，部分区内大型羊绒企业基于劳动力成本、关税减免等因素，选择赴柬埔寨等东南亚国家投资建厂，产业转移带走了部分国际订单。

（二）银川综合保税区政策保障能力较弱

银川综合保税区现有优惠政策为2012年制定，支持力度和政策支撑能力远低于鄂尔多斯综合保税区、兰州新区综合保税区、西安综合保税区等周边省区的综合保税区，且资金补助政策兑现不及时，使得综合保税区部分企业流失，订单外移。1—10月，银川综合保税区实现出口36.93亿元，同比下降68.8%，占全区出口总值的比重已由2017年的56.3%下降到了26.4%，大幅拉低了全区出口的增速。

三、2019年外贸形势预测

从国际看，2018年以来，虽然世界经济整体保持了增长态势，但外部的不稳定、不确定因素较多，世界经济和贸易增长动能有所减弱，国际金融市场动荡不安，各经济体的表现有所分化，在一些发达国家增长减缓的同时，新兴经济体增长更显乏力；随着原材料、工业品价格上涨与波动，出口货值增长难度将会进一步加大；国际市场竞争更趋激烈，发达国家制造业回流和新兴经济体制造业崛起将进一步对我国出口产生双重挤压；国际贸易保护主义有所抬头，形势严峻，贸易摩擦加剧；热点地区地缘政治局势趋于紧张。这些因素均不同程度地抑制了企业扩大出口的信心。近期，主要国际组织下调了全球增长预期，10 月份国际货币基金组织对 2018 年和 2019 年全球增长率的最新预测值均为 3.7%，较此前的预测值均下调了 0.2 个百分点。世界经济增速的放缓，将导致外部需求减少，给宁夏外贸发展带来不利影响。

从区内看，经济结构调整、产业结构转型升级任务尚未完成，长期积累的结构性矛盾依然比较突出，一些企业尤其是中小企业和民营企业经营仍然存在较多困难，部分重点纺织服装企业受银行压减贷款、流动资金周转困难、原材料价格大幅上涨等因素影响，企业出口订单无法履行，客户流失，羊绒制品出口将持续下滑，外贸形势严峻复杂。

综合来看，未来宁夏对外贸易的不确定性显著增加，整体形势不容乐观。

四、对宁夏外贸工作的建议

面对更加严峻的外贸形势，要认真贯彻落实党中央、国务院关于促进外贸稳定增长的一系列决策部署，以党的十九大报告中提出的“拓展对外贸易，培育贸易新业态新模式”为指导，认真贯彻落实自治区第十二次党代会确定的主要任务，推进全方位多层次的对外开放，主动融入和服务国家发展战略，积极参与“一带一路”建设，着力打造“丝绸之路经济带”战略支点，构建对内对外开放新格局；用好内陆开放型经济试验区先行先试的政策优势，以综合保税区和各类开发区建设为载体，以政策创新、制度创新为突破口，大胆试验、大胆探索，积极借鉴复制自由贸易试验区改革经验，营造国际化、法治化、便利化的营商环境，全面提升开放水平；进一步深化与京津冀、环渤海、长三角、珠三角等地区的战略合作，加大精准招商力度，着力引进培育一批优质市场主体；进一步深化外贸供给侧结构性改革，不断优化外贸发展环境，坚持稳中求进，不断积蓄外贸发展新动能，培育外贸竞争新优势，促进对外贸易健康快速发展。

（一）着力优化结构，推动转型升级，增强自主创新能力，提升商品质量档次和企业竞争力

支持外贸企业加快供给侧结构性改革，积极培育产业新动能；加快调整出口产品结构，稳定高新技术产品、机电产品等产品的出口规模；加大政策倾斜力度，进一步扶持宁夏医药品、农产品等特色优势产业和行业龙头企业延长产业链；加快培育外贸出口基地，形成规模化出口，提高国际化经营水平；扩大先进技术装备、关键零部件、资源型产品进口，帮助资源型、化工型出口企业转型升级，提高出口产品含金量和国际竞争力，促进产业结构调整和优化升级；制定激励企业自主创新的优惠政策，加大对创新开发的扶持力度，进一步支持企业技术改造，提升产品质量、品牌、技术、服务等核心竞争力，推动产业优化升级，增强产品的独特性和不可替代性，形成核心竞争力；加快发展外贸综合服务业、跨境电商、市场采购模式等外贸新业态，逐步提高一般贸易的比重。

（二）深化与“一带一路”沿线国家间的贸易合作，积极开拓新兴市场，促进市场多元化

在继续深化巩固对欧美日等传统贸易伙伴经贸合作的基础上，抢抓“一带一路”发展机遇，充分发挥“一带一路”建设对促进对外经贸协调发展的引领作用，加强与“一带一路”沿线国家的经贸交往与合作，积极开展面向沿线国家的贸易促进活动，充分发挥中阿博览会的平台作用，以企业为主体，以经贸合作为重点，吸引和聚集一批国内外企业参与到“一带一路”建设中去。推进陆上、空中、网上开放通道建设，依托高效便捷、成本低廉的空中、陆上物流通道优势，发挥宁夏在中国—中亚—西亚经济走廊中的主要节点作用，打造“丝绸之路经济带”战略支点。同时，要努力拓展东盟、非洲、拉丁美洲、大洋洲等地区新兴市场，大力推进市场多元化，分散出口产品，避免贸易壁垒，减少贸易摩擦，打造国际合作新平台，构建多层次、宽领域、全方位的开放发展新格局，增添共同发展新动力，实现互利共赢、共同发展。

（三）用好内陆开放型经济试验区政策优势，切实营造更具活力、更有效率的发展环境

改革开放是当代中国发展进步的必由之路，也是宁夏实现追赶发展的必由之路。必须坚持以改革促开放，以开放促发展，统筹用好国际、国内两个市场、两种资源，全面激发社会创造力和发展活力，以综合保税区和各类开发区建设为载体，依托银川综合保税区、空港物流园、银川经开区、石嘴山经济开发区、宁东能源化工基地、生态纺织产业园，营造国际化、法治化、便利化的营商环境，重点引进技术含量高、增值空间大、产业关联度高和带动能力强的高端加工贸易项目，以政策创新、制度创新为突破口，大胆探索，积极借鉴自由贸易试验区改革经验，大力推动跨境电子商务发展，加大政策倾斜力度，形成以银川综合保税区为核心的跨境电子商务产业集群，全面提升开放水平。

（四）有序承接东中部地区产业转移

抓住国家大力支持内陆沿边地区承接产业梯度转移的重大机遇，与广东、浙江、江苏、重庆等东中部地区建立产业梯度转移承接联系协调机制，发挥宁夏比较优势，完善载体资源集聚功能，提高产业承接能力；鼓励东中部地区企业将整机生产、零部件、原材料配套和研发结算等环节向宁夏转移；抓住加工贸易产业从东部向中西部地区转移的契机，大力发展加工贸易；对新增企业、新增产能、新增产量进行重点支持，降低企业内陆运输、技改研发、厂房租赁、技能培训等生产经营成本。

（五）持续优化对外经贸营商环境

大力支持民营经济健康发展，构建亲清新型政商关系，推进重点领域和关键环节改革，坚持使市场在资源配置中起决定性作用，更好地发挥政府作用，深化放管服、要素配置等改革，充分激发各类市场主体的活力；继续加强商务、海关、外管、口岸办等部门的沟通协作，加快电子口岸建设，简化进出口行政审批程序，促进信息共享，降低通关成本，缩短通关时间；依托“互联网+”、大数据等，发展智慧流通，鼓励企业利用电子商务开展对外贸易，通过“互联网+外贸”实现优进优出，提高贸易便利化；

全面落实国家对企业的各项收费优惠政策，严格执行收费项目公示制度，进一步规范收费行为，切实减轻外贸企业负担；加快推进国际贸易“单一窗口”建设，拓展“单一窗口”功能，向金融、跨境电子商务、服务贸易等方面延伸。

（六）大力实施“走出去”战略，降低贸易摩擦风险

加快“走出去”步伐，积极主动走出去，加快贸易口岸和境外产业园区建设，推动区内企业的产品、项目、技术、服务“全产业链出口”，主动整合利用全球要素资源，不断开辟外贸新市场，拓展境外投资新空间，从而加快形成更加多元化的市场格局；加大对企业境外投资的扶持力度，鼓励有比较优势的企业到境外投资办厂，获得比国内更低的成本优势，充分利用境外资源，促进企业可持续发展；积极带动国内成套设备、商品、技术和服务出口，扩大出口创汇，避开贸易保护壁垒，转移贸易订单，降低贸易摩擦风险；挖掘宁夏经济发展潜力，弥补资源不足，加快宁夏产业结构调整，转变经济发展方式，提高对外开放水平。

改革开放篇

GAIGE KAIFANGPIAN

以建设自由贸易港思维打造宁夏内陆开放型经济新高地

王　瑛

党的十九大报告强调，未来几年，我国要“主动参与和推动经济全球化进程，发展更高层次的开放型经济”，“赋予自由贸易试验区更大改革自主权，探索建设自由贸易港”。改革开放40周年之际，中国将在广度和深度两个层面推动新一轮的全面对外开放。广度上，将全面复制推广自贸区试验田的经验；深度上，将视自由贸易港为改革开放的新高地，瞄准全球开放水平最高的区域，打造新一轮开放的标杆。李克强总理在全国人大十三届一次会议上所作的政府工作报告中提出，2018年政府将“全面复制推广自贸区经验，探索建设自由贸易港，打造改革开放新高地”。

2018年是中国特色自由贸易港建设起步之年。从彼时的自由贸易试验区到现在的自由贸易港，不单单是表述上的变化，也意味着开放的区域范围更大、内涵更广、国际标杆意义更强。探索在中国建立有特色的自由贸易港，是坚持改革开放的需要，是形成全面开放新格局的需要，是推动“一带一路”倡议落实的需要，也是我国对标全球高水平开放政策的需要。

一、自由贸易港的实质内涵

自由贸易港代表的是我国改革力度更大、开放水平更高的自主开放平

作者简介：王瑛，北方民族大学经济学院副院长，教授，经济学博士，硕士研究生导师，主要研究方向为国际贸易实务与政策。

台和载体。自党的十九大报告提出探索建设自由贸易港以来，自由贸易港便成为政策新风口、开放新探索。但仍有一些专家学者对自由贸易试验区的发展实际和方向、对自由贸易港建设的目的和内涵等把握不准，误将港口作为建设自由贸易港的前提条件。时任国务院副总理汪洋（2017 年）曾发表署名文章，对自由贸易港作出权威界定，即“自由港是设在一国（地区）境内关外、货物资金人员进出自由、绝大多数商品免关税的特定区域，是目前全球开放水平最高的特殊经济功能区。”换言之，所谓自由贸易港就是实现最高标准的开放，一般应具备以下几方面特征：一是境内关外，这是自由贸易港最显著的特征，即实施“一线彻底放开、二线高效管住、区内高度自由”的海关监管体制。二是货物、服务、金融和人员自由流动，这是自由贸易港的本质特征。具体而言，就是“六个不”，即转关货物不报关、转口货物不报检、转口货物价值量不统计、“不收税”（自由贸易港实施同国内其他地区不同的、竞争性的税收与制度安排，如免征关税及进口环节增值税、区内法人进行交易时免征增值税等）、不核销（不设外汇管制）、不设账（取消 FT 账户的额度限制要求）。但是，不同的自由贸易港对于所谓的“六个不”都有不同品类、不同程度的差别处理规定，并非一味绝对的“不”。三是积极发展离岸金融业务，这也是世界自由贸易港的通行惯例。

综上所述，自由贸易港不是自由贸易试验区的简单升级。自由贸易试验区的定位是“试验田”，在特定地区探索试验可复制推广到全国各地的经验；而自由贸易港的定位则是全面开放的新高地，作为全球开放水平最高的区域，需要在市场准入、金融制度、税收等方面作出一系列特殊的政策安排。如果把自由贸易试验区视作中学教育、重在推广普及的话，自由贸易港的开放水平可被视作研究生教育，是瞄准开放水平最高的目标作出的制度设想。自由贸易港的制度设计必然会超出传统意义上自由贸易的范畴，而应是“自由经济”的概念，自由贸易港应按照自由经济园区的理念设计，这也与党的十九大报告所提出的“发展更高层次的开放型经济、推动形成全面开放新格局”的总体要求相吻合。因此，并不是只有港口的地方才能建设自由贸易港，没有海港的内陆和沿边地区，同样可以建设类似自由贸易港的自由经济园区，关键看是否有诉求，是否满足国家战略需要。迄今为止，我国批准建设的11个自由贸易试验区本质上仍然属于“海关特殊监管区”的概念范畴，是不同功能和特征的保税园区，与最高开放层次所要求的自由贸易港目标模式间存在较大的差距。建设自由贸易港要借鉴新加坡、迪拜、荷兰、香港等国家和地区成熟的经验。①

二、自由贸易港建设对宁夏内陆开放型经济发展的借鉴意义

自由贸易港往往能成为一个地区乃至全球开放程度最高的功能区和贸易枢纽中心，尤其是在金融、服务业等领域开放层次更高、力度更大，有助于对接国际贸易投资新规则。自2017年10月至今，已有10余个省（区、市），竞逐自由贸易港，争相瞄准高标准推动全面开放，以扩大开放范围为“横坐标”，以提高开放层次为“纵坐标”，勾勒出一幅对外开放的全景图。于中国而言，尽管时下自由贸易港只能以小范围的试点方式推进，但并不排除试点成功后向沿海与内陆地区进行辐射，甚至可能出现自由贸易港与自由贸易试验区相重叠的镜像。②中国的开放是从沿海向内陆循序渐进式推进的，自由贸易港的建设很有可能也是如此。不论过程如何，自由贸易港必将成为中国对外开放的又一强大引擎。西部内陆地区应该探索建立一个内陆自由贸易港或者无水自由贸易港，以配合“一带一路”倡议，推进欧亚大陆价值链体系的重塑。

综合考虑我国经济运行态势以及税收监管政策等因素，自由贸易港建设在短期内不会大面积推进。从发展基础看，内陆地区在短期内更是难以在自由贸易港申报中胜出。但需要以前瞻性的视野，研究宁夏应如何以建

---

①以中国香港为代表的转口贸易模式，吸引全球的航运、金融机构和资源集聚；以新加坡为代表的离岸贸易模式，实行高度整合的信息统一监管系统，建立高效的物流体系，以促进贸易自由化、便利化；以迪拜为代表的综合多元模式，以不同功能类型的开发区域作为载体，以全方位开放和税收优惠等政策红利为支撑，打造承接全球产业转移的综合性平台和枢纽；以鹿特丹为代表的物流集散模式，依托立体交通运输网络，强化了港口物流服务功能，促成储、运、销一体化运营。

②2018年4月13日，习近平在庆祝海南建省办经济特区30周年大会上郑重宣布设立海南自由贸易港。

设自由贸易港思维打造内陆开放型经济新高地，从而为宁夏在进行高层次开放型经济建设的过程中实现区域经济社会状况的根本性转变提供有益参考和决策依据。

2012 年 9 月 10 日，国务院批复成立宁夏内陆开放型经济试验区，标志着宁夏成为中国内陆地区首个对外开放试验区、全国首个以整省域为单位的试验区，预示着宁夏开放型经济建设进入最好的发展阶段。几年来，虽然取得了一定成绩，但全区开放型经济发展水平依然在低位徘徊，内陆开放型经济试验区（以下简称试验区）的开放创新效应有待进一步释放。内陆开放型经济建设是世界性难题。西部地区、内陆地区、经济欠发达省区，是宁夏在发展开放型经济过程中回避不了的字眼。在建立开放型经济新体制的过程中，宁夏应主动全面对接国际高标准贸易投资规则，大胆闯、大胆试、自主改，进一步拓宽开放领域，扩大开放范围，提高开放质量，以赢得发展主动权，努力实现更高质量、更加公平、更有效率、更可持续的发展，实现更高站位，同时也突出内陆特色。

三、宁夏的内陆开放型经济建设之路应该如何走

（一）进一步转变政府职能，加强相关部门服务的协同整合

为适应开放型经济发展的新要求，应在厘清政府与市场及社会关系的基础之上，通过推进政府机构改革，强化政府职能转变，简政放权，让市场在资源配置方面发挥决定性作用的同时，充分发挥政府的服务作用，从而保持开放型经济发展的活力。要切实转变政府职能，在推动经济社会发展的过程中仍然可以采取“强市场+强政府”的发展动力机制，但此种意义下的“强”可能更多体现在服务和监管水平上。地方政府应在国家授权范围内，进一步与国际通用方式接轨，在保证风险可控制、安全有保障的条件下，增强自我变革的决心与勇气，加快职能转变，继续深化行政管理体制改革，创新政府管理方式，建立更加透明的市场准入机制，全面提升政府治理能力。

此外，还应注意加强相关部门服务的协同整合。在建设试验区过程中，相关部门要以服务和推动开放型经济建设水平提高作为出发点，加快整合

力度，不断创新功能，打造高效便捷、科学监管、安全规范、资源共享、步伐整齐的服务型政府部门，持续优化服务环境，推动政务服务高效和精准；要以业务平台为基础加速部门功能整合，如建设铁路运输与物流平台、国际物流服务平台、空运服务与交易平台、大宗商品交易服务平台、多式联运网络平台、口岸通关一体化平台等，在这些平台上整合各部门的服务功能。银川综保区要在保税加工、保税仓储、货物中转、商品展示和商务服务等综合功能拓展过程中实施动态调整。

（二）对标国际高标准贸易投资规则，实现“四个自由”

参照自由贸易港建设范式，探索内陆开放型经济试验区建设的思路，应对标国际先进贸易投资规则，强化改革举措的系统集成，不断提高内陆开放型经济试验区的发展质量，围绕从低税到免税、从便利到自由的目标，着力实施更加开放灵活、便捷高效的政策，建立和完善风险防控体系，实现物流、商流、信息流、资金流、人才流自由高效流动，提高要素资源配置效率。尽管宁夏是以整省域为单位的试验区，但宁夏的开放也应该是从小范围的试点到复制推广的循序渐进的过程。因此，建议以银川综合保税区为试点，通过对标国际高标准贸易投资规则，率先实现“四个自由”。

一是贸易自由。应取消或最大程度简化贸易管制措施，对货物、物品进出“一线”免于海关监管①；综保区内企业可自由开展仓储、物流、销售、展览、维修、组装、加工、制造、包装等生产经营活动，区内业务准入无须审核批准；对货物、物品进出“二线”实行进出口申报管理，依靠高标准的国际贸易“单一窗口”安全高效管住；注重加强保税区基础设施建设，构建信息化的物流网络和安全高效的电子清关系统。

二是设立自由。应全面实行准入前国民待遇加负面清单管理制度，大幅度放宽市场准入，扩大区内服务业对外开放，依法保护外商投资权益，政府只对少数行业进行监管，大部分行业实现自我管理。例如：简化投资审批手续，提高审批效率，将区内外商投资企业商务备案统一纳入工商登记范围，实行“单一窗口、单一表格”，避免多头管理带来的信息不畅和协

---

①对进出口商品的种类、价格和数量基本不设管制；管制类商品极少，清单一目了然；报关仅仅是备案性质，不需要海关批准；还有大量商品可以豁免报关。

调困难；清理与现阶段发展实际不符的法规和政策文件，做好横向和纵向制度衔接；借鉴发达国家的自由贸易港投资审批成熟经验，减少审批权限事项；建立外资准入大数据库管理平台，加强对外资的实时监管。

三是金融自由。应积极探索更为自由的投融资汇兑制度。例如，积极推动支付结算制度创新，建立升级版的离岸账户制度，实现充分的资本项目自由化，放开对跨境出口电商按个人物品方式开展的贸易结汇金额限制，积极构建配套的金融租赁体系，为区内的贸易投资活动提供充足的资金支持等。

四是人员流动自由。为各类高层次人才提供出入境的便利、政策优惠，以及完善的服务业和宜居的生活环境，对外籍人士领取中国绿卡及外地员工落户等方面提供进一步的优惠措施，为人才的自由流动提供良好的环境。

（三）借鉴国际自由港建设先进经验，以服务业开放为突破口

宁夏在探索试验区建设的过程中，要奉行互利共赢的开放理念，大胆借鉴国际自由港建设的先进经验，加快构建开放型经济新体制，以使我国自由贸易港发展少走弯路。不同的自由贸易港有着不同的风格和特点。新加坡、中国香港的整体型自由贸易港，德国汉堡、韩国釜山自由贸易港区，阿联酋迪拜工贸结合型自贸区，以及荷兰鹿特丹港物流型自贸区都有其各自鲜明的特色，很多成功经验值得借鉴、复制，例如：香港自由贸易港建设得益于其自由港经济政策体系，该体系包括完全不干预政策、直接干预政策及临时性干预政策等，有效保障了区域内“四个自由”，这就提示我们在政策创新上要注重体系建设。又如：新加坡自由贸易港非常重视基础设施建设。据统计，新加坡在基础设施建设水平方面位居全球第二。先进的基础设施使得新加坡自由贸易港能够保持高效的物流水平，许多国际物流公司也因此在新加坡自由贸易港设立全球或地区总部。总之，宁夏的内陆开放型经济试验区建设应充分借鉴国内外已有经验，不能冒进，不求一蹴而就，要由点及面依次推进。

新一轮开放是以服务业为主的开放。统计显示，2017 年，我国服务业增加值占 GDP 的比重为 51.6%，超过第二产业 11.1 个百分点，成为我国第一大产业。服务业对经济增长的贡献率为 58.8%，比上年提高了 1.3 个百分点，成为推动我国经济增长的主动力。2018 年 1—2 月，服务业生产指数同比增长 8%，比 2017 年 12 月加快 0.1 个百分点，比规模以上工业增加值增速快 0.8 个百分点，服务业继续领跑国民经济增长。宁夏应从培育外贸和经济增长新动能、促进产业转型升级的战略高度重视服务业的发展。以服务业为主的扩大开放，不仅仅是放开外资准入的问题，还涉及行业管理制度、产业安全、产业培育等多方面的问题。为此，应紧紧围绕制度创新这一核心任务，以防范风险为底线，在商事登记、贸易监管、金融开放创新、事中事后监管等领域进行系统性的制度改革和集成。

（四）完善相关法律保障，构建科学的监管模式

完善的法律体系是优化内陆开放型经济试验区投资环境的制度保障。目前，我国正处于经济转型升级的关键时期，致力构筑权责明晰、宽紧适中的高标准营商法治环境。但仔细分析中国已签署的 104 份双边投资协定和参加的众多区域性多边公约可知，各类条约涉及争端解决的实体问题和程序问题方面都比较模糊，条约保留事项也未与中国国内政策充分衔接。近年来，中国不断完善投资环境方面的法律法规，为外商投资提供便利化服务。例如，商务部于 2017 年 7 月 30 日发布了《关于修改〈外商投资企业设立及变更备案管理暂行办法〉的决定》，对不涉及国家规定实施准入特别管理措施的外商投资企业设立及变更事项由审批改为备案管理，翻开了中国外商投资管理模式的重要篇章。但是，我国各类开发区、新区、海关特殊监管区的建设都缺乏法律层面的顶层设计。例如，海关特殊监管区的法律依据仅仅有《中华人民共和国海关法》第三十四条的授权“经国务院批准在中华人民共和国境内设立的保税区等海关特殊监管区域，由海关按照国家有关规定实施监管”。试验区的建设需要依靠全国人大常委会暂停实施某些法律的特别授权。因此，有专家认为，我国应该建立一部类似美国《对外贸易区法》或者新加坡《自由贸易区法》的法律。从长远看，应加大法律制度建设，确立内陆开放型经济试验区发展的法律框架。从自治区层面看，当务之急是优化试验区的宏观、微观管理体制，并明确相关配套制度（包括海关监管、企业设立、贸易促进、金融服务、外汇管理和税收征管等）。此外，还应在银川综保区积极推进负面清单管理制度，尽快出台针对试验区的《外商投资产业指导目录》和《外商投资项目备案负面清单》。

合理的监管模式是试验区建设中急待解决的现实问题。参照国际自由贸易港发展的成熟经验，高层次全方位开放离不开宽严相济的灵活监管模式：(1) 依托信息化技术手段对港区和保税仓库进行 24 小时无间断监管，在保证人员和货物顺利进出的前提下确保港区和仓库的安全；(2) 设置车辆、船舶和人员的不同通关标准，最大限度地保证货物顺利通关；(3) 突破货物配额和时间表的限制，进一步简化货物登记手续，并将便利措施拓展至卸船、运输和再装运的全过程；(4) 创造宽松的港区环境，为货物在港区内自由流通、仓储、再包装、重命名、分类等提供便利化措施。事实上，"一线放开"就是要从原来的常规性监管变为精准监管，即凡是在自由贸易港内备案注册的企业，其进出口的货物在自由港内不需要海关、检验检疫部门进行检查和审核，应借助企业信用分级、货物风险分类等手段，只对重点类型、重点货物实行抽检。采用合格假定、非侵入式监控，实施第三方采信乃至多方采信，在大数据分析的基础上确定负面清单和重点监管对象等都是目前可探索的措施。

（五）营造国际化、法治化、便利化营商环境

营商环境是一项涉及经济社会改革和对外开放众多领域的系统工程，是一个地区有效开展国际交流与合作、参与国际竞争的重要依托，也是区域竞争力的重要体现。在目前经济全球化深入发展、地区竞争日益激烈的形势下，单靠政策优惠或政策倾斜是不够的，营商环境是一个地区能够击败其他对手、获得投资者青睐的重要砝码之一。营商环境看上去是招商安商，实质是高质量发展的基础。事实上，全力推进营商环境优化，就是抓住了高质量开放型经济发展的内在要求，指明了高质量开放型经济发展的必经之路。

目前，企业反映的痛点、堵点、难点大多集中在商务环境领域，如审批程序繁琐、费用负担重、执法不够透明、政策不够清晰、融资困难等。良好的商务环境需要政府聚焦营商环境这个关键，以问题为导向，从顶层设计到具体环节，尽快查短板、补弱项。具体工作中，可以借鉴营商环境的国际标准，从开办企业、办理许可、获得电力、财产注册、保护少数投资者、获得贷款、纳税、跨境贸易、执行合同、办理破产等10个方面查找问题，构建符合国际惯例和WTO规则的市场经济运行机制和体系，从而有效促进开放、便利的营商环境的形成。此外，还应主动对接新一代自由贸易协定中的高标准投资贸易规则，以便打造法治化、便利化、国际化的优质营商环境。

（六）积极超前谋划内陆自由贸易港建设

自由贸易港是党的十九大提出的发展战略之一。自由贸易港能不能坐实是条件问题，敢不敢规划则是态度问题。宁夏可以积极超前谋划内陆自由贸易港建设。无水港亦称“干港”，是较之有水港而生成的概念。无水港是对现有海关口岸的创新与延伸，其发展基础在于多式联运、交通环境和集装箱技术的运用。宁夏可以利用中欧铁路以及空港物流优势，尽力挖掘和发挥多式联运功能，积极吸引国内外物流、快递、贸易、航运的区域总部进驻，建设多式联运有效协作模式，建立具有提供物流和增值服务、进出口产品加工等初级自由贸易区功能的特殊经济区域，为内陆地区构建开放型经济新高地奠定初步基础；可以积极探索创建“一带一路”商贸物流大数据平台和“一带一路”跨境电商交易平台等符合内陆型自由贸易港发展的货物流和服务流交易平台、电商大数据中心、大宗商品仓储/交易与交割平台。

总之，打造高水平内陆开放型经济的首要工作应该是力争实现最高水平的贸易便利化，不仅做到促进传统贸易方式的发展，而且要促成过境贸易、转口贸易和跨境电商贸易的大发展，真正做到“一线放开、二线安全高效管住、区内自由”。为此，还有一些难点问题需要研究突破。例如：如何建立新型通关方式？香港的通关方式是先允许货物在经过初步安全风险评估后放行，货主可以在放行后14天内报关。新加坡是每单必报，但通关放行时间非常短。自由贸易港一线通关采用何种模式更为适应本地的情况需要研究。新型通关方式，特别是智慧通关如何适应跨境电商的发展，这一点需要特别关注。我国跨境电商进口管理体制近年来一直处于调整阶段，目前以个人物品为主的监管方式在2018年继续作为过渡方式在部分试点地区执行：一方面，监管方式需要适应贸易碎片化的趋势，保护新业态发展；

另一方面，又要管住可能出现的风险。宁夏可以在这方面探索出一些新办法。此外，建议宁夏建立试验区统计监测平台、研究智库、全媒体中心、法治服务机构、督导考核机制等“五大支柱性运行平台”，确保试验区建设有力有序高效推进。

参考文献：

[1] 张幼文.自贸试验区与开放型经济体制建设.学术月刊,2014(01).

[2] 张二震,戴翔.关于构建开放型经济新体制的探讨.南京社会科学,2014(07).

[3] 裴长洪."十三五":迈向更高层次开放型经济.经济学动态,2016(01).

[4] 崔卫杰.正确认识自由贸易港的发展方向.海外投资与出口信贷,2017(12).

[5] 佟家栋. 中国自由贸易试验区的改革深化与自由贸易港的建立. 国际商务研究,2018(01).

[6] 刘恩专.构建中国特色自由贸易港政策体系.南海学刊,2018(03).

[7] 桑百川.探索建设自由贸易港　打造海南对外开放新高地.(2018-04-15).人民网,http://opinion.people.com.cn/n1/2018/0415/c1003-29926610.html.

[8] 汪洋.推动形成全面开放新格局.人民日报,2017-11-10.

宁夏“放管服”改革研究

郭亚莉

“简政放权、放管结合”是我国深化行政体制改革、转变政府职能的重要内容之一，对提高国家治理体系和治理能力现代化具有十分重要的意义。从 2001 年开始，中央先后七轮进行行政审批制度改革。特别是从 2013 年以来的第七轮行政审批制度改革，主要在减少审批事项、创新审批方式，以及权力清单、负面清单的建设等方面取得实质性进展。

一、宁夏“放管服”改革的成效

宁夏从 2013 年推行放管服及政务服务改革以来，先后进行了两轮改革。2014 年到 2016 年年底为第一轮改革，重点是借鉴和复制国内先进省区的审批模式，如天津滨海新区的“一枚印章管审批”模式、成都武侯区行政审批局模式。这个阶段改革的显著特点是“三减两优”，即减材料、减环节、减时限、优流程、优服务。2017 年至今为第二轮改革。2017 年，宁夏回族自治区第十二次党代会提出加快推进“不见面、马上办”审批新要求，各市、县（市、区）从群众和企业办事需求出发，学习借鉴天津滨海新区、广州荔湾区营商环境优化改革，围绕企业注册准入准营和建设项目进行改革。

作者简介：郭亚莉，宁夏社会科学院综合经济研究所研究员，主要研究方向为区域经济、农村经济、扶贫开发及妇女问题。

（一）宁夏“放管服”改革现状

近年来，宁夏将行政审批改革和优化政务服务作为“放管服”改革的重要内容，取得了良好的社会效果。2014 年 12 月，银川市成立行政审批局和市民大厅，划转了 26 个部门 153 项审批事项，成为西部地区首个将各部门行政审批事项集中进行审批的城市。之后，固原市、永宁县、贺兰县、西吉县等 5 个市、县也成立了行政审批服务局。吴忠等地市重点推进相对行政许可权集中，实行集成化服务模式。2016 年 5 月 9 日，国务院总理李克强表扬宁夏项目投资办理时限大幅度压缩，并为银川市一枚公章管审批的做法点赞。

经过持续简政放权，目前，自治区级政府部门行政职权由 6264 项压减为 1930 项，清理压缩事项达 69.2%；市、县两级精简事项平均超过 40%。非行政许可全部清零，减少了办事环节和关口。全区 786 个审批事项覆盖到自治区、市、县、乡、村五级。不见面办理事项达 1950 余项。实现不出村办理事项有 35 项。工商系统的“44 证合一”走在全国前列。截至 2018 年 6 月底，全区共颁发营业执照 59735 份，比商事制度改革前增长 74.54%。

根据党中央、国务院和自治区党委、政府有关开展基层政务公开标准化、规范化试点工作的决策部署，2017 年 8 月 9 日，宁夏回族自治区人民政府办公厅印发了《宁夏回族自治区开展基层政务公开标准化规范化试点工作实施方案》（宁政办发〔2017〕148 号），对贺兰、平罗、青铜峡、彭阳、海原 5 个县（市）的试点工作进行了全面安排部署，以改变基层政务公开的随意性、不公开、不规范等做法，推动解决群众办事难、办证多等突出问题。宁夏在国家安排的 8 个领域试点的基础上，将试点领域拓展至 13 个。通过一年的试点工作，目前宁夏已经探索建立政务公开负面清单制度，推行专项公开内容模板化。

（二）宁夏政务服务平台建设现状

政务服务主要通过两个平台实现，一是实体政务服务窗口——政务大厅；二是政务服务网络平台——网上平台和掌上 APP、微信公众号等网络系统。

1. 政务服务实体平台——政务大厅

实体政务大厅是"放管服"改革的前沿阵地。研究显示，"群众在政务大厅的办件量远远超过互联网平台，地市级86.9%办件量发生在实体大厅，西部地区更是高达97%。"①

以银川市的实体政务服务平台市民大厅为例，截至2018年5月，银川市民大厅累计接待办事群众1000余万人次，办理各类政务及公共服务事项960余万件。2014年12月，银川首先成立行政审批局并设立市民大厅，之后，吴忠市、中卫市、石嘴山市、固原市以及各县（市、区）均陆续设立行政服务中心或大厅，基本形成了覆盖市、县、乡、村四级政务服务体系。目前，实体政务大厅已经成为宁夏各市、县（区）政务服务的集中平台。

2. 政务服务网络平台

2017年年底，宁夏政务服务网开始运行，与全区786个县级以上审批部门实现了链接，是全区政务服务总门户。覆盖全区41个部门、5个地级市、22个县（市、区）、247个乡镇（街道）政务服务资源，基本实现行政职权、服务资源和服务对象的全覆盖。为企业群众提供各类事项的在线咨询、预约、申请、办理、监督、评议等标准化菜单式服务，实现"单点登录、一次认证、一网通办全区事"。企业群众只需一次登录、一次认证，就可办理全网事项；实现363项事项全程网办，7项民生类事项全区四级通办。按照"三级四同"要求，梳理政务服务事项4244项，300万个数据同步录入"一张网"，形成标准化办事流程和办事指南，实现同源发布、同步更新、统一管理。事项要素由23个扩展为96个，其中62个要素内容做到了全区统一。群众和企业在不同市、县办事，申请材料、办理时限等完全一致。全面公开行政权力行使全过程和结果信息，同时将政务服务由"窗口"向"网上"再向"掌上"延伸，构建政务服务总门户、手机APP、微信公众号、实体大厅窗口和"12345"热线的"五位一体"服务模式。构建"不见面、马上办"审批模式，通过网上办理、快递送达和代办服务的方式，提供"外网受理、内网办理、全程公开、快递送达、网端推送、无偿

①张安定：《实体政务大厅是建设人民满意的服务型政府的有力抓手》，《中国行政管理》2017年第12期。

代办”的便捷服务，让企业和群众不见面、不跑路，办成事。

2018 年 4 月，据国家行政学院电子政务研究中心发布的《省级政府网上政务服务能力调查评估报告（2018）》，宁夏在全国省级网上政务服务能力总排名为第十一位，位居西北第一。①

二、宁夏“放管服”改革中的困境

虽然宁夏的行政审批制度改革成果卓著，但是与东部发达省区相比仍有很大差距。2018 年 7 月 20 日，新华网政务大数据事业部、南京大学政务数据资源研究所联合发布了《电子政务服务能力（CESAI）指数报告》，针对政务网站、微博、微信、APP 等 4 个服务渠道，构建政府电子服务能力指数体系。政务 APP 服务能力测评指标包括：服务提供能力、信息服务能力、事务服务能力、参与服务能力等四大维度。据相关报告显示，在省级层面，北京、贵州、上海、四川、广东、重庆、湖南、湖北、浙江、甘肃、内蒙古、海南位居前 12，宁夏排在倒数第二位，仅高于广西省。在地级市政务 APP 服务能力指数中，宁夏只有银川市位列第 16 位，与排名第一位的宁波，指数相差 28 个百分点。

分析宁夏“放管服”改革的制约因素主要有以下方面：

（一）信息壁垒制约政务服务环境的优化

目前，宁夏各市县区的行政审批系统依然以专网为主，这些专网既有国家级的，又有自治区级的，均在并行使用。各个部门业务办理系统相互独立，数据没有完全共享，信息平台没有实现有效的互联互通。这些均制约网上全流程办理和“不见面、马上办”审批服务改革。

1. 网络不互通

目前，全区在推行电子政务服务过程中，依然存在“重建设轻整合、重硬件轻软件”的现象。职能部门自成专网体系，没有有效整合。例如，宁夏政务服务“一张网”虽然已整合了区直部门的 9 个专业审批系统，但还有 40 多个没有整合，国家部委的 40 多个专业系统，虽然国家正在组织

①国家行政学院电子政务研究中心：《省级政府网上政务服务能力调查评估报告（2018）》，2018 年 4 月，第 14 页。

整合，但进度相对较慢，政务服务平台对法人、人口等基础信息以及一些垂管系统数据共享需求大，供需矛盾较为突出。例如，吴忠市现有28个审批系统，其中国家级专网15个，自治区级专网14个，这些系统均在并行使用。

目前，全区电子政务包括三个方面：一是门户网站，即政务服务外网，负责政务公开；二是内部办公，即OA系统，负责区内部门间文件的流转办理；三是业务办理，即行政审批系统，负责部门间的串、并联审批，是优化行政流程、提高行政效率的基础，是与群众息息相关的平台，是电子政务的终极目标。目前，前两个方面经几年的建设完善已经逐渐成熟，仅需日常的维护和更新，但是第三个方面不仅依然需要大力开发和投入，还迫切需要协调各职能部门融为一体，互联互通，建成真正的电子政务办事大厅。

2. 信息不共享

无论是对领导作决策还是对提高工作效率而言，数据都至关重要。但是，政府职能部门数据价值开发利用程度低。目前，自治区、银川市的审批和监管信息与县（市、区）审批监管信息尚未建立共享机制，县（市、区）区域一体化迟滞。仍然存在工作人员二次或者多次录入信息的问题。如企业信息、人口信息、房产信息、资格认证等仍需提供相关证明材料。

3. 职能不集中

各部门的行政审批权力分布在不同的处室，决策审批权也分别掌握在不同的负责人手中。部门内部职能分散，不利于优化流程、提高效率。

（二）“不见面、马上办”模式推广较慢

全区网上“不见面”办理事项率不高。研究显示，宁夏等13个省级政府的网上政务服务能力占比为40.63%，低于全国指数平均值5.58%。[①]究其原因，一是互联网服务能力水平不高，二是群众不愿意用。

据电子科技大学智慧治理研究中心提升政府治理能力大数据应用技术国家工程实验室发布的《中国地方政府互联网服务能力发展报告（2018）》，

①王益民：《我国省级政府网上政务服务的现状与特点》，《行政管理改革》2017年第3期。

根据中国地方政府互联网能力评价总排名，在全国 334 个地级行政区排名中，根据服务供给能力、服务响应能力、服务智慧能力 3 项指标综合评价，银川市排名 128 位，中卫市排名 253 位，固原市排名 258 位，吴忠市排名 265 位，石嘴山市排名 295 位。

目前，全区的不见面办理还仅限于进驻政务大厅事项的办理上，部分游离于政务大厅之外的审批事项还没有改到位，特别是一些涉及营商环境的项目，比如发改、土地、规划、环保、交通、安监、民族宗教等有关事项的不见面办理依然没有做到应驻尽驻，仍有一些部门事项没有进驻政务大厅。

受经济社会文化发展的影响，一是网络申报便捷度不够，大多数群众对网上申报、网上办理、网上咨询的政策不熟悉，仍习惯到实体大厅办理。二是有需要、没服务。由于种种原因，一些部门如劳动用工合同备案、社会团体成立登记、机动车驾驶培训许可、施工合同备案、培训等事项，还没有实行真正的网上办理，企业和群众只能到实体大厅办理。

（三）集中审批与集成服务还没形成同步

政务服务事项比便民服务事项审批更严格、要求更高、程序更复杂。统一的审批服务系统尚未建立。以银川市行政审批局为例，作为银川市民大厅的管理部门，一个单位需要与上层级 12 个委办局对口协调，头绪多，工作量大，而且受涉事敏感、权限制约、承办条件等因素影响，6 个部门的 27 项审批仍滞留在审批局外，有的相互交叉互为前置，存在办事来回跑等问题，审批局还没有形成体制效应，运行模式尚未实现决策、审批、监管一体化，审批局的审批与职能部门服务的一致性、同步性差。政务服务与“只进一扇门，办所有事”的集成服务差距较远。

（四）上位法规定束缚了地方政府行政效能的提升

一是法律法规互相冲突，行政审批互为前提。如项目建议书需要环评报告，环评报告需要方案设计，方案设计需要设计招标，设计招标需要立项批文。很明显，这是一个死循环。如没有部门做变通处理，项目审批无从开始。二是办事清单未纳入权责清单统筹设计。现在全国各地纷纷编制权责清单，理顺政府职能，但这只是从政府依法履职角度上讲的，解决的是政府应该为的问题；从群众办事的角度上看，迫切需要的是申请事项要提供的材料清单和办事程序，解决的是群众办事方便的问题。三是发展与管理不配套。如国家至今未出台界定电子档案管理效率的新规定，导致审批电子化需求与档案纸质化管理之间矛盾突出。在实际操作中，需要行政相对人反复提供纸质资料，需要将电子资料打印成纸质材料再制作档案，既增加了行政成本，又降低了行政效率。

三、打造审批高效、办事便捷的政务环境

任何改革都有一个由外而内、循序渐进的过程。目前，西北地区在提高行政效率方面，已经完成了第一步——大集中，即将具有行政审批许可职能的部门集中在一处，但是要进一步深化改革力度，就得继续进行第二步——整合业务、优化流程、推行联合审批，创新行政服务理念，提升服务效能。

（一）以打造服务型政府为目标，优化政务环境

1. 以服务理念引领创新，以互联网思维提升政府服务效能

国务院总理李克强强调：“要坚决打破传统观念和部门利益，该向市场主体和办事群众公开的数据一律公开。”完善现有政务平台，实行办事流程标准化，把面向市场主体和群众的政务事项全部公开，逐步做到线上线下一套服务标准。加快从政府供给导向向群众需求导向转变，建设政务服务数据共享体系，实现各职能部门数据信息与政务服务平台数据信息的实时共享。通过政务服务线上线下的信息共享融合，推动服务优化升级。政府要为市场各类主体创新创业提供有效信息服务。可以充分运用互联网技术，以电子证明替代纸质证明，并实现数据共享。

2. 推进服务标准化，实现“同城通办、异地可办”

一方面，实行标准管理，形成全省统一的政务服务标准化体系。另一方面，开展基层受理和审批，通过在乡镇、村社区设立代办点，实现异地办理。

3. 提升服务意识，以政务服务新理念倒逼政府依法行使权力和提供服务

强化权力部门的内部监督和约束机制，加强窗口工作人员的业务素质培训，窗口工作人员要从办理单一业务转变为胜任综合业务，成为“一专

多能”的能手，努力将行政服务中心的“一条龙服务”整合到一个窗口服务。

（二）提高政务服务行政效能

改革是一个动态变化的过程，与行政体制改革进程、市场成熟程度以及社会力量成长密切相关。要摒弃以数量作为衡量改革效果的标准，重视政务改革的质量和服务对象的实际体验。

1. 职权集中，完成部门内部整合

为提高行政服务效能，要不断推进各职能部门的行政审批事项向行政审批服务中心集中，真正解决企业和群众办事难、程序多的问题。

2. 搭建平台，完成部门外部整合

搭建行政审批办事网络平台，专门负责各部门之间的串联、并联审批，将电子政务办的研发重点转移到完善平台上来。平台不再仅仅充当文书传阅的“传送带”，也不仅仅作为业务受理的“收件箱”，而是行政审批流程再造的“综合工厂”，从而完成部门的外部整合，真正实现“一站式”服务。

3. 流程再造，创新行政审批方式

积极探索并联审批模式，变流水审批为同步审批，将过去互为前置条件的审批变为齐头并进的 “并联式”审批，不断提高政务服务的效率。让审批事项既能马上受理，又能按时办结。

4. 真正实现“一网通办”

“一网通办”关键在“通”。要实现“通”，绝不是简单线下服务搬线上，而是前台标准统一，后台信息共享。“办”是最终结果，有没有“一网”，都要能“办”。目前作为硬件的“一网”好建，而各个部门的信息壁垒打不“通”，“一网”就是一张空网。“通”在打破信息壁垒，“办”更多在简政放权、优化流程。

目前，为提高政府运作效率，各级政府把电子政务服务建设放在首位，但是，作为西北地区，群众更多的是在政务服务实体平台——政务大厅进行政务服务项目的办理，所以，对政务服务大厅的建设不容忽视。

（三）营造良好的营商环境

优化营商环境是以习近平同志为核心的党中央提出的经济发展新方略，也是党的十九大之后“放管服”改革的新目标。良好的营商环境，可以增强实体经济活力，促进经济高质量发展。

1. 加快政府职能转变

一是继续深化商事制度改革，持续推进清单制度管理。二是消除对民营企业的歧视，首先是消除来自政府的歧视，构建公平发展的市场环境，消除对民营企业的限制及不公平的政策。其次，提高政府的政务服务水平。进一步落实企业扶持优惠政策，创新监管方式，规范政府的监管行为，切实解决企业办事难等问题。

2. 健全现代市场经济体制

健全现代市场经济体制，全面深化国有企业改革，加快民营经济的发展。营造一个公平正义的市场竞争环境，实现投资创业者与地区发展的双赢。

3. 培育有利于营造良好营商环境的社会要素

营商环境是一项复杂的社会系统工程，人才要素、新型政商关系和信用体系是社会要素的重中之重。

要采取多种措施做好人才储备，不断完善吸引人才的体制机制。同时注重留住本地现有人才，要提高待遇吸引人才，利用政策引导人才回归，利用事业激励人才创新创业。此外，加大高层次人才队伍梯队建设的投入力度，给高技能创新型人才配备创新创业科研基地，做好人才的储备和积聚。

构建健康的新型政商关系。建设清廉政府，强化服务意识，用真诚坦荡的工作态度、亲和友善的行为规范，平等对待所有群体，营造一个健康、有序的投资环境。同时，严格落实全面从严治党主体责任，持续推进反腐倡廉建设。信用体系的建设是政务服务持续发展的下一个高地，目前各地大力推进的审批改备案、审批改承诺、容缺受理均与信用体系的建设紧密相连。没有完整的信用体系作支撑，便民利民的措施将会成为不良办理人的漏洞，最终造成“劣币驱逐良币”。加快推进信用社会建设。一是加快信用政府建设，政府首先要遵守契约精神，不出尔反尔。二是健全信用制度，大力推动诚信社会建设。

4. 加快法治化建设

法治化是良好营商环境的前提。其一，清理、修改或者废止与国家的法律、法规和发展需要不一致的规章文件。其二，取缔没有法定依据的审批、资格认证、收费等。其三，清除阻碍区域经济发展的体制机制障碍和壁垒。

(四) 创新监管方式，完善行政执法监管模式

1. 加强对政府的监管

为杜绝政府权力寻租现象，使政府权力在阳光下公开透明的行使，必须加强对政府行为的监管，完善监督制度，建立网络监督、群众监督、监督机关监督等多元的监督体系，约束政府行为。政府要转变理念，建立以社会利益和人民群众的利益为出发点的理念，改变政绩观。在政府的绩效评估机制中，建立健全监督和约束行政审批人员行为的制度，建立多元化的行政问责体系。

2. 建立和完善“双随机、一公开”监管机制

建立健全“双随机、一公开”①监管模式，充分发挥事中、事后监管的作用，做到“一单两库一细则”②，完善监管途径。二是加快政府职能部门由重审批向重监管转变。探索创新监管方式，不断提升监管效能，有效打击市场不良行为，为各类市场主体营造公平竞争发展环境。三是加快推进社会信用体系建设，强化信用监管和约束，建立“一处失信、处处受制”的长效机制。

① “双随机、一公开”指在监管过程中随机抽取检查对象，随机选派执法检查人员，抽查情况及查处结果及时向社会公开。

② “一单”指随机抽查事项清单；“两库”指市场主体名录库、执法检查人员名录库；“一细则”指规范“双随机”抽查工作细则。

宁夏深化供给侧结构性改革研究

刘志攀

2016年是供给侧结构性改革的初始之年，通过转换经济增长动力和优化产业发展结构，总体上实现了“十三五”的良好开局。2017年是供给侧结构性改革的深化之年，要坚持稳中求进总基调这一治国理政的重要原则，在宏观调控中继续采取积极的财政政策和稳健的货币政策。2018年，深化供给侧结构性改革仍是主线，中央要求要重点在“破”“立”“降”上下功夫，大力破除无效供给，大力培育新动能，大力降低实体经济成本，确保打赢防范化解重大风险、精准脱贫、污染防治三大攻坚战。

一、宁夏供给侧结构性改革实施情况

自治区坚持以习近平新时代中国特色社会主义思想为指导，坚决落实“五位一体”总体布局和“四个全面”战略布局，围绕建成全面小康社会总体目标，以提高发展的质量和效益为中心，按照经济繁荣、民族团结、环境优美、人民富裕总体要求，牢固树立新发展理念，紧紧围绕“去产能、去库存、去杠杆、降成本、补短板”五大基本任务和“破”“立”“降”各项重点任务，各项工作取得显著成绩。2016年以来，宁夏经济形势出现

作者简介：刘志攀，自治区发展和改革委经济研究中心专业技术人员，管理学硕士，主要研究方向为技术经济、供应链管理。

了一些积极变化，新动能对经济企稳的贡献进一步加大，发展的质量和效益正在逐步提升。尤其是 2018 年以来，面对错综复杂的国内外形势，自治区党委、政府按照党中央、国务院决策部署，坚持稳中求进工作总基调，牢固树立和践行新发展理念，认真落实高质量发展要求，深入推进供给侧结构性改革，着力打好“三大攻坚战”，统筹推进自治区“三大战略”，统筹做好稳就业、稳金融、稳外贸、稳外资、稳投资、稳预期各项工作，确保自治区第十二次党代会报告和年初政府工作报告部署的各项任务顺利推进，经济运行总体平稳、稳中有进，经济高质量发展的基础不断夯实。

（一）扎实推进去产能各项工作

扎实开展化解过剩产能和淘汰落后产能工作。宁夏已共关闭煤矿 32 处，退出煤炭产能 700 万吨，涉及企业 24 家；取缔 6 家“地条钢”生产企业 45 台中频炉，退出产能 45.7 万吨，根据群众举报线索依法查处 4 家“地条钢”企业。制定了自治区淘汰落后和化解过剩产能项目管理办法，以铁合金、电石、水泥、焦炭、造纸、化肥、碳素、活性炭等高耗能、高污染行业为重点，化解过剩产能 392 万吨，淘汰落后产能 491 万吨。出台化解过剩产能和贺兰山国家自然保护区环境整治企业职工安置工作实施方案，已妥善安置 69 家企业 6179 名职工。积极采取解散注销、重组整合、盘活资产等方式，稳妥处置“僵尸企业”。按照国家促进煤电有序发展、调控煤电规划建设、防范化解煤电产能过剩风险工作等通知要求，在规划建设项目摸底排查的基础上，主动对部分项目建设进度进行了调整优化，将 272 万千瓦调整到“十四五”期间建设，将 936 万千瓦原计划 2017 年投产煤电项目调整到 2018—2020 年投产，确保国家下达任务保质保量完成。

（二）因城施策化解房地产库存

认真贯彻落实党的十九大提出的“坚持房子是用来住的，不是用来炒”的定位，出台了《关于进一步加强房地产市场调控工作的有关通知》等政策措施，指导各市、县积极落实房地产市场调控工作的主体责任，维护房地产市场供需平衡。出台土地供应源头把控、加大棚改货币化力度、鼓励农民进城购房等 12 条房地产去库存意见，进一步优化市场结构，有效维护全区房地产市场平稳健康发展。截至 2018 年 11 月底，全区房地产投资

430.2 亿元，商品房销售面积 892 万平方米，同比下降 1.1%；商品房待售面积 912 万平方米，同比下降 12%，均保持在合理区间内。深入开展房地产领域突出问题专项检查，加快化解“问题楼盘”，防范系统性风险，全区房地产领域没有发生非法集资案件。着眼解决不同需求居民居住需求，以加快建立多主体供应、多渠道保障、租购并举的住房制度为重点，大力推动住房租赁市场发展。

（三）坚决守住不发生区域性、系统性金融风险的底线

印发加强政府债务管理和防范化解隐性债务实施意见，进一步明确防范化解政府隐性债务风险的时间表、路线图和责任单位。严格落实属地责任和主体责任，存量政府债务全部置换完毕，政府隐性债务增长势头得到有效遏制，全区债务风险预警或提示区下降为 4 个，政府债务风险总体可控。强化金融风险防控，定期对自治区属国有企业综合绩效评价的 22 个财务绩效定量评价指标进行测算，并纳入企业负责人经营业绩考核体系，严格约束企业负债规模，严控经营风险；研究制定加强国有企业资产负债约束指导意见，建立市场化债转股企业储备库，出台防范化解金融风险实施方案，化解羊绒产业融资等重点领域风险；组建债委会 95 家，通过延续授信业务续贷 724.5 亿元。持续开展互联网金融风险专项整治行动，涉交易场所信访和解率超过七成，风险总体可控。积极落实小额贷款、融资担保行业监管主体责任，强化金融风险源头管控，推动问题机构有序退出。2017 年以来，共有 55 家小额贷款公司、7 家融资担保机构退出市场。严厉打击非法集资，截至 2018 年 11 月末，全区非法集资立案数同比下降 62.3%，破案 27 起，挽回经济损失近 2 亿元。

（四）综合施策，降低各类成本

制定并实施自治区“降成本 30 条”，通过对技术改造项目贴息、债券贴息、新三板挂牌奖励资金、融资担保业务补助、初创期科技型企业税收优惠、援企稳岗等政策措施，不断降低实体经济成本。实施园区低成本改造项目 21 个，降低园区综合成本 10%。截至 11 月底，全区降低实体经济企业成本超过 90 亿元。1—10 月，全区规模以上工业企业资产负债率 66.8%，比上年同期下降 2.1 个百分点；每百元主营业务收入中的成本为

83.3 元，同比减少 0.19 元；全区规模以上工业企业实现利润总额 153.8 亿元，同比增长 22.8%，增速高于全国平均水平 9.2 个百分点。切实降低物流成本，对通行青兰高速六盘山隧道等 3 条高速路段货运车辆实行差异化收费试点，有效降低货运成本，进一步提高商品流通速度。继续加快推进电力市场改革，出台《降低优势产业用电成本方案》，有序开展售电侧改革和增量配电业务试点工作，全区新能源消纳位居全国前列。

（五）加大力度补齐各类短板

加快推进基础设施建设、脱贫攻坚、扩大公共服务等补短板工程。国家运输主通道通行能力全面提升，青银高速银川至宁东段建成通车，京藏高速石嘴山至中宁段扩容改造工程、银百高速宁东至甜水堡段、乌玛高速青铜峡至中卫段、银昆高速太阳山开发区至彭阳段有序推进。坚持精准扶贫、精准脱贫基本方略，全面落实自治区“脱贫富民 36 条”，坚决打赢脱贫攻坚战，盐池县实现脱贫摘帽，隆德、泾源和彭阳 3 个贫困县、140 个贫困村、11.5 万建档立卡贫困人口具备脱贫退出的基本条件。支持实施了高效节水灌溉项目、农田水利设施配套改造项目、银北和银南盐碱化治理项目、淤地坝除险加固工程以及中小河流治理工程等。继续加强短板领域投资力度，2018 年 1—11 月，全区生态保护和环境治理投资增长 83%，工业技术改造投资增长 14.6%。

（六）着力推进农业供给侧结构性改革

按照乡村振兴战略的总要求，坚持以农民增收为核心，大力实施特色产业品牌工程，加快构建现代农业产业体系、生产体系和经营体系，农业综合生产能力显著增强，农村面貌发生巨大变化。优化调整农业结构，提升水稻品质，恢复小麦面积，适度压减籽粒玉米，大力推进马铃薯主食化，推进“1+4”特色优势产业提质增效。加快特色优质农产品品牌工程建设，积极发展绿色、有机、生态、富硒农产品，积极创建国家特色农产品优势区，新培育了一批区域公用品牌、企业及产品品牌。稳步推进农村一二三产业融合发展，制定了《关于加快农业产业化示范联合体发展的意见》，新增新三板挂牌交易 2 家，新增宁夏股权托管交易中心挂牌交易 10 家。加快推进休闲农业转型升级，举办休闲农业节会和品牌推介活动 38 场次，拉动休闲农业和乡村旅游人数523万人次，实现营业收入8.7亿元。培育多元联合、要素融合、利益联结型农业产业化联合体35个，175家农民合作社、525个家庭农场和专业大户参与产业联合体经营，辐射带动农户3万户以上。

二、宁夏供给侧结构性改革中存在的主要问题

经过近几年的努力，虽然宁夏供给侧结构性改革取得了阶段性的成效，但还有一些问题和矛盾需要引起高度重视。从外部看，美国挑起的贸易摩擦仍有可能升级，对我国的不利影响或将持续显现，成为我国经济平稳运行的最大不确定因素；国内经济仍运行在合理区间，但稳中有变、稳中存忧，外部环境的不利变化对宁夏经济的影响将进一步显现。从区内看，发展不足仍是最大实际，相对落后仍是最大现实。特别是产业结构调整任务艰巨，社会总需求增长缓慢，实体经济困难较多，扩大总量、提升质量的双重任务更加繁重，稳增长与防风险的双重压力有增无减。从供给侧来看，主要表现在以下几个方面。

（一）稳增长与去产能矛盾并存

支撑宁夏工业增长的主要是煤炭、化工、冶金、有色等行业，这几个行业从全国来讲都是产能过剩行业，但宁夏煤炭需求缺口在增大，去产能由于政策统一性的要求，在一定程度上影响煤电协调发展和工业经济持续稳定增长。同时，这些行业也存在着产能利用率较低的问题，企业效益不佳。一些新兴产业还处于培育发展阶段，对经济增长的贡献度还比较低。

（二）去库存压力仍然较大

房地产方面，截至11月末，全区商品房去库存周期10.8个月，其中商品住宅区库存周期5.2个月，消化任务依然艰巨。工业品方面，低端产品多，高端产品少。规模以上工业166种主要产品中，初级和中间产品145种，最终产品21种，大部分存在库存积压问题。另外，特色农产品规模小，加工转化率偏低，奶制品、葡萄酒等行业存在新的过剩问题。

（三）金融风险依然存在

全区融资担保行业担保代偿压力持续加大，部分机构代偿增加，流动

性风险不断扩大。金融机构加大风险防控、控制信贷规模，加之关联担保互保，个别行业出现资金链断裂现象。从企业看，企业利润下降，负债率上升与企业难以获得银行贷款的问题并存。全区 23 家国有企业平均资产负债率达到 73.8%，高于全国国有工业企业 66%的平均值。与此同时，其他中小企业受抵押物、互担互保等诸多因素限制，很难获得贷款。以上因素相互交织，导致银行业金融机构不良率显著上升，截至 10 月底，全区银行机构贷款不良率 3.13%，较上年末上升 1.24 个百分点，高于全国平均水平 1.26 个百分点，全区融资担保行业和小贷行业经营压力较大。

（四）企业经营成本仍然偏高

工业用电量占总用电量的 90%，部分企业用电成本占生产成本的 40%以上。虽然执行了新的输配电价，但下降空间和幅度不大。一些新兴产业用电负荷较低，不能享受电力直接交易优惠。一些金融机构抽贷、惜贷，融资隐性成本增加。受地域限制，企业远离终端消费市场，物流、用工成本偏高。

（五）基础设施和民生短板依然突出

交通、水利等方面存在明显供给不足，城乡基础设施建设差距较大。2018 年前三季度，城镇和农村常住居民人均可支配收入分别为 22771 元和 7466 元，与全国平均水平的差距依然较大。“空壳村”问题依然存在，村集体经济发展基础比较薄弱，“五县一片”深度贫困地区及深度贫困村脱贫攻坚任务依然繁重。经济社会发展内生动力不足，企业创新能力不强，缺乏核心竞争力，高层次创新技术人才严重不足，大企业少，好企业更少。

（六）农业供给侧结构性改革任务依然艰巨

农业企业融资难问题依然存在，龙头企业带动能力还比较弱。农业新型经营主体发育较为迟缓、结构较为单一，新业态、新模式对示范园的带动作用不明显。“新型经营主体+农户”的利益联结机制联结不够紧密，“企业+基地+农户”的模式还有待进一步完善，农户不能充分分享二三产业带来的增值收益。

（七）新兴产业发展仍处于摸索起步阶段

新兴产业尚处于起步阶段，需要进一步的培育和扶持，承接发达省份的高端产业力度需要进一步扩大。由于宁夏传统产业结构相对单一，劳动密集型和资源密集型的产业占比仍然较高，如何实现产业升级、优化产业结构仍需向广度和深度迈进，投资建设的中关村产业园和金融中心在运营中仍处于产品外包与营销层面，对于核心技术移植、原创性模式研发等方面仍有很大开发空间。

三、深入推进宁夏供给侧结构性改革的对策建议

推进供给侧结构性改革是一项长期而艰巨的任务，必须坚持不懈、久久为功，其中，“去”是基础，“降”是关键，“补”是根本。下一步，建议自治区在巩固好现有成果的基础上，继续贯彻落实新发展理念，坚持用改革的办法、市场的手段，突出定向、精准、有度，加快经济转型和产业升级，不断提高发展质量和效益，逐步建立工作长效机制，推动供给侧结构性改革取得更大成效。

（一）坚定不移去产能，努力优化供给结构

坚决完成中央 2019 年淘汰化解落后和过剩产能任务，同时严格执行环保、能耗、质量、安全等法律法规和标准，分类有效处置“僵尸企业”，盘活闲置资产，做好职工转岗再就业工作。坚持去旧与育新并重，围绕产业配套加大招商选商，同时做好招商引资任务落地工作，加快新能源汽车等重大项目建设，推进新兴产业向高端化、集群化方向发展。提高先进设备贷款抵质押率，兑现进口先进设备补贴，支持企业运用新技术、新装备、新工艺，继续实施好 100 个重点技改项目，促进传统产业提档升级。

（二）因地施策去库存，努力清除供给冗余

坚持住房居住属性，支持居民自住和进城人员购房，引导改善型住房需求。加强房地产市场分类调控，继续指导商品房去库存周期较长的市、县继续加大工作力度，严控新增供应量。高度关注商业综合体和写字楼库存问题，引导商业地产合理开发和利用。因地制宜推行棚改货币化，加强配套设施建设和公共服务，让更多住房困难家庭告别棚户区。加强主要工业品升级换代，抓好羊绒、葡萄酒、液态奶等重点工业品库存消化。

（三）扎实有效去杠杆，努力确保供给安全

政府债务方面，坚持量入为出、合理适度举债，落实债务分级处置责任，继续做好政府债务置换工作。落实好国家和自治区的相关实施意见，运用债转股、债务重整、组建债权人委员会等多种手段化解企业债务。防风险方面，加快建立政银企联动、风险共担合作机制，创新融资担保模式，打好“财政+担保+基金+保险”组合拳。继续重拳打击非法集资，深入开展交易场所清理整顿。稳妥解决重点企业和个别行业债务问题，守住不发生区域性、系统性金融风险的底线。

（四）狠抓落实降成本，努力提升供给能力

继续落实好“降成本 30 条”，按基准利率给企业贷款，扩大政策普惠面。继续实施增量配电业务，实现同类型企业、同电压等级相同电价。加强煤电协调，稳定煤价，扩大电力外送，引导煤炭和发电企业抱团发展。全面清理涉企经营服务性收费，开展企业证照清理工作。加快公用设施低成本化改造，推行共性评价一站式代办服务，降低企业投资成本。继续加大“放管服”改革，进一步优化企业营商环境。

（五）精准发力补短板，努力扩大有效供给

重点抓好银西高铁、包银高铁、黄河二期防洪工程、固原五河流域综合治理等项目建设进度，争取再开工一批新的重大交通和水利基础设施项目。发展扶贫产业，加快移民搬迁，落实结对帮扶，确保完成好自治区 2019 年脱贫攻坚任务。及时足额兑现各项农业补贴，积极组织农民有序外出务工，增加农民工资性收入。指导企业依据经营情况调整职工工资水平，提高低保和养老保险标准。提高住房补贴、效能奖标准，新增物业补贴，增加机关事业单位干部职工收入。再实施一批惠民生、补短板的项目，让人民群众共享改革发展成果。

（六）全面推进农业供给侧结构性改革

认真落实中央和自治区强农惠农政策，创新财政支农方式，完善直接补贴、贷款担保、风险补偿、贷款贴息运行管理办法，建立健全农业保险体系。继续实行农业项目责任、权力、任务、资金“四到县”，加强资金监管，强化绩效考核，抓好一批重点种养业项目建设。加快特色优质农产品品牌工程建设，积极发展绿色、有机、生态、富硒农产品，积极创建国家特色农产品优势区，新培育区域公用品牌6个、企业及产品品牌30个。继续抓好4个国家级和11个自治区级农村产业融合发展试点示范园创建，争取认定2~3个国家农村产业融合发展示范园。加快推进2019年国家和自治区农村产业融合示范园创建，扶持发展一批新型经营主体，打造农村产业融合示范样板和平台载体，建立健全利益联结机制，加快龙头企业带动产业融合发展，新培育自治区农业产业化龙头企业50家。加快现代农业服务体系建设，加快培育新型经营主体，新培育农业产业化联合体10个，农民合作社、家庭农场各300家，鼓励发展土地流转、托管、入股等多种形式的适度规模经营。

宁夏基础设施补短板问题研究

田晓娟

国务院办公厅《关于保持基础设施领域补短板力度的指导意见》（国办发〔2018〕101号）指出，保持基础设施领域补短板力度，进一步完善基础设施和公共服务，提升基础设施供给质量，更好地发挥有效投资对优化供给结构的关键性作用，保持经济平稳健康发展。

基础设施是指为社会生产和居民生活提供服务的物质设施，保证一个国家或地区社会经济活动正常进行，是经济社会赖以生存发展的物质基础，主要包括交通、水利和网络基础设施等。基础设施属于公共产品，与人们的日常生产和生活息息相关，既是基本的民生保障， 也是欠发达地区脱贫攻坚的基础，更是全面建成小康社会的“先行兵”。宁夏第十二次党代会明确提出，全面建成小康社会，基础设施建设要先行。

改革开放40年来，宁夏在国家西部大开发政策的指引下，基础设施领域的投资力度不断加大，基础设施日益完善，为经济持续健康发展提供了有力支撑。但2018年以来，整体投资增速放缓，特别是基础设施投资领域增速回落较快，一些领域和项目存在较大投资缺口，亟须聚焦基础设施领域突出短板，保持有效投资力度，提升中长期供给能力，形成供需互促共进的良性循环，为深入实施脱贫攻坚战略、与全国同步建成小康社会奠定

作者简介：田晓娟，宁夏社会科学院综合经济研究副研究员，主要研究方向为区域经济史。

坚实的基础。因此，宁夏必须不断完善基础设施，才能有效发挥基础设施建设对经济增长的促进作用。只有加快和不断完善基础设施，才能为脱贫攻坚扫除障碍和不利因素，从根本上实现全面小康社会的建设。

一、宁夏基础设施建设现状

自治区成立60年来，特别是改革开放40年来，宁夏在国家西部大开发政策的大力支持下，高标准规划建设了一批重大基础设施项目，初步构建了较为完善的交通网、水利网、信息网，基础设施规模从小到大，取得了重大突破，为宁夏经济迈上新台阶打下了坚实基础。

（一）固定资产投资成就斐然

自治区成立60年来，固定资产投资从1958年的9300万元提高到2017年的3813亿元，累计完成固定资产投资27798.91亿元，突破2万亿元大关。各类投资领域逐步向社会资本开放，投资领域形成了投资主体多元化、投资渠道多样化、投资建设市场化、投资管理科学化的格局。党的十八大以来，宁夏积极推进供给侧结构性改革，着力优化投资结构，注重补短板、调结构、提效益，推动经济高质量发展。2013—2017年，宁夏累计完成投资16889亿元，占改革开放以来投资总额的61%，特别是对农林水利、交通运输、邮政通信及社会事业等进行了全方位、多层次、大规模的投资建设，取得了显著成效，对经济的拉动作用不断增强。2018年以来，宁夏突出抓好新旧动能转换，致力于培育发展新经济、新业态、新模式，进一步压缩化工、冶金、煤炭等传统高耗能、高污染行业投资，控制房地产开发投资节奏，消减不必要的政府投资，着力扩大电子设备、电器机械、通用设备、生物制药、生态环保等新兴产业投资，转型步伐明显加快。

（二）交通基础设施建设硕果累累

改革开放40年来，宁夏铁路、公路、民航等基础设施建设硕果累累，基本形成了以银川为中心，以铁路、高速公路、干线航线为主骨架的综合交通运输网络。铁路方面，截止到2017年年末，宁夏铁路营业里程1339公里，路网密度2.02公里/百平方公里，电气化率93.7%，路网密度和电气化率均高于全国平均水平。公路方面，宁夏初步形成了以京藏、青银、福银、定武等高速公路及国省道为主骨架的干线公路和服务广大农村地区的农村公路网络。公路通车总里程3.46万公里，公路网密度52公里/百平方公里，高于全国平均水平50公里/百平方公里；高速公路通车总里程达到1677公里，基本建成“三环四纵六横”高速公路网，形成高速公路省际出口通道8个，与周边省区相邻地级市基本实现高速公路连接；民航方面，已形成银川河东国际机场1个干线机场和中卫沙坡头、固原六盘山两个支线机场，以及盐池、月牙湖通用机场的民用机场体系格局。2017年，宁夏旅客吞吐量825.34万人次，货邮吞吐量4.23万吨，宁夏运输机场密度达到0.45个/万平方公里，高于全国平均水平。

（三）水利基础设施建设全面推进

改革开放40年来，宁夏农业水利基础建设不断完善，人畜饮水设施大力改善，防洪能力显著提高，水土治理成效显著，水利基础设施建设全面展开。特别是2013年至2017年来，宁夏共落实水利投资239.43亿元，水利投资连创新高，充分发挥了拉内需、夯基础、促发展的重要作用。黄河二期防洪工程、大柳树水利枢纽工程等四大项目列入国家172项重大水利工程；加快实施中部干旱带脱贫攻坚水源、红寺堡扬水泵站更新改造等自治区重点工程建设，加快构建“山川统筹、南北调剂、丰枯补给”的水资源配置体系。解决了300万群众饮水安全，惠及西海固百万群众的中南部城乡饮水安全工程建成发挥效益。高效节水灌溉、灌区续建配套、中部干旱带脱贫水源等重点工程加快实施，农田水利打造升级版，“智慧水利”带动现代水利强势发展，水利调控保障能力大幅提升。统筹宁夏用水需求，保障灌区农业供水、工业城市用水和河湖湿地生态补水；农田灌溉水利用系数由0.46提高到0.511，万元GDP用水量由281立方米下降到206立方米，万元工业增加值用水量由53立方米下降到42立方米，年引水量由最高年份的89亿立方米稳定在65亿立方米左右，节水型社会建设成果明显，以有限的水资源保障了宁夏快速发展。五级河长体系全面建立，关停供水覆盖范围内自备井852眼，重要水功能区水质达标率提高到78.6%。沙湖等5个湖泊湿地获评国家水利风景区。治理水土流失面积5205平方公里，治理区生态环境显著改善。

(四) 信息通信产业建设快速发展

近年来，宁夏在互联网和无线电通信技术的强力推动下，信息通信产业实现了质的飞跃，已建成覆盖全区、技术先进、业务全面的信息通信基础网络。1958 年，宁夏仅有固定电话 0.23 万户，1978 年增加到 1.30 万户，2017 年达到 62.2 万户，是 1978 年的 47.8 倍；移动电话从无到有，从 1993 年的 1400 户增加到 2017 年的 792 万户，电话普及率达到每百人 126.5 部；互联网宽带接入用户从 2012 年的 60.91 万户增加到 2017 年的 159.2 万户，5 年增长了 1.6 倍，年均增长 21.2%。值得一提的是，宁夏通信网实现了数字化和程控化，建立起以光纤为主的高速率、大容量、宽频带的信息传输网络，为信息服务进入千家万户构筑起良好平台。截至 2017 年年末，宁夏 2235 个行政村全部实现通光纤，7281 个 20 户以上自然村通光纤，通光纤率达 75%，农村宽带接入能力达到 20 兆以上；新建基站 1217 个，实现宁夏农村地区 80%区域 4G 网络覆盖，宁夏所有建档立卡贫困村实现光纤宽带、4G 网络、IPDV、电子商务“新四通”，为贫困地区群众脱贫提供了畅达的信息服务，有力地推进了宁夏脱贫攻坚进程。

(五) 农村基础设施建设日益完善

截至 2017 年年末，宁夏实现了村村通电、通广播电视、通电话、通光纤，基本实现了村村通公路、通客车，农村自来水入户率达 83.5%，95%的农户住上了安全住房，99.2%的行政村通硬化路，村组通硬化路率达 84%，行政村通客车率达 99.3%，广大群众出行更加方便快捷。“四好农村路”建设稳步推进，农村公路“建、管、养、运”机制基本建立。农村基础设施建设取得了长足发展，农民生活条件大为改善。

二、宁夏基础设施建设存在的问题

改革开放 40 年来，宁夏基础设施建设取得了重大突破，成为经济社会发展的主要动力。但 2018 年前三季度以来，宁夏固定资产投资同比下降 19.2%，基础设施投资下降 23.9%，其中，交通运输业投资下降 19.9%，信息传输和信息技术服务业投资下降 52.5%，水利、环境和公共设施管理业投资下降 24.7%。民间投资降幅收窄，1—9 月，宁夏民间投资同比下降

20.9%，下拉宁夏投资增速 11.7 个百分点。可见，宁夏基础设施存在不少问题和短板，这与人民群众对美好生活的向往和期待需要较大差距。

（一）基础设施建设资金不足

主要体现在两方面：一是资金不足。基础设施建设属于公共产品，具有较大的外部经济效益，期望回报率低，管理难度大，所以私人投资意愿不强，只能依靠政府财政投入，中央财政投入只占投入资金的一部分，更大部分是靠地方财政投入。宁夏属于欠发达地区，政府财政普遍较为紧张，很难拿出足够资金进行基础设施建设，从而形成庞大的资金缺口，直接影响到基础设施建设的速度和质量。以交通为例，交通建设养护资金自筹能力差，财政对交通建设的配套资金有限，加之宁夏交通基础设施项目经济效益低，社会资本参与的积极性不高。二是资金使用效率低。由于农民缺乏民主监督的意识和能力，长期处于弱势地位，这就导致基础建设资金使用存在暗箱操作的可能， 以至于恶意挪用、占用和滥用，成为滋生腐败的温床。降低了本就短缺的基础设施建设资金的使用效益，使基础设施建设难以为继。

（二）交通水利基础设施短板明显

从全国看，宁夏交通基础设施建设处于中下游水平，特别是铁路建设滞后，交通基础设施仍是宁夏经济社会发展的短板。一是对外通道畅达能力有限。铁路复线率低、技术标准不高，且宁夏尚没有通高铁和城际铁路，铁路发展水平偏低。对外空中联系主要是银川河东国际机场，银川是全国唯一没有本土航空公司的省会机场，缺乏对运力调配和航线开辟的主导权，致使直飞率偏低，航班时刻不好，航线资源有限。银昆、银百、乌玛等国家高速公路尚未贯通，京藏高速部分路段通行能力不足，交通压力大，高等级公路网络不完善。二是各种运输方式之间的衔接不充分。区内尚未有大型一体化综合交通枢纽，综合交通枢纽建设滞后，公路、铁路、民航还未实现有效衔接，交通运输一体化水平较低，各种运输方式的比较优势和组合效应发挥不够。公路运输在全区综合交通运输中比重过高，2017 年，公路客运、货运比重分别达到 85.7%和 86.5%，航空客货运量虽然增长较快，但所占比例很低。此外，宁夏水利设施条件薄弱、城乡水利均等化服务程度还不高，仍是宁夏发展的明显短板。

（三）基础设施的供给主体缺位或错位

基础设施属于公共产品，由于公共产品的非排他性和非竞争性，其供给主体理应是政府。由政府提供才能保证公共产品供给的高效率。但是，由于交通、水利等基础设施建设不仅需要巨大的投资，而且建设时间也比较长，靠政府单一供给主体往往并不能很好地解决基础设施建设需要的资金问题。这就需要政府、企业、村民组织以及社会公益组织等多元供给主体。同时，在基础设施建设过程中就有可能出现供给主体之间相互推诿责任，甚至腐败等现象，从而给基础设施建设带来极为不利的影响。

（四）基础设施投融资体系不完善

改革开放40年来，真正适应社会主义市场经济体制的基础设施投融资模式还未真正建立起来，存在很多问题。一是法律体系不健全。全国各地在基础设施投融资方面的管理条例不够完善，大部分管理条例只是短期的应急措施，无法解决根本性问题。二是政府投资领域过宽。目前，宁夏大部分基础设施项目依旧是政府独资，这种局面对财政造成了沉重负担并且使得宁夏基础设施建设发展滞后。三是缺乏竞争机制。宁夏基础设施建设投融资环境较差，政策透明度低，市场竞争机制未能得以充分发挥。项目施工的公开竞标比例较低，招标制度不健全，缺乏竞争机制，大部分基础设施项目是政府独资，民间资本参与度低。

三、加强宁夏基础设施建设的对策建议

目前，宁夏基础设施建设仍然未能满足人们的生产和生活需要，制约着人民群众脱贫致富的进程。这就要求宁夏要分门别类地尽快补齐基础设施建设短板，充分发挥基础设施在脱贫攻坚、全面建成小康社会中的带动和引领作用。

（一）保障基础设施建设资金，构建基础设施建设多元化投融资格局

基础设施建设是一项资金需求巨大的工程。在保障基础设施建设资金方面要采取“多予”和“放活”双管齐下，构建基础设施建设多元化投融资格局，健全投入长效机制。一方面要“多予”，这是保障基础设施建设

资金的重点。基础设施的公共产品属性决定了政府在基础设施产品供给中的主导地位，各级政府必须要加大对基础设施建设的资金投入力度。投入的方式可以多元化，在制定财政预算规划时确保力度不减弱、总量有增加，优先保障财政对农业农村的投入。发挥政府投资的引导作用，采取投资补助、资本金注入、财政贴息、以奖代补、先建后补、无偿提供建筑材料等多种方式支持基础设施建设。另一方面要“放活”，这是保障基础设施建设资金的根本。通过建立全社会参与基础设施建设的激励机制，鼓励社会力量参与到基础设施建设中来。鼓励按照“公益性项目、市场化运作”的理念，政府购买社会化服务，创新基础设施建设和运营模式。政策性银行、开发性金融机构、商业性银行等金融主体要加大对基础设施的支持力度。同时也要支持银行业金融机构开展收费权、特许经营权等担保创新类贷款业务。

（二）加强铁路、公路、航空等基础设施网络建设，构建互联互通的综合交通运输体系

宁夏应积极树立“经济发展、交通先行”的理念，加快构建安全通畅、集约高效、互联互通的综合交通运输体系。宁夏必须积极构筑连接周边融入全国的对外运输大通道建设，加快推进银川都市圈内部交通网络建设，以推进重大项目建设为抓手，积极谋划一批重大交通项目，尽快弥补交通基础设施短板，为宁夏经济社会持续健康发展奠定良好基础。

一是将高铁建设作为交通网络建设的重中之重，使宁夏尽快融入全国高铁网。重点加快推进银西高铁、吴忠至中卫城际铁路、中兰高铁等项目建设；加快推进包银高铁内蒙古段前期工作，争取包银高铁内蒙古段尽快开工；加快推进宝中铁路固原至中宁段前期工作，为加快宁夏西海固贫困地区扶贫开发、实现五市同城化创造条件。二是加快完善公路网络体系。重点拓展连接周边地区的出口通道，提高对外的互联互通能力。加快推进京藏高速改扩建、乌玛高速青铜峡至中卫段、银百高速宁东至甜水堡段、西吉至会宁等高速公路项目；加强银川都市圈交通基础设施的互联互通能力，建成典农河至沙湖旅游快速通道，推进银川至青铜峡快速通道永宁至青铜峡段建设，实施银川市东线公路；加强国省干线升级改造和农村公路网络化工程，畅通微循环，提高公路密度，提升贫困地区路网技术等级和服务水平，改善贫困地区交通运输条件。三是加快构建空中运输通道。继续完善银川、固原、中卫机场基础设施，实施安全保障设施工程，提高基础设施保障能力；重点开通更多直达国内省会城市、重点旅游城市和宁夏周边主要城市的航线，提高直飞比例，提升航空运输服务能力。四是注重铁路、公路、航空的有效衔接，争取落实落地一批打基础、利长远的重大交通项目，打通主动脉，畅通微循环，让宁夏的交通更便捷、更顺畅、更高效。重点完成银川航空港综合交通枢纽工程、银川火车站综合客运枢纽扩建一期工程设施建设并投入使用；加快推进吴忠城东客运枢纽、中卫高铁站综合客运枢纽建设；积极推进银川火车东站综合客运枢纽、石嘴山星海湖客运枢纽前期工作，提升换乘效率，降低运输成本。

（三）加快水利基础设施建设，构建节水、引水、供水“三位一体”水利基础设施体系

水利基础设施建设是农业生产顺利进行的基础性工程。只有加快水利基础设施建设，才能从根本上改变水利建设滞后局面，更好更快地解决人民群众最直接、最现实、最迫切的“水问题”，助力精准扶贫脱贫攻坚。

一是要不断创新管理模式。在采用水利工程代建制、设计施工总承包等模式时，要遵循公开、公平、公正的原则，严格执行招投标制度，杜绝暗箱操作。在此基础上，要充分发挥市场机制的作用，选择真正具有水利工程管理和建设经验、有专业化技术和能力的建设管理单位。要把质量安全放在首位，落实各级管理部门质量和安全责任制，进行全程跟踪并采用市场第三方监管的方式，对建设单位开展信用评级，建立有效激励约束和奖优罚劣机制，确保水利工程质量。二是以三大骨干供水工程建设升级现代基础设施水网。全面完成黄河宁夏二期防洪、灌区续建配套建设任务。开工建设西海固地区脱贫引水、银川都市圈城乡供水工程，加快推进盐同红革命老区脱贫引水工程前期工作，构建骨干供水“主动脉”，保障“一带三区、一主两副”产业融合发展的用水需求。三是要因地制宜发展农田水利工程，从而有效调节水资源时空分布，满足耕地灌溉、农作物用水需求等，为农业生产和发展创造良好的条件。还需要积极推进节水灌溉，不断推广渠道防渗、管道输水以及喷灌滴灌等技术，增加农田有效灌溉面积。同时推进高标准农田建设。四是启动城乡供水连通和管网更新改造工程，开展城乡供水备用水源工程建设，推动农业、工业、城乡用水同源同网同质，疏通末级供水管网，让百姓喝上达标水、放心水。

（四）充分发挥民间潜在的资金实力，完善基础设施投融资建设体系

宁夏应充分发挥市场配置资源的决定性作用，积极鼓励民间资本参与补短板项目建设，充分调动民间投资积极性；积极发挥政府投资引导带动作用，为市场主体创造良好的投资环境。在投融资体系中，加快“政企分离”的步伐，同时出台相应的法律文件进行进一步规范。进一步开拓多元化的融资模式，如成立发展基础设施产业投资基金、利用信托综合金融功能吸引民间资金等。

（五）加快网络基础设施建设，实现信息网络全覆盖

由于宁夏各市县经济发展水平存在差异，各市县的互联网普及率参差不齐。因此，在脱贫攻坚进程中，必须注重加强改善宁夏南部山区互联网基础设施，实现网络覆盖、信息覆盖、服务覆盖， 让互联网发展成果惠及所有人群。一是扩大宽带网络普及率。逐步打破宁夏南部山区陈旧的思想意识，提高老百姓对信息技术服务的认识，通过多种方式和途径向山区群众普及互联网知识，使其接受快捷的宽带网络服务。二是根据当地人口密度等条件，因地制宜选择合适的技术手段，如光纤、同轴电缆等有线或无线方式分类分阶段加快宽带网络向乡镇、村落延伸。并针对老百姓的需求特点，积极引导企业履行社会责任，尽快研发简单易用、成本低的智能终端，逐步改善贫困人口和贫困家庭的上网条件，激发南部山区潜在的信息消费需求， 并对这里的贫困人口开展技术应用培训和推广。还要加强各类涉农信息资源的深度开发，完善农村信息化业务平台和服务中心，提高综合网络信息服务水平，使互联网成为贫困家庭和贫困人口脱贫致富的重要帮手。三是贫困村宽带网络建设和运行维护的相关电信运营主体，要通过竞争性招标等方式公平参与其中。相关主管部门要鼓励电信运营商针对贫困地区推出优惠资费套餐，减免贫困户的网络通信资费，并在电信业营业税改增值税过程中，给予不同程度的优惠和照顾。

（六）推进乡村基础设施建设，要坚持规划先行，精准施策，合力攻坚

扎实推进农村人居环境整治三年行动，支持农村改厕工作，促进农村生活垃圾和污水处理设施建设，推进村庄综合建设。宁夏应加快村组连通道路建设，推进村庄巷道硬化，着力破解农村饮水难题，大力发展节水灌溉，加快解决农村和移民村住房问题，切实改善人居环境；全力填补农村4G 网络、动力电、金融网点等服务空白，强化项目资金投入，加强协同配合作战，坚持不懈抓重点、补短板、强弱项，为脱贫富民、乡村振兴提供强有力的保障。

（七）加强基础设施建养并重

应对基础设施养护给予足够的重视，及时调整养护方案。一是成立养护工作小组，负责制定相关制度，出台相关政策，充分考虑基础设施使用过程中各种潜在的风险隐患，编制基础设施改造和完善计划，并进行有效监督管理，把基础设施养护资金逐步纳入地方财政预算，建立基础设施养护长效机制。二是组织专业技术人员定期对当地基础设施进行调查和技术评定，将调查和评定结果纳入统计年报，建立相应数据库，并进行动态调整。三是对这些专业技术人员进行定期或不定期培训，并建立完善的激励约束机制，提高专业技术人员的积极性和主动性，提高基础设施养护质量和效率。

宁夏基础设施建设任重道远，涉及众多群众的切身利益，能不能改善基础设施状况，直接关系能不能改善人民群众的生产生活条件，而基础设施的改善程度，则影响欠发达地区人口生产生活条件的便利程度。习近平总书记曾庄严承诺：“人民对美好生活的向往，就是我们的奋斗目标。”在全面建成小康社会的决胜阶段，必须有重点、分步骤地改善欠发达地区基础设施，不断增强欠发达地区贫困人口增收致富能力，以提高人民群众的幸福感和获得感。

专题研究篇

ZHUANTI YANJIUPIAN

宁夏城乡居民消费转型升级研究

张国芳　王旭明

党的十九大报告指出："我国经济已由高速增长阶段转向高质量发展阶段，正处在转变发展方式、优化经济结构、转换增长动力的攻关期……"进入新时代，经济发展阶段的变化，必将推动产业结构、消费结构的变化，以适应高质量发展的要求。马克思政治经济学理论早就指出，生产决定消费，消费反作用于生产。在深化供给侧结构性改革的新时代，消费对高质量发展作用越来越重要，贡献也将越来越大。十九大报告强调，增强我国经济质量优势，中高端消费将成为培育的新增长点之一。居民消费是社会总消费的主体，发挥着引领和决定作用。基于此开展宁夏城乡居民消费转型升级问题研究将具有重要的现实意义。

一、居民消费转型的时代变迁

恩格尔系数是衡量居民生活水平高低的重要指标，是居民家庭中食品消费支出占全年家庭生活消费总支出的比重。恩格尔系数是德国统计学家恩格尔根据经验统计资料研究居民消费结构变动时首先提出来的结论，即一个家庭收入越少，家庭收入中或者家庭总支出中用于购买食物的支出所

作者简介：张国芳，自治区人民医院高级经济师，主要研究方向为区域经济社会问题；王旭明，国家统计局宁夏调查总队副巡视员，高级统计师，主要研究方向为区域经济社会发展、收入分配问题。

占比例就越大，随着家庭收入的增加，家庭收入中或者家庭支出中用来购买食物的支出呈下降趋势。一般认为，吃是生存的第一需要，在收入水平很低时，其在消费支出中必然占有很大比重。随着收入增加，在吃的需求满足的情况下，消费开始向穿、用等其他支出转移，吃的比重就会下降。恩格尔系数就是通过计算食物消费占比多少来判断生活水平的高低。当然，恩格尔系数也有其局限性，由于居民文化差异、生活习惯及所处社会经济制度不同，加上价格因素影响，进行横向、纵向比较会发生偏差，但可反映一定趋势。从宁夏城乡居民恩格尔系数变迁看，改革开放 40 年来，随着城乡居民收入持续较快增长，居民生活消费水平大幅度提高，生活消费质量有了明显改善，生活消费结构不断发生新的更大变化。1978—2017 年，城乡居民人均可支配收入年均分别增长 12.1%、12.3%。2017 年，城镇居民人均生活消费支出 20219 元，是 1978 年的 67 倍，年均增长 11.4%；农村居民人均生活消费支出 9982 元，是 1978 年的 110 倍，年均增长 12.8%，居民生活消费支出增长与收入增长同步。2017 年，城镇居民恩格尔系数为 24.5%，比 1978 年的 56%降低了 31.5 个百分点；农村居民恩格尔系数为 25.3%，比 1978 年的 69%降低了 43.7 个百分点，根据联合国粮农组织研究标准（恩格尔系数在 50%~59%为温饱，40%~49%为小康，30%~39%为富裕，低于 30%为最富裕）衡量，宁夏城乡居民生活已经进入最富裕阶段。受恩格尔系数下降太快影响，与实际存在偏差，但仍可以反映人民生活消费变化的趋势。

1978—1991 年是居民生活由贫困进入稳步解决温饱的阶段。随着农村家庭联产承包责任制的施行和城市一系列收入分配制度改革的大力推进，城乡居民收入水平和生活水平较改革开放初期均有了明显提高。城镇居民人均可支配收入从 1978 年的 346 元增加到 1991 年的 1565 元，年均增长 12.3%；人均生活消费支出从 1978 年的 300 元增加到 1991 年的 1347 元，年均增长 12.2%。城镇居民恩格尔系数由 1978 年的 56%降到 1991 年的 48.6%，城镇居民已解决温饱，刚刚跨过 49%的总体小康下线。农村居民人均可支配收入从 1978 年的 116 元增加到 1991 年的 590 元，年均增长 13.3%；人均生活消费支出从 1978 年的 91 元增加到 1991 年的 508 元，年均增长 14.1%。农村居民恩格尔系数由 1978 年的 76.5%降到 1991 年的 56.5%，刚刚跨过 60%的贫困线，进入温饱阶段的下线。

1992—2000 年是居民生活由温饱进入实现总体小康阶段。1992 年，以邓小平南方谈话为标志，改革开放进入了整体配套、重点突破和全面攻坚推进的新阶段。在这一时期，宁夏乡镇企业、非公有制经济迅速发展，城镇就业岗位明显增加，城镇居民收入实现较快增长。城镇居民人均可支配收入从 1992 年的 1821 元增加到 2000 年的 4894 元，年均增长 13.2%；人均生活消费支出从 1992 年的 1506 元增加到 2000 年的 4231 元，年均增长 13.8%。城镇居民恩格尔系数由 1992 年的 47%降到 2000 年的 35.4%，城镇居民已实现总体小康，刚刚跨过 39%的富裕阶段的下线。同时，随着市场经济体制的不断完善，为商品流通特别是农副产品交换提供了便利条件，农产品价格的大幅提高为农民增收带来更多实惠。农村居民人均可支配收入从 1992 年的 591 元增加到 2000 年的 1760 元，年均增长 14.6%；人均生活消费支出从 1992 年的 545 元增加到 2000 年的 1429 元，年均增长 12.8%。农村居民恩格尔系数由 1992 年的 57.5%降到 2000 年的 48.5%，农村居民已完全解决温饱，刚刚跨过 49%的总体小康下线。

2001—2017 年是居民生活消费转型升级并迈向全面小康的阶段。进入 21 世纪，从中央到地方都加快推进居民收入分配制度改革，宁夏制定出台了机关效能考核、激励人才创新、提高社会保障标准、提高最低工资标准等一系列增收政策，并落实各项增收措施，经济总量的“蛋糕”更多地向居民倾斜；同时，不断深化机关事业单位工资制度改革，大大促进了城镇居民收入较快增长。城镇居民人均可支配收入从 2001 年的 5516 元增加到 2017 年的 29472 元，年均增长 11%；人均生活消费支出从 2001 年的 4639 元增加到 2017 年的 20219 元，年均增长 9.6%。城镇居民恩格尔系数从 2001 年的 33.4%降到 2017 年的 24.5%，城镇居民已达到富裕生活水平。这一时期，国家先后出台了减免农业税、实行粮食直接补贴、退耕还林还草工程和精准扶贫精准脱贫等一系列惠农举措，自治区也相继出台了农业产业化、促进农民增收、脱贫富民战略等一系列惠民惠农政策措施，大大激发了农民的生产积极性，农民的钱袋子不断鼓起来。农村居民人均可支配收入从2001年的1873元增加到2017年的10738元，年均增长11.5%；人均生活消费支出从2001年的1404元增加到2017年的9982元，年均增长13%。农村居民恩格尔系数由2001年的46.5%降到2017年的25.3%，农村居民也逐渐进入富裕生活阶段，向全面小康迈进。

党的十八大以来，在以习近平同志为核心的党中央坚强领导下，宁夏坚持以人民为中心的发展思想，立足全面建成小康社会战略目标，坚持创新、协调、绿色、开放、共享发展，以供给侧结构性改革为主线，保增长、调结构、惠民生、促增收，突出精准扶贫、精准脱贫，多方发力，实现了经济增长与居民收入增长同步，居民收入增长与生活消费水平提高和结构改善同步。这一时期，人均地区生产总值连续跨过4万元、5万元两个台阶，2017年达到50917元，经济总量年均增长8.3%。2017年，城镇居民人均可支配收入接近3万元，比2012年增加近1万元，平均增长8.6%，快于经济增长0.3个百分点。2017年，农村居民人均可支配收入跨过1万元，达到10738元，平均增长9.6%，快于经济增长1.3个百分点。城镇居民恩格尔系数由2012年的30.4%降到2017年的24.5%，下降了5.9个百分点；农村居民恩格尔系数由2012年的34.1%降到2017年的25.3%，下降了8.8个百分点。这5年城乡居民恩格尔系数的变化相当于过去10年的变化，预示着居民消费结构转型期的到来，城乡居民生活向全面小康社会更加扎实地迈进。

二、居民消费转型的现实特点

进入新时代，随着互联网经济的迅猛发展，经济高速增长阶段转向高质量发展阶段，供给侧结构性改革步伐加快推进，居民收入持续增长，消费环境、消费模式、消费理念、消费动能不断发生新的变化，城乡居民消费呈现出新特点，消费结构转型呈现出新动向。消费总量和消费结构转型对经济高质量发展必将产生越来越重要的拉力作用。

（一）居民消费的基础作用越来越强，支撑消费转型升级

居民消费是全社会消费的主体力量，占总消费支出的60%以上。随着产业结构的转型升级，服务业产业比重不断提升，消费对经济增长的贡献

进一步增强。2017年，宁夏服务业增加值占地区生产总值的46.6%，首次超过第二产业，比2012年提高了4.3个百分点。按照现价测算，2012年以来，消费对当年经济增长的贡献率：2013年65.6%、2014年72.6%、2015年155.9%、2016年71.5%。

（二）居民消费能力进一步增强，拉动消费转型升级

收入决定消费。收入不仅决定消费的总量，还决定消费方式、消费结构和消费习惯。居民家庭可支配收入是消费的现实购买力，储蓄存款是潜在和后备购买力。2012—2017年，宁夏城乡居民收入双双跨上新台阶。城镇居民整体收入水平跨过2万元，接近3万元；农村居民收入达到万元大关，人均可支配收入达到10738元。按2017年汇率折算，城镇居民人均收入4399美元，农村居民人均收入1603美元，按世界银行界定标准（人均国民总收入低于1045美元为低收入国家，1045~4125美元为中等偏下收入国家，4126~12735美元为中等偏上收入国家，高于12736美元为高收入国家）衡量，城镇居民整体进入中等偏上收入阶层，农村居民整体进入中等偏下收入阶层。中等收入阶层是消费欲望、消费能力、消费潜力最大的一个群体。消费的动力将会越来越强，推动消费、引导消费是深化供给侧结构性改革，高质量发展的内在要求。

（三）居民消费需求和欲望仍很强烈，农村更趋旺盛

凯恩斯认为，无论从人性看，还是从经验事实看，都存在一个确定不疑的基本心理法则，即随着收入的增加，消费也在增加，但在增加的收入中，用于消费部分的增加并不是和可支配收入的增加一直保持相同的比例，而是用于消费的部分所占比重越来越少，即边际消费倾向是递减的。按照凯恩斯这一理论，从新时代宁夏城乡居民收入与消费的变化关系看，消费与收入增长的同步性较强，还未进入边际消费倾向递减阶段。农村居民平均消费倾向和边际消费倾向总体上处于持续增加阶段，城镇居民平均消费倾向呈现下降趋势，但边际消费倾向仍在持续增加，增加幅度低于农村居民。2017年城镇居民平均消费倾向68.6%，比2012年的74.4%降低了5.8个百分点；农村居民平均消费倾向93%，比2012年的82%提高了11个百分点。2012—2017年，农村居民边际消费倾向平均为111.7%，城镇居民边际消费倾向平均为 57.3%。农村居民平均消费倾向明显高于城镇居民，农村居民边际消费增长也大大快于城镇居民，城乡居民消费需求存在差距，但依然很强。

（四）居民消费的后顾之忧进一步减弱，消费信心增强

随着医疗和养老保障制度的进一步完善，保障标准持续增加，社会保障安全网越织越大、越织越密，城乡居民后顾之忧不断减弱，预期消费增加，主动消费意愿增强，消费标准提高。吃营养、穿时尚、住舒畅成为大多居民的追求。据人社部门资料，2017 年，宁夏城乡居民参加基本养老保险人数 185.48 万人，城镇职工参加养老保险人数 205.91 万人，占城镇就业人员总数的 130%；全区基本医疗保险参保人数达 618.22 万人，占常住人口总数的 91%。据住户抽样调查，2017 年，城镇居民人均养老金或退休金收入达 7120 元，比 2012 年增长 51.1%；农村居民人均养老金或退休金收入 852 元，比 2012 年增长 2.4 倍。

（五）城乡居民消费方式发生显著变化，必将促进消费转型升级

近年来，随着互联网经济的蓬勃发展，各大电商企业由城市向农村延伸，大大带动了城乡居民消费，居民消费方式已开始大量从线下转向线上，线上消费金额呈快速增长态势。据统计，2017 年 1—9 月，网购零售额达 138.3 亿元，同比增长 56.3%，分流了消费品市场近 1/6 的购买力，主要影响了服装、鞋帽、针织品和纺织品、日用品、家电类商品零售额。据抽样调查资料，2017 年在有网络购物行为的居民中，每月人均网络消费 1329.13 元。63.8%的居民每月网购 2~5 次，19.2%的居民每月网购 1 次，12.5%的居民每月网购 6~10 次，4.6%的居民每月网购 10 次以上。网购导致 69.6%的居民外出购物次数减少，导致 35.1%的居民购买商品或服务的数量增加，46.2%的居民预计在今后一段时期网购消费占全部消费支出的比例将会增加。分城乡看，城镇居民每月网购消费金额为 1452.87 元，农村居民每月网购消费金额为 710.46 元。

（六）城乡居民消费结构发生了新的更大变化

1. 城镇居民生活消费呈现新特征

党的十八大以后，随着城镇居民收入的持续增长，消费环境不断改善，居民消费能力和意愿进一步增强。以旅游、体育、健身消费为重点的闲暇消费掀起热潮，网上消费成为消费的主流。2012—2017 年，宁夏城镇居民人均生活消费支出由 14513 元增加到 20219 元，增加了 5706 元，增长 39.3%，年均增长 6.9%，慢于收入增长 1.7 个百分点。主要呈现出以下特征：

(1) 生存型消费稳步增长，结构明显优化。在生活消费支出中，食品烟酒类支出所占比重呈下降趋势，但仍居第一。2017 年人均食品烟酒类消费支出 4952 元，比 2012 年增长 12.3%，所占比重由 2012 年的 30.4%降低到 24.5%；衣着类消费所占比重也出现下降，2017 年人均衣着类消费支出 1768 元，比 2012 年仅增长 3.3%，所占比重由 2012 年的 11.8%降低到 2017 年的 8.7%。另外，住房条件明显改善，城镇居民在追求“住有所居”的同时，更加关注住房面积、小区环境、就学就医等公共设施。2017 年，城镇居民人均期末拥有房屋面积 35.7 平方米，比 2012 年增加 5.4 平方米。

(2) 发展型消费成为消费热点。城镇居民医疗保健意识进一步增强，居民购买保健品、例行体检等成为常态。2017 年，城镇居民人均医疗保健支出 1937 元，比 2012 年增加 692 元，占生活消费比重由 8.6%提升至 9.6%。交通通信引领消费新热潮，城镇居民在吃、穿、住等消费得到满足的同时，对交通工具选择有了新要求，家庭轿车成为日常消费品。2017 年年末，城镇居民每百户拥有汽车 38 辆，较之 2012 年增加 22 辆，增长了 1.4 倍。城镇居民“重教”意识增强，各类兴趣辅导班、文化课程补习班等使得城镇居民不断加大子女教育费用支出。2017 年，城镇居民人均教育娱乐消费支出 2630 元，占生活消费支出的 13.0%，比 2012 年提升了 3 个百分点。

(3) 享受型消费比重不断提高。按现有居民收入水平测算，城镇居民消费已进入耐用品消费新时代，对于耐用消费品质量有了更高要求。随着商品市场的不断繁荣，各类新型耐用消费品层出不穷，家庭设备用品由经济实用向品牌、智能、便捷、节能环保方向发展。2017 年，城镇居民人均生活用品及服务消费支出 1257 元，比 2012 年增加 259 元，占生活消费支出的 6.2%。移动手机的普及，使得固定电话拥有量下降。智能手机的高清照相功能以及携带便捷的特性，使得照相机、摄像机在居民家庭生活中不再重要。空调、空气净化器、乐器、健身器材走进普通家庭。2017 年，城镇居民每百户拥有空调 15 台、中高档乐器 7 台、健身器材 4 套、空气净化器 0.5 台。

2. 农村居民消费结构与城镇居民更趋一致，消费动力增强，消费潜力不断释放，超出城镇居民

党的十八大以来，农村居民生活消费结构发生了新变化，形成了食品、居住、交通通信、文教娱乐、医疗保健、衣着、家庭设备等新的消费序列，吃、穿、住的消费序列被打破。食品支出所占比重进一步下降，但仍居第一；居住、交通通信消费支出比重跃居第二、第三；居住支出比重依然较大，由原来的农村住房改善转变为为子女就读、婚嫁在城镇买房，购买家用轿车、通信费、上网费成为消费新动向。2017 年，农村居民人均生活消费支出 9982 元，比 2012 年增加 4424 元，增长 79.6%，年均增长 12.4%，快于收入增长 2.8 个百分点。主要表现出以下特征：

(1) 食品消费品种增加，营养状况不断改善。农村居民以吃饱为目标的时代已经过去，食品消费结构由“量”的满足转向“质”的提高，由吃饱到吃好，再到今天的吃健康。蔬菜、水果、肉禽、蛋奶等食品消费增加，营养状况明显改善。2017 年，农村居民蔬菜和食用菌消费人均支出 222 元，肉禽蛋奶消费支出 744 元，分别占食品消费支出的 8.8%、29.5%，比 2012 年提高了 0.8 个和 2.4 个百分点；水果及瓜类人均消费量 64 公斤，比 2012 年的 53 公斤增加了 11 公斤，增长 20.8%；饮食服务人均消费支出 285 元，占食品烟酒消费支出的 11.3%，比 2012 年增长 22.3%。

(2) 衣着消费趋向时尚、舒适和中高档。农村居民衣着消费观念逐步更新，越来越讲究穿着的质量、款式、花样，且趋于中高档化、城市化。2017 年，人均衣着类消费支出 719 元，比 2012 年增加 231 元，增长 47.3%，年均增长 8.1%。在生活消费总支出中占 7.2%，比 2012 年降低了 1.4 个百分点。

(3) 住房宽敞舒适，居住环境有了明显改善。党的十八大以来，随着新农村建设、精准扶贫政策的落实，各地不断加大危房改造力度，排排砖瓦房、个个新村落拔地而起，成为农村经济快速发展最鲜明的写照。农村居民人均年末住房面积由 2012 年的 25.9 平方米增加到 2017 年的 32.3 平

米，增加6.4平方米，增长24.7%。其中砖木结构和钢筋混凝土结构住房面积比重由2012年的77.9%提高到2017年的98.4%。据住户抽样调查，2017年，全区8.1%的农户住房拥有水冲式厕所，89.7%的农户使用炊事清洁燃料，90.5%的农户饮用安全卫生水，63.8%的农户住宅外有水泥或柏油路面。农村居民居住环境和条件发生了显著变化。

(4) 中高档生活用品越来越多的进入农民家庭。农村居民家庭液晶电视机、洗衣机、电冰箱基本普及，抽油烟机、热水器、空调、微波炉、家用计算机等新型耐用消费品也不断进入农家，消费档次大大提高。2017年，农村居民家庭每百户耐用消费品拥有量：电冰箱95台、洗衣机102台、热水器83台、抽油烟机18台、微波炉10台、空调2台、家用计算机23台。

(5) 出行、教育、通信、医疗成消费新亮点和新动能。随着精准扶贫、脱贫富民战略的大力实施和新型农村合作医疗的全面推进，农村文教、卫生、通信等社会事业迅速发展，成为党的十八大以来农民生活消费的新亮点。2017年，农村居民人均交通通信支出1675元、文教娱乐支出1212元、医疗保健支出1131元，比2012年分别增长1.6倍、2.1倍、1.2倍，远快于生活消费总支出增长。在生活消费总支出中分别占16.8%、12.1%、11.3%，比2012年分别提高了5.3、1.3、1.5个百分点。2017年，每百户农民家庭拥有家用汽车28辆、摩托车72辆、电动自行车64辆、移动电话290部，其中接入互联网的手机162部。

三、促进居民消费转型的思路

从城乡居民消费结构变化和消费意愿看，新时代居民消费的动力很强，特别是农村居民还有很大的消费需求，用的需求和享受型需求空间很大，消费呈现多样化、时尚化、城市化特征。城镇居民消费已进入耐用品消费阶段，中高档消费成为消费主流，消费的升级换代加快，网络消费、智能消费引领消费新时尚。可以看出，消费转型倒逼供给侧结构性改革，倒逼高质量发展，高质量发展将引导消费转型。

(一) 创新推进经济高质量发展，提高供给质量和供给效率

高质量发展必须坚持质量第一、效率优先，必须以供给侧结构性改革

为主线，在供给质量上求提高，在供给效率上求突破，在适应需求结构上求创新，这是新时代消费结构转型的现实需要。当前，居民收入水平进入中等偏上阶层，住房需求已经得到很大程度满足，预期消费支出在很大程度上已得到国家社会保障政策托底，所以，居民有足够能力消费中高档用品和服务，但当下有效供给不足或供给结构与需求结构不完全匹配问题，在一定程度上影响居民有效消费需求的满足，导致消费需求转向国外或出现一些畸形消费。

（二）促进居民收入持续增长，进一步增强消费能力

促进居民收入增长是拉动消费的永恒主题。目前，城乡之间、地区之间、不同阶层之间居民收入差距仍较大，居民生活消费的不平衡、不充分问题依然突出。应以收入持续增长为重点，着力解决发展不平衡不充分问题，满足人民日益增长的美好生活的需要。要重点关注农民收入持续增长问题，抢抓机遇，大力实施乡村振兴战略，“引进来”与“走出去”相结合，“引进来”就是要引进工商资本投资农业、农村、农民，引进城里人投资农业、农村、农民，政府在投资方面给予政策扶持和引导。同时，要破除体制机制弊端，突破利益固化藩篱，让农村资源要素活起来，不仅使广大农民积极性和创造性迸发出来，而且要吸引更多城市资源、企业资本等社会资本进入广阔农村市场，推动乡村振兴战略实施。要引进专业人才积极开展针对农村居民的技能培训，提升农民种植、养殖技术以及其他社会技能，增强农民在本地就业创收能力。要吸引外出农民工回乡创业。外出农民工既了解村情民情，又积累了多年在外打拼的资本和经验，借着实施乡村振兴战略的东风，吸引农民工回家乡带动家乡人创业增收。“走出去”就是推动农村剩余劳动力向外转移，通过“减少农民”增加收入。继续发挥劳务中介组织作用，加强外出农民工技能培训，增强农民工高质量就业能力，在农村以外开辟居家就业创业之路，为推进高质量城镇化提供劳动力资源，增加农民工资性收入。

（三）改善消费环境，促进农村消费发挥最大效用

改善消费环境是促进消费支出和消费结构转型的外因，同样具有重要作用。从当前居民消费环境状况看，城乡居民消费环境还有较大差距，改善农村消费环境势在必行。近年来，随着城镇化的大力推进，农村常住消费人口不断减少，2017年宁夏城镇化率达到58%，意味着全区682万总人口中农村常住人口占42%，有286万农村消费者。虽然农村地区的交通、水利、电力、通信、网络、文化娱乐等基础设施建设不断增强，农村消费环境得到很大改善，但农村消费市场基础仍然较为薄弱，主要表现在：一是以小卖部和集市为主要消费场所，食品、生活用品、衣着等商品品种较少。二是商品质量参差不齐，假冒伪劣商品断出现，市场监管难度大。农村基础设施的完善不仅能够有效地拉动农村的消费需求，同时也是开发农村市场的重要环节。三是网络消费还不能顺畅地全面进入农村，“最后一公里”成本较高。为此，首先应加快完善农村消费网点建设，引导城市连锁商店到农村发展，建立发达的农村消费市场体系，保障商品质量和服务水平；其次应以政府投资为主体，正确引导社会资金投入，完善农村基础设施建设；最后应加大物流在农村的覆盖率，引导农村居民树立健康的网购习惯，丰富消费方式，进一步改善农村消费环境，提高农村消费档次，使农村消费发挥最大效用，提高农村居民的生活品质和幸福指数。

（四）转变消费观念，发挥“互联网+消费”的优势，引领消费走向新时代

一次消费观念的创新，将推动一次消费革命。城市超市的出现推动城镇消费支出出现“井喷式”增长，推动消费结构发生了重大变化。互联网、云计算、大数据、智能制造等同样推动了消费支出、消费支付、消费结构转型的二次革命。要发挥“互联网+消费”的优势，促进个性化消费、定制性消费、创新性消费，引导健康、绿色、理性消费，同时要加强网络消费监管，确保消费质量。要加大农村网络消费基础投入，促进农村居民线上消费。

补齐宁夏城市夜景建设的短板

杨旭东　王　娟

城市夜景建设也称城市光彩工程。近年来，随着我国经济社会发展和城市现代化步伐加快，城市夜景建设受到越来越多城市尤其是旅游型城市的高度重视，其莫不把夜景建设作为城市经济社会发展的必要内容而列入政府工作的重要议程。

一、加强城市夜景建设的重要性和必要性

一是城市居民美好生活的要求。随着我国进入新时代和社会主要矛盾的转化，越来越多的人进入城市，工作生活在城市。城市让生活更美好，已经不仅仅体现在它不同于乡村的一般性功能上，也不仅仅体现在它在阳光下的繁荣与活力，还体现在夜间由光与色组合、变幻、交织而成的另一个世界。这另一个世界，流光溢彩，美轮美奂，与紧张喧闹的日间相比，多了几分休闲与放松、温馨与亲和、优雅与浪漫。这是新时代中国市民对美好生活的热切向往。

二是充分利用城市资源的要求。城市是时空系统的集合体。在时间轴上，城市是历史长河文明的结晶；在空间轴上，城市是由山川河流、建筑物体和树木绿地合围的立体系统。在这个意义上，城市是历史资源、自然

作者简介：杨旭东，中共宁夏区委党校教授，主要研究方向为市场经济理论、宁夏经济发展等；王娟，中共宁夏区委党校教授，主要研究方向为政治经济学、区域经济等。

资源、经济资源和文化资源的聚合体。在夜间，充分利用光与色的技术，深度挖掘和利用这些资源，是现代城市发展的内在要求。

三是提高城市品位、形象和知名度的要求。城市夜景建设水平是城市活力、繁华和经济文化实力的象征。加强城市夜景建设，可以美化城市环境，提升城市品位，增强城市知名度、美誉度和吸引力，有利于集聚人流、物流、资金流、信息流，促进消费升级、商业繁荣和旅游业发展。

四是发展全域旅游的要求。对宁夏来说，只有补齐夜景建设这一短板，全景、全业、全时、全民“四全”的全域旅游内涵才能得到充分体现。

二、国内城市夜景建设发展趋势

城市夜景作为当今中国城市建设、发展和管理的新潮流，呈现出以下两大趋势：

其一，夜景建设与日景建设并重、夜景旅游与日景旅游齐驱，成为越来越多传统旅游城市的流行色。典型者如重庆。重庆是旅游名城，近年来，该市政府把着力打造夜景休闲游作为推动旅游升级版的核心内容，为此，成立了相应机构，并编制了城市夜景建设总体规划，持续不断地加以推进。其中，渝中区突出长江、嘉陵江滨水主线，精心打造天际线、岸际线、山际线；江北区突出梦幻灯光秀，打造联动楼宇的“灯光隧道”；南岸区以苏家坝立交桥为核心，使其成为“魔幻山城”的经典代言；沙坪坝区以磁器口古镇为中心，建设三大层次的夜景灯饰工程；巴南区根据不同区域分别打造“美丽山水”“城市之光”“巴南夜画”“古风古韵”景观；等等。再如西安市，该市在2018年4月发布《关于推进夜游西安的实施方案》，确定了“一极两轴五板块多节点”的夜景建设目标，即以明城墙范围内的产业整合与提升为重点，打造西安夜游经济增长极；以南北、东西大街为景观亮化轴；以曲江、浐灞、高新、临潼、西咸为夜游经济集中建设发展板块。依托上述区域，重点培育夜间观光游憩、文化休闲、演艺体验、特色餐饮、购物娱乐五位一体的夜游经济产业。计划到2020年，全市完成五大类别的夜景亮化工程，建成30个特色夜游街区，使“夜游西安”成为古都旅游形象的新亮点。其他如苏州、青岛、杭州、成都、南京、长沙、厦门、桂林等城市莫不把城市夜景建设作为推动当地经济社会发展和打造旅游产业升级版的新的重要抓手。

其二，“无中生有”，通过城市夜景建设而跻身于旅游城市行列。从旅游资源和发展旅游的一般条件看，我国不少城市本来是不具备大规模发展旅游业和不具备成为旅游城市条件的。但近些年来，这其中的许多城市硬是“无中生有”，主要依托夜景建设，创造出绚烂无比、别具特色的夜景旅游产品，成为誉满世界、游客趋之若鹜的著名旅游目的地。最典型的当属天津市。与近邻北京市相比，该市旅游资源和旅游产品相对贫乏，因而对游客的吸引力很弱。2008 年以后，借助协办北京奥运会和举办夏季达沃斯论坛的契机，该市夜景建设进入快速发展时期。“十二五”以来，以打造“渤海夜明珠”、争创中国最佳夜景旅游城市为目标，天津编制了城区景观照明发展五年规划，夜景建设步入高端化、规模化发展轨道，形成了“一轴、三心、九点、九线”的夜景主体空间布局。“十三五”以来，天津根据城市新的发展格局，对夜景建设又作了新的丰富充实。现在，城市夜景已经成为天津最新颖、最亮丽的“城市名片”，是国内外游客蜂拥而至的第一吸引物。再如内蒙古的阿尔山市和满洲里市，除拥有山林草原等自然旅游资源外，就城市本身而言，旅游资源本来乏善可陈。但近 10 年来，这两个城市以充满异域风情的俄罗斯式建筑特别是配以夜间照明系统的美化，一举成为以夜景闻名天下的旅游城市。

三、宁夏城市夜景存在的主要问题

近 10 年来，以银川为代表的宁夏城市夜景建设取得了一些成绩，但与夜景建设先进城市相比，还存在一些突出问题。

一是缺乏高层次权威性指导文件。在自治区层面尚未出台过有关城市夜景建设的政策性文件，银川市除按照住房和城乡建设部相关文件要求，以市政府名义出台过城市景观照明设置管理办法外，其他指导性文件都是以部门名义发布的。尤其是在历次五年规划中，从自治区到各个城市，均未将城市夜景建设纳入其中，即使 2016 年发布的《银川市城市总体规划(2011—2020)》中，也未有夜景建设的内容。

二是夜景建设的物质载体薄弱。城市建（构）筑物、水系、绿地等是夜景建设的物质载体。而这些物质载体布局和建设又取决于城市规划以及具体的功能区安排、建（构）筑物形体风格要求等。从这一角度审视，在城市规划及建设过程中，对其中的夜景建设因素考虑尚不充分，建设工程设计布局与城市夜景设计布局之间还缺乏严密的协调性，使夜景建设缺乏有效依托。

三是夜景展示的实际效果较差。第一，景观照明的功能分区（如商业区、居住区、休憩区、城市街景等）划分较凌乱。第二，缺乏严格的统一管理，如夜景照明启闭的时间节点（平时、周末、节假日、庆典日等）、夜景照明的范围、等级、光亮度等，均由各单位自行其是，使城市夜景严重缺乏整体性、一致性和美观性。第三，景观照明设施闲置不用。这是最大、最突出、最严重的问题。如作为首府的银川市，即使在春节、“五一”、“十一”等重要节日，以及在绿博会、中阿博览会甚至在庆祝自治区成立60周年等重要庆典日期间，除个别楼宇外，犹如平时，黯淡无光彩。“城市夜景基本靠路灯”，是银川市当前夜间景观的真实写照。

四是直接的商业性夜景旅游和在全国旅游城市正在蓬勃兴起的“灯光秀”更是处于空白状态。

四、对策建议

（一）从政治站位高度对待城市夜景建设

应当从政治高度和全局角度深刻领会习近平总书记2016年来宁夏视察指导工作时的讲话要求和自治区成立60周年给宁夏题词的科学内涵，真正在思想上把城市夜景纳入到“环境优美”和“建设美丽新宁夏”的认识范畴之中，在行为上把建设流光溢彩、绚丽多姿的城市夜景作为对习近平总书记要求和期盼的一种重要回应和体现。为此，不仅要彻底扭转“城市照明就是路灯设置”的传统思维，尤其要坚决摒弃“城市夜景意义不大”甚至将其视为“资源浪费”的错误观点，如同牢固树立“绿水青山就是金山银山”理念一样，应深刻认识到华美的城市夜景也是金山银山，也是生产力，同时是人们对美好生活向往的重要内容。

（二）出台高层次指导性文件并加强组织领导

建议由自治区政府依据国家有关城市照明管理的规定，结合宁夏城市发展现状和发展趋势，尽快研究制定出台《关于加强宁夏城市夜间景观建设的意见》，以首府银川市和其他四个地级市为重点（县城参照执行），就加强城市夜景建设的重点工作提出原则性要求。为使城市夜景建设科学合理和顺利进行，建议各个城市设立由政府主要领导任组长、相关部门领导参加的城市夜景建设领导小组，负责城市夜景建设的规划编制与审核、实施方案的制定与落实、具体工作的组织与协调等重大事宜。

（三）修编城市发展规划和编制专项城市夜景建设规划

修编各个城市的发展规划，将夜景建设作为城市建设有机组成部分纳入各个城市的总体发展规划中，在功能分区、建（构）筑物布局与风格等各个方面充分考虑夜间景观因素，从而从根本上解决夜景建设的依托问题。在修编城市发展总体规划的基础上，各个城市应编制专项城市夜景建设规划，重点就夜景发展定位、发展目标、对象范围、功能分区（亮化主题）、亮化等级（光彩级、亮化级、控制级）以及商业性旅游景点建设和运营等作出详细规划。再在此基础上，编制具体的实施方案，动员政府各部门和社会力量共同参与，分工协作，逐步实施。

（四）关于银川市夜景建设的几点建议

银川是宁夏首府城市、首善之区，是宁夏现代城市风貌和品位的代表，也是整个宁夏形象和发展水平的象征。在“光彩构成城市第四空间要素，夜景赋予城市另一种生命与活力”的理念被普遍认可的今天，银川市打造璀璨辉煌、高雅别致、流光溢彩的城市夜景，既提升自己又带动周边，既增强凝聚力又扩大吸引力，既作用当前又关乎未来，具有巨大的社会效益、经济效益、环境效益和生态效益，因而应当给予高度重视。

银川城市夜景建设有一定基础，取得了一定成效。当前，除了继承以前夜景建设中的科学构想、成功经验并根据城市发展新格局和新趋势做好城市夜景建设常规性工作之外，以下几点应给予适当考虑和注意。

1. 明确发展定位

确定夜景发展定位，既要突出银川的自然与人文优势和特色，又要考虑客观存在的不足，还要兼顾发展的趋势和潜力，同时还要与宁夏旅游口号“塞上江南 神奇宁夏”相呼应。综合考虑这些因素，把“打造西北领先、西部一流、全国闻名的塞上明珠·多彩银川”作为银川城市夜景发展的定位。

2. 确定目标任务

城市夜景建设除满足一般需要之外，还应考虑当前及今后几年几个重要的时间节点：2018 年年底庆祝改革开放 40 周年；2019 年是新中国成立 70 周年，宁夏还将举办第四届中阿博览会；2020 年是全面建成小康社会的标志年；2021 年是中国共产党成立 100 周年。因此，银川城市夜景建设刻不容缓，应立即行动起来，结合新的建（构）筑物建设、老旧街区改造、道路绿地拓展、广场公园修饰修缮等，系统性地确定每年工作任务和工作重点，排出时间表，明确路线图，扎实推进，做到“一年大变样，三年换新颜”。

3. 合理设定夜景照明事项

一是时间节点把控。包括平时（周一到周四）、周末（周五到周日）、重要节假日（元旦、春节、清明节、“五一”、端午节、中秋节、“十一”等）、重要庆典日（如自治区成立纪念日、改革开放纪念日等）、重要的国内外活动日，还包括季节因素和每天的照明启闭时间。这些因素应通盘考虑，细致安排。二是照明对象和照明时长安排。可考虑将夜景照明对象和时间安排分为 3 个等级。三级为平时和周末，这是基础性和最重要的部分，也是银川当前夜景最大的短板。其照明对象为城区主次干道两侧建（构）筑物、桥梁、景点、各类高塔、城市出入口、城市雕塑等，周末可增加广场、公园、主要商业区等。照明时长应当按照“全时、全天候”的要求，做到一年 365 天每天夜间开启。二级为重要节假日，其夜景照明对象为银川市规定的八类应设置夜景亮化设施的点线面，届时照明灯光应全部开启，不仅展示天际线、山际线、水际线等城市轮廓，还要特别注重塑造夜景的立体感、厚重感和动态感。时长应规定在节假日前 1~2 天到节假日结束时的后一天。一级为重要节点，即“五一”、“十一”、春节和重要庆典日，其内容主要是在上述重要节假日夜景照明基础上，增加主题灯光秀。三是统一管理。银川城区功能照明（路灯）和景观照明应实行统一管理，设立城市照明管理中心机构，将所有城区亮化设施全部纳入“三遥四控”管理体系，实现统一平台、统一管理、统一启闭，彻底改变目前各自为战的状态。

4. 将阅海经济区（阅海湾）作为夜景核心区来打造

对于一个规模较大的城市来说，光彩级、亮化级的景观区域众多，但一般总有一个或几个最具典型性和代表性的夜景区域，如上海的外滩、天津的海河风景线、重庆的鹅岭公园等。根据银川即有发展格局和未来发展趋势，最有条件成为银川夜景光彩级中的核心区的当为阅海湾。阅海湾现已被定位为面向丝绸之路的国际交往中心、经济集群的创新发展区、现代服务业集聚区、宁夏产城共荣的典范区、“塞上湖城”盛景的集中展示区。从地理地貌看，阅海湾将是四分城建、六分山水。通过着力和持续建设，将阅海湾夜景打造成西部一流、全国闻名的“银川名片”“宁夏客厅”。

5. 注重灯光秀设施建设

G20 峰会杭州会场、中非论坛青岛会场、世博会上海会场，特别是 2018 年“十一”国庆节期间，全国十几个省会城市和众多的旅游城市纷纷举办了以“我爱你中国”为主题的大型灯光秀活动，影响巨大，好评如潮，既展示了城市风貌，又反映了国家变化；既照亮了夜空，也照见了人们的幸福与喜悦；既扩大了城市影响，也凝聚和鼓舞了人心。大型灯光秀俨然成为近年来全国各大城市夜景展示的“流行色”。银川迄今尚无举办大型灯光秀的先例，故应将灯光秀设施建设作为银川城市夜景建设的重要内容加以建设，补齐短板。从银川城建格局出发，建议把西起亲水大街的阅海大桥、东到尹家渠路大桥的南北区域作为大型灯光秀的举办地。其北岸，有密集的高楼大厦，可作为灯光秀设景依托；其南岸，经改造修整，可作为景观区和演出区；两岸之间的湖泊水面，利用现代技术手段配以必要的设施，进行灯光秀活动或者作为演出舞台。配以周边的桥梁、楼台亭阁，以及纵深处的高楼大厦、览山、国际会议中心等景观照明，势必营造出规模宏大、璀璨多彩、风格独特、隆重热烈的主题灯光秀场面。

6. 加快老旧街区改造步伐

从城市夜景建设角度审视，银川市当务之急需要改造的老旧街区有两处：一是北京中路新城区段。此区段早已成为北京路光彩级夜景带中的“伤疤”。由于北京路新城区路段临近火车站，因而改造后的临街建筑应以中高档宾馆、酒店为主，同时可借鉴成都锦里、宽窄巷子等成功经验，开辟专门区域，建设有一定规模的、大众化的、汇集全国小吃的美食街区。该街区的建筑应以明清风格为主调，建筑高度应以平层为主，间或插入二层、三层的楼房。二是西夏区的怀远路。西夏区夜景建设在银川市三个城区中是最落后的，尤其是作为单位最多、人口最密集、商业最繁荣的中轴街区——怀远路，其夜景状况用“惨不忍睹”来形容恰如其分。怀远路两侧改造后在尽可能多的建设商业性、公共性建筑外，应以居民住宅为主，但层高不应低于15层，且要形式风格多样、高低错落有致。怀远路区段绿地十分缺乏，故在改造过程中应考虑建设适当的绿地、湖泊、广场、公园等公共设施。如有可能，将橡胶厂迁出。为保证城市夜景建设具有整体性、连贯性，体量较大的办公、商用、公用等建筑应集中布置在主要干道两侧或组团建设，其中特别是要分布在高层建筑稀疏地段和上述老旧街区改造地段。

7. 增加夜景照明公用经费和合理分摊夜景照明费用

一是大幅增加城市夜景照明经费。城市夜景建设与城市生态建设同等重要，都是营造“环境优美”和“建设美丽新宁夏”的内在要求。因此，要像在城市生态环境上投入一样，加大对城市夜景建设的投入，充分保证夜景设施建设及其维修、维护、管理所必需的经费支出。二是合理分摊夜景照明成本。夜景设施的建设、维修、维护费用很明确，应直接纳入工程建设总费用中。三是夜景照明电费支出。这是具有争议的部分，也是许多单位积极性不高、不愿开启景观照明灯具的重要原因。夜景照明本质上是公益性事业，政府理应承担主要责任。因此，政府应设立城市照明专项资金，功能性照明电费和公共建筑、公共设施夜景照明电费无疑由政府承担，其他夜景照明电费实行共同承担、政府补贴制度。如行政事业单位夜景照明费用政府补贴50%，居民楼体夜景照明电费政府补贴40%给物业公司，商业类建筑夜景照明电费政府补贴 20%~30%，经营性夜景照明电费由经营者承担，等等。唯此才能形成全民积极参与城市夜景建设的局面。

8. 努力提高旅游收益

旅游收益包括间接收益和直接收益。夜景旅游的间接收益，主要表现为受夜景吸引，因当地市民夜游人数增多、时间延长而在各方面支出增加所带来的收益，还表现为受夜景吸引的外地游客增多、滞留时间延长而在交通、住宿、餐饮、购物、娱乐以及日间旅游所带来的收益。这是夜景旅游收益的主要构成部分。另一部分是夜景旅游的直接收益，即商业性旅游经营者直接获得的经营收益，亦可称“门票收益”。从银川夜景分布格局出发，开展夜景经营性旅游的可选择的方式与途径有：一是开启陆地夜景观光车。其关键是规划好夜游路线图和景观节点。二是开启水上夜景观光船。依靠阅海湖、典农河、小西湖等水系，可大规模开发此项旅游活动。三是建设一批经营性夜景游览区，实行收费游览。四是建设一批经营性观景台（塔）。银川是平原地区，缺乏登高望远的自然条件，因此在适当位置建设一批收费的观景台、观景塔、观景楼十分必要。此外，一些商业单位也可凭借自身优越的地理位置和建筑物高大的优势，设置楼顶观景台，实行经营性收费。

宁夏实施乡村振兴战略的路径

柏建华

实施乡村振兴战略要按照“产业兴旺、生态宜居、乡风文明、治理有效、生活富裕”的总要求，建立健全城乡融合发展体制机制和政策体系，加快推进农村全面振兴。2018年2月，自治区党委、人民政府出台了《关于宁夏实施乡村振兴战略的意见》（宁党发〔2018〕1号），对宁夏实施乡村振兴战略进行了具体部署。今后，宁夏乡村振兴战略该如何推进，还需尽快探索符合区情的路径选择。

一、以产业兴旺为重点，大力推进农业农村现代化

乡村振兴，产业兴旺是重点。宁夏实施乡村振兴战略，必须坚持质量兴农、绿色兴农、品牌强农、产业富农，深入推进特色优势产业高质量发展，促进农民收入稳定增长，全面推动农业农村现代化。为此，宁夏要深入研究产业兴旺的主要内容和实现路径，做好乡村产业振兴的顶层设计。

（一）坚持质量兴农，推进特色产业高质量发展

在质量兴农方面，宁夏要切实转变农业发展方式，着力调整优化农业结构，充分挖掘和发挥农业多方面供给功能，不断优化供应链，延伸产业

作者简介：柏建华，中共宁夏区委党校经济学部教授，研究方向为消费经济学、区域经济学等。

链，提升价值链，全面提高农业供给体系质量和效益。宁夏要紧紧围绕发展“一特三高”现代农业，聚焦“1+4”特色优势产业，大力实施特色产业品牌工程，转方式、调结构、降成本、补短板、抓改革、强弱项，深入推进农业供给侧结构性改革，通过发展农业特色产业带动农民脱贫增收。优质粮食产业以保供增收为重点，在稳定产能的基础上，基本完成粮食生产功能区划定、盐碱地的改良、绿色高质高效模式推广，确保粮食总产稳定。现代畜牧业以节本增效为重点，大力发展标准化规模养殖、精深加工、循环利用，使全区奶牛、肉牛、肉羊规模化养殖比例不断提高。瓜菜产业以发展提升设施农业为重点，露地冷凉蔬菜和硒砂瓜以效益为重点，提高种植规模化、生产标准化、服务社会化、营销品牌化水平，全面促进特色优势产业提质增效，力争使特色产业产值占农业总产值的比重达到80%以上。

（二）坚持绿色兴农，推进农业可持续发展

在坚持绿色兴农方面，宁夏要转变发展理念，推动农业空间布局方式、资源利用方式、生产管理方式的变革，推动农业走上一条空间优化、资源节约、环境友好、生态稳定的中国特色农业绿色发展道路。要大力推进农业面源污染防止。全面落实“一控两减三基本”的目标，深入推进农药化肥“双零增长”行动，推广种植绿肥和测土配方施肥；大力发展节水农业，开展病虫害统防统治，加强农业废弃物综合利用。

牢固树立依法监管、全程监管理念，严防、严控、严管农产品质量安全风险。加大对农产品质量安全法、生猪屠宰等法律法规的宣传力度。提高年度例行监测和监督抽查的质量，扩大监测的范围和参数，丰富发现问题的方法和手段，及时发现风险隐患，增强风险预警能力。坚持问题导向，针对问题隐患组织开展专项治理和突击检查，严厉打击非法添加、制假售假、私屠乱宰等违法违规行为。建立农产品质量安全全程追溯体系，加大农产品质量安全追溯平台推广应用，将农产品质量安全追溯与“三品一标”认证、农业项目安排、农产品品牌评定等挂钩，率先将“三品一标”产品纳入追溯管理。加强社会对农产品质量安全的监督，开通“农产品质量安全”网络平台和微信公众号，发挥消费者监督作用；建立举报奖励制度，畅通群众投诉渠道。加强行业监督自律，调动生产经营者维护行业规则，执行行业道德；落实“黑名单”制度，强化部门联合奖惩。

(三) 坚持品牌强农，推进一二三产业融合发展

品牌化是传统农业向现代农业的必由之路。宁夏要紧跟农业品牌化发展大趋势，全面启动农业品牌提升行动，提高农产品品牌影响力、竞争力，让绿色优质成为农产品的金字招牌。大力实施特色优质农产品品牌工程，研究设计宁夏牛奶、固原黄牛、六盘山冷凉蔬菜、盐池黄花菜等一批特色优质农产品品牌标识，大力培育一批新品牌。加大特色农产品产销对接，在国内重点城市新建宁夏特色优质农产品外销窗口，跟踪落实好全国知名蔬菜销售商走进宁夏签订的购销合同和协议，不断扩大马铃薯、硒砂瓜等特色农产品销售渠道。加快龙头企业带动产业融合发展，通过龙头企业订单带动水稻、蔬菜、硒砂瓜品种优、技术优、管理优、品质优、价格优“五优”基地建设，加大特色农产品产销对接，加快龙头企业带动产业融合发展。

(四) 坚持产业富农，坚决打赢脱贫攻坚战

以宁夏“五县一片”深度贫困地区为重点，坚持一手抓贫困村特色产业精准脱贫，一手抓脱贫出列村巩固提升，加大政策、项目、资金、技术帮扶力度，大力发展现代畜牧、马铃薯、冷凉蔬菜、硒砂瓜等传统种养业，积极培育小杂粮、油菜、中药材、黄花菜、中蜂等地方特色优势产业。突出抓好“四个一”产业扶贫示范工程（培育100个产业扶贫示范村、100家扶贫龙头企业、1000家扶贫产业合作社、10000名农村致富带头人），大力推广订单生产、托管代养、能人带动、股份合作等产业扶贫模式，引导新型经营主体与贫困户建立紧密利益联结机制。充分发挥专家技术服务团队的作用，脱贫销号村技术服务组实现全覆盖，精准开展技术服务。

二、推进乡村绿色发展，打造人与自然和谐共生发展新格局

乡村振兴，生态宜居是保障。习近平总书记指出，要坚持绿色发展，加强农村突出环境问题综合治理，让良好生态成为乡村振兴的支点。生态宜居是广大农民对美好生活的需求，因此，要深刻认识实施乡村生态振兴的

重要性和必要性，坚持生态优先、绿色发展，扎实推进农村人居环境改善。

（一）乡村生态振兴，要坚持生态发展理念

产业兴、生态美、百姓富，必须坚持绿色生产方式，推动农业生产与环境保护相互协调、相互促进。要坚持在保护中发展、在发展中保护，通过发展立体农业、乡村旅游、文化康养、体育健身等产业，不断开发绿色产品，延伸产业链，加快推进农村一二三产业融合发展，让青山绿水带来源源不断的金山银山。要坚持创新发展，加快推进农业供给侧结构性改革，大力发展村集体经济，统一规划，规范管理，坚决守好生态建设底线，严格控制化肥、农药的使用，着力构建绿色稳定可持续的生态系统。

（二）乡村生态振兴，要加快建设美丽乡村

要加强农村垃圾、污水、噪音、空气污染等突出环境问题综合整治，扎实推进农村人居环境整治三年行动计划，脚踏实地，精准施策，让农村环境整治的成果看得见、摸得着。要坚持以人民为中心的理念，从人民群众反映最强烈、需求最迫切的问题着手，做好“河长制”、农村生活垃圾处理、农村厕所整治、村容村貌改造提升、乡村山水林田路房整体改造等重点工作，不违背群众意愿，不脱离农村实际，不搞政绩工程、形象工程，持续改善农民生活条件，不断提升农民生活质量。

（三）乡村生态振兴，要建立完善长效机制

要加大农村基础设施建设力度，高起点规划、高质量建设、高水平管理，让农村基础更实、生态更优、环境更美；要激发农民内生活力，发挥农民主动参与的作用，建立完善村规民约，持续广泛宣传教育，调动广大农民积极性、主动性、创造性。强化村民自我管理，提升文明水平，把农民对美好生活的期盼转为推动乡村生态振兴的动力，营造和谐、向上的文明社会新风尚，建设生态宜居的新农村。

三、繁荣兴盛农村文化，焕发乡风文明新气象

乡村振兴，乡风文明是保障。当前，宁夏一些乡村社会的血源性和地缘性凝聚作用减弱，农民组织化程度低、集体意识弱，乡村秩序的基础受到冲击。推进乡村振兴，就是要坚持塑形与铸魂并进，推动形成文明乡风、

良好家风、淳朴民风，不断提高农村社会文明程度，凝聚实现乡村全面振兴的强大精神力量。

（一）加强制度建设和机制建设

推进乡风文明，靠硬性规定很难有效果，关键要围绕建立健全党委领导、政府负责、社会协同、公众参与、法治保障，建立现代乡村治理体系，围绕自治、法治、德治相结合健全乡村治理体系。首先，提高乡村自治水平，落实村民代表会议、村务监督委员会制度，充分发挥基层民主协商作用，让农民自己主事议事，引导群众积极参与、自我约束，发挥村规民约、群众性组织在乡村治理中的作用，调动乡村各类主体有序参与村级事务，用自治化解矛盾。其次，提高乡村法治水平，完善乡村公共法律服务体系，加强农村法治宣传教育，引导基层干部群众遵纪守法，依法表达合理诉求、解决民事纠纷、维护合法权益；加强农村社会治安防控体系建设，强化矛盾纠纷排查调处化解，依法打击危害农村稳定、破坏农业生产和侵害农民利益的违法犯罪活动，建设平安乡村。再次，要提高乡村德治水平，发挥乡村道德引领作用，开展农村“文明家庭”“五好家庭”“好媳妇、好婆婆”等各类评比活动，让农民有向上向善、孝老爱亲、重义守信、勤俭持家的榜样依托。

（二）让党员干部在乡风文明建设中发挥带头引领作用

要加强农村乡镇干部队伍建设、村“两委”班子建设、乡村干部培训及党员队伍建设，不断提高党员干部服务群众的能力和意识。不仅带领群众“富口袋”，还要让群众“富脑袋”，引导群众提升发展经济的能力、提升科学文化素养，进一步增加群众的获得感和幸福感。要加强基层党组织建设，发挥基层党组织在乡风文明建设中的坚强领导、正面教育和严格管理作用；继续向软弱涣散村、建档立卡贫困村党组织选派第一书记，树立抓乡风文明就是抓脱贫攻坚的意识，通过抓宣传、抓落实、抓管理、抓文化，引导群众转变思想观念，推进脱贫攻坚。要发挥党员干部在推进乡风文明中的带头引领作用，引导党员干部廉洁齐家，自觉做到孝老爱亲、团结邻里，自觉抵制不良风气，带头移风易俗，反对铺张浪费，促进党员干部塑造良好的道德品行、价值观念和行为方式，让他们在推进乡风文明上给群众立标杆、传美德、作表率。

（三）找准切入点，树立典型榜样

推进宁夏乡风文明，要做好与农村思想道德、传统乡土文化，以及树立典型示范相结合的文章；要把优良的民俗文化与现代文化相结合，深入挖掘宁夏丰富多彩的民间文化，如剪枝、花儿、社火、皮影、秦腔、口弦、书画等在西北乃至全国都有一定影响力的传统民俗，并赋予时代内涵，充分发挥其在凝聚人心、教化群众、淳化民风中的作用；要强化农村思想文化阵地建设，发展村级综合文化服务中心、基层文艺团队、农民文化大院，开展送戏下乡、送文化进村，引导群众开展丰富多彩的精神文化活动；要发挥典型榜样示范引领作用，通过树立新乡贤文化、道德模范、典型事迹，引导广大农民群众崇尚科学文明，传播科学健康生活方式，自觉抵制婚丧嫁娶大操大办、人情债、天价彩礼等陋习陈规，形成勤俭节约、尊老爱幼、邻里和睦、遵纪守法的良好乡风文明新风尚。

四、加强农村基层基础工作，构建乡村治理新体系

乡村振兴，治理有效是目的。党的十九大明确提出，创新社会治理要打造共建共治共享的社会治理格局。这就需要宁夏坚持系统治理，完善乡村治理体系。构建乡村治理新体系就是要加强和创新农村社会治理结构，加强基层民主和法治建设，弘扬社会正气，惩戒违法行为，使农村更加安定和谐有序。

（一）充分发挥基层党组织领导核心作用，发挥好党员干部的先锋队作用

宁夏各级基层党组织要成为群众的主心骨，乡镇党委要把工作重心转移到基层党组织建设上来，转移到做好公共服务工作上来，转移到为经济社会发展提供良好公共环境上来，不断提高服务能力和服务水平。农村党员干部是乡村治理的主体，要创新联系群众的方式，多解民生之忧，多谋民生之利。要加强乡镇党员干部的党风廉政建设，通过采取有效治理措施，切实解决好发生在群众身边的不正之风和腐败问题，提升群众对反腐败工

作成效的满意度。

（二）有效发挥基层政府主导作用，打造责任型政府、服务型政府和有限型政府

目前，宁夏要明确划分基层政府与村民自治组织的权限。基层政府要明确自己的领导职责，制定区县职能部门、乡镇政府在乡村治理方面的权责清单；依法厘清乡镇政府和基层群众性自治组织权责边界，明确乡村自治组织承担的工作事项清单以及协助政府的社区工作事项清单；领导村民民主选举村民自治组织，形成乡村治理的合力。基层政府要尊重村民的自主性和意愿，保持其独立的自治权，积极发挥村民自治职责，确保人民群众参与到基层治理的事务当中。基层政府要积极推进公共服务方式的创新，面对农村群众多元化、多层次的服务需求，一方面，乡镇政府要做好自己的基本公共服务；另一方面，可通过向基层群众性自治组织购买公共服务方式，共同满足基层群众的需求。

（三）重视发挥基层群众性自治组织自我管理、自我教育、自我服务的基础性作用

通过基层政府赋予权力，引导、培育和协调村民自治组织的各种行为关系，发挥好村民委员会“自我管理、自我教育、自我服务”的作用，在乡村治理中实现基层政府行政管理与基层群众自治有效衔接和良性互动。要保障人民群众充分有效地行使民主选举、民主监督、民主决策和民主管理等自治权利，完善基层群众参与农村公共事务治理的渠道，真正发挥基层群众的自治作用。同时，村民自治组织需要通过不断提高自身自治能力，在乡镇政府与村委会的共同努力下，有效完成乡村治理中公共服务、公共管理和公共安全的各项事务，形成乡村治理共建共治共享的新格局。

（四）发挥社会组织服务社会、规范行为、表达诉求的协同作用

任何一个社会组织要生存、发展，必须给社会、某些社会群体、某些社会领域提供一定的服务产品；同时，一个社会组织的出现必须有各种规章制度的制约，社会组织的成员必须要遵守组织内的规章制度，社会组织才可以在其组织内对其成员行为进行有效管理。当社会组织成员的权益受到损害的时候，通过所在的社会组织向基层党委、政府理性地表达诉求，发挥基层民主协商的作用。当前，社会组织对于参与提供公共服务产品，满足群众多元化、多层次的需要和及时化解社会矛盾有着不可替代的作用。为此，中央要求大力发展城乡社区的社会组织，在乡村治理中要努力发挥好社会组织在纠纷调解、健康养老、教育培训、公益慈善等方面的作用，增强农村群众的获得感、安全感和幸福感。

五、大力提高农民收入水平，最终实现生活富裕的目标

乡村振兴，生活富裕是归宿。实现生活富裕的目标，就是要让农民有持续稳定的收入来源，经济宽裕，衣食无忧，生活便利，共同富裕。

（一）大力发展现代农业，提高农民经营性收入

一是实施产业提质增效，优化农业生产布局。优化粮食产业结构，着力建设宁南山区小杂粮生产基地，开发建设南部和北部黄河灌区高产水稻、小麦、玉米生产基地，开展粮食高产创建活动，不断优化区域布局和品种结构，以单产提高确保总产稳。促进果业提质增效，积极推进现代果业生产标准化和管理规范化，引进优良品种，提高生态优果率；加强果业品牌和文化建设，在国内一些大中城市建设宁夏果品形象店。大力发展设施栽培，加快标准化蔬菜基地建设，引导蔬菜产业向现代化、设施化、规模化、专业化方向发展，形成一批集中连片设施蔬菜和食用菌生产基地。推进畜牧规模养殖，以稳定奶业为重点，因地制宜发展肉牛肉羊产业，积极推广生态养殖、科学养殖模式。建设百万亩经济林，依托巩固退耕还林成果后续产业等重点工程，加快长枣、枸杞、葡萄产业发展，着力建设贺兰山东麓葡萄产业带。

二是培植市场主体，推进农业产业化进程。支持发展多种形式的新型农民合作组织，引导农村土地承包经营权有序流转，鼓励和支持承包土地向专业大户、家庭农场、农民合作社流转，促使相关产业联动，生产、加工、营销、休闲观光等协调发展，提高农户集约经营水平；加快农产品批发市场标准化建设和改造升级，建立健全农产品物流配送体系，加大农超对接、农社对接、农校对接、农企对接、电子商务力度，不断拓宽农产品销售渠道；大力支持农产品加工贸易示范园建设，发展粮油、林果、蔬菜、

肉奶等特色农产品加工；支持龙头企业整合资源，向优势区域聚集，向产业集群基地集中，向产品精深开发转变，着力构建农产品加工物流企业群；依托宁夏全域旅游建设，大力发展以生态农业、休闲农业为特色的都市农业，着力创建生态田园都市休闲农业示范区，打造多条乡村旅游精品线路，吸引城市居民到农村休闲消费，将农业从单纯的生产性功能向附加值较高的二、三产业拓展，使生产、生活和生态功能得到充分体现，提高农业附加值，多渠道带动农民增收。

（二）加快城乡一体化进程，增加农民工资性收入

一是抓好县域产业园区建设，切实增强企业吸纳农民就业能力。抓好园区规划，明确产业定位。形成各具特色，功能完备，产业优势突出，兼顾社会、经济、生态效益，形成配套发展、错位发展、互补发展的良性产业园区空间新格局；加快园区基础设施建设，提升园区承载和服务能力。尽快完善水、电、路、热、气、网等基础设施建设，为小微企业创业发展提供重要平台；加大省、市、县各级财政对产业园区的扶持力度，捆绑使用各类涉农资金，对园区内企业的技术改革创新项目、信用担保、工业用电等给予支持；加快城乡工业的整合，鼓励集体企业、私营企业和外资企业向小城镇工业园区集聚，壮大园区经济规模，增加就业岗位，吸纳农民就业，增加农民工资性收入。

二是积极推进全民创业，千方百计增加农民收入。紧紧围绕城乡一体化建设，依托本地资源，放宽政策，放开领域，倡导、鼓励、支持农村居民自主创业，发展一村一品，催生小企业，孕育大企业，打造产业集群。鼓励农村能人率先创业，引导和扶持农民工返乡创业，发展小型微型企业，鼓励农民创办农民专业合作社、家庭农场和生态农庄，推动农民集群创业。

三是注重城镇化和新型社区建设，推进农村劳动力就地就近转移。按照宁夏乡村振兴战略的要求，加大小城镇和农村新型社区建设力度，逐步完善基础配套设施。增强城镇聚集产业、吸纳就业和辐射农村的功能。搭建农民增收平台，增强农民就地就近转移就业能力。积极引导农民进镇入区，发展餐饮、商贸、运输、旅游等第三产业，拓宽农民创业增收空间。积极稳妥推进户籍制度改革，全面放开县城、建制镇落户限制，鼓励符合落户条件的农村人口转为城镇居民。

四是加强农村劳动力的职业培训，增强其职业适应能力。整合社会培训资源，加强农村劳动力技能培训，对农民进行各种知识的教育和培训，提高农民文化和科技水平，提高农民创业就业技能。对参加培训并经考试合格人员发放职业技能资格证书，提高其外出务工能力。

五是发展劳务经济，促进农民打工增收。发展劳务经济是增加农民收入的有效途径。当前和今后相当长一个时期，市、县（区）乡村各级党委和政府都应把转移剩余劳动力作为“三农”工作的重要任务之一，采取“政策引导、有序流动、加强管理、改善服务”的方式，有计划、有步骤、有组织地引导农民外出打工就业，坚持多渠道扩大劳务输出范围，发展劳务经济，使农村劳务输出由分散型向组织型转变，由体力型向技能型转变，由零星型向规模型转变，由短期型向长期型转变。

（三）推进农村产权制度改革，促进农民财产性收入增加

一是挖掘农村土地资源增值潜力。推进宁夏农村产权制度改革，探索农村资源资产化、资产资本化、资本股份化的有效形式。加快推进农村集体土地所有权、宅基地使用权、房屋所有权、集体建设用地使用权、土地承包经营权确权登记颁证，为经营权流转和融资创造产权清晰的交易条件。

二是加强土地流转服务体系建设。建立城乡统一的土地市场，完善农村土地纠纷调解仲裁体系，实现“两种产权、一个市场”，搭建农村土地产权交易平台，为农民土地承包经营权、宅基地使用权和其他财产权公平交易和有偿退出创造条件，使集体和农民在集体建设用地使用权和土地承包经营权出让、出租、抵押等流转中增加财产性收入。鼓励支持农民依法通过投资、入股、信用合作等形式参与经营活动，促进农民闲置资金转变为资本、股金，增加农民红利、利息等投资性收入。

三是加强财产权益保护。宁夏要认真落实生态补偿政策，维护农民的土地承包经营权、农户宅基地用益物权、集体收益分配权，增加各类物权收益。逐步提高征地统一年产值标准和区片综合地价标准，逐步提高农民在土地增值收益中的比重，保障被征地农民的合法权益。依托城镇化进程，发展房屋租赁产业，对城中村、城郊村、镇中村，靠近工业园区农民利用闲置房屋及其他资产出租，增加农民租金收入。

（四）完善农村社会保障机制，提高农民转移性收入水平

一是增加农民补贴收入。认真落实中央、自治区惠农政策，提高补贴标准，扩大补贴范围，逐步加大对种粮农民直补力度；建立和完善农资综合补贴动态调整机制，补贴新增部分重点支持种粮大户，加大对农机大户、合作社和专业服务组织的扶持力度。积极完善财政支农政策和规范财政支农行为，通过各种媒体积极宣传财政惠农政策及补贴标准，让广大农民都知道，避免暗箱操作和人情操作，加大对农民补贴资金的监管，及时查处相关案件，确保各项补贴政策及时足额到户。

二是提高农村社会保障水平。适应经济社会发展，持续提标扩面，逐步实现城乡居民养老、低保、医疗、失业、失地、五保等社会保障城乡接轨，完善城乡一体的社会养老制度建设，改善农村养老机构设施条件，实现城乡均衡化发展。

三是加快农村公益事业发展。坚持普惠性和公益性原则，构建农村学前教育公共服务体系，提高义务教育经费保障水平，推进城乡义务教育发展一体化。深化农村医药卫生体制改革，健全农村公共卫生和基本医疗服务体系，普及基本公共卫生服务。

四是加大扶贫开发工作力度。推进开发式扶贫，提高扶贫精准度，增强贫困人口自我发展能力。通过基础条件改善工程、产业发展扶持工程、贫困人口能力建设工程、贫困户人居环境改善工程等，重点扶持宁南山区、扶贫工作重点县和插花分布的贫困村，逐步实现贫困人口吃穿两不愁，教育、医疗、住房和养老四保障。

日韩农村振兴对宁夏实施乡村振兴战略的启示

尚亚龙　孙　萌

乡村振兴是实现中华民族伟大复兴的历史使命。2018 年 9 月中共中央、国务院印发的《乡村振兴战略规划（2018—2022 年）》，既符合中国国情，又体现了国际农村发展的普遍规律。而国外以新农村建设为主题的农村振兴计划，主要发生在以小农经济为主的东亚国家和地区。特别是日本与韩国，无论是农业发展条件还是风土文化都与我国相似，并且在农村振兴的建设方面早已摸索出不少成熟经验，值得我们学习借鉴。宁夏地处西北内陆，区域经济发展趋于滞后，农村经济发展更是落后于东部地区，实现赶超发展的愿望十分迫切。但是，乡村振兴战略的实施不能仅凭一腔热血，还需理性对待，学习并借鉴成熟的国际经验与先进的发展理念。

一、日本农村振兴的发展历程与经验

20 世纪 60 年代，随着经济的高速增长，农村大量劳动力向城市转移，日本农村显露出凋敝态势。主要表现为劳动力的高龄化与农业兼业化程度的加剧，此外，土地抛荒、村落减少、农业劳动者后继乏人等现象也很严峻。这些问题导致城乡发展差距不断扩大，引发了日本社会对粮食安全及

作者简介：尚亚龙，宁夏社会科学院综合经济研究所助理研究员，研究方向为区域经济、农业经济政策；孙萌，日本岛根县立大学东北亚开发研究科，博士，研究方向为地方财政学。

社会安定的担忧。不过，另一方面，农村人口向城市的大量转移，也给农业向规模化、集约化经营模式转变带来了良好的发展机遇。20 世纪 90 年代，日本政府以三产融合为目标的“六次产业化”，将农业产业化推向了一个新的高度，不仅增加了农户的收入，也使得农业对国民经济的贡献度提升了一个档次。

（一）日本农村振兴的政策与法规

1961 年，日本颁布旨在提高农业经济效益的《农业基本法》。希望通过实施补贴引导农民增加高品质农产品供给，并减少市场需求量小、进口竞争压力大的农产品，实现农业产业结构有效调整。同年，又颁布《农协合并助成法》，通过合并基层农协，扩大农协规模发挥其改善农业生产经营、维护农民利益、活跃农村社会活力的作用。然而，《农业基本法》的实施虽然促进了农产品市场供需有效对接，扩大了农业生产规模，提高了农业生产效率，但也加深了日本农业兼业化程度。农地流转不畅的问题由此产生并加剧。为扭转这一情形，1967 年日本农林水产省提出《结构政策的基本方针》，希望通过发展经营委托与组织化生产扩大农业生产规模，稳定专业化经营。1969 年又制定《农业振兴法》，不仅包含完善农村基础设施、保全农地、促进农地流转、提高农业机械化程度，还将培育职业农民、促进农村居民稳定就业等作为振兴农村的主要手段。1970 年，日本政府制订《综合 3 年计划》，进一步明确农协在生产指导、产品销售、信用合作和金融社会服务等方面的综合功能。70 年代末，日本政府发动“造村运动”，希望通过推动农业产业化改善农村落后面貌，并积极发掘乡村历史文化，大力发展乡村旅游，以促进农村发展。1994 年，《农山渔村休闲法》颁布，开始将国民的休闲活动与农村振兴有机结合，并刻意将农村的农业景观、农事活动与历史遗迹等开发为观光资源，与当地旅行社及其他社会组织联合设计旅游线路，将绿色观光发展成一种成熟的商业模式。1999 年，日本政府颁布《食品、农业、农村基本法》，在农村振兴的基本理念下，将实现粮食稳定供给、发掘农业多样化功能、农业可持续发展列为主要目标。后经 2005 年和 2010 年两次修订，增加了农村生态环境保全、农业六次产业化推进政策等内容，强调通过农业与二三产业的融合带动和提升农产品的附加价值，同时重视完善农村观光、教育、社保体系，增强城乡文化交流与沟通。为确保上述各项政策得以落实，日本农林水产省还专门设立了农村振兴局。

（二）日本实施农村振兴的主要做法

1. 重视品牌农业建设，突出地域文化特色

（1）推崇“地产地消”模式。在农产品生产阶段，将当地特有的历史文化、自然风土等元素嵌入其中，强调农产品的地方特色，建立健全农业品牌规划，实行规模化与品质化生产。在销售阶段，一方面鼓励各类农业经济组织与超市以及餐饮企业直接对接，降低流通成本。另一方面，采取“地产地消”策略，广泛建立农产品直营店，鼓励居民直接消费本地农产品。

（2）农产品加工强调地方特色。最大限度地采用地方工艺，使本地与非本地农产品显出鲜明差异，增强本地农产品的辨识度。农户与当地大型生产加工企业达成契约化种植合作项目，或与食品企业联合开发新产品，挖掘并提升农产品的附加价值与商业价值。

（3）积极制定农产品出口策略。2015 年，日本政府修订《日本再兴战略》，确立了以东亚、东南亚和北美各国为重点市场的出口对策。此后，通过积极开展海外市场调查、参加国际农产品展销会、举办饮食研讨会、食品试吃等各项活动，努力推销日本农产品。同时，还向出口企业提供政策支援与信息咨询服务，制定并完善了食品安全法、动植物检疫法和知识产权法等法律法规。

2. 充分利用地域资源优势促进农村振兴

（1）利用乡村旅游资源。主要是鼓励城市居民到农村访问、体验自然并与当地人进行交流的绿色观光模式。同时，规范农村民宿和农家餐厅的经营，让城市居民到农村了解农村生活，品味农村传统特色美食，达到愉悦身心的效果。让农村居民通过提供食宿服务，提高非农收入。另外，政府部门组织专家学者对特色农业景观进行评估，设定观光主题，实现绿色观光旅游的品牌化与特色化，并在不破坏生态、不影响生产的情况下，对农村基础设施进行改造，以适应游客的需求。

（2）利用农村生物资源。农村地区拥有十分丰富的生物资源。日本政

府积极推进本国生物燃料的生产与利用。2008 年颁布《农林渔业生物燃料法》，将食品废弃物、家畜排泄物等作为一种生物能源开发利用，形成资源循环型农业。农村地区对于生物能源的利用主要体现在开发生物酒精、生物瓦斯、生物柴油等生物燃料等方面。该法的颁布与实施，不仅为农村引入了新技术、新产业和新就业岗位，也降低了农业的生产成本，提升了经济效益和环境效益。

(3) 利用城市社会资源。一是组织学生参加城乡交流活动。2008 年，日本开始实施“儿童农村交流项目”，广泛推动小学生到各地农村体验住宿，将农村作为教育场所，让学生体验农业生产活动。针对中学生，在学生毕业旅行阶段，实施农家体验项目，不仅吃住在农家，还使之亲身体验农民播种、收割、放牧等农牧业生产活动，引导学生从小对农业、农村和农民产生正确认识，加深对农业的理解。二是组织公司员工参与城乡交流活动。城市各类公司定期组织安排员工下乡体验生活，在密切城乡社会交往的同时也为农村经济增长作出了贡献。三是建设公益性市民农园，鼓励城市居民亲身参与农业，了解农业。此外，日本各地农协还积极举办饮食文化教育活动，提升消费者对传统饮食文化的认同感。

3. 重视农业技术与农业人才的培育与管理

(1) 实施技术革新策略。加速农业技术开发与技术转化，推动政府、学校与企业间合作，鼓励农户参与技术研发与普及，引入最新技术，降低自然灾害对农业生产的影响，提高农产品附加价值。制定并完善地理标志保护制度，强化与农业相关的知识产权的保护。制定农业生产安全作业对策，减少农业生产作业中伤亡事故。对已发生的事故进行调查分析，提高应对工伤事故的保险投保率，改善农业机械和农业设施的安全操作流程。

(2) 实施企业合作策略。首先，农业生产部门积极吸引能将农产品多元化利用的企业，开展深度合作，实现资源最大限度的合理利用；其次，细分食品行业类别，稳固扩张成熟产业，整合开发弱势产业，吸引中小企业进入食品开发行业；最后，加大扶植力度，设立公共基金，改善生产、加工、流通各环节的基础设施，建立成熟稳健的“地产地消”流通消费渠道，确保农业生产大部分利润留在农村。

(3) 培养农业人才策略。为遏制农业劳动者高龄化、农村空洞化造成的农业劳动者后继乏人的趋势，日本政府制定了《认定农业者制度》，明确了培养地方农业带头人策略，由日本农协与官方部门共同对有意从事农业的人员进行培训，并聘请专业人员对农村生产经营活动进行指导。此外，还邀请非政府组织人士以及其他业界的高级人才参与监管，完善人才管理制度。

二、韩国内生式农村发展模式的应用

与日本一样，韩国农村同样被人口老龄化、稀疏化的问题所困扰。为了缓解因社会变革造成的农村衰退、农业衰败压力，重建区域内外部的社会联系，韩国的江原道自发走出了一条内生式发展的道路。

（一）“新农渔村建设运动”的组织形式与推进体系

1. 组织形式

20 世纪 70 年代开始，韩国从国家层面开展了如“新村运动”“绿色村庄体验”“美丽村庄建设”等一系列农村振兴计划，取得了一定的建设成效。但随着形势的变化，原有的发展计划与方案越来越不适应农村社会发展的需求，农村需要一次具有活力、满足新时代农民个性化需求的变革。1999 年，为应对加入 WTO、缔结自由贸易协定（FTA 协定）之后农业发展环境的变化，韩国地方居民自发组织了与行政部门有着密切协作关系的“新农渔村建设运动”。与以往由中央政府主导的“自上而下”组织起来的以全国农村地区为范围的农村开发事业不同，“新农渔村建设运动”是由地区居民为主导“自下而上”组织起来的，专门针对江原道地区的开发事业。虽然“新农渔村建设运动”没有“新村运动”实施范围那样广泛，但是由于其特殊的组织形式，引起了不少人的关注。其组织形式的特点主要有两点：一是从参与的主体来看，主要是地区居民和地方社会团体。二是从参与的形式来看，则是由各个村庄的总会、作物班（经营组织）、妇女会等地方社会团体的领导结成“推进团”来制订项目计划并组织实施。整体运作基本是以居民为中心，地方政府、研究机构、地方大学、农协等相关单位协作配合的机制。为了让运动能够持续推进下去，专门设立了顾问团队。顾问团队的作用主要是为“新农渔村建设运动”提供对策性、方向性的指引。

2. 推进体系

“新农渔村建设运动”的推进大致可以分为五个阶段。第一阶段，市、郡的主管部门工作人员在管辖区域内组织召开说明会，向村民解释“新农渔村建设运动”的宗旨与目标。其后，愿意参加运动的村庄，由村长或开发委员会会长等村领导为代表组成“推进团”。以“推进团”为核心的组织努力呼吁并争取让村民自发参加运动，并策划村庄具体的发展计划。至于计划的决策，则由村庄全体成员共同参加的总会来完成。第二阶段，将第一阶段制定的各村庄发展计划上传到市、郡一级的管辖部门接受审核。第三阶段，通过第一次审核并被推荐的村庄，经评审团资料审查和实地调查后，最终评定入选“新农渔村建设运动”的村庄。评审团结合运动的理念和目标，以及管辖市、郡的关切度、配合度等因素对村庄进行综合评价。第四阶段，在二次审查中获得通过的村庄，将获得 5 亿韩元的补助金。其中，江原道负担 3 亿韩元，管辖市、郡负担 2 亿韩元。第五阶段，依据计划目标推进“新农渔村建设运动”。

（二）“新农渔村建设运动”的实施成效与基本原则

1. 实施成效

这种“自下而上”参与式发展的模式，对于农村振兴产生了积极的影响。以往，地方建设以及各项开发项目都是由政府的行政机关来主导实施，村民只是根据政府的要求参与建设，缺乏参与的主动性与积极性。这种一改以往由中央政府自上而下强力主导的方式，转为由农村最小的基层单位——村庄住户——采取自下而上的方式推动起来的发展模式，不仅提高了当地村民建设家乡的积极性，也使得居民自身的自立意识有了前所未有的提高。具体表现在村民开始热心参与项目，对项目决策具有责任意识，并愿意挑战新的发展项目。在“新农渔村建设运动”的推进下，各村根据各自资源禀赋以及村民意愿，建成了一大批充满活力、富有特色的农渔产品特色产品村、绿色旅游村、山村村庄、农业生态村。

2. 基本原则

“自下而上”的农民参与式发展，是被许多国家证明更有效的发展模式。韩国江原道的“新农渔村建设运动”之所以能够取得成功，正是因为其实施过程遵循了农村社会内发式发展所必须恪守的基本原则。大体可以概括为以下四个方面：一是要在尊重当地居民意愿的前提下，继承当地传统的人文环境并创造新的环境；二是要创造适合当地生态、文化以及风土的新型地域产业；三是要依据居民的意志，积极与外部多元主体构建联系网络；四是发掘并培育能够带动地方百姓的地方带头人，以及在地方事务中能够掌控全局的运营组织者。

三、日韩农村振兴发展经验对宁夏乡村振兴的启示

诚然，中国的国情决定了中国农村的发展不能照搬西方的模式，然而实践证明，与我国同处东亚的日韩在农村振兴建设进程中确实积累了很多宝贵的经验。对于迫切需要通过乡村振兴来实现全面建设小康社会的宁夏而言无疑具有重要的启示作用。归纳而言，乡村振兴必须要遵循结构转型和农村转型相辅相成的内在规律，不仅要通过产业结构调整推进农业的可持续发展，还需通过一系列政策调整与改革释放农村的社会活力。

（一）强化监管合作社，改善农业生产经营环境

日韩在农村振兴进程中，农协在改善农业生产经营、维护农民利益、活跃农村社会氛围方面发挥了很大的作用。国内虽然没有日韩那样的农协组织，但是与其功能类似的各种农业合作社组织为数不少。2006 年《农民专业合作法》的颁布虽然对农民合作社进行了法律意义上的规范与界定。但不少研究表明，当前合作社发展的质量还是存在良莠不齐的现象。其中一个值得警惕的现象就是不以农业生产经营为目的的“空壳合作社”较为常见。这类合作社成立的目的只是为了利用国家优惠政策，套用国家补助，无助于农村经济的发展，反倒耗费了大量财政资源。2017 年 12 月，国家对《农民专业合作社法》进行了修订，并于 2018 年 7 月 1 日开始实施。新法重点扶持保值经营者、农场金融人才、乡村旅游经营者、民间手工艺人和休闲农场主这五类人才，并且着重强调了今后将重点清理经营不善者、

管理混乱者、作用缺失的合作社、虚假经营者这四类情形。农业是宁夏的特色优势产业，小省区要作出“大农业”，就必须在监管方面下定决心。结合上述2018年新法实施要点，坚决肃清“四类情形”，人力扶持“五类人才”。

（二）进一步完善社会保障体系，消除农业人口融入城市障碍

2018年，宁夏城镇化率已达57.98%，农村人口占比早已不足50%，预计今后20年将还有大量劳动力向城镇转移。随着农业人口向城市的不断转移，对于提供包括教育、医疗、就业、养老在内的均等化公共服务的呼声必将不断增多。日本自20世纪30年代起就已针对农民与个体经营者建立了国民健康保险，迄今真正实现了“全体国民皆保险”的社会保障体系。为农业人口向城镇转移提供了切实保障，有效降低了农业转移人口对土地的依赖。解除了农民进城生活的后顾之忧，促进了农村土地集约化、规模化再利用，推动了工业化和农业现代化的实现。为此，宁夏农业人口向城镇转移的同时，应进一步完善社会保障体系，构筑与城市居民均等水平的医疗、养老、教育等社会服务体系。通过完善社保体系与改善农业生产经营格局的双重手段，以进一步缩小劳动力在农业与非农业领域的生产力差距。除此以外，城乡人口发展布局规划应更加关注农业就业和农村人口占比的相关关系，合理规划中长期城乡人口空间布局。

（三）充分利用好各种资源振兴农村，努力缩小城乡差距

充分发挥政府、市场、社区和农民的各自优势和作用。农民是乡村振兴战略实施的主体和主要受益者；政府主要职能是为乡村振兴提供制度、政策和市场保障。立足各村实际情况和资源禀赋，决定发展方向，在具备观光资源的山川以及川区农村积极开展农家旅游体验活动。可以组织专家学者对宁夏特色农业景观及美食进行综合评价，设定观光主题，树立一批农业特色化的旅游观光品牌。2015年，经过精心策划，组织评选，“古堡新影”“贺兰晴雪”“黄河金岸”等“宁夏新十景”应运而生。虽然当年给人留下了深刻的印象，但是由于周边环境缺乏基础设施等配套支持，此后并没有产生明显的经济效益，也没有形成特定的观光品牌。建议围绕“宁夏新十景”观光资源加大开发力度，针对周边农村基础设施进行改造，建设观光平台，以适应游客的需求。同时，规范农家乐与乡镇餐厅经营，强化食品卫生安全监督管理。鼓励城市居民假日就近休闲旅行，体验乡村生活。针对人口减少村庄，合理做好村庄合并的中长期规划，平衡农村人均基础设施和公共物品供给水平，加快缩小城乡差距。

（四）高度重视“自下而上”的参与式模式，实现内生式发展

日本和韩国在乡村发展过程中采取的是一种由政府引导、农民主导的“自下而上”的参与式发展模式。一方面，以提供补贴或减免税收等激励措施调动农村发展的积极性，成立农协或合作社，充分发挥农民的主体作用；另一方面，建立发展基金申请制度，调动各村间相互竞争的积极性，让有限的资金精准地投向最需要的村庄和项目，也让农民真正实现自力更生。相反，国内常见的“自上而下”的投资模式通常由政府直接注资，并在发展项目、金融机构和政府补贴之间建立联系，为当地发展提供资金支持。与“自下而上”模式相比，难以充分发挥农民的主观能动性，过于依赖外界的资金支持，缺乏长期可持续发展的动力。为此，在乡村振兴战略实施的过程中，应当更多强调提高农民参与程度。建议自治区在实施乡村振兴战略的过程中，高度重视“自下而上”的参与式模式，采取“自下而上”立项，“自上而下”指导的模式实施乡村建设项目，实现内生式发展。此举不仅有利于推动乡村振兴，也值得运用于当前的精准扶贫工作中去，重点是要激发部分群众摒弃“等”“靠”“要”的消极思想，变被动脱贫为主动脱贫。

（五）积极发展壮大集体经济，培育新一代高素质职业农民

随着经济的发展与城镇化的快速推进，包含宁夏农村在内的广大农村地区，已然面临年轻一代从事农业的积极性大幅降低，农业人口逐渐步入老龄化的困境与趋势中。长远来看，作为国民经济基础产业的农业的可持续发展确实是个值得思考的问题。可以预见，农业在GDP中的比重还将进一步降低，农业人口也将随之大幅减少，但是对于农业劳动者素质的要求会越来越高。此外，一家一户的小农经济无法应对全球化的农业竞争，农业现代化必须建立在适度规模经营的基础上，通过提升效率和高科技技术的应用和普及来实现。因此，必须加速对传统小农经济的改造，积极发展壮大农村集体经济。同时，要全面开展并持续提供农民转型所需的职业技能培训，集中各种社会资源，将宁夏的农业打造成有核心竞争力的产业，促进农村经济可持续发展。

宁夏财政收入与经济增长关系研究

贺 茜

财政收入是指政府为保证其职能的履行、实施公共政策和提供公共物品与服务的需要而筹集的资金的总和。财政收入用来维护政府职能，优化资源配置，协调分配关系，从而保证国家或地区经济社会稳定协调发展。经济增长是指一个国家或地区在一定时间跨度内产品和实际劳务数量的持续增加，狭义上即指国内生产总值（GDP）增长。一个国家或地区的财政收入增长和GDP增长之间能否形成稳定的相互依存关系是判断该国或该地区经济持续增长的重要条件之一。若财政收入的增速一直低于GDP的增速，可能使政府的宏观调控能力降低，不利于经济的持续健康发展；相反，则可能加重国民负担，抑制居民消费与企业投资，同样也不利于经济持续健康发展。当前，我国正处于经济发展新常态和全面深化改革的关键时期，正确处理好财政收入与经济增长的关系十分重要。这对于中央及地方政府制定科学合理的财政收支预算，实现财政和经济协调增长，推动经济结构转型与战略调整，促进地方经济可持续增长，具有重要的指导意义。

目前，国内学术界对于财政收入与经济增长二者之间的关系已有大量定性与定量研究，基本上从国家财政收入与经济增长之间的关系以及地方财政收入与经济增长的关系这两个方面进行研究。由于财政收入与GDP均

作者简介：贺茜，宁夏社会科学院研究实习员，经济学硕士，研究方向为城市经济学。

为表征经济发展的重要指标，二者是否保持合理的增长关系，不仅直接关系区域经济增长的质量，还影响地区经济结构与未来税收政策调整的方向。由于财政收入与经济增长之间具有较强的区域性关系，且对地方经济的发展具有重要的现实意义，因此一直是国内学术界研究的重点内容之一。

财政收入与经济稳定持续增长对一个地区发展具有重要意义。自 1994 年分税制改革以来，宁夏经济稳步增长，财政收入也逐步提高。同时，宁夏经济发展具有明显的资源依赖性特点，其经济增长方式与财政收入结构等方面有别于其他省份。宁夏经济发展的特点决定了财政收入与经济增长之间关系的特殊性，关于二者的短期趋势特征与长期的协调性如何，目前还缺乏相关研究。因此，本文在分析宁夏地方财政收入与经济增长的基本情况与趋势的基础上，用定性与定量分析相结合的方法研究宁夏地方财政收入与经济增长之间的关系，以期为政府相关部门在当前经济发展情况下调整完善财政政策，以推动宁夏经济持续稳定增长提供理论依据与参考。

一、财政收入与经济增长关系的理论分析

经济增长与财政收入均为衡量经济发展水平的重要指标。深入研究财政收入与经济增长之间的关系，对于寻求增加财政收入的途径并实现经济与财政协调稳定发展具有重要的现实意义。通常用 GDP 作为衡量经济增长的指标，因此下文中的宁夏经济增长均使用地区生产总值数据进行衡量。由于一般公共预算收入在很大程度上反映了政府长期稳定的可支配财力，所以本文使用一般公共预算收入衡量财政收入，下文中的宁夏财政收入均用地方一般公共预算收入（本级）数据进行衡量。

财政收入与经济增长在经济内涵上具有很强的关联性。一方面，经济总量与财政收入密切相关，经济增长必然带来财政收入增加；另一方面，财政收入是政府履行职能、加大投资与消费、进行政府购买支出等经济活动的物质基础，对经济增长具有重要影响。

财政收入与 GDP 在核算上具有一定的差异性，主要体现在核算时间、空间、内容这三个方面。在核算时间上，GDP 按照权责发生制核算，核算标准为生产是否归属于本期；财政收入按照收付实现制核算，核算标准为

资金在当期是否缴入国库。因此，国库的库存变化或税款延期缴纳等因素均会导致二者产生差异。在核算空间上，GDP 按照属地原则进行核算，财政收入按照注册地原则进行核算。随着经济一体化程度不断提高，企业跨区域经营情况越来越多，因此，注册地与经营地不一致等情况较为普遍，使财政收入与 GDP 二者在核算空间上产生差异。在核算内容上，财政收入中的营业税、增值税等税收收入基本与二、三产业增加值相对应，与 GDP 的相关程度较高，但企业所得税、个人所得税等税收收入来自再分配领域，与 GDP 无直接关系，另外，第一产业的税收贡献率较低，这些因素都在一定程度上加大了财政收入与 GDP 的差异。

二、宁夏财政收入与经济增长发展趋势分析

由于 1994 年在全国范围内施行了分税制改革，故本文主要关注改革后的情况，利用 1994—2017 年的数据对宁夏包括五个地级市的经济增长及财政收入增长趋势进行分析，所用数据均来源于中国经济网统计数据库。1994—2017 年宁夏地区生产总值与一般公共预算收入情况如表 1 所示。

表 1　1994—2017 年宁夏地区生产总值与一般公共预算收入情况

年份	地区生产总值		一般公共预算收入	
	总量(亿元)	增长率(%)	总量(亿元)	增长率(%)
1994	136.26		7.17	
1995	175.19	28.57	8.98	25.24
1996	193.62	10.52	12.68	41.20
1997	210.92	8.94	14.07	10.96
1998	227.46	7.84	17.75	26.15
1999	241.49	6.17	18.84	6.14
2000	265.57	9.97	20.82	10.51
2001	337.44	27.06	27.57	32.42
2002	377.16	11.77	26.47	-3.99
2003	445.36	18.08	30.03	13.45
2004	537.16	20.61	37.47	24.78
2005	612.61	14.05	47.72	27.36
2006	725.9	18.49	61.36	28.58
2007	919.11	26.62	80.03	30.43
2008	1203.92	30.99	95.01	18.72

续表

年份	地区生产总值		一般公共预算收入	
	总量(亿元)	增长率(%)	总量(亿元)	增长率(%)
2009	1353.31	12.41	111.58	17.44
2010	1689.65	24.85	153.55	37.61
2011	2102.21	24.42	219.98	43.26
2012	2341.29	11.37	263.96	19.99
2013	2577.57	10.09	308.34	16.81
2014	2752.1	6.77	339.86	10.22
2015	2911.77	5.80	373.45	9.88
2016	3168.59	8.82	387.66	3.81
2017	3453.93	9.01	417.5	7.70

（一）宁夏财政收入与经济增长的长期关系

宁夏地区生产总值与一般公共预算收入趋势如图 1 所示，1994—2017 年，宁夏 GDP 与财政收入均稳步增加，总量明显上升。地区生产总值从 1994 年的 136.26 亿元增加到 2017 年的 3453.93 亿元，年均增长 15.09%。一般公共预算收入从 1994 年的 7.17 亿元增加到 2017 年的 417.46 亿元，年均增长 19.33%。宁夏经济快速发展的同时，财政收入同样呈现较快的增长趋势，且财政收入的年均增长率高于地区国内生产总值的年均增长率，财力日益增强。

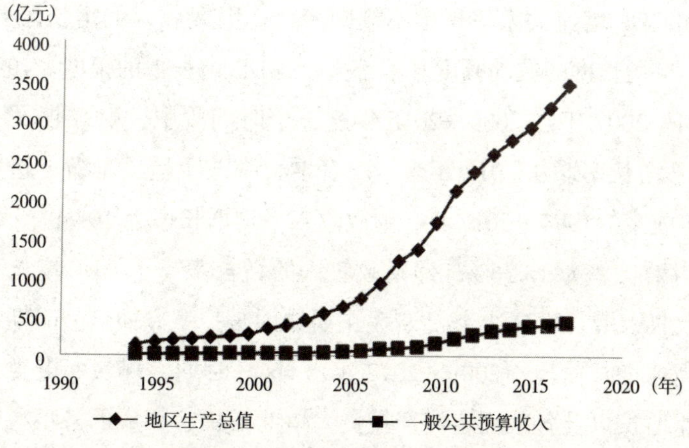

图 1　宁夏地区生产总值与一般公共预算收入趋势

图 2 为宁夏地区生产总值与一般公共预算收入关系，显示了二者的长

期关系，图中的虚线为趋势线。从图 2 可知，宁夏财政收入与 GDP 存在较强的正相关关系，随着地区生产总值的提高，一般公共预算收入也逐渐提高。同时，结合数据的大小与图像的斜率可知，近几年宁夏财政收入增速超过 GDP 增速。从长期看，财政收入与 GDP 的关系变化较为平稳，具有正相关关系。

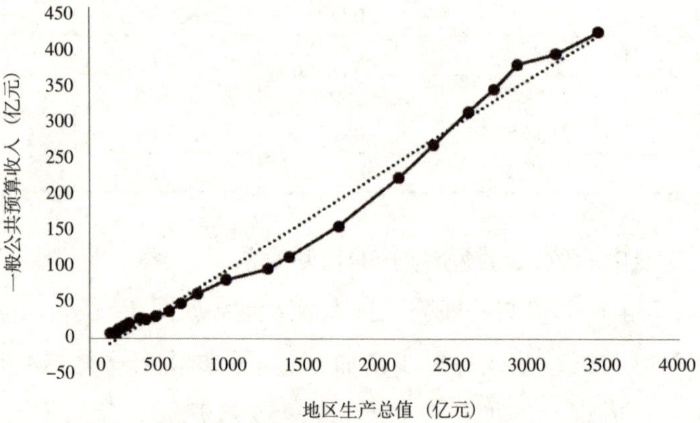

图 2　宁夏地区生产总值与一般公共预算收入关系

（二）宁夏财政收入与经济增长的短期关系

图 3 为宁夏地区生产总值与财政收入增速关系，可显示二者的短期关系。从短期来看，宁夏财政收入与经济增长的变化趋势并非完全一致，财政收入和 GDP 增速关系呈现出不规则变化。财政收入的增长滞后于 GDP 的增长，且增长率的波动幅度基本都大于 GDP 增长率的幅度。1997—2001 年、2004—2007 年与 2009—2015 年这三个时间段中，财政收入增长率均高于 GDP 增长率。从 2012 年来，二者增长率差距呈逐步缩小趋势，变化区间逐步收窄。1994—2017 年，财政收入平均增长率为 19.94%，地区生产总值平均增长率为 15.36%，即财政收入的增长率高于 GDP 增长率。2011 年，财政收入增长率高达 43.26%，主要原因是：一方面这一时期正好是宁夏经济高速增长阶段（2009—2012 年），这一时期，煤炭、电力、化工等产业快速增长以及各项固定资产投资大幅度增长，相应的各项税收和非税收入大幅度增长，2010 年及 2011 年宁夏经济增速均达 24%以上，由于经济增长对财政收入影响的滞后效应使 2011 年的财政收入大幅增长；另一方

面，可能是由于我国的财政收入在很大程度上是一种平衡财政和任务财政，造成个别年份偏离程度较大。

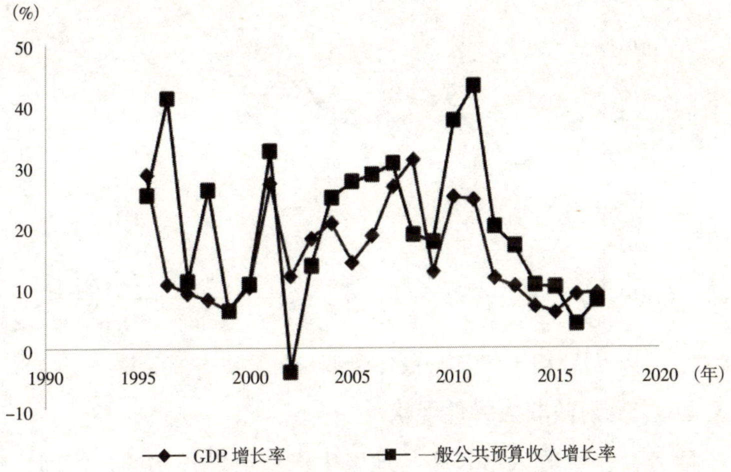

图 3　宁夏地区生产总值与财政收入增速

图 4 显示了 1994—2017 年宁夏一般公共预算收入占 GDP 的比重情况。1994—2017 年，宁夏一般公共预算收入占 GDP 的比重平均为 8.87%，1994 年占比为 5.26%，2017 年占比为 12.09%，提高了 129.85%。1994—2007 年，一般公共预算收入占 GDP 的比重变化幅度不大，从 2008 年开始这一比例明显上升。2015 年达到最大值 12.83%，主要原因是从 2009 年开始宁夏财政收入增速持续超过 GDP 增速。2005 年以来，宁夏经济增长势头较好，由此带来宁夏财政收入规模不断扩大。假定在税收制度、管理力度不变的情况下，经济发展水平和发展阶段越高，则财政收入占 GDP 的比重越高；当进入市场经济相对成熟、管理体制和税制结构相对稳定的时期，财政收入占 GDP 的比重便会相对稳定。2017 年，我国国内生产总值为 827121.7 亿元，财政收入为 172566.57 亿元，财政收入占国内生产总值的比重为 20.86%。可见，目前宁夏财政收入占 GDP 的比重较低，与全国水平相比有一定的差距，还有一定的提升空间，未来可适当提高这一比重。

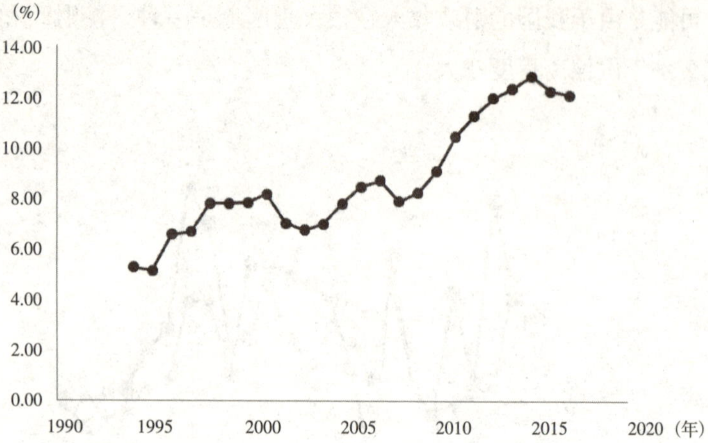

图 4　宁夏一般公共预算收入占 GDP 的比重

（三）宁夏财政收入弹性现状

一般公共预算收入增长率与地区生产总值增长率的比值即为财政收入弹性，可反映地区的财政能力。图 5 为宁夏财政收入弹性。财政收入的弹性系数大于 1，表明财政收入的增长速度超过 GDP 的增长速度；小于 1，表明财政收入的增长速度低于 GDP 增长速度。通常情况下，当财政收入弹性系数稍大于 1 时，表明财政收入和国民收入实现了同步增长，这样既可使财政收入略快于经济增长，又不因税收负担过重而阻碍经济发展。1996 年与 1998 年宁夏财政收入弹性均超过 3，2002 年为负数，可能原因仍是平衡财政与任务财政造成个别年份偏离程度较大。2009—2015 年的财政收入弹性较为稳定，保持在 1.5 上下。2016 年与 2017 年均低于 1，表明这两年

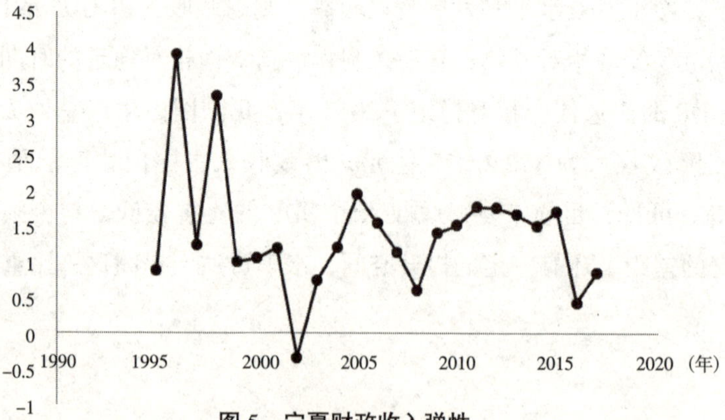

图 5　宁夏财政收入弹性

税负水平较低。税负水平较低有利于涵养税源并促进地区经济发展，但不利于地方政府提高财力，在一定程度上会限制政府履行职能的能力，从长远来看不利于经济健康稳定发展。近几年宁夏宏观税负处于较低水平与当前经济发展相对滞后的现状不完全适应，适度提高税负水平可使宁夏未来经济发展更加稳定。

（四）宁夏五市财政收入与经济增长关系

图6显示了宁夏五个地级市一般公共预算收入占GDP的比重情况。五个地级市的这一比重波动较大，基本有逐步上升趋势，但同时具有各自的特点，显示出了差异性。银川市一般公共预算收入占GDP的比重相对最高，固原市这一比重相对最低，吴忠市这一比重的波动相对最大，石嘴山市的波动相对最小。造成这一结果的原因可能是每个地级市历史文化、资源禀赋存在较大差异，使经济结构有较大区别。目前，宁夏一般公共预算收入占GDP的比重相对全国来说整体较低，石嘴山、吴忠、固原、中卫4个地级市可通过提高财政收入的方式逐步适当提高这一比重。

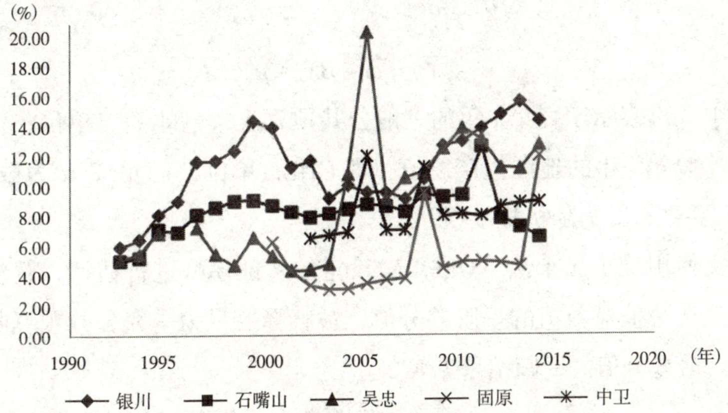

图6　宁夏五市一般公共预算收入占GDP的比重

三、宁夏财政收入与经济增长关系实证分析

（一）单位根检验

本文使用Stata15.0软件进行回归分析。为了降低不同变量间绝对数值的差距对模型估计结果造成的偏差，减弱模型中数据的异方差性，本文对财政收入（FI）和经济增长（GDP）这两个变量进行了取自然对数的运算。

由于使用的是时间序列数据，为了保证数据是平稳的而不是单位根过程，本文对两个序列分别进行 Augmented Dickey-Fuller （ADF）检验，且均包含趋势项和截距项。单位根检验的具体结果见表 2。

表 2 单位根检验结果

检验对象	ADF 检验统计量	1% 临界值	5%临界值	10%临界值	P 值	是否通过检验
LNGDP	-0.811	-4.380	-3.600	-3.240	0.9647	否
D(LNGDP)	-3.188				0.0869	是
LNFI	-1.197				0.9112	否
D(LNFI)	-3.570				0.0324	是

由检验结果可知，本文使用的两个序列 LNGDP 及 LNFI 存在单位根，但是一阶差分形式 D（LNGDP）及 D（LNFI）不存在单位根，即一阶差分形式是平稳的，故可以对一阶差分形式的变量构建模型并进行估计。

（二）模型估计

为了得出财政收入和经济增长之间具体的数值关系，本文建立的实证模型为：

$$Y_t = \alpha + \beta X_t + \mu_t$$

式中，Y_t 表示宁夏第 t 年的一般公共预算收入（即 FI，单位：亿元），X_t 表示宁夏第 t 年的地区生产总值（即 GDP，单位：亿元），α 为截距项，β 为回归系数，μ_t 为随机扰动项。

本文使用最小二乘法（OLS）对设定的实证模型进行估计，解释变量为地区生产总值对数值的一阶差分值，被解释变量为一般公共预算收入对数值的一阶差分值。回归结果见表 3。

表 3 回归结果

	D(LNFI)
D(LNGDP)	0.875***
	(3.29)
_cons	0.0537
	(1.30)
N	23
R-sq	0.3402

t statistics in parentheses　　* $p < 0.10$,　** $p < 0.05$,　*** $p < 0.01$

由于使用的数据为时间序列数据，为了判定序列是否存在序列自相关的问题，本文对回归结果使用了 Durbin-Watson （DW）检验，并比较 DW 统计量与对应上下临界值的大小关系。回归结果的 DW 统计量为 1.835。根据 DW 统计量临界值表，当变量数为 2，样本数为 23，显著性水平为 1% 时，DW 统计量的下界 dL 为 0.938，上界 dU 为 1.290。由于回归结果的 DW 统计量符合 dU<1.835<4-dU，故检验结果表明不存在序列一阶自相关。

由回归结果可知，具体模型估计结果为：D（LNFI）=0.875D（LNGDP）+0.0537。拟合优度 R^2 为 0.3402，符合常理。结果表明，宁夏地区生产总值的增长率与一般公共预算收入具有显著的正向关系。在其他条件保持不变的情况下，宁夏的地区生产总值的增长率每增加 1%，一般公共预算收入的增长率会增加 0.875%，即宁夏 GDP 增长率对财政收入增长率的一般弹性为 0.875。

四、结论及对策建议

本文运用描述性统计与计量回归相结合的方法对宁夏 1994—2017 年的财政收入与经济增长关系进行了描述与分析，得出的结论：随着宁夏地区生产总值的增长，财政收入也不断提高；财政收入的平均增长速度高于地区生产总值的平均增长速度；财政收入增长滞后于经济增长；财政收入占 GDP 的比重相较全国水平来说较低；五个地级市一般公共预算收入占 GDP 的比重具有较大差异；宁夏财政收入与经济增长存在统计上的关系，经济增长与财政收入存在长期稳定关系，GDP 增长率对财政收入增长率的一般弹性为 0.875。

依据本文得出的实证结论，结合宁夏近年来发展的实际情况，提出以下对策建议：

（一）加快经济发展，扩大经济总量，提高经济运行的质量

财政收入的稳步提高与经济增长是相辅相成的，存在很高的相关性。因此，对于宁夏而言，应抓住“一带一路”“乡村振兴”等机遇，继续加快经济发展，扩大经济规模，探索财政收入增长与经济增长的均衡点，使财政收入的来源与税基更加稳定，从而保持财政收入与经济增长的长期稳定发展。

（二）加强税收征管，增加税源，进一步完善税制

地方经济的发展需有充足、稳定的财政收入作保障。相比其他财政收入形式，税收最具有稳定性和可靠性。为了加快经济发展，应严格坚持依法纳税，强化并改进税收征管手段，完善税收制度，合理增加税收来源，为经济发展创造更好的税收制度环境。同时规范税收优惠政策，制定更加灵活多变的税收优惠政策，吸引更多的资金、技术和人才来宁夏投资和发展，从而增加财政收入，使财力更加雄厚。

（三）促进产业结构的调整与升级，培养新的经济增长点，涵养税源

从宁夏的产业结构及资源禀赋等因素看，财政税收收入主要来源于第二产业，因此，工业是增长潜力最大的财源。同时，第三产业增长较快，有望成为未来重要的支撑性财源。根据宁夏的产业结构现状，加快经济结构调整的进度，进行产业结构的优化与升级，提高第三产业与新兴产业的比重，努力培养新的经济增长点与税收增长点，不断改善地方经济发展所需的软件与硬件设施，创造良好的经济发展环境，对宁夏产业结构优化、涵养财源与经济持续发展有重要作用。

（四）优化财政支出结构，提高财政管理与支出效率，提升财政服务水平

积极深化落实新预算法，将所有财政收支全部纳入预算，努力使部门规划与财政规划有机结合，进一步推行预算公开，提高预算的科学性与透明性，提升财政管理效率。建立健全高效的长效机制，加强行政事业单位经费管理，有效利用财政存量资金，使财力能够尽可能多地用于支持经济社会发展方面的支出，强化财政支持公共基础设施投资的效果，提升财政支出效率。

（五）制定差异化发展策略，补齐各地级市发展短板，促进区域均衡发展

宁夏五个地级市财政收入与经济增长之间的关系存在一定差异。财政收入的区域不匹配，不利于宁夏财税结构的优化，应根据区域发展短板因地制宜地制定差异化发展策略，打造各地级市新的增长点，科学调整区域间的税费水平，促进各地级市均衡发展，进而实现宁夏总体经济与财政收入的稳定发展。

参考文献:

[1] 陈世杰，周利光，杨志坚.内蒙古财政收入与经济增长的协整关系研究.经济研究参考，2016（59）:105~109.

[2] 高丹.财政收入与经济增长相关性研究——以贵州省数据为例.人民论坛，2014（05）:219~221.

[3] 广东省财政科学研究所课题组，郑贤操，刘华伟.广东省财政收入与GDP关系研究.财政研究，2015（12）:73~81.

[4] 王江宏.我国地方经济发展与财政收入增长的实证分析.西安交通大学学报（社会科学版），2013，33（06）:21~26.

[5] 张洪铭，张宗益.重庆市财政收入与经济增长关系的实证研究.财政研究，2011（05）：50~52.

产业经济篇

CHANYE JINGJIPIAN

提升宁夏国家高新区创新带动发展研究

刘 雨 黄海伟 张存华 杨哲轶 孙 涛

自1998年以来，我国国家级高新区从无到有，依托创新管理体制机制优势，得到了高速发展，已经成为我国国民经济发展的重要支撑和增长极。据统计，2017年147家国家高新区GDP总和为9.52万亿元，占我国国内生产总值的11.5%；全口径出口总额3.45万亿元，占全国货物和服务出口总额的20.4%。在经济发展持续稳中向好的同时，质量、效益同步提升，国家高新区全年税收收入1.2万亿元，同比增长20.1%。国家高新区新产品实现销售收入73597亿元，新产品销售收入占产品销售收入的33.3%，新动能不断显现，已经成为各地区创新发展的一面旗帜，也成为国家体制机制改革的试验田和前沿阵地。

自治区实施创新驱动战略推进会强调，高新区是宁夏创新驱动的“火车头”，是引领科技创新的主要载体，要提升全区国家高新区创新带动能力。银川市和石嘴山市两个国家级高新区虽已挂牌多年，但发展现状不容乐观。面对转型发展的紧迫形势，加快推进国家级高新区发展质量变革、效率变革、动力变革，实现动能转换，使之成为全区实施创新驱动战略、推动经济高质量发展的有力支点，需要深入研究，努力攻关，尽快破题。近期，自治区党委政策研究室会同自治区科技厅对两个国家级高新区的创新发展情况进行了调研，现将具体情况报告如下。

一、宁夏国家高新区发展现状

近年来，按照自治区党委、政府的决策部署，两个国家级高新区在加快产业转型升级、推进科技创新、完善创新平台等方面下了功夫，取得了一定成效。银川高新技术产业开发区前身是灵武羊绒产业园区，始建于2003年4月，规划面积1.067平方公里，2010年11月被国务院批准为国家级高新区，现已形成了集分梳、绒条、纺纱、制衫、面料为一体的较为完整的羊绒产业链，年流通加工原绒1万吨左右，约占世界的50%、全国的60%，享有“世界羊绒看中国，精品羊绒在灵武”的美誉。截至2017年年底，入园企业112家，其中，规模以上工业企业40家，国家级高新技术企业2家，科技型中小企业17家，产值过亿元企业13家。石嘴山高新技术产业开发区前身是石嘴山经济开发区，始建于2002年，规划面积8.9平方公里，2013年12月被国务院批准为国家级高新区，现已形成了以新材料、装备制造为特色的产业体系，钽丝、钽粉产量分别占世界市场的60%和30%，居世界第一位和第三位。截至2017年年底，入园企业155家，其中，规模以上工业企业42家，国家级高新技术企业12家，科技型中小企业35家，产值过亿元企业17家；实现工业总产值113.9亿元，同比增长28.8%，规上企业实现工业产值92.8亿元，同比增长36.4%，高新技术企业产值占规上企业产值65%。

二、存在的主要问题

（一）创新发展综合效应不够明显

国家高新区综合效应主要体现在转换增长动力、完善创新创业生态、培育和扶持创新型企业、发展高科技产业、布局战略性新兴产业等方面，实现技术创新与产业发展相互融合、良性促进。有关数据显示，银川和石嘴山国家高新区在全国排名明显靠后，特别是银川高新区排名全国倒数第二位，从2015年开始排名连年下滑，面临被摘牌的风险。两个高新区与西部省区国家高新区差距也较大，在西部33个国家高新区中，银川和石嘴山高新区排名分别为33位和24位，已被全国排名第7位、第8位的西安市、成都市高新区远远甩在了后面。从经济规模看，银川、石嘴山两个国家高新区的工业总产值分别相当于全国平均水平的 17.6%、11.6%，相当于西部平均水平的 22.6%、14.9%；高新区企业主营业务收入均相当于全国平均水平的 8.9%、西部平均水平的 12.5%。从经济效益看，两个高新区企业净利润分别为 5.37 亿元、9.94 亿元，分别相当于全国平均水平的 4.2%、7.8%，相当于西部平均水平的 7.4%、13.6%。从产业层次看，高新技术产业发展还处于产业链的低端，属于高精尖的企业少，特别是在研发设计、品牌销售、高端产品加工等环节还处于劣势。银川高新区是单一做羊绒的专业化园区，从分类上，羊绒属于资金密集型和劳动密集型的传统纺织行业，具有很强的资源依赖性，尤其是从目前发展来看，产业的深度转化不够，产业链条短、附加值不高；石嘴山高新区除新材料、新能源、装备制造等个别企业技术领先外，大多数企业仍在产业低端徘徊。从总体看，银川高新区处于“小脑袋戴着大帽子”的境地，石嘴山高新区还处于一种“装进篮子都是菜”的状况，两个国家高新区都没有显现出创新示范和带动引领的平台效应。究其原因在于，高新区在起步发展阶段，存在产业低端的“先天不足”，加之后天聚焦产业发展的“高”和“新”不够，使得国家级高新区这个牌子没有真正举起来、亮起来。

2015—2017 年国家高新区创新能力总体排名及相关指标排名表

名称 / 指标	银川高新区			石嘴山高新区		
	2015	2016	2017	2015	2016	2017
总排名	105	139	146	115	119	115
产业升级和结构优化能力	106	139	146	114	129	129
国际化和参与全球竞争能力	98	135	147	94	72	97
高新区可持续发展能力	29	140	142	109	122	91

（二）创新能力不足

国家高新区是科技的集聚地，也是创新的孵化器，创新能力强是国家高新区最鲜明的特征。但从调研情况来看，宁夏两个国家高新区普遍存在高新企业少、科研投入少、科技人才少等问题，与国家重点发展的世界一流高科技园区、创新型科技园区、创新型特色园区三类园区建设标准存在显著差距。2017 年，国家高新区“知识创造和技术创新能力”一级指标排名中，银川和石嘴山高新区在全国 147 个高新区中排名分别为第 146 名和第 96 名，在西北 15 个高新区中排名分别为倒数第一和倒数第六。在科研投入方面，两个高新区 80%的企业技术研发经费的投资强度未达到销售收入的 3%以上，R&D 经费支出分别为 0.44%、1.53%，仅为全国平均水平的 22.6%、78.5%，银川高新区甚至低于全区规上工业企业 0.66%的平均水平，部分企业甚至没有研发活动。在创新主体方面，银川高新区高新技术企业只有 2 家，石嘴山高新区只有 12 家，占园区企业数的比例分别为 2.8%、12.5%，仅为全国平均水平的 6.6%、29.3%，西部平均水平的 8.7%、38.6%。在科研人员方面，每万名从业人员中科技活动人员数分别为 767 人、1004.8 人，分别相当于全国平均水平的 40.9%、53.6%。由于受科研环境和生活环境影响，加之缺乏科研经费和研发平台，高新区不但难以吸引科技人才，原有的科技人才流失也比较严重。

（三）体制不顺、机制不活问题亟待破解

从调研情况来看，全区高新区在行政主体地位、职能权限、运行机制、人事管理等方面的问题较为突出，影响和制约着高新区创新发展。主要体现在：一是高位管理、低效运行的问题比较突出。目前，两个高新区都由所在的地级市管理，管委会行政级别为副厅级。但从实际运行情况看，管委会涉及的大多数经济、社会事项管理权限仍在所在县级行政区，内设机构所起的作用主要是协调服务，造成有管理权限的没有主体责任，负有主体责任的没有管理权限，加之行政级别的隐形因素影响，高新区和县级行政区属地之间既存在职能交叉，又存在行政屏障，高新区管委会职能作用得不到有效发挥。调研中，银川高新区的一位负责人讲，现在管委会的职能差不多就是搞搞统计、报报材料、作作汇报。石嘴山高新区负责同志反映，管委会就 25 个人，既要做好企业的服务工作，又要面对很多的社会事务，还要跟各相关部门搞好协调，严重弱化了高新区管委会谋划产业发展、抓项目落地、抓招商引资等经济功能。二是高新区缺乏高效运行的自主权。

责权利相匹配是高新区加快发展的内在要求。根据科技部2017年出台的《国家高新技术产业开发区"十三五"发展规划》要求，要赋予高新区财政、土地、政策保障和应有的经济社会管理权限。宁夏两个高新区在项目审批、规划建设、劳动人事等方面都没有自主权，特别是没有独立财权，不能根据需求自主配置资源和服务等，发展活力和增长潜力受到限制。比如，由于没有独立财权，两个高新区在开展基础设施建设、产业发展、招商引资等工作时，只能是国家争一点、部门要一点、自已挤一点，无形中捆住了高新区发展的手脚。再如，目前，银川和石嘴山两个高新区的干部人事任免大多由当地组织和人事部门参照一般行政部门统一调配，难以建立岗位与能力相适应、薪酬与业绩相挂钩等激励机制。三是考核评价指标体系缺失。调研了解到，自治区对两个高新区考核类同于其他工业园区，还没有建立符合高新区发展特点的考核评价指标体系，导致高新区发展片面追求工业产值，忽视高新技术产业导向作用和创新引领能力建设。调研中，有关部门和两个高新区都提供不了高新技术产业发展的量化指标，简单地以高新技术企业产值来替代，很难动态、客观、准确地反映高新区发展状况。

（四）推动高新区发展的政策环境有待改善

目前，全国很多省区在投融资体系建设、高新企业认定、中介服务、平台建设、体制改革、人才发展等方面发力，支持国家高新区的发展。比如，作为国家贫困地区的陕西安康，专门制订高新区发展意见，给予高新区独立的人事、财政、土地、规划等9项政策支持，对知名企业和重大项目实行"一事一议""特事特办"的特殊政策，打造出了一个排位全国第73位的国家高新区。从自治区和地级市层面的政策来看，普惠性政策很多，但结合高新区区位优势、发展定位、产业结构、增长动力等方面制定的专项扶持政策较少，特别是面向整个产业链和创新链，并且能够精准覆盖到不同发展阶段的政策体系尚未形成，高新区的现有政策结构与其发展步伐在一定程度上存在差距。比如，石嘴山市在2013年初制定出台了《关于加快石嘴山高新技术产业园区发展的若干意见》，但升级为国家级高新区5年来，既未对该《意见》进行调整，也没有出台新的政策意见。自2010

年 11 月被升级为国家级高新区以来，银川市出台了 30 多项支持产业发展的政策，但这些政策都是普惠性的，并没有针对高新区的发展出台专门的政策意见。石嘴山高新区管委会负责人反映，2017 年自治区相关部门对石嘴山高新区能力建设专项补助资金 700 万元，但落实到高新区的只有 200 万元，剩余 500 万元被市一级使用到其他工业园区，影响了高新区既定项目的实施。

三、对策与建议

（一）强化高新区创新驱动发展的载体功能

建议自治区围绕国家高新区“四个率先”的发展目标，启动编制全区国家高新区发展规划，进一步整合高新区区域布局，明确功能定位、管理架构和未来发展方向，切实发挥好国家高新区创新示范平台的作用。另外，考虑到目前银川高新区发展空间受限、创新能力偏弱，建议推进银川高新区整合扩区进程，可借鉴北京中关村、上海张江高新区、西安高新区等国家高新区“一区多园”的成功经验，进一步统筹整合银川高新区主区、中关村创新创业科技园、丝路经济园、阅海湾中央商务区、军民融合产业园，形成“一区多园”发展格局，全面提升银川高新区发展层次和水平。

（二）建好充满活力的创新创业平台

建议自治区及相关辖区通过项目带动、合作共建、人才引进等方式，积极吸引国内高水平的科研机构和重大创新功能型平台进驻国家高新区，推进众创空间、企业孵化器、企业研发中心、公共检测检验服务平台、联合重点实验室、工程技术（研究）中心、国家级企业技术中心等创新平台、创新载体建设，进一步促进创新平台优化升级，鼓励、引导、扶持和强化企业的技术创新、商业模式创新和管理模式创新，加大自主知识产权保护力度，联合高等院校、科研机构、企业和社会组织开展重大技术攻关，加强对核心技术的突破和应用。比如，支持石嘴山市建设碳基材料、机械制造等公共检测检验服务平台，推进德运创润钛业、圣川新材料建设联合重点实验室、炭材料研发中心，推动大荣公司、维尔铸造升级为国家级企业技术中心和自治区工程技术研究中心。同时，加强与东部地区科技园区的结对共建，引导两个国家级高新区与东部地区各类科技园区建立结对共建关系，在成果转化、技术攻关、产学研合作、信息交流、产业引进等方面形成长效合作机制。

（三）加快推进高新区管理体制机制改革创新

一是可对石嘴山高新区实行“区政合一”的管理模式，围绕改革创新、产业振兴、营商环境、人事管理等方面的任务导向，科学合理设置机构，加快构建“最接近市场需求、最有效率”的管理运行机制。同时，积极探索政府引导、企业经营、市场运作的“管委会+公司”运行模式，通过引进研发机构、建立科技发展基金、成立投资运营公司、组建专业化招商团队，进一步优化生产要素和社会资源的配置，激发高新区创新发展最大活力。二是自治区和地级市政府应按照简政放权的要求，将能够下放的经济管理权限，依照法定程序及时下放或授权给高新区，建立和完善高新区财政预算管理和独立核算机制，加快形成事权和责任相适应的运行机制。比如，赋予高新区人事管理权限，让其在选人用人上有更大的自主权，选用更多的专业化优秀人才。三是建立符合高新区特点的考核评价指标体系，将高新区的考核指标与一般工业园区区分开来，在考核地区生产总值、规模以上工业增加值、进出口总额、固定资产投资等主要经济指标的同时，重点考核 R&D 经费支出、专利申请量、高新技术企业数量、高新技术产业增加值等主要科技创新指标。

（四）加大对高新区的政策支持力度

高新区发展环境的优化，关键在于政策创新。目前，全国许多高新区都承担了国家和省级的一些改革试点任务，发挥了改革创新、先行先试的功能。比如，中关村积极开展股权激励、科技成果处置权和收益权、科研项目经费管理、高新技术企业认定等试点改革，系列创新政策在全国推广。宁夏两个高新区也应责无旁贷地在改革创新发展上发挥标志性引领作用。建议将中央和自治区级的改革试点任务更多向高新区倾斜，鼓励高新区在体制机制、投融资改革、人才引进、创新创业、产业发展、高新技术企业培育、对外合作等方面大胆探索、勇于突破，努力成为全区全面深化改革的试验田和创新发展的先行区。有关部门应加强调研，结合“创新 30 条”，研究制定推进高新区发展的配套政策措施，从提升自主创新能力、壮大创新创业人才队伍、加快创新创业服务体系建设、改革创新体制机制等方面给予政策支持。

宁夏农村一二三产业融合发展的探索与实践

杨桂琴　马术梅

实施乡村振兴战略，是党的十九大作出的一项重大决策部署。构建农村一二三产业融合发展体系，是2018年中央一号文件明确的提升农业发展质量、培育乡村发展新动能的重要举措。为深入了解宁夏有关县区农村一二三产业融合发展状况，自治区发改委农经处、经济研究中心组成调研组，深入石嘴山市平罗县、大武口区（以下简称“一县一区”）开展农村一二三产业融合发展调研。调研组通过与相关部门、乡镇、企业座谈交流和实地考察，了解“一县一区”农村一二三产业融合发展情况，并听取意见建议。在此基础上，调研组通过认真梳理，并结合实际，有针对性地提出一些对策建议，以期为培育农村新动能、推进农村产业兴旺和农业供给侧结构性改革、助力乡村振兴战略实施和脱贫攻坚提供有益参考。

一、农村三产融合的探索实践和主要做法

“一县一区”抢抓机遇，多措并举推进农村一二三产业融合发展，在创新产业融合发展模式、建立利益链接机制等方面大胆实践，探索出多种好做法。

作者简介：杨桂琴，自治区发改委经济研究中心副主任，副研究员，主要研究方向为宏观经济；马术梅，自治区发改委经济研究中心发展研究部部长，助理研究员，主要研究方向为区域经济。

(一) 因地制宜探索出多种融合发展模式

一是功能拓展型。“一县一区”依托区域农业资源优势，深度挖掘和拓展农业的生态、文化、旅游等功能，促进农旅融合、农文融合、农科融合、农体融合、农养融合等多种融合，农业旅游、田园文化、农事体验、民风民俗游等迅速发展，拓展了农业多种功能和增效增收空间，提升了农业价值。如大武口区龙泉村依托特色农业资源优势，通过合作社流转村民1200亩地，进行统一规划布局，聚力打造集特色农业种植、田园旅游、休闲度假、家事体验、中华传统文化宣教等为一体的美丽家园，拓展了农业的休闲康养、生态旅游、教育科普等功能。

二是链条延伸型。“一县一区”以农产品加工企业为引领，促进农业产业链前沿后伸，推动主要农产品生产、储存、加工、销售一体化融合发展。如平罗县以农产品加工企业为龙头，带动产业链延伸型融合发展，培育了规模以上农产品加工企业153家，国家级示范企业2家，自治区级龙头企业26家，市级龙头企业22家。2018年上半年，农产品加工产值达6.33亿元，较上年同期增加3000万元，同比增长0.7%。宁夏沙湖食品有限公司，以生产加工沙湖牌辣椒粉、沙湖牌枸杞辣椒酱等特色食品为主，带动产业链向前延至生态农业种植，向后延伸至沙湖牌辣椒粉、沙湖牌枸杞辣椒酱等特色食品研发、线下线上电子商务、国际贸易等，实现产业链延伸和价值链提升。大武口区八大庄生态科技有限公司以设施果蔬标准化种植为核心，将产业链延伸至水果商超、餐饮、科技服务、新品种引进培育推广等，2016年被石嘴山市列为以“一二三产业融合标准化示范”为建设重点的国际生态观光休闲农业综合标准化示范区。

三是技术渗透型。“一县一区”以农业为基本依托，运用现代科技和信息技术，通过引入新技术、新兴产业、高端服务行业实现农村产业融合发展和转型升级。如平罗县按照“组织协调到位、措施保障到位、技术服务到位、监督落实到位”的要求，成立了农业技术工作领导小组，制订农业项目技术指导方案，对建设单位进行技术指导服务，提升了农业的信息化水平和科技含量。宁夏泰金种业有限公司依托宁夏优越的自然条件和气候优势，运用新品种、新技术、新材料，专门从事瓜菜作物种子的科研、生产、推广、进出口及会展农业，实现技术与农业的深度融合，年试验示范 100 多个瓜菜新品种，工厂化培育设施种苗 1100 万株。

（二）因势利导建立日趋紧密的利益联结机制

一是反租倒包再就业型。即由合作社或企业通过租赁将农民分散的土地进行统一规划布局，然后再承包给农民种植。农民通过土地出租获取租金收入，生产经营主体通过土地租用和项目开发建设获取利润，并通过吸收当地农民再就业促进农民增收，双方各取所需，互利共赢。如宁夏华泰农农业科技发展有限公司，先有偿从农民手中流转土地，发展设施农业，雇佣当地农民务工，等产品种产销都相对稳定，农民掌握了种植和管护技术后，企业再与农户签订协议，将种植大棚转租给农户，并指定品种，提供种苗、水肥等生产资料，由移民承包种植，再由华泰农公司高于市场价（不得高于华泰农与收购商的订单价）溢价收购，这种模式极大地调动农民积极性，加快当地农民脱贫致富步伐。

二是订单合同型。“一县一区”引导农产品加工企业同农户之间签订合同，农民可为加工企业提供农产品，企业按照约定的数量、质量和价格收购农民的农产品，形成订单农业关系，按照“公司+基地+农户”方式，形成日趋紧密的利益联结机制，为稳定农产品价格和农民收入预期提供保障，也确保企业获得稳定优质的原料供给。

（三）精心谋划重大项目，促进融合发展

“一县一区”以精心谋划、储备和实施农村产业融合发展重大项目为抓手，促进农村产业融合发展，加大对种植基地、养殖基地、果蔬冷藏库、新品种引进、龙头企业加工销售及物流销售网点等各领域重大项目谋划和储备，通过多渠道筹集项目资金、政策倾斜、加大宣传力度、扎实落实各项措施等多措并举促进项目实施，以重大项目建设带动农村一二三产业快速融合，协调发展。

二、农村三产融合发展的主要成效

“一县一区”通过产业融合发展的实践探索，在促进农业增效、农民增收、农村繁荣方面取得了一定成效。

（一）推动了农业产业链延伸和价值链提升

“一县一区”通过农业产业链的延伸及龙头企业的带动，使农业生产经营向上游延伸至农产品生产、农资供应等环节，向下游扩展至销售服务环节，涵盖了研发、生产、加工、流通、销售、服务等各个领域，从而实现贸工农一体化、产加销一条龙。通过拓展农业的多功能，赋予农业科技、文化、教育和环境价值，使农业的功能拓展至生态休闲、旅游观光、文化传承、科技教育等领域，覆盖生产、生活、生态等方面，从而实现农业与文化、旅游、教育、健康、环保等产业的有机融合。延伸了产业链，提升了价值链，促进农业产业提质增效。

（二）促进了农民增收

“一县一区”通过培育壮大多元化的农村产业融合主体，采取反租倒包再就业、订单生产等利益联结机制，让农民直接参与农业生产、分享增值收益、增加收入，共享农村改革发展成果，助力脱贫攻坚。实现了农民可在家门口打工就业，增加收入，亦可照顾到家庭，实现农村社会稳定。如宁夏华泰农农业科技发展有限公司，通过发展特色沙漠瓜菜种植，与农民建立了多种利益连接模式，每年解决当地农民就业 380 人左右，2018 年共解决农民就业 430 人，其中建档立卡户 280 多人。带动周边 800 多农户进行瓜菜种植，成为当地农民增收的主要渠道。

（三）促生了一批新产业、新业态

“一县一区”通过农业与互联网、云计算、大数据等现代信息技术融合和相互渗透，以及农业多种功能的拓展，促生一批新兴产业、新业态，实现农产品线上线下交易以及农业信息共享，服务了广大涉农群体，提升了农业层次水平。如平罗县启动了“四镇四园”建设工作，组织申报田园综合体 9 家，全县休闲农庄（园）43 家（农家乐 18 家，休闲观光农业 25 家），从业人数 341 人，从业人员劳动报酬 632 万元，年接待游客 170492 人次，年营业收入达到 1793.84 万元。全县从事电子商务的企业 105 家，个体从事电商经营活动 123 家，吸纳、带动就业、创业 1400 余人。预计 2018 年平罗县电商交易额将实现 3 亿元，其中线上交易额达到 4450 万元，新产业、新模式成为“一县一区”农村发展新动能。

三、存在的问题

从目前看，“一县一区”农村一二三产业融合发展尚处于初级发展阶段，还存在许多不足和问题。

（一）农村产业链短、多种功能拓展不够

“一县一区”农村产业融合度不高、融合层次低。一是产业融合链条短，附加值偏低，品牌影响力不足。农产品加工业发展不足，目前，主要以初加工为主，精深加工比重低，产品科技含量低。如平罗县农产品加工产值与农业总产值的比仅为0.68:1，低于全区1.1:1的水平，远低于全国2:1的平均水平。农产品品牌知名度不够，市场竞争力弱，缺少有代表性的高端产品。二是农业多功能挖掘不够，休闲农业、旅游农业多以观光、餐饮、农产品采摘为主，文化娱乐、乡情乡韵、人物历史、风土乡俗等体现地方特色的触及不多。如大武口区受水源地保护区、基本农田保护区等限制及创新不足，许多企业开展农业多功能拓展难度较大，深度挖掘历史、文化、民俗等文化内涵较少，高品位、多样性、特色化不足，难以满足不同层次多元化旅游消费需求。此外，有些地方存在农村产业融合项目同质化现象，缺乏差异化竞争和深度互补开发。如平罗县休闲农业最高峰时达到43家，由于经营项目雷同、内容单一，仅有1/3正常运营。

（二）新型经营主体发育迟缓，利益联结机制尚不完善

在“一县一区”农村产业融合发展中，存在着新型经营主体发育迟缓、结构单一、经营管理粗放，开发新业态、新产品、新模式和新产业的能力不够。家庭农场和专业大户规模小。利益联结机制以订单农业、流转承包农业为主，一些加工企业仍然沿袭过去乡镇企业的做法，和农户之间只是简单的买卖关系，尚未建立起利益共享、风险共担的利益共同体，农户在规模经营和产业链延伸中收益不高，从而影响了广大农民主动参与一二三产业融合发展的积极性。如大武口区大部分合作社从发起人来看有几十家，貌似利益共享，实属独家个体经营，还没有达到真正意义上的利益联结。同时，由于承包农户的守信履约意识不强，当农产品市场价高于订单价时，农户会有违约现象，影响经营主体发展。如大武口区枣香村温棚基地，当西红柿市场价格高于合作社价格时，会出现农户不按订单要求提供优质产品、以次充好等现象。

（三）基础设施建设滞后，涉农公共服务供给不足

“一县一区”农村交通、电力设施发展相对较快，但在农产品加工储藏、贸易市场、冷链物流等方面的基础设施建设明显滞后。服务于农村产业融合发展的公共信息平台不足，大量农产品仍以传统销售方式为主，仍存在因供需信息不对称、销售手段信息化程序不高，导致部分农产品滞销甚至烂掉，损失较大，如平罗县大宗农产品尚无通过电商进行交易，小宗农产品和鲜活农产品通过电商销售额度较少、渠道较单一。同时，新型经营主体在用水、用电、用地方面“最后一公里”问题依然存在，影响新产业、新业态发展，不利于特色资源开发利用，加大了农村产业融合发展的成本。如石嘴山大武口区枣香村引进马来西亚的技术，利用盐碱地建成螺旋藻养殖池，极大地提高了土地产出效益，但因供水设施不足，造成企业用水短缺，影响企业发展。

四、加强农村一二三产业融合发展的对策建议

调研组通过剖析石嘴山市“一县一区”农村一二三产业融合发展中存在的问题，认为在全区具有一定的普遍性，今后必须在强化部门联动机制、加大财税金融政策支持力度、完善基础设施和涉农公共服务、培育壮大多元化产业融合主体等方面狠下功夫，为农村产业融合发展创造良好的外部条件和制度环境，激发农村产业融合发展活力。

（一）强化部门联动机制

农村产业融合发展涉及诸多部门和机构，需要从宏观上加强统筹协调，打破部门分割和行业垄断，形成部门协调联动机制。应充分发挥自治区党委农村工作领导办公室（以下简称“党委农办”）作用，建立由党委农办牵头，各相关部门分工协作、协调联动工作机制，协同做好农村产业融合发展规划编制、政策制定、信息沟通、区域协调和监督指导。细化发改、财政、农业、经信、商务、国土、环保、工商、科技、旅游、供销、银行、保险等相关部门的职能分工，明确工作任务，强化责任落实。

（二）加大财税金融政策支持力度

财税政策。加大财政对农村产业融合发展关键设施和公共服务的投入力度。各级财政应把农产品产地初加工和仓储物流、农业资源综合利用、农村电子商务智能终端、节能环保等设备购置以及乡村休闲农业设施改造等纳入财政补贴范围。积极争取中央财政对宁夏产业融合示范县的转移支付力度。在良种保护、先进适用技术引进示范推广等方面加大补贴力度。各级政府应从本级财政中列支，设立农村产业融合发展投资基金。重点围绕农村产业融合发展中的新技术、新产品、新业态，以股权投资的形式支持新型农业经营主体、示范基地和重大项目建设。对从事涉农电商、农村互联网金融、智慧农业等新业态、新模式的企业，实行减半征收企业所得税、暂免征收增值税和营业税等税收扶持政策。

金融保险政策。完善农村金融服务体系，支持金融机构增加涉农金融产品服务供给。加大对涉农企业发行企业债、中小企业私募债、集合债等支持力度。探索符合条件的家庭农场、合作社发行集合债，积极引导私募股权投资基金、创业投资基金及各类投资机构投资产业融合项目，支持符合条件的农业企业在“新三板”挂牌上市。加大保费补贴力度，提高保险赔偿标准，拓宽涉农保单质押范围，鼓励保险公司扩大农业保险品种和范围。

（三）完善基础设施和涉农公共服务设施

结合新农村建设、“美丽乡村”、“最美休闲乡村”等活动，整合资源，加大投入，完善基础设施和涉农公务服务设施，改善农村生产生活条件，降低产业融合发展成本，增强农村对新型经营主体的吸引力。一是加大农村尤其是产业融合示范县和示范园区的水、电、路、气、网等基础设施建设力度，强化农村产业融合发展的基础支撑。同时，提高农村与城市之间的互联互通水平，畅通要素流动通道。二是完善涉农仓储、保鲜、烘干等设施条件，加强各类农产品加工园区基础设施建设，在农产品集中产区改扩建一批集散功能强、辐射范围广的农产品产地批发市场，支持企业建立农产品加工配送中心。三是根据休闲农业和乡村旅游发展需要，建设交通导引牌、乡村停车场，配套建设游客服务设施和土特产商店，优化美化休闲农业和乡村旅游发展环境。同时，加快推进农村垃圾、污水处理设施和标准公厕建设，改善农村医疗卫生、文化娱乐设施，为农村产业融合发展创造良好环境。

（四）培育壮大多元化产业融合主体

加快培育新型农业经营组织，鼓励和支持家庭农场、专业合作社、协会、龙头企业、农业社会化服务组织以及工商企业健康发展。在工商登记、土地利用、品牌认证、融资租赁、税费政策等方面给予倾斜。积极探索实践承包土地经营权和果园、设施大棚、农业示范园区入股合作等流转方式，开展土地银行等流转中介服务组织建设试点，促进兼业农户土地加快向专业大户集中，培养一批生产大户和家庭农场，促进新型农村产业融合主体发展壮大。

（五）加大农村产业融合发展人才培训和队伍建设力度

加大农村产业融合发展人才培养力度，完善培训机制。加大对相关部门干部、乡村干部、农业企业和合作社带头人以及专业大户及农户在农村产业融合发展方面的专题培训力度，提高其对农村产业融合发展相关政策、诚信履约等方面的认识，通过各种优惠政策吸引各类人才积极投入或参与农村产业融合发展中，建立培训内容意愿调查机制，有针对性地开展企业、农户急需的政策和技能等专题培训，夯实农村产业融合发展的人才支撑。

宁夏企业债务风险研究

马　琴

企业负债经营是现代市场经济发展的常态机制，它是一把双刃剑，一定的负债有利于企业扩大规模，但是，过度负债会引发企业债务风险。企业债务风险是指企业由于自身债务规模、期限结构、债种结构、利率结构以及外部宏观经济形势、汇率变动、经济政策变动等因素所引发的一系列债务债权违约的风险。企业债务风险的产生往往与高负债发展模式、外部市场波动、企业自身财务风险管理能力、企业决策等相关。当前，宁夏企业债务风险主要存在于部分僵尸企业、停产减产以及经营管理不善的企业中，受产业政策银行信贷传导机制的作用和历史发展模式的影响，银行停贷、抽贷，加之僵尸企业无法经营和历史负债严重，面临退出市场难的问题，存在欠缴税费、拖欠工资、无力偿还银行贷款等问题，形成了宁夏企业债务风险点之一。此外，企业在经营管理过程中，存在财务风险防控不专业、经营管理不到位、融资渠道单一、发展战略失误等问题，也会引发企业债务违约风险。

作者简介：马琴，宁夏社会科学院综合经济研究所，副研究员，经济学博士，研究方向为民族地区金融与经济发展。

项目基金：本文为马琴主持的2018年宁夏回族自治区哲学社会科学规划一般项目：宁夏构建多层次资本市场的路径选择研究（项目编号：18NXBYJ03）的阶段性成果之一。

一、宁夏企业债务存在的风险

在构建现代化经济体系的进程中，宁夏正处于新旧动能转换的初期。新动能培育处于起步阶段，新经济发展不足，对宁夏经济整体影响力和作用力还未显现；传统工业发展受宏观经济形势、环境保护、市场波动影响，停产减产面进一步扩大，导致经济发展增速不足；僵尸企业退出市场难度较大，占用工业发展资源，给新经济发展预留空间不足，宁夏企业发展面临严峻的形势。

（一）僵尸企业债务已形成企业债务风险点

停产减产企业多。受宏观经济形势和供给侧结构性改革推进的影响，宁夏减产停产企业数量较多，因市场波动、环保问题、去产能等因素导致大量企业减产停产，截至 2018 年 9 月末，全区规模以上工业企业减产、停产面达 45%。在工业发展较好的银川市和石嘴山市减产停产、僵尸企业较多，已经形成了债务风险点。9 月，银川市规模以上工业停产企业 89 户，累计减少产值 49.29 亿元。减产企业共 178 户，共减少产值 56.42 亿元，下拉全市工业总产值 4.4 个点。[①]近年来，由于经济下行压力和国家环保、安全、节能等政策趋紧因素影响，石嘴山市部分起步早、规模小、技术工艺落后、装备水平差和社会包袱较重的企业生产经营十分困难，利润空间缩小，成本倒挂，资金链断裂，自我造血功能差，甚至出现了一些长期停产半停产，且资不抵债、无力起死回生的僵尸企业。目前，石嘴山市有 300 多家僵尸企业，金融机构贷款较多，加之欠税、工资、社保等，不仅仅是企业债务风险问题，已经形成了新的社会问题。截至 9 月末，吴忠市规模以上工业企业中累计减产、停产企业共计 177 家，占全部规模以上工业企业总数的 49.3%。[②]部分减产、停产、僵尸企业已经形成宁夏企业债务风险点。

（二）企业融资难、融资贵问题突出

在经济高质量发展中，企业历史债务问题突出，加之受宏观经济形势影响，传统产业转型升级困难，融资渠道狭窄，对银行信贷依赖度高，银

---

① 数据为作者 2018 年 11 月在银川市调研时所得。

② 数据为作者 2018 年 11 月在吴忠市调研时所得。

行抽贷、停贷，部分企业无法正常运转，导致：一方面，银行贷款下降；另一方面，企业无法按时偿还银行贷款，出现了不良贷款率上升问题。部分正常经营企业由于可抵押物较少，无法在银行取得贷款，出现了融资困难问题，造成企业流动资金非常紧张，有的甚至存在资金链断裂风险。由于资金回收缓慢，营业收入不能覆盖还贷风险，致使银行机构不能放贷。部分企业因为公司治理结构不规范，股权分化严重，实际控制人与法定代表人不一致，银行机构因潜在风险不敢放贷。这些企业因为无法获得银行信贷，只能通过小贷公司等其他渠道融资，融资成本相对较高，形成了潜在的债务风险。

政策落实不到位，影响企业经营。近年来，国家不断出台支持非公有制经济的政策，形成了鼓励、支持、引导非公有制经济的财政、税收、金融等一系列优惠政策体系，持续为企业松绑减负，为民营企业发展提供了便利条件。但是，部分领域对民营企业支持不到位，尤其是银行贷款方面，对民营企业支持有限，使得民营企业难以形成稳定的经营模式。此外，受经济下行因素的影响，企业经营状况恶化，盈利能力下滑，民营企业出现信贷违约情况，市场信用体系遭到破坏。企业还款能力和还款意愿普遍降低，企业逃废债日益突出，导致银行处于不利的信用风险中，对企业真实经营情况难以准确掌握和分析，从而导致企业融资难和难贷款问题并存。

（三）债务期限结构错配加剧

债务期限结构错配是宁夏企业出现流动性财务危机的原因之一。负债经营是现代市场经济发展的常态化机制，企业债务期限结构与企业盈利结构相匹配是企业财务管理的重要内容。在宁夏资本市场体系不发达的现状下，负债运营的企业，在不同期限结构的债务中，往往出现信贷连环相扣的情况，如果企业资产期限与债务期限不能匹配，就会导致企业的现金流不足以支付债务和投资需求，尤其是当债务期限比资产盈利期限长的情况下，企业就无法用资产产生的现金流支付债务。在宁夏现有的资本市场条件下，企业无法再从商业银行获得长期贷款改善债务期限结构错配的困境，更不可能在短期内通过债券市场发行中长期债券解决债务期限结构错配问题。再加上当前产业政策支持新经济的发展，由产业政策的信贷传导机制造成企业获得贷款难度加大，尤其是传统产业，是宁夏企业债务违约风险点之一。

二、宁夏企业债务风险成因分析

宏观经济形势发生变化是企业债务风险点形成的外部原因。宁夏从以高投资、高负债、高增长为主要模式的经济发展方式向经济高质量、现代化经济体系建设转型，是影响企业债务风险形成的宏观经济环境。以往的高负债经济增长模式催生了企业的高杠杆率，在经济繁荣时期实行宽松的财政政策和货币政策会进一步促进经济繁荣，企业利润增加，现金流充足，债务成本低，债务偿还能力强。但是，在经济下行时期，因为经济系统自身不能完成过多产能的消化，就会形成产能过剩，产品滞销，企业资金回笼困难，产生流动资金不足，甚至是资金链断裂，引发债务违约风险，进而导致银行的不良贷款率上升，容易出现局部债务链断裂，形成区域金融风险。企业自身的经营管理和投资决策失误是企业债务风险形成的内在原因，主要来自于企业自身的财务危机，企业的债务期限结构、融资结构、利率结构、财务成本、投资决策等影响企业的成本和利润，从而影响企业的债务风险。

（一）宁夏企业融资渠道单一

间接融资是宁夏企业融资的主要渠道。宁夏长期以来形成的融资体系并没有得到根本性改变，直接融资在宁夏融资体系中所占比例仍然很小，银行贷款仍然是宁夏企业融资的主要手段。如下表所示，2013—2018 年宁夏社会融资规模增量中，人民币贷款占宁夏融资的比例高达 85%以上，其他融资方式发挥的作用甚微。企业的融资模式决定了企业债务融资结构和期限结构受银行信贷政策的影响较大，而银行信贷政策恰恰是国家宏观经济政策落实渠道之一。因此，宁夏部分落后产能、过剩产能、僵尸企业都遇到了银行抽贷和流动资金不足的双重困难。此外，企业获得银行贷款的条件之一是还清银行贷款，在企业面临短期资金周转困难时，就会诉诸民间担保借贷，获得“过桥资金”还清银行贷款，然后才能再次从银行获得贷款，由此形成了宁夏企业之间互相担保的债务资金链，一旦其中一家企业资金链断裂，极易引发有债务债权关系和担保关系的企业的债务风险，由金融系统的债务杠杆作用，将企业债务风险传导至金融系统，引发局部金融风险。

2013—2018 年宁夏社会融资规模增量表

单位：亿元

年份	总额	人民币贷款	外币贷款(折合人民币)	委托贷款	信托贷款	未贴现银行承兑汇票	企业债券	非金融企业境内股票融资
2013	664	568	6	67	0	-32	16	2
2014	842	654	-8	77	0	-12	78	27
2015	503	540	2	56	0	-152	26	6
2016	530	550	-5	32	0	-138	27	48
2017	865	665	-2	49	0	119	-8	15
2018	471	438	-2	-2	0	-149	49	0

注：本表数据来源于中国人民银行网站，其中 2018 年的数据为前三季度数据。

（二）产业政策的银行信贷传导作用突出

银行的信贷传导机制作用突显。宁夏正处于工业化发展的初级阶段，在推进供给侧结构性改革、建立现代化经济体系的进程中，宁夏企业正处于转型发展的初期，新兴产业还没有发展起来，落后产能、僵尸企业、过剩产能还没有退出市场，导致 2018 年以来的投资出现了断崖式滑坡，经济增长乏力。在落实去产能政策方面，银行严格控制和压缩对产能过剩行业的信贷投放，煤炭钢铁行业贷款增速放缓，低于全部贷款增速。截至 2018 年 10 月末，全区金融机构人民币贷款余额 6787 亿元，同比增长 8.5%；全区金融机构人民币各项存款余额 6093 亿元，同比增长 3.1%。从期限来看，其中，短期贷款下降 3.2%，中长期贷款增长 11.6%，票据融资增长 37.1%。重点支持了银川至百色高速公路、吴忠至中卫城际铁路、银川市综合地下管廊等重大项目建设。[①]从贷款投向来看，基础设施投资获得贷款的比例周期较长，新经济发展在贷款投向方面表现一般，工业贷款和单位经营性贷款呈现回升态势，农业贷款和小微企业贷款均有增长。

①数据来源于宁夏回族自治区统计局。

（三）企业管理模式落后于现代市场经济发展需求

企业管理模式落后是导致企业债务风险的重要因素。传统的经营管理模式已经与现代市场经济发展规律不符合，尤其是民营企业和家族企业，在企业管理方面存在诸多漏洞，特别是企业财务风险防控和投资决策方面，没有科学的结构和决策方式，导致很多民营企业发展到一定阶段就进入瓶颈期，无法继续扩大规模，更有甚者，不调查市场行情，盲目进入新的领域，扩大规模，更新产品，导致投资失败，企业陷入财务危机。新的投资无法盈利，旧有的业务由于流动性短缺而不能继续维持原有的生产，从而使企业陷入半瘫痪状态。一方面，需要偿还银行高额的贷款和利息；另一方面，盈利能力下降，还债负担沉重，只能通过缩减业务、压缩生产规模的方式进行资金周转，或者诉诸民间借贷，为以后的债务危机埋下隐患。

三、宁夏企业债务风险防范的措施

在新旧动能转换、构建现代化经济体系的进程中，淘汰落后产能、优化经济结构已经成为一种必然趋势，以资金、劳动力、资源等要素驱动经济发展的方式已经难以为继，必须大力实施创新驱动战略，以创新增效来完成经济转型升级，增加企业盈利，减少企业债务。宁夏防范化解企业债务风险要以习近平新时代中国特色社会主义思想为指导，加强党对经济工作的领导，做好防范化解重大风险的工作，以预防为主，在经济转型升级的动态进程中，防范化解经济风险。

（一）建立宁夏企业债务风险监测预警机制

加强组织领导，组建银行业金融机构债权人委员会，化解企业债务风险。根据企业债务情况，分类治理金融市场风险，根据不同市场主体的实际情况，采取灵活的差异化措施。对于可以继续生产、有能力转型发展的企业，可进行债务重组，适当给予支持，帮助其渡过难关；对于无法继续生产经营的企业，以市场化的方式，令其尽快退出市场；对于不法分子控制的金融集团，要采取强制措施；对于债务链条交叉，需用审慎的态度，采取缓慢调理的方式，对债务和资产进行重组，预防发生系统性金融风险。市场经济下企业债务违约十分正常，企业负债经营也是市场经济发展的特点，在企业去杠杆的时候，应该注意遵循市场规律，以结构性去杠杆为思路，对于僵尸企业、长期亏损、失去清偿能力的企业要坚决退出，对于由于市场波动，暂时出现经营困难的企业，要采取积极措施，加强多方面沟通，帮助其渡过难关。

建立宁夏规模以上工业企业债务动态监测机制。在规模以上工业企业中开展企业债务摸查，先由机构和企业自查，再由监管部门检查，逐步摸清企业负债情况以及企业互保债务链嵌套的情况，开展宁夏企业债务风险压力测试，定期将企业资产负债率、流动负债比、流动比率上报相关部门，一旦超出警戒线，立刻进行多方面干预，有效遏制风险积累。做好金融风险爆发后的风险应对防备，提升风险抵抗能力，对于可能影响全局和整体性的风险，要及时处理。同时，应严格控制银行向产能过剩企业信贷投放，防止企业新增债务。

（二）以债务重组的方式化解企业债务困境

债务重组是化解企业债务危机最有效的方法。债务重组是指债权人在债务人发生财务危机和困难的情况下，债权人按照其与债务人达成的协议或者法院的裁定作出让步的行为。适用于债务重组的企业一般具有良好的资产可以抵销部分债务，针对需要进行债务重组的企业债务进行资产重估，确定其对于企业的当前价值，然后才可进行债务重组。债务重组通过调整企业的债权债务关系，促进企业制度创新，优化企业资产结构和产权结构，重建市场运行的微观基础，使企业形成自我调整资产负债水平的机制，提高社会资源的配置效率，对债权人和债务人而言，是一种双赢的举措。企业通过债务重组，能够有效地降低企业资产负债率，缓解企业面临的财务困境，为企业的重新发展提供机会，并且能够改变债权人的资产结构，帮助债权人维护客户关系，还可以最大限度地回收债权。企业债务重组的运用在债权人资产的保护、权利的发挥以及企业得以继续经营等方面都发挥着十分重要的作用，其重要性对企业的发展不言而喻。

（三）适当释放局部债务风险

以结构性去杠杆为思路，通过市场化方式解决部分僵尸企业债务风险，适当释放无法处置的企业债务，让僵尸企业尽快退出市场，给新经济发展腾挪空间和资源。制定僵尸企业退出机制，在法规、政策、资金方面给予适当的支持，尤其是企业债务处理安置机制，让其尽快退出市场。对于无法处置的企业债务，需以市场机制进行淘汰和退出，适当释放部分债务风险，确保整体金融体系健康有序运行，防止发生系统性金融风险。

（四）拓宽企业融资渠道

一是构建多层次资本市场体系，拓宽企业融资渠道。资本市场体系建设是市场经济发展到一定阶段的产物，是经济发展的内在需求，构建多层次资本市场体系是宁夏经济发展的必然趋势，也是满足宁夏企业融资、建立健全金融市场运行机制的必然要求。近年来，我国多层次资本市场体系发展迅速，为企业融资提供了更多的可能性，但是，宁夏企业从国内资本市场获得融资的寥寥无几，长期以来形成的以银行贷款为主要融资渠道的融资模式没有得到根本性转变，宁夏企业对银行贷款依赖性高，企业融资渠道单一，从一定程度上限制了宁夏企业的发展。宁夏企业从资本市场融资难的主要原因在于企业自身的条件不符合资本市场标准，所以应该加强对企业的辅导，从公司治理结构、企业财务管理等体制机制方面入手，建立完善的现代企业制度。同时，加强对宁夏企业关于资本市场融资、资本市场法律规范等的专业培训，定期组织宁夏企业到发达地区的大型国有企业学习取经，建立科学合理的企业组织和企业文化，加强企业金融高端人才引进和培养力度，积极引导宁夏企业进入资本市场进行融资，利用现代市场经济的资本手段，服务企业发展的资金需求。

二是充分发挥宁夏现有的融资平台，服务企业发展融资需求。加强法律法规建设，进一步规范政府融资平台运营管理，健全化解融资风险防控机制，降低融资平台、产业引导基金的利率水平，切实解决企业融资贵的问题，助推中小企业直接融资。拓宽融资服务，切实保障自治区企业转贷资金、贷款保证保险、小额票据贴现、融资租赁补贴等政策的落实，做好政策宣传和解读，保障符合条件的企业能够享受到政策的优惠。扩大非公有制企业受益面，发挥自治区小微企业应收账款融资专项行动的作用，开展好小微企业金融知识普及宣教活动，服务好小微企业。推进金融改革创新，以点带面，实现聚集扩散效应，将银川市培育成为宁夏金融中心，大力实施“引金入银”，重点推进银川新丝路银行的筹建工作，积极争取寿险、信托、证券、金融租赁等金融牌照。进一步引进知名金融机构、保险公司、证券公司、期货公司、私募股权投资机构在银川市设立分支机构，构建以银川市为中心的宁夏金融中心，在业务层面可根据宁夏经济和企业发展的实际需求，开展金融服务，将金融服务落到实处。继续发挥产业基金作用，壮大基金规模，撬动更多的社会资本支持宁夏产业转型升级。继续做强西部担保，进一步升级担保模式，构建核心竞争力，增强把控风险的能力，继续做好企业云服务，提高对中小企业的服务质量。继续做强助贷机构、国有融资担保机构，降低企业融资成本，持续推进各县（市、区）资本运营平台建设，做好地方产业集群打造。

（五）以创新发展提升企业盈利能力

一是企业创新增效是减少企业债务的根本出路。在现代化经济体系的建设进程中，只有不断地提升企业的生产经营能力、创新水平才是解决企业生产发展困境的唯一出路。在现代化经济体系构建的过程中，宁夏正处于新旧动能转换的初期，部分传统企业需要退出市场，但是，由于历史发展问题和企业债务问题，一些传统企业存在退出市场难的问题，给经济发展带来了很多困境，也使得新经济成长空间不足。在经济高质量发展和现代化经济体系建设的背景下，只有不断地进行体制机制创新、科学技术创新、生产工艺创新、经营管理模式创新、产品创新等才是企业自身自救的有效方式，要加快企业转型升级和腾笼换鸟，应该积极转变经济增长动能，通过创新增效，提高企业效益，从而达到企业转型升级与企业债务消减的目的。同时，在企业财务管理、现代企业制度建设、产品研发、技术提升、工艺流程等方面进行创新，特别是需要以质量、品牌提升企业的竞争力，通过企业盈利能力提高降低企业债务风险。

二是积极推进企业建立和完善现代企业制度。建立和完善现代企业制度，进一步加强企业内部财务风险防控措施的培训，减少由于企业制度漏洞、财务管理不专业导致的企业债务增加和盲目扩张问题。现代企业制度是指以市场经济为基础，以企业法人制度为主体，以公司制度为核心，以产权清晰、权责明确、政企分开、管理科学为条件的新型企业制度。现代企业制度是市场经济发展到一定阶段的产物，是社会化大生产、商品流通交易的保障，也是市场经济发展的内在要求。产权清晰、权责明确、政企分开、管理科学是现代企业制度的基本特征，法制是市场经济的重要特征之一。现代企业制度要求权责分明、产权清晰、管理科学，就是要求企业按照市场经济规律进行生产经营，按照法律规范进行管理。企业是市场经济的微观主体，经济高质量发展、现代化经济体系的建设落脚点都在企业发展方面，应该从微观主体企业的管理制度入手推进企业转型升级，从制度层面解决企业发展中财务管理不符合经济规律的问题，从公司制度入手解决企业投资生产决策不科学的问题，尤其是民营企业和家族企业，要积极推动进行公司治理结构的改革，以科学管理晋级企业发展转型，大力推动现代企业制度改革，杜绝由于企业内部管理混乱而导致的企业债务风险。

三是加强企业财务风险防控的专业化培训。宁夏企业债务风险的形成，除了有宏观经济环境的影响外，企业自身的投资决策、财务风险防控能力弱也是促成企业经营困难的主要原因之一，尤其是在企业扩张阶段，资金需求量大、债务成本增加、流动资金不足等，容易导致企业生产经营困难，形成债务违约风险，影响企业进一步发展。企业财务管理是一项专业性非常高的工作，需要专业会计公司进行风险预估，尤其在企业扩张阶段，对流动资金需求大，如果经营不善，容易导致企业由资金链断裂而引起债务违约风险。宁夏应该加强对企业财务风险防控的专业化培训，加强公司治理结构的培训，建立现代企业制度，完善企业决策机制，以有效的财务管理制度、公司决策机制防控债务风险。

参考文献：

[1] 中国人民银行银川中心支行货币政策分析小组.宁夏回族自治区金融运行报告,2018.

[2] (英)基思·皮尔比姆,国际金融[M].汪洋译,北京:机械工业出版社,2015.

[3] 钟宁桦,刘志阔,何嘉鑫,苏楚林.我国企业债务的结构性问题[J].经济研究,2016(07).

[4] 陆婷.中国非金融企业债务:风险、走势及对策[J].国际经济评论,2015(05).

[5] 赵卿.曾海舰,国家产业政策、区域金融发展与企业债务期限结构[J].经济与管理评论,2016(02).

[6] 鲍长生. 新常态视域下企业债务危机形成的机理、症结与治理研究[J].华东经济管理,2017(07).

宁夏“降成本30条”落实情况调研报告

马红波　尹冠男

降低实体经济企业成本，是党中央、国务院为有效缓解实体经济企业困难、助推企业转型升级作出的重要决策部署，也是自治区振兴实体经济、打造西部地区转型发展先行区的重要举措。2017年年初，自治区政府以1号文件形式出台《关于降低实体经济企业成本的实施意见》（简称“降成本30条”），从降低用电成本、融资成本、物流成本、税费和制度性交易成本、人工成本、支持园区和企业挖潜增效等6个方面提出了30条政策措施。为推动这一政策落到实处，促进全区经济的高质量发展，自治区政协组织对“降成本30条”落实情况开展了监督性调研，并召开民主监督专题协商会，现将调研情况报告如下：

一、宁夏降成本政策贯彻落实情况

实施“降成本30条”一年多来，自治区政府建立降成本联席会议机制，各厅局、各市县陆续出台《工业企业贷款风险补偿资金管理暂行办法》《中小企业转贷管理暂行办法》《关于提高企业先进设备担保抵押贷款比例的通知》《物流业降本增效专项行动实施方案（2017—2018年）》《关于促进民间投资发展的政策措施》等降成本配套政策。

作者简介：马红波，宁夏政协经济委员会办公室主任；尹冠男，宁夏政协经济委员会办公室副调研员。

自治区经济和信息化委员会认真履行牵头部门职能，有关单位积极配合，解决了一些多年未解决的矛盾和难题，确保了降成本政策有效落实，使企业在成本管理变革中得到了较多的实惠。据经济和信息化委员会统计，2017 年，全区降低实体经济企业成本 85 亿元。在“降成本 30 条”等相关政策有力拉动下，2017 年全区规模以上工业增加值增长 8.6%，全年规上工业企业实现利润总额 152.1 亿元，同比增长 22.3%。2018 年 1—6 月，全区降低实体经济企业成本 38 亿元。

从调研情况看，“降成本 30 条”中贯彻落实的有 15 条，如宁夏已取消 28 个政府还贷普通公路收费站，对困难企业减免城镇土地使用税等政策落实到位。基本落实或部分落实的有 14 条。如在增强工业企业融资担保能力中新型工业化专项担保基金已由 2 亿元增加至 3 亿元，但与原定 5 亿元的国家专项建设担保基金还差 2 亿元；又如，为改善中小企业融资环境，自治区财政 2017 年计划筹资 10 亿元，综合运用担保抵押、信用保险等融资增信措施，对符合条件的项目和企业给予基准利率贷款支持，2017 年实际向合作银行配比风险保证金 5.68 亿元。因资金不到位未落实的有 1 条，主要是提供私募债券发行增信，原定 5000 万元的偿债专项资金未设立。

二、存在的问题

（一）降低企业用电成本政策效应递减

由于煤价上涨，火力发电企业亏损，电力直接交易优惠力度大幅下降。用电企业直购电占比下降，购电优惠从 0.13 元降到最低 0.003 元，加上 2016 年年初实施的每度电 0.023 元的补贴电价在 2017 年年底取消，对企业形成新的压力。同时，电力体制改革推进较慢，6 个增量配电业务试点依然处于项目规划编制和批复阶段，改革力度小于企业预期；售电侧改革对降低企业电费成本作用不明显；电网公司对诚信用电企业实行旬末结清制未完全落实到位，多数企业仍采取预交电费的办法。

（二）降低企业融资成本政策普惠面不宽

一是在当前防控金融风险大环境下，金融机构加大风险管控力度的举措与降低企业融资成本的政策意愿相左，使政策难以落实。如：企业贷款到期需先还贷再续贷，部分企业因银行断贷、压贷导致资金链断裂；对企业流动资金贷款到期可直接续贷政策，全区只有黄河农村商业银行、宁夏银行执行，其他国有商业银行均没有执行。二是政策准入门槛高，惠及面窄。如：新型工业化贷款贴息要求企业贷款额度必须在1000万元以上，多数企业因门槛高不能享受。三是政府支持的担保公司资金规模太小，担保手续繁琐，融资额度小，反担保要求严苛。四是企业对私募债市场认识不足，私募债偿债专项基金管理办法和基金还未落实到位，企业融资渠道单一。调研问卷显示，73.96%的企业存在融资难问题，其中76.6%的企业主要融资渠道是银行，所有填写调查问卷的企业均未发行私募债券。

（三）部分降低物流成本政策与企业实际需求不符

目前，宁夏普通公路收费站已全部取消，减半征收运输通行费政策已不再需要；大部分农产品出口企业以委托代理出口为主，货物内陆运输费用由产品生产企业承担，海关出具的单据却是出口代理机构，生产企业无法享受出口货物内陆运输补贴；物流公共信息服务平台建设滞后，汽车运力与货源不能有效衔接，单程空驶率高，拉高了物流成本。

（四）降低税费和制度交易性成本政策有待完善

一是由于抵扣链条不足，物流行业营改增后税负率不降反升。周边省市在实际操作中降低税率，致使宁夏物流业税源大量流失。二是电费、水费及天然气费补贴政策门槛高，小微企业难以享受。三是《中华人民共和国环境保护税法》《中华人民共和国环境保护法实施条例》实行后，环保部门不再征收排污费，减半征收排污费政策已不适用。四是一些企业对国家优惠政策和扶持项目理解不透，致使政策没有发挥作用。如：《关于完善固定资产加速折旧企业所得政策和通知》（财税〔2014〕75号）第二条规定："对所有行业企业2014年1月1日后新购进的专门用于研发的仪器、设备，单位价值不超过100万元，允许一次性计入当期成本费用在计算应纳税所得额时扣除不再分年度计算折旧；单位价值超过100万元的，可缩短折旧年限或采取加速折旧"政策，全区无一家企业备案享受。

（五）降低人工成本政策与企业实际需求有差距

一是"五险一金"捆绑缴费未考虑企业用工的多样性、灵活性和季节性农民工等实际。五险合一后，企业社保缴费大幅增加，为降低成本，一些企业寻求用商业保险解决职工保险问题，造成企业保费增加和有些市县社保机构收费下降的局面。同时，由于全区国有单位（特别是电力、煤炭、金融等）占比大、工资高，造成统计社平工资远超企业特别是非公企业的实际水平。全区城乡居民人均收入排全国第22位，可社平工资排全国第8位，抬高了企业用人成本，降低了区域竞争力。二是企业职业培训补贴政策，考核、鉴定程序较繁琐，多数培训费不能直接到企业，导致企业组织员工参加培训的积极性不高。三是受企业不愿申报或申报难度过高等影响，规范和阶段性适当降低住房公积金缴存比例或缓交政策成效不明显。

（六）部分工业园区公共基础设施建设不完善

多数工业园区污水处理设施和配套公共管网建设滞后，比如有企业反映望远工业园区污水处理能力只有2万吨，远不能达到企业排污需求。部分工业园区根据环保部门要求取缔了20蒸吨以下锅炉，但园区公共热源和蒸气供应不足，影响了企业正常生产，增加了企业燃料成本。

三、进一步降成本的对策建议

（一）把降低企业成本作为提高区域竞争力的长期任务来抓

在经济新常态下，市场竞争越来越与区域竞争紧密相关。区域竞争力是一个区域对资源的吸引力和市场的争夺力，也是支撑一个区域持久生存和发展的力量。当前，宁夏正处于经济转型发展、新旧动能转换的阵痛期，工业发展面临着诸多困难与挑战，在各地都推出降低实体经济企业成本政策措施的背景下，建议自治区把降低实体经济企业成本作为提高区域竞争力的基本点，长期不懈地抓下去，特别是要结合深化供给侧结构性改革，加强政策的协调性，加大降成本力度，在普惠性和重点扶持两个方面发力，以“三个100”项目和60户骨干龙头企业为重点，千方百计帮助市场竞争主体，千方百计帮助企业提升竞争力，促进经济高质量发展。

（二）对政策及时进行评估、完善和调整

宁夏财力有限，提高政策的执行力，充分发挥支持资金的效能，精准

施策尤为重要。建议由自治区经济和信息化委员会牵头，对政策落实一年多来的情况逐条进行评估。对企业认为效果显著的，如财政配比风险保证金的做法，应继续给予支持；对需要调整完善的及时调整完善，如计划设立的偿债专项资金应尽快设立，5亿元的国家专项建设担保基金差额部分应尽快到位，将设备贷款抵押比例调整到实际能够达到的比例；对已不适应当下有关规定的减半征收排污费和运输通行费等政策，应明确放弃；对实践证明效果不好的，将资金调整到其他支持领域。

（三）多管齐下降低实体企业电力成本

当前，降低电力成本主要有降低煤价、降低输配电价、提高电压等级三条有效渠道。建议：一是尽快打通外煤进宁的铁路运输通道，拓宽外煤入宁渠道，满足市场需求，打破行业垄断，促进市场竞争，为发电企业参与电力直接交易创造条件。二是争取通过新一轮核算降低输配电价。宁夏电网第一个监管周期（2016—2018年）输配电价已到期，新一轮输配电价核定窗口已经打开。自治区发改委、经信委、物价局要依照国家和自治区相关规定，严格核定输配电成本。按相关要求，准许成本和准许收益的构成要及时向社会公布，输配电价的形成应该向社会听证，接受社会监督。三是制定优惠政策，鼓励企业通过提升电压等级降低用电成本。

（四）继续解决好企业融资难问题

一是建议政府增加国有融资担保机构注册资本金，增强其担保融资和抗风险能力，重点发挥好自治区两大担保机构作用。国有融资担保企业要规范操作流程，切实加强管理，严格防范风险，加快构建统一协作的融资担保协作机制。二是整合全区现有各类风险补偿资金或基金，统一设立自治区担保代偿风险补偿基金，促进资金渠道多元化，形成风险共担的融资体系，切实帮助企业解决短期融资、倒贷困难。三是加快征信体系建设，支持金融部门依托企业信用开发无抵押、不担保的金融产品。政府通过建立贷款风险补偿机制，实现政银企风险共担。四是全面推行企业债权人委员会建设工作，由银监局牵头，金融工作局负责，从根本上防止有的银行抽贷、断贷以及个别企业过度贷款融资问题，防范企业金融风险。五是选择合适的企业开展债转股试点，通过市场化债转股推动企业的业务重组和组织重构，真正促进企业提质增效。

（五）帮助企业解决有关政策落实和进一步完善的问题

一是要加大政策宣传解读，建立企业负责人参与政府决策和听证制度，让出台的政策更接地气、更具执行力。二是建议加大对企业负责人的职业技能培训补贴力度，把民营企业家纳入国家培训体系；细分对企业用工人员的培训，特殊工种可集中到公司进行一次性培训和考试，对企业普通员工内部培训给予奖励补助。三是相关部门应对企业捆绑式缴纳“五险一金”进行评估，在听取企业意见的基础上灵活评估，更符合企业的实际，同时对全区社平工资因国有单位占比多，明显高于一般非公企业的情况进行深入分析，建议统计部门建立非公单位平均工资统计指标体系，逐年降低企业“五险一金”缴费基数。四是切实推进工业园区整合，进一步深入推动园区低成本改造，加大市、县工业园区低成本化改造专项资金规模，尽快实现园区公共配套和服务全覆盖。

节能减排背景下宁夏物流业碳排放特征研究

王　瑜　尹钰茗

加快发展现代物流业，对于转变经济发展方式、调整产业结构、改善投资环境、增强经济竞争力、实现宁夏经济社会跨越式发展具有十分重要的战略意义。随着供给侧结构性改革持续推进，物流降本增效措施有效落实，降低物流费用工作成效逐渐显现，社会物流运行质量和效益稳步回升。

2018 年 1—10 月，全区完成社会物流总额 5274.68 亿元，同比增长 14.8%，增速较上年同期回落 5.7 个百分点。其中：农产品物流总额 378.62 亿元，同比增长 7.4%；工业品物流总额 3482.8 亿元，同比增长 16.7%；批发业物流总额 1344.68 亿元，同比增长 14.9%；进口货物物流总额 54.82 亿元，同比下降 27.2%；单位与居民物品物流总额 13.76 亿元，同比增长 4.4%。完成货运量 33342.45 万吨，同比增长 0.4%。其中：铁路货运量完成 5846.44 万吨，同比增长 10.4%（国家铁路完成货运量 2137.9 万吨，同比下降 5.4%；地方铁路完成货运量 3708.54 万吨，同比增长 22%）；道路货运量完成 26502 万吨，同比下降 1.9%；航空货运量完成 1.98 万吨，同比增长 49.9%；管道货运量完成 992.03 万吨，同比增长 10.3%；快递货运量完成

作者简介：王瑜，教授，管理学博士，北方民族大学中国少数民族经济硕士生导师，研究方向为物流与供应链管理；尹钰茗，北方民族大学中国少数民族经济硕士研究生。

5271.3万吨，同比增长78.6%。完成货运周转量5730317.83万吨公里，同比下降12.4%。其中：完成铁路货运周转量1880831.9万吨公里，同比下降9.4%（国家铁路货运周转量完成1707028.9万吨公里，同比下降10.9%；地方铁路货运周转量完成173802.995万吨公里，同比增长9.1%）；道路货运周转量完成3332515.46万吨公里，同比下降16.7%；航空货运周转量2641.54万吨公里，同比增长34.7%；管道货运周转量514328.93万吨公里，同比增长11.7%。

《宁夏回族自治区物流业“十三五”发展规划》明确提出，倡导绿色低碳技术，鼓励和引导物流企业使用光伏、风能等清洁能源和节能环保技术装备、仓储设施、新能源运输车辆等，大力推广共同配送、多式联运、甩挂运输等先进运输组织方式。建立逆向物流体系和资源回收利用制度，鼓励企业开展与再生资源回收、加工处理等有关的物流活动。要着眼发展低碳经济，以降低物流业资源消耗为重点，构建节能高效、绿色环保的现代物流服务体系。到2020年，物流业碳排放量将有所下降，并初步建立起节能高效的物流运作模式，但物流业相关行业能耗将依然巨大。本文对宁夏物流业碳排放量进行测算，并对其影响因素进行分析，为宁夏相关部门制定物流业节能减排政策提供理论支持，同时为宁夏物流企业的低碳化发展决策提供依据。

一、宁夏物流业能源消费现状

物流业是一个复合型产业，作为一个生产性服务业，具有跨行业、跨部门、跨区域和渗透性强等特点。目前，国家尚未建立成熟、统一的指标体系和统计核算方法。根据国家统计普查中心的统计方法，交通运输、仓储和邮政业可用于代表物流业，因此，可利用宁夏交通运输、仓储和邮政业主要能源消耗数据进行相关分析与计算。表1给出2005—2017年宁夏物流业的能源消费量及比重。

表 1　2005—2017 年宁夏物流业能源消费量（折算标准煤）及比重

单位：万吨标准煤、%

年份	原煤		汽油		煤油		柴油		天然气		电力		能源消费总量
	消耗量	比重	消耗量	比重	消耗量	比重	消耗量	比重	消耗量	比重	消耗量	比重	
2005	12.13	14.9	11.87	14.6	1.98	2.4	50.65	62.3	0.15	0.2	4.52	5.6	81.3
2006	12.77	13.8	8.29	8.9	2.23	2.4	64.57	69.7	0.01	0.0	4.76	5.1	92.63
2007	13.35	13.7	7.34	7.5	2.79	2.9	68.99	70.8	0.1	0.1	4.91	5.0	97.48
2008	4.1	4.5	8.23	9.0	3.11	3.4	69.96	76.9	0.21	0.2	5.34	5.9	90.95
2009	6.42	7.4	6.02	6.9	4.2	4.8	62.9	72.3	1.62	1.9	5.89	6.8	87.05
2010	6.75	6.7	6.39	6.3	5.13	5.1	75.54	74.7	0.82	0.8	6.43	6.4	101.06
2011	6.2	6.2	5.76	5.8	6.55	6.6	72.18	72.6	1.73	1.7	7.02	7.1	99.44
2012	6.43	6.2	5.48	5.3	7.31	7.1	74.16	71.8	2.33	2.3	7.59	7.3	103.3
2013	5.23	5.0	5.48	5.2	0	0.0	84.66	80.2	2.45	2.3	7.7	7.3	105.52
2014	4.82	4.4	4.62	4.2	0	0.0	89.92	82.1	2.75	2.5	7.48	6.8	109.59
2015	4.82	4.4	6.1	5.5	0	0.0	89.42	80.8	3.25	2.9	7.11	6.4	110.7
2016	5.12	4.5	8.1	7.1	0	0.0	91.42	79.8	2.59	2.3	7.32	6.4	114.55
2017	5.38	4.37	8.2	3.67	0	0.0	92	74.8	3.1	2.52	7.33	5.96	123.01

资料来源：历年《中国能源统计年鉴》。

由表 1 可以看出，2005—2017 年，宁夏物流业能源消耗总量整体上具有波动性上升的特征，除 2008 年、2009 年和 2011 年外，其余年份的能源消费总量均有所增长，2017 年宁夏物流业能源消耗总量达 123.01 万吨标准煤，为 2005 年能源消耗总量的 1.51 倍。六种能源中，柴油的消耗量一直最大，天然气的消耗量最小。其中，电力消耗量一直处于稳定上升趋势，从 2005 年的 4.52 万吨标准煤增长到 2017 年的 7.33 万吨标准煤，增长了 1.62 倍，比重由 5.6%上升到 5.96%；原煤的消耗量总体上处于下降趋势，从 2005 年的 12.13 万吨标准煤减少到 2017 年的 5.38 万吨标准煤，比重由 14.9%下降到 4.37%；天然气的消耗量总体呈上升趋势，从 2005 年的 0.15 万吨标准煤增长至 2017 年的 3.1 万吨标准煤，增长了 2.95 万吨标准煤，比重由 0.2%增加到 2.52%。

二、宁夏物流业碳排放规模测算

目前，我国还没有建立统一完善的碳排放监测体系，直接碳排放量监测数据还有待计算体系的形成。鉴于难以直接获取物流业的二氧化碳排放量，必须通过间接测算获取碳排放量。二氧化碳的排放主要是来源于化石燃料的消耗，依据物流业对各种能源的消耗，可计算出二氧化碳排放量。

按照联合国政府间气候变化专门委员会（IPCC）提供的估算方法，即《2006 年 IPCC 国家温室气体清单指南》中提供的公式，碳排放量主要来源于化石燃料的燃烧。因此，国内外的碳排放量测算都是由能源消耗量估算而来，测算公式为：

$$C=\sum_{i=1}^{6}, \quad C_i=\sum_{i=1}^{6} E_i \theta_i \delta_i, \cdots \qquad (1)$$

式中，C 为碳排放总量，E_i 为第 i 种能源消费量，θ_i 是第 i 种能源的折标准煤参考系数，δ_i 为第 i 种能源的碳排放系数。这里将能源消耗种类划分为煤炭、汽油、柴油、煤油、电力、天然气等 6 种能源。同时考虑到宁夏的电力供应主要依靠火力发电，所以电力因素也不能忽略。对估算公式中的各种能源碳排放系数 Pi，我国目前并没有确定统一的换算标准，笔者参考了国家发展和改革委员会能源研究所公布的数据，并结合《综合能耗计算通则》（GB /T 2589—2008）中各种能源的碳排放系数。①

根据式（1）和历年《中国能源统计年鉴》中的能源消耗等数据，测算出 2005—2017 年宁夏物流业碳排放量（见表 2 和图 1）。物流活动涉及社会经济诸多方面，目前能代表物流业数据的指标未得到统一确定，因此参考相关研究，主要以交通运输、仓储与邮政业（不含电信业）增加值作为代表物流业发展水平的指标。

①本文测算的能源碳排放系数分别为：煤炭 0.7552kgC/kgce、原油 0.5854kgC/kgce、汽油 0.5532kgC/kgce、煤油 0.5737kgC/kgce、柴油 0.5913kgC/kgce、天然气 0.4479kgC/kgce、电力 0.1229kgce/（kW·h）。

表 2　2005—2017 年宁夏物流业增加值与物流业碳排放量数据

年　份	碳排放量(万吨标准煤)	增加值(亿元)	占当年 GDP 比重(%)
2005	62.17	64.91	7.7
2006	71.59	50.46	7.3
2007	75.45	55.56	7.7
2008	72.45	93.29	8.5
2009	67.82	114.77	8.6
2010	79.47	145.17	8.2
2011	77.71	174.10	8.4
2012	80.44	196.49	7.7
2013	82.65	198.39	7.2
2014	86.31	198.92	6.9
2015	87.29	200.66	6.5
2016	90.44	205.75	7.7
2017	90.92	220.3	6.4

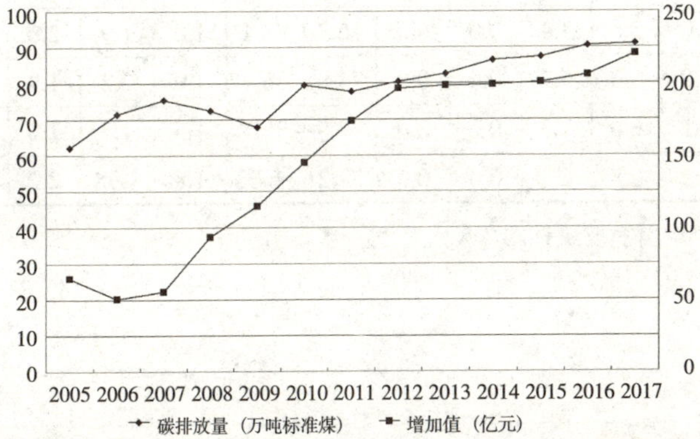

图 1　2005—2017 年宁夏物流业增加值与物流业碳排放量趋势

由表 3 和图 2 可看出，2005—2017 年，宁夏物流业的能源碳排放总量与能源消费总量变化趋势相似，呈现波动性增长，除 2008 年、2009 年和 2011 年外，其余年份的碳排放总量均有所增长。分阶段看，碳排放总量在 2005—2007 年增长较快，2008—2009 年有所下降，且下降比较明显，其他时期处于稳步增长状态。6 种能源中，柴油的碳排放量最大，占碳排放总量的 80%以上；汽油的碳排放量次之，比重由 2005 年的 15.6% 减少到 2017 年的 6.4%；原煤的碳排放量降幅最大，比重由 2005 年的 10.5% 减少到 2017 年的 3.2%；天然气的碳排放量虽然最少，但是呈现逐年增长的趋势，2017 年碳排放比重增长到 1.98%。

表 3　2005—2017 年宁夏物流业能源碳排放量（折算标准煤）及比重

单位：万吨标准煤、%

年份	原煤		汽油		煤油		柴油		天然气		电力		能源碳排放总量
	碳排放量	比重	碳排放量	比重	碳排放量	比重	碳排放量	比重	碳排放量	比重	碳排放量	比重	
2005	6.6	10.5	9.7	15.6	1.7	2.7	43.0	69.1	0.1	0.1	1.2	2.0	62.2
2006	6.9	9.6	6.8	9.4	1.9	2.6	54.8	76.5	0.0	0.0	1.3	1.8	71.6
2007	7.2	9.6	6.0	7.9	2.4	3.1	58.5	77.6	0.1	0.1	1.3	1.8	75.5
2008	2.2	3.1	6.7	9.3	2.6	3.6	59.3	81.9	0.1	0.2	1.5	2.0	72.5
2009	3.5	5.1	4.9	7.2	3.5	5.2	53.4	78.7	1.0	1.4	1.6	2.4	67.8
2010	3.6	4.6	5.2	6.6	4.3	5.4	64.1	80.6	0.5	0.6	1.8	2.2	79.5
2011	3.4	4.3	4.7	6.0	5.5	7.1	61.2	78.8	1.0	1.3	1.9	2.5	77.7
2012	3.5	4.3	4.5	5.6	6.2	7.6	62.9	78.2	1.4	1.7	2.1	2.6	80.4
2013	2.8	3.4	4.5	5.4	0.0	0.0	71.8	86.9	1.5	1.8	2.1	2.5	82.7
2014	2.6	3.0	3.8	4.4	0.0	0.0	76.3	88.4	1.6	1.9	2.0	2.4	86.3
2015	2.6	3.0	5.0	5.7	0.0	0.0	75.8	86.9	1.9	2.2	1.9	2.2	87.3
2016	2.8	3.1	6.6	7.3	0.0	0.0	77.5	85.7	1.5	1.7	2.0	2.2	90.4
2017	2.9	3.2	5.8	6.4	0.0	0.0	78.2	86.02	1.8	1.98	2.2	2.4	90.9

资料来源：历年《中国能源统计年鉴》。

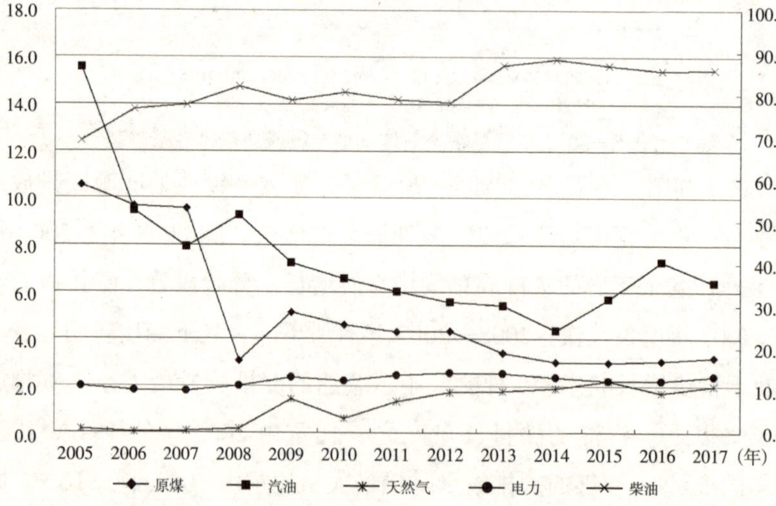

图 2　2005—2017 年宁夏能源碳排放量占总碳排放量比重（单位：%）

三、宁夏物流业的碳排放强度

为了深入考察宁夏物流业的经济发展与能源消耗之间的关系，本文引入了碳排放强度。碳排放强度主要是指在一定时间内单位产值增加所带来的 CO_2 排放量，它通常反映了经济发展对能源消耗的依赖程度。当然，碳排放强度受到技术水平、能源结构、经济发展等诸多因素的影响，碳排放强度越低并不直接表明物流企业发展得越好或是运作效率越高，它需要结合物流企业的碳排放总量、生产总值等综合分析才能决定。碳排放强度的计算公式为：$Q_i=C_i/G_i$。式中，Q_i 为第 i 年物流企业的碳排放强度，C_i、G_i 分别表示第 i 年物流企业的碳排放总量和生产总值。为了消除生产总值受价格波动因素的影响，以 2005 年为基期计算了历年来宁夏物流企业的可比价格产值，得到了 2005—2017 年宁夏物流企业的碳排放强度变动趋势。

从图 3 来看，宁夏物流企业的碳排放强度与段向云（2013）研究所得的全国物流企业的碳排放强度平均水平基本一致。从变化规律看，宁夏物流业碳排放强度呈现出先上升后下降中间略有小幅度波动的总体下降趋势。具体来说，宁夏物流业碳排放强度的变化同样是以 2008 年为分界点的，这与本文碳排放总量研究中的阶段划分相一致。在宁夏物流企业发展的平稳期（2005—2008 年），碳排放强度有较明显的缓慢下降趋势，而在物流业发展的增长期（2009—2017 年），虽然在 2012 年时有小幅震动，但整体上

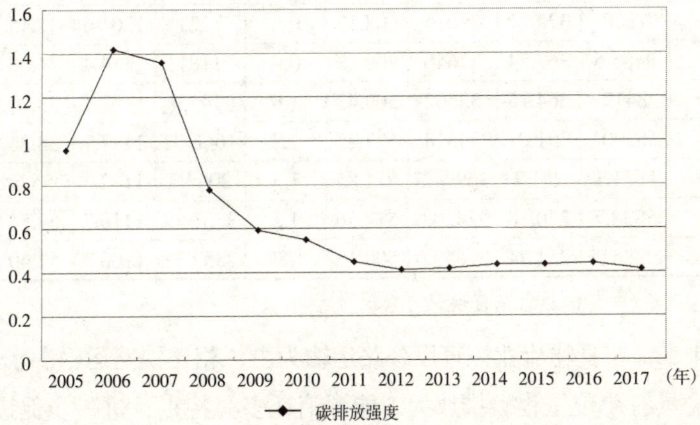

图 3　2005—2017 年宁夏物流业碳排放强度趋势（单位：吨 / 万元）

仍保持了平稳下降的趋势。从发展趋势看，碳排放强度的下降态势已逐渐放缓，到 2012 年已趋于稳定。

四、宁夏物流业碳排放影响因素分析

（一）直接影响因素

由物流业能源消耗碳排放的形成与计算过程可知，宁夏物流业碳排放量的直接影响因素是物流业各类能源的消耗量及比重。宁夏物流业能源消耗量最大的是柴油，且柴油的碳折算系数较高，所以碳排放最高的是柴油。其次是汽油，它们的消耗主要来自物流运输活动。此外，宁夏物流业需求增长和运输方式不均衡是导致碳排放加大的原因。物流需求的增长将推动碳排放量的增长，货物周转量的上升势必会带动物流业运输里程与能源消耗的增加，从而提高了物流业的碳排放量，运输方式的不均衡也会影响到物流业的碳排放量（见表 4）。

表 4　2008—2017 年宁夏完成货运量和周转量情况

单位：万吨、万吨公里

运输方式 / 年份	铁路		公路		航空		管道		总货运量
	货运量	周转量	货运量	周转量	货运量	周转量	货运量	周转量	
2008	4400	215.08	21762	477.87	0.4	650	1055.3	17.13	27218
2009	5978	234.64	23263	496.97	0.5	810	1081.5	17.69	30323
2010	6879	276.64	25453	538.27	1.4	1076	1264.5	30.88	33597.9
2011	7850	322.27	29016	608.12	0.8	1221	1201.6	31.45	38068.4
2012	8485.6	367.74	32646	700.12	0.9	1181	1114.4	34.00	42246.8
2013	8412	364.75	32502	509.43	1.0	1453	1157.1	38.70	42072.1
2014	6990	291.01	34318	527.25	1.2	1666.02	1137.7	34.24	42446.9
2015	5631.1	241.7	36994.8	571.85	1.3	2044.2	1142.3	55.6	43769.5
2016	5838.7	240.18	37420.6	577.56	1.5	2361.32	1110.7	53.54	44371.4
2017	6529.11	251.34	31659.0	500.18	1.89	2857.37	1100.3	57.40	39290.3

资料来源：历年《宁夏回族自治区统计年鉴》。

多年来，宁夏物流业一直以公路运输为主，相比铁路运输、水运运输，公路运输具有单位里程碳排放大、能源消耗多等特点，进一步促进了宁夏物流业碳排放量的增长。

（二）间接影响因素

物流业是服务业，属于第三产业，服务于人们生产、生活的需要，生产规模的扩大、生活水平的提高都会增大物流服务的需求量，三次产业结构差异导致物流服务需求量和服务结构上的差异。比如，第一产业和第二产业对物流服务中的干线运输与仓储需求量大，而零售业对配送和末端运输服务需求量大，这些结构上的差异都会影响物流业的碳排放量。随着宁夏人均收入和网购的需求日趋增加，快递业的迅速增长也极大地推动了物流行业的发展，增加了社会对物流的需求，促使物流业的碳排放量增加。

五、结论和建议

通过对宁夏物流业碳排放规模和强度的测算，以及对宁夏物流业碳排放的影响因素分析，可以看出：宁夏物流业的碳排放量与能源消费量的变化趋势相似，具有波动性增长特征，但是排放强度下降趋势明显；能源结构不合理，物流产业至今仍以柴油、汽油为主要能源，清洁能源所占比重非常低，如 2017 年天然气只有 2.52%，电力仅有 5.96%。不合理的能源结构制约了低碳物流的发展。2006—2008 年，宁夏物流企业的碳排放强度有较明显的下降趋势，在物流业发展的增长期（2009—2017 年）。从发展趋势看，碳排放强度的下降态势已逐渐放缓，到 2012 年已趋于稳定。

政府的一系列宏观节能减排和降本增效措施以及相关产业供给侧结构调整等因素共同作用，影响着宁夏物流业的碳排放规模与强度。随着宁夏新型工业化、城镇化进程的不断推进和人民生活水平的逐步提升，生产型物流和生活型物流都处于飞速发展的黄金阶段。但是，物流发展所带来的巨大碳排放也是我们必须要面对的一个事实，以牺牲环境换取经济利益的发展方式已被人们否定。从环境保护的角度看，如果政府加强对物流企业的碳排放管制，积极鼓励物流企业发展低碳技术，那么碳排放总量下降拐点将有可能提前到来。对物流企业来说，在严峻的减排形势下发展低碳物流是未来发展的一个必然趋势，如果能提前着手进行环境技术创新和低碳控制，必将在激烈的市场竞争中获得先动优势。

根据以上分析，提出如下建议：

一是依托低碳技术，提高能源效率。宁夏物流产业单位 GDP 能耗高于全国单位 GDP 平均能耗，这一现象说明物流产业的能源利用方式需要加以改变。在能源消耗量日益增加的情况下，应该通过物流低碳技术的研发和推广，逐步建立起多元化的低碳技术体系，促进能源效率的提高，从而减少碳排放量。

二是调整能源结构，提高能源效率。宁夏短时间内无法改变以煤炭资源为主的能源结构，但可以加大天然气、水电的开发力度，积极开发利用太阳能、风能和水能等可再生能源和清洁能源，逐步提高优质能源的比重。同时，要加强研发力度，通过改进技术来提高能源使用效率，进而实现低碳发展。

三是发展循环经济，促进经济增长方式的转变。近些年宁夏在尝试建立工业园区、生态农业等循环经济示范点方面卓有成效，但其还需要进一步加强完善，提高其应用水平。循环经济的发展既能节约资源，也会从根本上减轻经济增长对能源和环境的压力，将经济增长方式从粗放型向集约型、消耗型向循环型 、投资推动型向创新推动型经济转变，实现宁夏低碳经济发展的可持续状态。

四是扎实执行好“一个方案，两个规划”。严格按照《宁夏回族自治区“十三五”节能减排综合工作方案》（宁政办发〔2017〕155 号）、《自治区发展和改革委关于印发宁夏回族自治区能源发展“十三五”规划（修订本）的通知》［宁发改能源（发展）〔2018〕616 号］以及《银川市低碳城市发展规划（2017—2020 年）》文件中涉及低碳和绿色物流的内容，扎实有序推进各项工作。

随着经济的进一步发展，碳排放总量持续上升的态势将在短期内难以改变。但是，可以通过不断降低单位 GDP 碳排放量的方式，逐步向低碳经济过渡。实现低碳物流，是发展低碳经济的重要一环，为此，需要积极发展现代物流，在物流循环与物流活动中，参与各方密切合作，有效整合和利用现有的物流资源，提高资源利用率，以期实现物流产业的低碳化。

参考文献：

[1]王丽萍，王兵兵.节能减排背景下河南省物流企业碳排放特征研究.资源开发与市场，2015，31（04）：452~454.

[2] 段向云，基于EKC模型的物流服务碳排放测算与评估：浙江实证.经济论坛，2013（11）：85~88.

[3] 郑卫卫，邱荣祖.物流系统中碳排放问题研究现状与展望.物流工程与管理，2014（09）：1~3.

[4] 汪欣，万明.安徽省物流业碳排放规模及其影响因素研究——基于长三角四省市比较视角.安徽大学学报（哲学社会科学版），2017，41（03）：148~156.

[5] 张立国，物流业能源消耗与碳排放研究进展.技术经济与管理研究，2016（01）：119~123.

[6]何钦晖.宁夏碳排放与经济增长的脱钩关系研究.中小企业管理与科技（下旬刊），2016（10）：78~80.

区域发展篇

QUYU FAZHANPIAN

宁夏改革开放40年区域经济发展研究

王愿如

改革开放以来，宁夏全面落实党中央决策部署，主动适应发展形势和发展趋势的变化，优化区域发展规划，不断推进区域协调发展。宁夏改革开放40年大致可以划分为三个阶段：一是1978—2000年的山川共济阶段。宁夏实施山川共济方针，国家启动“三西”扶贫工程，农村实行家庭联产承包责任制，但改革开放程度不高，市场经济相对滞后，地区发展差距逐步扩大。二是2000—2012年跨越式发展阶段。在国家西部大开发政策支持下，宁夏抓住发展机遇，重化工业发展迅速，积极开展大银川和宁南区域中心城市建设，开展生态移民工程，工业化和城市化水平大幅度提高。三是2012年至今经济新常态阶段。党的十八大以来，宁夏积极落实新发展理念，促进产业转型升级。宁夏第十二次党代会提出实施“三大战略”，为与全国同步建成全面小康社会目标而奋斗。宁夏改革开放40年来的区域发展规划和调整，符合发展的实际需求和各地区的区位优势和特征，是可持续发展和科学发展的体现。

银川市作为宁夏的省会城市，40年来突出其政治、经济、文化的核心地位，同时与全国区域中心城市相协调，积极打造西北核心城市，日渐突出内陆开放和“一带一路”中心城市的定位。建设银川都市圈，努力建成

作者简介：王愿如，宁夏社会科学院综合经济所助理研究员，主要研究方向为区域经济、中国少数民族经济等。

最适宜居住的现代化、国际化大都市和西北地区重要的中心城市。石嘴山市作为宁夏的重要工业城市，在适应经济新常态的过程中，以建设新型工业基地为目标，持续发挥工业优势，实现老工业基地的转型和升级，向创新驱动、绿色低碳、智能制造发展转型，打造石嘴山经济升级版，打响“山水园林·尚工逸城”城市品牌。吴忠市作为宁夏重要的轻工业城市，积极发展新型轻工业和现代农业，努力打造现代制造业基地和新型轻工业核心发展基地，在优势产业上不断创新和发展。固原市作为宁夏西南中心区域城市，注重基础设施建设、环境改造、生态建设，发挥西南中心城市的区位优势，打造西南核心城市，成为宁夏西南地区经济、文化和宜居城市。中卫市作为交通枢纽城市，持续发挥交通枢纽城市的区位优势，建设更为便利和优化的综合交通网络，发挥旅游城市的积极作用，重视旅游产业的发展和推进，提高旅游产品的开发力度和旅游服务业水平，打造全域旅游胜地。

一、银川市：锐意进取铸华章

银川市作为宁夏的首府，在不同时期主动适应和把握形势，及时作出政策调整，不断优化布局、调转结合。在改革开放、西部大开发、内陆开放型经济试验区建设、“一带一路”建设的各个时期，都能抓住机遇，应对挑战，争取优化发展布局。党的十八大以来，主动适应经济发展新常态，发展新经济，全面推进开放内涵式发展，打造银川都市圈，形成同城效应和整体优势，带动沿黄生态经济带发展，提升区域整体竞争力，形成推动宁夏发展新增长极的实现路径。

（一）创新驱动产业发展，积极发展新产业、新业态

积极推动优势主导产业向集群化方向发展，依靠科技创新驱动，建成国家科技成果转移转化平台 3 个、省部级共建实验室 20 家、工程技术研究中心 30 家，发展高新企业 51 家，成为经济转型和发展的新动力。积极发展新产业、新业态，大数据中心建设不断推进，大数据企业数量不断增加。WCA 电竞大赛成为世界最大的第三方电竞平台。加快现代服务业发展带动转型，现代物流发展迅速，以信息产业、知识产权转化为核心的生

产性服务业加速发展。一批重大文化旅游项目不断创收，拉动经济增长。金融创新不断实现重大突破，金融创新体系逐步完善，产业基金持续增长，组建国有资本运营公司，吸引撬动社会资本助力产业转型升级，“新三板”挂牌企业逐年增长。新经济发展成就显著，带动税收增长，对经济贡献率不断提升。

（二）打造银川都市圈，中心城市地位不断提升

2001 年以前，银川市是宁夏的经济、文化、科技、交通中心城市，在全国城市体系中属于第三级城市，属于中等规模。2002 年以来，银川市成为现代化区域中心城市，重视城市化建设，提出大银川口号，加强与蒙陕甘毗邻地区的联系，建设宁东基地，宁夏宁东能源化工基地被列入国家重要能源基地，建设太中银铁路，银川进入大城市行列。2012 年，国务院批复建设宁夏内陆开放型经济试验区，宁夏改革开放进入新阶段，区域中心城市地位不断提升，城市规模和地位进一步提升。党的十八大以来，银川市顺应以城市群为主体形态推进城市化的大趋势，以创新精神大力推进银川都市圈建设，推动银川、石嘴山、吴忠和宁东一体化发展，形成同城效应、整体优势，提升区域竞争力，打造新的增长极。2017 年《银川都市圈建设实施方案》正式发布，到 2030 年银川将建成绿色都市圈、创新都市圈、智慧都市圈、宜居都市圈，使银川都市圈成为西部地区具有一定竞争力和影响力的现代化都市圈。

（三）加强基础设施建设，打造魅力名片

银川市通过统筹协调发展，加强基础设施建设，补齐发展短板，加快建设银川都市圈中心城市，主动担当西北重要中心城市责任，统筹推进区域空间布局、城市功能提升、城乡一体化发展，认真落实银川空间发展战略规划（多规合一），推进全域空间一体化发展。加快完善基础设施，积极建设银川市综合交通网，公共交通机动化出行分担率逐年提高，地下综合管廊持续建设并推进，银西高铁、城际铁路建设不断规划开工，航空线路不断增加，空中交通网络连接全国主要城市的能力逐渐增强。补齐城乡基础设施和社会配套服务短板，全面消除城中村、城市棚户区，打造特色小镇。实施旧城（棚户区）改造，新建安置区和一批小城镇、中心村，水电路气网等配套设施齐全。宁东、滨河新区、综合保税区、临港经济区建设和发展持续推进，内陆开放型经济发展环境不断优化。坚持生态建设和污染防治并举，实施大绿化、城市景观提升、湖泊水系连通和城市防洪工程，严守生态红线。

二、石嘴山市：奋进求实展风采

工业是石嘴山市经济的重要支撑。煤炭及碳基材料、机械装备制造、冶金、化工等传统优势产业发展取得显著成效。改革开放 40 年来，工业发展成绩突出。党的十八大以来，石嘴山市主动适应经济新常态，切实打造工业经济升级版，推进全国老工业城市和资源型城市产业转型升级示范区建设，加快传统产业改造提升，推动产业发展由价值链中低端向中高端转变、经济发展由资源开发型向效率提升型转变、增长方式由粗放型向集约型转变，建设新型工业之城，打响“山水园林·尚工逸城”城市品牌，推动石嘴山向生态城市转变。

（一）加快产业转型升级和结构调整

积极打造产业集群发展高地，不断提高中高端产品供给能力，推动新材料、装备制造、电石化工、冶金四大优势产业集群向创新驱动、绿色低碳、智能制造发展转型。支持重点项目建设，推动科技成果转化、应用、产业化生产。集中力量开发碳基材料新产品，不断提高产品的附加值和市场占有率，做精碳基材料产业。矿山机械产业坚持装备智能化、控制数字化、管理现代化的发展方向，采用成套重型、大型和超重型煤炭综采设备、输送设备，大力推进高端煤机装备产业化。大力发展汽车及零配件物流、销售及售后服务市场，提高汽车产业综合服务和配套协作能力，汽车制造产业成为新的经济增长点。节能环保设备制造产业围绕企业“三废”综合利用、合同能源管理和节能环保装备应用、余热余压回收利用等节能示范工程，通过支持研发和产品推广增强节能环保设备制造产品市场竞争力。电石化工产业不断延伸产品产业链，形成上下游协作配套、关联度较高的电石化工产业集群，促进产品精细化发展，是全区电石化工及下游产品研发的重要生产基地。特钢产业不断推动产业技术进步，积极引进战略投资者整合钢铁产能，通过产业链延伸，培育壮大钢铁集团。特色冶金产业积极推进中小企业整合重组，按照节能、环保、集中的要求，发展高附加值产品，提升产业层次，产品多元化发展成效显著。按照市场化、专业化、规模化、集约化的要求，继续加大对新能源、生物医药和新型煤化工等特色产业的扶持力度，支持和鼓励有实力的骨干企业实施战略扩张，加快培育特色鲜明、体系完整、优势突出的产业集群，以大产业、大集群调整优化经济结构，促进经济持续健康发展。[①]

（二）全面推动产业转型发展

党的十八大以来，石嘴山以资源枯竭型城市转型和老工业基地转型调整为重点，坚持转方式和调结构。创新驱动发展不断推进，依托创新平台，鼓励产业创新发展，127 项科技成果达到自治区先进水平，形成一批科技企业孵化器，103 家企业成为高新技术企业和中小型科技企业。循环经济发展步伐不断加快，推广了一批循环经济重大关键技术，应用了一批节能新技术和新产品，组织实施了 100 多项循环经济示范项目。不断优化发展环境，注重补齐基础设施建设短板，为产业发展建立完善的基础设施和服务。加大对电力、交通和服务的投入和支持，推动产业更好发展。坚持扩大对外开放，积极融入“一带一路”建设，口岸、物流、通道、产业基地建设等试验区重大专项建设取得实效。多领域合作取得新进展，产业园区的横向联系不断加强，国内领军企业入驻，一批支撑经济发展的重大项目扎实推进。

三、吴忠市：蓬勃发展增新貌

改革开放以来，吴忠市依据自身区位优势，在各个发展阶段，把握发展脉络，重点发展和培育优势特色产业，积极推广优势特色产品，不断发展新型优势产业。党的十一届三中全会后，横向联合上的发展给吴忠市的经济发展带来新的生机。青铜峡制鞋厂与广东省岭南橡胶厂联营，青铜峡

---

① 《转型发展走新路　全面振兴创新业　为决胜全面小康而不懈奋斗——在中国共产党石嘴山市第十次代表大会上的报告》。

市农机厂与西北轴承厂联营，吴忠市板桥乡与吴忠配件厂联营，年产量和产值都得到显著提高。新的产品不断开发，如人造皮毛、橡胶鞋、力矩马达、枸杞香槟、玻璃纤维薄毡、涤纶布、洗衣机、电视机、白板纸、建筑铝型材、含油轴承等，增强了地方工业产品的市场竞争力，奠定了吴忠市轻工业发展的基础。改革开放 40 年来， 吴忠市依靠资源优势和经济发展地位，继续发展轻工业，有机枸杞、酿酒葡萄、富硒大米等农产品优质高产，是全国商品粮基地、奶牛养殖基地、酿酒葡萄产业基地和中国滩羊之乡、甘草之乡。党的十八大以来，吴忠市坚持转型升级，调结构、增效益，积极构筑绿色产业体系。着力构建以新型轻工业为主体、现代农业为基础、现代服务业为支撑的绿色产业体系，推动产业向中高端迈进。

（一）积极发展新型轻工业，打造吴忠经济升级版

推动一二三产业不断优化调整，轻工业占比达到 30%，成为全区轻工业占比最高的城市。依托“两城五园”和“工业三带”，进一步完善各工业园区产业定位和功能配套，加快壮大轻工业。现代纺织业作为重头戏，发展成效显著。利通区现代纺织产业园被列入全国纺织产业转移试点园区。实施纺织产业链延链、补链、强链工程，走上了纺织全产业链集群发展的道路。推动吴忠仪表等装备制造项目向高端领域拓展，建立以高素质人才、实用人才、工人技师为主的技术创新体系，打造出全国领先的控制阀装备制造基地。积极推进新能源、风电等项目建设，加速传统产业提档升级。实施工业转型升级行动计划，大力发展绿色工业，全力构建装备制造、油气化工、生态纺织、新能源、煤化工、新材料、葡萄酒、生物制品、煤炭电力板块，着力打造吴忠经济升级版。①

（二）积极构筑绿色产业体系

优质粮食、草畜产业、酿酒葡萄规模持续扩大，特色农业发展优势突出。实施农业提质增效行动计划，大力发展绿色农业，推动优质粮食、有机枸杞、酿酒葡萄、滩羊等优势特色产业向精品化、高端化发展，打响绿色、生态、有机品牌。实施服务业融合发展行动计划，大力发展绿色服务

---

①《吴忠市国民经济和社会发展第十三个五年规划纲要》。

业，推动文化旅游、电子商务、金融保险等融合发展。实施文化旅游融合发展行动计划，构建多元化旅游产品体系，形成“两区两带”旅游产业格局，现代服务业占第三产业比重达60%以上。吴忠市中药材种植面积达15.9万亩，其中8种药材有效成分高于国家药典标准。大力发展医疗医药产业，推动健康产业发展，加快全民健身服务体系建设。创立全新“候鸟式”互动养老体检新模式，成为发展绿色轻工业的有益探索和补充。大力实施餐饮提升工程，扩大“吃在吴忠”品牌影响力。[①]

四、固原市：攻坚克难迎新篇

固原市是宁南区域中心城市，是宁南地区政治、经济、文化中心和交通枢纽，也是陕甘宁革命老区振兴规划中心城市。党的十八大以来，固原市围绕宁南地区中心城市的定位和战略目标，积极推动战略布局和规划，抓住生态、扶贫、民族和谐、革命老区四张牌，充分利用生态、文化、旅游等资源优势，积极争取国家扶贫、区域发展、宁夏内陆开放型经济试验区等政策支持，大力推进产业化和城镇化，建设六盘山区、陕甘宁革命老区科学发展示范区。同时，突出城市特色，塑造城市品牌，积极打造西部生态文明建设示范市、西部生态园林和文化旅游城市。

(一) 聚焦精准扶贫

习近平总书记对固原市的扶贫开发工作给予了充分肯定。国家部委、闽宁协作、部门单位、企业商会、慈善组织、军警部队参与的“1+6”社会帮扶体系逐步完善，“闽宁模式”成为全国东西扶贫协作的典范。“两个带头人”工程培育脱贫中坚力量，选派贫困村第一书记近千人，培育农村致富带头人近4000人，脱贫工作力量不断壮大。农民稳定增收，围绕增收产业、致富项目，实施劳动力技能培训，贫困群众“造血”功能明显增强。金融助力扶贫，形成“产业+扶贫+财政+金融”模式，建立各类担保基金、风险补偿基金，发放扶贫贷款持续增长，有效解决了贫困户发展资金短缺难题，金融扶贫创造了全区扶贫开发新模式。“扶贫保”实现贫困人口全

---

① 《吴忠市国民经济和社会发展第十三个五年规划纲要》。

覆盖，“蔡川模式”在全国产生影响并得到肯定。开展脱贫富民产业，鼓励建档立卡户从事种植和养殖业。对标补齐短板，加强基础设施建设，完善交通道路建设，完成农村饮水安全工程，改造危房危窑，改善住房条件。精准扶贫不断迈上新的台阶，效果显著。[①]

（二）生态环境不断优化

实施六盘山重点生态功能区、新一轮退耕还林、移民迁出生态修复区等重点工程，新增营造林，森林覆盖率持续提升。完成农村安全饮水、中小型水库提升改造、抗旱应急水源建设等工程，高效节水灌溉面积持续增加。旱作基本农田数量增多，治理小流域 1600 多平方公里。固原市被确定为全国生态文明示范工程试点市和生态保护与建设示范区。积极开展大气、水、土壤污染防治行动，认真整改中央环保督察组反馈的问题。农村环境连片整治项目全覆盖，推进国家新型城镇化综合试点城市和海绵城市建设，完善新区功能，开建西南新区，实施旧城改造。六盘山是中国革命走向胜利的转折，更是中国悠久历史和灿烂文化的见证。固原市全面打造“天高云淡六盘山”旅游品牌，体现“生态园林+文化旅游城市”发展。[②]

（三） 生活环境不断改善，民族团结促进和谐发展

固原市教育文化普及度不断提升，教育投资不断提高，教学条件显著改善，原州区、隆德县、泾源县、彭阳县义务教育均衡发展取得成就。医疗卫生改革便民利民，医药卫生体制改革稳步推进，在全区率先建立市级统筹城乡医疗保险、实施人人享有基本医疗服务和城乡居民大病医疗保险政策。实施市、县、乡医院新改扩建项目，标准化村卫生室全覆盖。法制建设持续推进，社会治安稳定。扎实开展民族团结进步创建活动，“三个离不开”思想更加深入人心，宗教事务法治化、规范化管理水平进一步提升，全市民族团结、宗教和顺、社会和谐的局面进一步巩固。

五、中卫市：砥砺前进创辉煌

中卫市是西北地区第三大铁路交通枢纽，是新疆、河西走廊通往东部

---

①② 《2017 年固原市政府工作报告》。

地区最便捷的高速陆路通道，也是承东启西、北拓南展的人流、物流、信息流集散中心。中卫具有“世界枸杞之都”“中国硒砂瓜之乡”的美称，拥有大麦地岩画、5A 级景区沙坡头等旅游资源。中卫也曾是古“丝绸之路”北线的重要驿站，是游牧、军垦等多元文化的聚集地。中卫市以其独特的区位优势，成为西北区域的交通枢纽和旅游城市。十八大以来，中卫市被列入国家首批全域旅游示范市创建单位。云计算和大数据产业从无到有、逐步壮大，信息“高速公路”和数据中心技术水平国际领先，亚马逊 AWS 等 140 余家企业“云”集中卫。中卫市抓住区位优势和产业优势，持续推进交通枢纽建设和旅游城市开发，不断打造和突出西北交通枢纽的核心地位，积极推进全域旅游示范城市建设，在全区和全国争取建设交通和旅游优秀典范，推动中卫市在全国范围内发挥优势和建设示范先行区。

（一）构建立体化综合交通运输网络

中卫市积极投入建设以航空港、高等级公路和铁路干线为依托的立体化综合交通运输网络，使中卫成为我国西北地区交通联系的重要枢纽和宁夏主要综合交通枢纽。同时加强中心城与周边县市之间以及各市县之间的交通联系，建立与中卫市社会经济发展和空间布局相协调、运输组织合理、设施网络完善、枢纽衔接顺畅、可持续发展的综合交通运输体系。太中银铁路的建设和通车，将天津港、青岛港等太平洋港口和新疆、中亚、欧洲大西洋港口群有效连接起来，建成宁夏对接东部沿海发达地区的交通枢纽。包兰、甘武、中宝铁路和中太铁路在中卫交会，使得中卫成为联系西北与华北的重要铁路交通枢纽。宁夏将实现高铁零突破，高铁建设的主要项目包括建成中卫至兰州铁路，开工建设宝中铁路平凉至中卫段、太中银铁路扩建，建成吴忠至中卫等城际铁路。高铁建设依旧以中卫为重要交通枢纽和依托，中卫市的重要交通枢纽地位更加突出，在推动交通运输便利化、高效化和辐射范围扩大化的过程中起到关键作用。中卫已形成公路、铁路、航空纵横交错的交通网络，是东西连接的便捷通道，也是承东启西、拓北展南的人流、物流、信息流集散中心。[①]

---

① 《中卫市城市总体规划（2009—2025）纲要》。

（二）积极发展旅游业，推进全域旅游发展

旅游业是中卫市的特色优势产业，中卫市已被列入国家首批全域旅游示范市创建单位。中卫市旅游资源独具特色，集沙、山、河、园于一体的国家5A级旅游景区沙坡头享世界垄断性旅游资源。中卫市实施旅游升级工程，推进旅游与文化、城市建设、生态建设等融合发展。中卫市坚持以规划引领旅游业的发展，确立了"一核、两翼、三带、四区、六线、多节点"全域旅游空间布局，明确了全域旅游发展总体思路、目标任务和发展途径，统筹推进旅游资源全域化发展。积极与全国有影响力的旅游公司合资合作，开发建设旅游新项目。大力实施旅游营销工程，中卫旅游景区美誉度和知名度大幅提升。推动"旅游+"融合发展，打造云产业体验、工业旅游、生态农庄、康养旅游、旅游演艺等，持续放大中卫旅游差异化效应。建成一批星级酒店，提升旅游服务质量和标准。深化区域合作，举办多项赛事活动，加大旅游包机、旅游专列扶持力度，吸引更多旅客。①

改革开放40年来，宁夏在经济建设、政治建设、社会建设、文化建设和生态文明建设方面不断改革创新。能够抓住每次发展机遇，科学判断和把握发展趋势，为实现跨越式发展不断创造更好环境。主动适应世情、国情和区情的阶段性特征和变化，充分利用自身的优势和有利条件，克服面临的挑战并且及时调整方针战略，以最优化发展为目标，以人民为先，不断深化改革，保障和改善民生，加强民族团结，维护社会稳定，推进宁夏发展不断迈上新的台阶。

---

①《2017年中卫市政府工作报告》。

2018年银川市经济发展报告

张旭霞

2018年，银川市委、政府团结带领全市人民深入贯彻党的十九大精神，全面落实中央、自治区和银川市系列决策部署，坚持稳中求进工作总基调，贯彻新理念，迎接新挑战，攻坚克难，务实苦干，以推进供给侧结构性改革为主线，全力做好稳增长、促改革、调结构、惠民生、防风险各项工作，促进全市经济平稳健康发展。

一、经济运行主要特点

（一）经济总体平稳发展，产业结构持续优化

2018年，银川市委、政府坚持问题导向，主动应对经济下行压力，抢抓发展新机遇，大力实施创新驱动战略，持续优化产业结构，有效推动经济高质量发展。预计2018年全市地区生产总值同比增长7.5%左右。前三季度，实现地区生产总值1416.67亿元，按可比价计算，同比增长7.2%，分别高于全区、全国0.2和0.7个百分点。其中，第一产业增加值46.12亿元，同比增长3.1%；第二产业增加值721.00亿元，同比增长5.2%；第三产业增加值649.55亿元，同比增长9.8%。第三产业增速分别高于全区、全国1.4和2.1个百分点。一、二、三产业比为3.3:50.9:45.8，第三产业比上

作者简介：张旭霞，银川市统计局副调研员。

年同期提高 1.9 个百分点。一、二、三产业贡献率分别为 1.6%、35.6%和 62.8%，分别拉动经济增长 0.1、2.6 和 4.5 个百分点，第三产业贡献率比上年同期提高 9.1 个百分点。第三产业较快发展，比重加大，贡献突出，有力支撑全市经济平稳发展。

（二）农业经济平稳发展，质量效益稳步提升

2018 年，银川市以实施乡村振兴战略为统领，深化农业供给侧结构性改革，紧紧围绕“1+2+4”特色优势产业，重点落实“生态立市、创新驱动、脱贫富民”三大战略，着力构建现代农业产业体系、生产体系、经营体系，加快农业农村现代化步伐，有效推动农业经济质量效益的稳步提升。预计全年农林牧渔业总产值同比增长 3.2%。一是种植结构调优。粮食种植面积近 140 万亩，优质粮食生产功能区面积稳定在 90 万亩以上。粮食总产预计达到 80 万吨，瓜菜生产面积达到 62 万亩，设施园艺生产面积 32 万亩，全市蔬菜总产量近 162 万吨。二是提升供给质量。前三季度，奶牛存栏 12.74 万头，肉牛存栏 21.27 万头，羊存栏 61.57 万只。肉、蛋、奶产量分别达到 4.76 万吨、2.80 万吨和 40.8 万吨。三是优化空间布局。水产养殖面积近 19 万亩，其中名特优新品种主养面积 8000 亩，稻蟹生态种养面积 1.5 万亩，工厂化设施养殖面积 3.35 万平方米，水产品总产量达 7 万吨以上。四是产业深度融合。全市规模以上农业产业化龙头企业 242 家，农民合作社 855 个，家庭农场 459 个。休闲农业快速发展，全市休闲农业预计年接待游客超过 427 万人，营业收入达 4.8 亿元。

（三）工业经济平稳发展，提质增效成效显现

2018 年，银川市大力实施创新驱动战略，积极推进园区整合，大力实施转型升级工程，狠抓稳增长、调结构、增效益，构建绿色发展体系，工业发展的质量和效益进一步提高，有效推动工业经济保持平稳发展。预计全年规模以上工业增加值同比增长 7.5%左右。1—11 月，全市规上工业增加值同比增长 6.9%。一是重工业保持较快增长。1—11 月，规模以上重工业增加值同比增长 13.9%，增速比全市规模以上工业高 7.0 个百分点。二是国有控股企业保持较快增长。1—11 月，全市规模以上国有控股工业企业增加值同比增长 16.5%，增速比全市规模以上工业高 9.6 个百分点。三是重点行业支撑有力。全市33个大类行业中16个行业保持增长态势。其中，石油、煤炭及其他燃料加工业，化学原料和化学制品制造业，电力、热力的生产和供应业，有色金属冶炼和压延加工业同比分别增长25.6%、22.2%、34.5%、36.0%，拉动规模以上工业5.2、4.0、5.5、1.0个百分点。四是高端智能产品快速增长。1—11月，96种产品中34种保持增长，占35.4%。其中，电工仪器仪表、起重机、变压器、滚动轴承、单晶硅和金属切削机床等高端智能产品产量同比分别增长56.7%、51.6%、49.7%、47.6%、21.1%和17.7%。

（四）投资增速持续下降，投资结构逐步优化

2018年，受经济环境、宏观政策等因素影响，投资增速持续下降。但银川市委、政府坚持经济工作项目化、项目工作责任化，加大项目协调力度，出台政策，围绕“十大产业”，谋划项目投资，强化调度，服务项目发展，争取资金，支持项目建设，有效推动固定资产投资增长方式由规模速度型粗放增长向质量效益型集约增长转变。预计全年全社会固定资产投资同比下降20%左右。1—11月，全市固定资产投资同比下降20.4%。一是投资结构不断优化。一二三产业投资结构由上年同期4.0:34.4:61.6调整为1.2:35.7:63.1，三产投资比重提高了1.5个百分点。二是工业投资保持正增长。1—11月，全市工业投资同比增长1.7%，拉动全市投资增长0.5个百分点。其中，采矿业投资同比增长1.3倍，拉动全市投资增长2.0个百分点。三是民间投资比重小幅上升。1—11月，全市民间投资虽然同比下降20.7%，但占全市投资比重由一季度的51.7%上升到57.7%，比重比上年同期提高1.5个百分点，比上年全年提高2.2个百分点。四是政府类投资积极规避风险。虽然国有及国有控股类投资同比减少，但信息技术服务和生态环境治理投资保持较快增长，分别达到19%和45.4%。

（五）消费市场平稳运行，物价水平温和上涨

2018年，银川市扎实推进供给侧改革，着力促进消费结构转型，狠抓商业结构调整和“互联网+流通”行动，大力发展商业新模式、新业态，不断拓宽消费领域，改善消费环境，有效推动全市消费市场呈现平稳有序运行。预计全年社会消费品零售总额同比增长5%左右。一季度、上半年和前三季度分别增长7.1%、5.2%和5.6%。一是限额以下单位消费最具活力。

前三季度，限额以下单位消费品零售额增长达 16.2%，比一季度和上半年均提高 0.5 个百分点，保持平稳高速增长态势，是拉动全市社会消费品零售总额增长的助推器。二是石油类商品呈现快速增长。石油类商品在价格高位运行带动下，成为拉动限额以上企业零售额增长的主力。1—11 月，同比增长 14.5%，拉动限额以上企业零售额增长 2.2 个百分点。三是大力推进“百日攻坚”工作，深入发掘增长新潜力。市、县（市）区商务主管部门对企业进行摸排帮扶，督促落实辖区保增长主体责任，做好上限入库企业培育工作，促进企业发展。四是第三届欢乐购物季正式启动，以苏宁小店、新百多点为代表的线上线下新零售继续深度融合，中国传统佳节元旦即将到来，一系列积极元素将会在岁末掀起一次消费小高潮。从物价水平看，1—11 月，全市居民消费价格总水平比上年同期上涨 2.2%，涨幅比上年同期扩大 0.5 个百分点。调查的八大类商品及服务项目价格同比全面上涨。其中，居住类价格上涨 3.4%，生活用品及服务类上涨 2.6%，交通和通信类、教育文化和娱乐类价格均上涨 2.5%，衣着类价格上涨 2.1%，食品烟酒类价格增长 1.8%，医疗保健类价格上涨 1.5%，其他用品和服务类价格上涨 0.1%。

（六）财政收支稳定增长，金融信贷平稳运行

2018 年，银川市进一步深化财税体制改革，继续实施积极的财政政策，以全面实施四大发展行动计划为总抓手，在支持创新驱动上再发力，在生态立市上再支撑，在脱贫攻坚上再作为，在乡村振兴上再推进，在支持实体经济、保障和改善民生上再倾力，有效推动财政供给的质量和效益。预计全年一般公共财政预算收入同口径增长 8%左右。1—11 月，全市完成地方财政收入 196.09 亿元，同比增长 3.4%。其中，一般公共财政预算收入 149.65 亿元，同口径下降 0.3%；完成税收收入 106.27 亿元，同比增长 9.4%，增速较 1—10 月提高 3.2 个百分点。全市完成地方财政支出 362.13 亿元，同比增长 7.0%。其中，一般公共财政预算支出 308.25 亿元，同比增长 3.5%。11 月末，全市金融机构人民币各项存款余额为 3707.57 亿元，同比增长 3.8%；全市金融机构人民币各项贷款余额为 4778.65 亿元，同比增长 8.8%，增幅较上月提高 0.1 个百分点。

（七）居民收入稳步提高，民生保障不断加强

2018年，银川市始终把促进居民持续增收作为民生工作的重中之重，深入实施脱贫富民战略，强化措施，多渠道、多途径、多领域拓展城乡居民增收空间，不断加大民生保障力度，有效推动居民收入稳步提高。预计全年城镇、农村居民人均可支配收入分别增长7.5%和8.0%。前三季度，城镇居民人均可支配收入达25100元，同比增长8.6%，增速比一季度、上半年分别提高0.1和0.2个百分点，比上年同期提高0.4个百分点。农村居民人均可支配收入达11428元，同比增长8.5%，增速比上半年提高0.4个百分点。民生保障能力不断增强。1—11月，用于民生支出241.74亿元，同比增长2.0%，民生支出占财政一般公共预算支出比重78.4%，比上年同期提高2.0个百分点。城乡居民最低生活保障标准分别提高30%和20%。

（八）供给侧改革深入推进，“去降补”取得实效

2018年，银川市严控新增过剩产能，减税降费降低实体经济成本，调整存量，优化增量，供给侧结构性改革取得实效。从去产能看，严控能源消耗总量和强度，淘汰建成建材2台Φ3m×13m水泥磨（水泥75万吨）、天马冶化2台反射炉（再生铅1万吨）、宝塔活性炭8台活化炉（活性炭2万吨）落后产能78万吨。从去库存看，11月末，全市商品房待售面积559.72万平方米，比上年同期减少80.50万平方米，同比下降12.6%，降幅比上年同期扩大6.8个百分点。从去杠杆看，1—10月，全市规上工业企业资产负债率68.8%，比上年同期提高1.0个百分点。从降成本看，1—10月，全市规上工业企业每百元主营业务收入中成本为77.23元，同比减少0.98元，主营业务收入利润率5.4%，同比提升1.0个百分点。从补短板看，短板领域投资快速增长。前三季度，生态保护和环境治理业投资增长45.4%；重点领域民生支出得到较好保障，增长较快，节能环保和医疗卫生、社会保障和就业、计划生育支出分别增长82.3%、10.1%和23.8%。

二、存在的主要问题

2018年，银川市经济发展总体平稳，经济运行基本面没有发生质的改变，仍保持在合理、可控、可持续的空间内运行，但发展不足仍然是银川市面临的主要问题，在全市经济发展新征程上仍然面临不少挑战。

（一）工业增长后劲不足，稳增长面临挑战

一是停产、减产企业依然较多。11 月，全市 467 户规模以上工业企业中停产企业有 94 户，1—11 月累计减少产值 62.94 亿元。1—11 月，规模以上企业中减产企业 176 户（不含停产企业），累计减少产值 65.74 亿元。二是非公有制经济增长乏力。1—11 月，全市规模以上非公有制工业增加值同比下降 6.7%，低于全市规模以上工业增速 13.6 个百分点，增加值比重为 37.4%，下拉全部规模以上工业增加值增速 2.8 个百分点。三是轻工业增速大幅回落。1—11 月，全市规模以上轻工业增加值同比下降 41.9%，增速低于全市规模以上工业 48.8 个百分点，比上年同期回落 44.6 个百分点。三是企业亏损面逐年扩大。10 月末，全市规模以上工业亏损企业有 172 户，同比增加 13 户，亏损面 36.8%，同比扩大 2.8 个百分点。从单位费用来看，1—10 月，规模以上工业企业每百元主营业务收入中的费用为 11.98 元，同比增加 0.2 元。四是主要消费品行业增速下降。1—11 月，纺织业、医药制造业、食品制造业增加值同比分别下降 31.5%、82.2%和 8.1%。消费品多数行业不景气，也是导致轻工业比重下降的重要因素，对全市工业结构调优、调轻产生一定影响。

（二）投资接续动力不足，负转正面临挑战

一是两大产业投资下降。1—11 月，全市第一产业投资同比下降 67.4%，下拉投资增速 2.0 个百分点；第二产业投资同比增长 1.7%，拉动投资增速 0.5 个百分点；第三产业投资同比下降 27.3%，下拉投资增速 18.9 个百分点。二是主要行业投资下降。1—11 月，全市基础设施投资下降 42.6%，下拉投资增速 7.8 个百分点；房地产开发投资下降 26.8%，下拉投资增速 9.7 个百分点；工业投资仅拉动投资增速增长 0.5 个百分点。三是民间投资依旧乏力。1—11 月，全市民间投资同比下降 20.7%，占全部投资的 57.7%，下拉投资增速 12 个百分点；国有及国有控股投资下降 23.6%，占全部投资的 39.7%，下拉投资增速 9.2 个百分点。四是企业自主投资意愿不强。由于市场需求总体偏弱，企业整体仍处在去库存阶段，自主投资意愿不强，缺乏扩大再生产的投资意愿。

（三）消费增长不及预期，再提速面临挑战

一是汽车类商品增长乏力。随着汽车保有量的增大，增速很难有较快的提高。1—11月，全市汽车类商品零售额104.02亿元，占限上零售额的比重为38.1%，同比下降12.6%，比上年同期回落14.6个百分点，较大的占比，较低的增速，直接影响全市消费品市场的增长步伐。二是电子商务冲击影响较大。1—11月，全市快递业务进港量8182.23万件，同比增长30.3%，连续三年保持高速增长，网购对传统消费造成的分流作用明显，在很大程度上造成了购买力分散，影响传统商业企业的发展，进而对消费品市场的发展产生影响。三是部分重点企业停业影响较大。前三季度王府井百货、华联商厦、北京华联三大企业相继半停业或全停业，下拉0.5个百分点。四是商品供给侧不适应需求侧结构问题显现。当前，居民消费升级的空间十分广阔，但从节假日全市居民大量外出旅游、购物等都集中反映出商品供给与需求之间的矛盾。

（四）居民增收渠道单一，稳增收面临挑战

一是工资性收入减少。受停产、减产影响，企业职工从业人数减少，从业时间缩短，工资标准降低，收入减少。二是缺乏新的增资政策。城镇居民增收主要依靠政策性增资，2018年出台的增资政策受益面有限，相对上年增收项目减少，致使城镇居民增收乏力。三是政策性翘尾增资减弱。城镇居民收入八成以上来自工资性收入和转移净收入，两项收入主要依赖政策性增资，随着翘尾增资的减弱，城镇居民增收压力加大。四是农业、畜牧业等生产经营成本上升，部分农产品价格持续低位，直接影响农民经营收入。

三、促进银川市经济高质量发展的对策建议

2019年是中华人民共和国成立70周年，也是决胜全面建成小康社会的冲刺年。从国际看，世界经济处于复苏阶段，总体保持一定程度的正增长。从国内看，全国经济已由高速增长阶段转向高质量发展阶段，宏观经济总体保持平稳。从银川看，自治区赋予银川在都市圈和沿黄科技创新改革试验区建设中的核心地位和关键作用，为银川率先实现高质量发展开创

了新机遇。面对新形势，立足新起点，全市上下要正视发展过程中的困难与问题，坚定发展的信心和决心，不折不扣落实中央、自治区和银川市委、政府决策部署，坚持稳中求进工作总基调，坚定不移践行新发展理念，以供给侧结构性改革为主线，按照高质量发展要求，统筹推进稳增长、促改革、调结构、惠民生、防风险等各项工作，促进银川市经济持续健康高质量发展。

（一）不断增强经济发展后劲，有效推动整体经济高质量发展

紧紧围绕高质量发展，深化供给侧结构性改革，大力实施创新驱动战略，加快构建富有银川特色的现代经济体系，加强和改善宏观调控，持续推进产业转型升级，持续推进园区转型发展，持续精准扩大有效投资，持续防范化解金融风险，持续培育壮大民营经济，深入实施精准扶贫、就业增收社会保障等计划，推进银川都市圈引领发展、乡村振兴发展等行动。坚持问题导向，部署经济发展新战略，加快转变经济发展方式和调整经济结构。按照高端化、国际化方向，加快一二三产业融合发展，加快构筑以新兴产业为先导、高端服务业为主题、新型工业和现代都市农业为基础的现代产业体系，以产业升级版打造经济升级版，推进传统产业发展提质、结构优化、效益提升，不断增强经济发展后劲，有效推动经济高质量发展，力争全市经济增长达到7%。

（二）不断增强农业发展后劲，有效推动农业经济高质量发展

认真贯彻党的十九大提出的把解决好“三农”问题作为全党工作的重中之重。深入实施乡村振兴战略，坚持绿色高效发展理念，加快建设农业“三大体系”，推动“1+2+4”特色优势产业全环节升级、全链条增值。调整优化农业产业区域功能布局，大力提升农业供给质量，推进农业供给侧结构性改革，坚持质量兴农、绿色兴农，农业政策从增产导向转向提质导向。着力构建“龙头企业+专业合作社+家庭农场”等新型联合体，健全绿色农业标准体系和农产品全程追溯机制，打造全国农业可持续发展实验示范区、农业绿色发展试点先行区。不断增强农业发展后劲，有效推动优势特色产业扩规提质增效，力争全市农业增加值增长达3.5%。

（三）不断增强工业发展后劲，有效推动工业经济高质量发展

以发展战略性新兴产业为重点，打造新能源新材料产业集群、现代装备制造业集群。抢抓“互联网+”发展机遇，促进新一代信息技术与制造技术融合，按照“高端化、智能化、融合化、服务化、绿色化”要求，巩固提升传统支柱产业，加快壮大特色主导产业，着力培育发展战略性新兴产业，限制发展产能过剩产业，加快形成结构优化、技术先进、绿色安全、竞争力强的新型现代化工业体系。坚持差异化、特色化、集群化发展策略，不断提升产业层次，扩大产业规模，提升全市工业化水平，增强企业发展实力和核心竞争力，不断增强工业发展后劲，力争工业增加值增长达6.5%。

（四）不断增强服务业发展后劲，有效推动第三产业提档升级

大力发展现代服务业和优势特色产业，进一步明确服务业发展战略定位，打造会展经济和旅游休闲产业集群，制订产业发展布局规划，加强政策扶持和引导力度，提升生产性服务业规模和层次，打破服务行业垄断，引进市场竞争机制，提高服务业对外开放水平，主动承接国际服务业转移。培育新的消费增长点，制定落实消费支持政策，优化发展传统服务业，积极创新拓展新型服务业，激活服务业发展活力。加快实施“互联网+”流通行动计划，完善网络服务体系和物流配送体系，加快现代商贸流通项目带动、商贸功能区集聚平台建设，做大现代商贸物流业，全面扩大服务业发展规模，不断增强服务业发展后劲，力争第三产业（服务业）增加值增速达9%以上。

（五）不断增强投资发展后劲，有效提升投资质量和效益

继续坚持经济工作项目化，优化投资结构，提高投资效率，发挥有效投资对经济增长的拉动作用。围绕电子商务、智慧城市等新业态，培育投资新的增长点，形成投资新需求。进一步提升产业投资特别是服务业投资的比重，鼓励、引导资本投向先进制造业、战略性新兴产业、服务业新业态新模式等领域，支持传统优势产业通过技改等方式加快产业转型升级。增加民间投资和外来投资比重，激发社会投资增长动力。大力推进重点重大项目建设，对标中央和自治区发展走向、政策方向、资金投向，谋划实施一批增动能、打基础、利长远的重点重大项目，不断增强投资发展后劲，有效提升投资质量效益，力争固定资产投资增速实现正增长。

（六）不断增强收入发展后劲，有效提高和保障民生质量和水平

坚持把不断提高人民生活水平作为发展的根本出发点和落脚点，实施各项鼓励扶持政策，激励全民创业，大力提高城乡居民的经营性收入。建立健全社会保障体系，增加城镇居民的转移性收入。不断拓宽居民投资渠道，全面提高城镇居民的财产性收入水平。深入实施脱贫富民战略，大力开展精准脱贫工作，积极落实各项支农、惠农政策，构建促进农民增收的长效机制。进一步完善政府引导、市场调节、保障有力、运行规范的民生保障机制，不断增强居民收入发展后劲，有效提高保障民生质量和水平。

2018年石嘴山市经济发展报告

杨建宁

2018年，石嘴山市牢牢把握高质量发展根本要求和稳中求进工作总基调，以重大项目推进年和作风建设深化年为抓手，迎难而上，扎实工作，全市经济社会发展总体平稳、稳中有进。预计全年地区生产总值增长8.5%左右，规模以上工业增加值增长12.5%；固定资产投资下降17%；一般公共预算收入增长3.1%，市本级一般公共预算收入增长6%；城乡居民人均可支配收入分别增长8.3%和8.5%。完成了自治区下达的节能减排目标任务。“加快新旧动能转换，打造资源型城市转型示范区”典型经验做法获国务院通报表扬。

一、2018年经济社会发展情况

（一）经济增长稳中向好，新旧动能转换明显加快

1. 工业经济提速增效

规模以上工业增速比上年提高5个百分点，优势特色产业进一步壮大，新材料、装备制造、新能源产业产值分别增长13%、39%、33%，规上企业实现利润增长20%，新增工业税收7.2亿元。结构持续优化，非煤行业和非高载能工业占规上工业增加值比重达到90%、24%，分别比上年提高

作者简介：杨建宁，石嘴山市发改委综合科科长。

0.5 和 3 个百分点。规上工业单位增加值能耗下降 10%，降幅居全区第一。实施园区产业准入负面清单制度，开展企业亩产效益综合评价；处置“僵尸企业”96 家，盘活处置土地 4577 亩。实施工业开发区转型升级、“两化融合”三年行动计划，推动实施 100 个工业技改项目，引导 94 户企业开展行业对标升级，14 家企业被列为国家级“两化融合”贯标试点。全市开发区整合优化和改革创新落实工作方案获自治区批复，完成生态经济区和精细化工基地整合，经济开发区循环化改造试点通过国家终期验收，高新区获批国家增量配电业务改革试点，平罗工业园区获批全国绿色制造园区。

2. 服务业发展质量提高

现代服务业发展加快。陆港现代物流集聚区成功获评自治区级现代服务业集聚区，实施跨境贸易数字馆等项目，富海物流被国家确定为多式联运试点企业，全市快递业务量和收入分别增长 10%、15%。推动大武口、平罗全域旅游示范区建设，启动北武当—星海湖—华夏奇石山 5A 级景区创建工作，全市接待游客人次和旅游收入分别增长 15%和 12%。推动“互联网+”融合发展，网络经济产业园已入驻 27 家企业；推动电子商务全域化，建设 12 个电子商务示范乡镇、40 个示范村，140 余种特色产品上线销售，26 家社区共享超市建成运营，电商交易额增长 85.5%；大众创业万众创新众创空间新增科技金融企业 22 家，累计实现税收 4416 万元；互联网医联体远程会诊系统覆盖市、县、乡三级医疗系统。

3. 现代农业稳步推进

深化农业供给侧结构性改革，国家农业科技园区和自治区农业科技示范展示区稳步推进。实施 5 万亩高标准外销瓜菜基地、蔬菜种子产业化提升等项目，调减玉米等低效作物种植面积 4.5 万亩，增加瓜菜、制种等优势特色产业面积 3.1 万亩，新增枸杞与经果林面积 3555.7 亩，牛、羊饲养量分别增长 4.6%、2.5%。推进一二三产业融合发展，新培育市级龙头企业 17 家，休闲农业示范点和农村电商企业分别达到 102 个、61 家，培育申报绿色食品 7 个、农产品品牌 22 个，建设富硒农产品生产基地 14 个。加快特色田园小镇和美丽家园试点村建设，启动美丽家园试点村项目 97 个，龙泉村入选中国美丽休闲乡村。

（二）着力推进项目建设，投资结构得到优化

开展“重大项目推进年”、十大“百日攻坚”活动，实施自治区60大庆项目5个，已全部完工，完成投资11.8亿元；实施自治区重点项目6个，累计完成投资24.8亿元；实施市级重点建设项目135个，上海万香6500吨/年甲乙基麦芽酚、大武口区老旧住宅小区整治改造工程等60个项目建成投运。投资结构进一步优化，高新技术、工业技改投资分别增长2.5%、5%，房地产和政府投资分别下降52.4%、30.7%。实施招商项目258个，实体项目到位资金129.9亿元；全年争取项目344个，争取各类专项资金69.8亿元，增长17.9%。

（三）改革开放不断深化，发展活力持续增强

深化“放管服”改革，推进全国政务服务标准化试点，市本级行政审批事项由400项精简为187项，非行政许可审批事项全部取消，91.5%的事项实现最多跑一次，“不见面”办理达到80.7%，全区通办事项100%实现网上办理。建成全区首个24小时自助服务大厅和14处电子政务便民服务点，53项业务可自助办理，38项高频事项可就近办理。深化供给侧结构性改革，淘汰铁合金、电石等落后产能28.6万吨；商品房待售面积下降31.5%。深入推进农村改革试点，完成194个行政村农村集体资产清产核资，平罗县5项国家级农村改革试验区拓展任务进展顺利。晟元物流、华泰物流列入自治区无车承运试点，保税物流中心（B型）封关运营，全市进出口贸易总额增长35%。进一步深化与周边地区合作，成功举办呼包银榆经济区第六届联席会议。推进银川都市圈建设，牵头任务中石银高速公路石嘴山至平罗联络线、10个智慧社区建设等7个重点项目建成投运。

（四）深入推进绿色发展，生态环境质量稳步提升

深化贺兰山生态环境综合整治，完成243个治理点整治任务，恢复治理矿山地质环境1万亩，人工生态修复3500亩、自然修复8万亩，得到中央环保督察组肯定。打好“蓝天碧水净土”保卫战，淘汰关停5家14台燃煤火电机组，淘汰改造燃煤锅炉83个，全年优良天数比例达到82.7%，PM10和PM2.5平均浓度分别下降8.2%、11.4%。实施沙湖—星海湖水系连通工程、第五排水沟平罗段治理等项目，黄河石嘴山出入境断面水质稳定保持Ⅱ类，集中式饮用水水源地达标率为80%；建成农药包装废弃物回收点14个，餐厨废弃物资源化利用和无害化处理试点城市通过国家验收。狠抓中央环保督察反馈问题整改，需2018年整改的任务已全面完成，中央环保督察“回头看”转交34批次184个问题全部办结。成功争取国家山水林田湖草生态保护修复工程试点。

（五）民生保障持续加强，群众生活水平不断提高

全市财政民生领域投入占一般公共财政预算支出75%，十件民生实事全部办结。深入推进产业脱贫，实施肉牛集中养殖园区等扶贫项目19个，完成928人脱贫退出和红翔村脱贫销号目标。全力抓好创业就业，累计投入“双创”资金5.4亿元，组织职业技能培训130期，培育创业实体3646个，新增就业2.4万人，城镇登记失业率控制在3.55%，城乡居民人均可支配收入分别达到30525元和13975元。推动义务教育均衡发展，实施阳光招生工程，全面消除超大班额，学前三年毛入园率、高中阶段毛入学率均高于全区平均水平。大武口区、平罗县成功创建全国健康促进县（区），建立家庭医生签约服务团队232个，公立医院综合改革成效明显，受到国务院通报表扬。加快居家和社区养老服务城市试点建设；全市城乡居民养老、医保参保人数分别达到13.32万人、50.64万人，整体参保率稳定在90%以上。城乡居民最低生活保障标准分别提高24.4%、20.6%，救助困难群众5.07万人。改造棚户区816套、老旧小区26.7万平方米，惠及住户2688户；公租房实物配租2.08万套，发放租赁补贴1563户。启动社会救助和保障与物价上涨挂钩联动机制，居民消费价格总水平控制在2.0%以内。安全生产、社会治理、食品安全、残疾人保障等工作取得新进展。

二、存在的问题

总体来看，经过全市上下不懈努力，2018年经济社会发展保持稳中有进、稳中向好态势，但仍面临不少困难和问题，主要是：全面建成小康社会存在短板，服务业发展、R&D经费支出、文化产业发展和主要污染物排放等指标与小康社会标准仍有一定差距，需要下大力气提升。项目谋划储备不够，招商引资难度大，投资拉动经济增长能力不足；企业投资积极性不高，民间投资增速放缓。传统产业改造升级难度加大，转型发展的大项目、新项目少，带动能力弱；科技创新能力不强，新产业新业态培育不足，产业发展层次低的问题尚未根本改观。财政增收难度较大，收支矛盾凸显。稳定就业压力较大，保障和改善民生的任务依然十分艰巨。

三、2019 年石嘴山市重点工作

（一）深入落实创新驱动战略，在加快转型升级上迈出更大步伐

1. 加快推进科技创新

继续抓好 100 个科技合作项目实施，加快突破大飞机轮胎、高铁动车组枕梁及制动系统、瓜菜分子育种等关键技术，万人有效发明专利拥有量稳定在 5.2 件。新培育高新技术企业 10 家、科技型小巨人企业 4 家、科技型中小企 30 家以上，高新技术产业产值占规模以上企业工业产值比重达到 1.5%。培育自治区级创新平台 2 家，柔性引进高层次科技创新人才 30 名以上，力争 R&D 经费投入强度达到 1.6%。

2. 推动制造业高质量发展

实施工业企业对标、创新型企业快速增长、“互联网+先进制造业”等“十大行动”，加快装备制造、电石化工、碳基材料和多元合金等优势传统产业改造升级，开展新一轮技术改造，实施贝利特氰胺下游产品深加工、晟晏实业年产 15 万吨纯锰合金项目等 100 个工业技改项目，提升生产工艺和装备水平。完善企业亩产效益综合评价。开展 50 家重点企业“两化融合”水平评估诊断，重点实施锦华化工自动化生产线等 36 个“两化融合”项目，新材料、先进装备制造产业增长 15%以上。持续推进“对标升级”，推动 85 户规上企业开展行业对标，提升 94 家对标企业质量，规上企业对标面达 80%以上。

3. 着力扩大有效投资

加快推进恒力生物年产 5 万吨高档尼纶基材、滨河新材料高性能电池正极材料研发制造、贺东葡萄酒小镇旅游设施、西北矿产品交易中心、国家现代农业产业园、10 万亩高标准外销蔬菜基地等 87 个重点项目建设，抓好城区老工业区搬迁改造、服务业引导资金和保障性安居工程配套基础

设施等专项建设，向上争项目资金增长 15%以上。完善重大项目绿色通道制度，主动对接、容缺受理、跟踪服务，解决项目建设的困难和问题。

4. 推动服务业提档升级

强化现代物流、商贸流通业发展，推进陆港现代物流集聚区建设，重点实施西北矿产品交易中心、海关智慧运行监管平台等项目，现代物流业增长 8%以上；加快商贸流通业改造提升，推进专业市场、特色街区建设，培育步行街、万达广场创建自治区级现代商贸集聚区。培育全域旅游、数字经济、健康养老等新产业壮大，推动北武当生态旅游区、贺东葡萄酒小镇等创建 4A 级旅游景区，完成半岛四星级酒店、大武口全域旅游基础设施和旅游公共服务能力提升等项目建设，游客接待量与收入均增长 10%以上。抓好互联网城市建设，推动蜂窝物联网及宽带接入工程实施，打造 4 个农业物联网应用示范点，扶持优宜家物流中心、网络经济产业园等创建自治区级信息服务业集聚区。推进智慧医院和健康信息平台建设，完善“1+4+N”居家和社区养老服务模式，提升养老服务质量。

5. 推进农业特色化发展

高标准建设 10 万亩外销瓜菜基地，瓜菜种植面积达到 25 万亩；实施 20 万头优质肉牛、河东草畜一体化等项目，牛羊饲养量增长 10%以上。办好宁夏种业博览会，重点抓好 15 万亩蔬菜制种基地，打造国家级种子产业融合示范区。培育富硒农产品品牌，争创“全国农业富硒示范基地”，打造绿色农产品基地 8 万亩、有机农产品基地 2 万亩。加强合作，推广高效生态水产养殖技术 8 项、种植业新技术新品种 12 项、养殖新技术 11 项。

（二）深入落实脱贫富民战略，在保障和改善民生上迈出更大步伐

1. 打好精准脱贫攻坚战

落实脱贫产业发展和就业创业“双 20 条”扶持政策，加快推进海燕村 500 亩现代日光温室等 20 个扶贫产业项目，培训新型职业农民、农村致富带头人、农村劳动力 4500 人以上，不断拓宽贫困人口增收渠道。强化金融扶贫、教育扶贫等措施，推进海燕村幼儿园等项目建设，确保完成年度脱贫任务。深入推进帮扶解困行动，落实精准脱贫社会保障兜底任务，将 70 周岁以上老年人、孤老孤儿、优抚对象等 3367 名建档立卡贫困群众全部纳入最低生活保障。

2. 强化就业促增收

建设“双创”运营服务中心。统筹重点群体就业工作，实现城镇新增就业1万人、失业人员再就业9000人、就业困难人员再就业1400人，城镇登记失业率控制在4.0%以内。加强新型职业农民和农村实用人才培训，鼓励农村外出人员回乡创业创新。

3. 提高社会保障能力

规范城乡最低生活保障制度，适时开展城乡“提标扩面”工程。做好居家和社区养老服务试点，落实发展民间养老机构优惠政策，推进社区日间照料中心、养老护理院建设，实施公办养老机构改革。建立救灾预警、应急响应和灾害评估机制，争创国家级综合减灾示范社区。完善社会福利和慈善救助体系，不断扩大社会保险覆盖范围。完善社会救助和保障与物价挂钩联动机制，居民消费价格上涨控制在3.0%以内。

4. 提升教育医疗水平

加快推进教育现代化，启动“互联网+教育”示范区创建工作。建立城乡结对、联合办学等多种形式优质资源共享机制，加快推进实验幼儿园第三分园等项目；提升农村、薄弱学校办学水平，培养高素质师资队伍，创建县域义务教育优质均衡示范县区。深化公立医院综合改革，加快平罗县县域综合医改试点建设，完善医联体建设和分级诊疗考核机制，健全现代医院管理制度；加强基层医疗服务能力建设，提升妇幼保健、疾病预防等公共卫生服务能力。

5. 发展文化体育事业

完善惠民文化体育设施，推动全民健身活动中心等项目建成投运。建设15个农村基层综合文化服务中心，平罗县图书馆新馆建成投运。实施文化惠民工程，组织文化艺术节等演出400场次，完成戏曲进校园和进农村演出100场。广泛开展全民健身，办好美丽石嘴山骑跑嘉年华等活动，全力备战自治区第十五届运动会，加快推进足球学校足球场等项目。

6. 提升社会治理能力

深化城乡社区网格化管理，健全完善矛盾纠纷多元化解机制，创建全国社会治安综合治理优秀城市。推进扫黑除恶专项斗争，确保刑事案件、治安案件发案数大幅下降。强化食品、药械、特种设备等安全监管，维护公平竞争市场秩序。深化民族团结进步宣传教育，提高宗教工作法治化水平，争创全国民族团结进步示范市。提高信访工作水平，信访信息系统联通单位信访事项及时受理率和按期办结率均达到100%。加快安全生产预警云平台建设，加大执法检查、隐患排查治理、“打非治违”等工作力度，营造良好安全生产环境。

（三）深入落实生态立市战略，在持续改善环境上迈出更大步伐

1. 打好污染防治攻坚战

不折不扣抓好中央环保督察反馈问题整改，深入实施蓝天、碧水、净土“三大行动”，有效管控环境风险。以扬尘、煤尘、烟尘、车尘“四尘”同治为重点，持续开展大气污染防治行动，推进燃煤自备火电机组和燃煤锅炉超低排放改造，完成焦化行业颗粒物、二氧化硫、氮氧化物特别排放限值改造，推动工业堆场扬尘治理和秸秆综合利用，空气质量优良天数达标率达73%以上（不剔除沙尘天气）。深入实施水污染防治行动计划，全面加强黄河石嘴山段、沙湖、三五排水沟等重点区域的水污染防治，实施沙湖—星海湖水系连通人工湿地工程建设，强化三五排入黄口、污水处理厂运行管理；黄河石嘴山段出入境断面水质稳定保持在Ⅱ类，星海湖水质保持在Ⅳ类。扎实推进净土保卫战三年作战计划，建立土壤环境管理体系，全面加强危险废物安全监管。严格执行耕地保护政策，建立永久基本农田数据库，加强永久基本农田保护。

2. 加强生态保护修复

实施山水林田湖草生态保护修复工程试点，加快推进沿黄生态廊道、典农河生态廊道、贺兰山东麓及110国道生态廊道等项目建设，对生态环境进行整体保护、系统修复和综合治理，增强生态系统服务与保障功能供给能力。持续抓好贺兰山生态环境综合整治，实施保护区外围两公里综合整治。深入推进河、湖长制，推动“一河两湖两沟”综合治理。巩固国家森林城市、园林城市创建成果，实施北武当生态修复综合整治二期等项目，加强林业有害生物防治，完成营造林4.2万亩。

3. 构建绿色发展方式

严格执行节能评估审查制度、环境影响评价制度，依法控制高耗能、高排放项目准入。推动企业循环化生产、产业循环化组合、园区循环化发展，重点实施滨河碳化硅产业节能减排升级改造等项目，推动平罗工业园区循环化改造示范试点终期验收。加大节能减排力度，统筹开展控制温室气体、碳排放权交易、煤炭消费总量控制等工作。强化全社会生态文明观念，倡导勤俭节约、绿色低碳、文明健康生活方式和消费模式。

（四）深入推进区域协调，在提升城市能级上迈出更大步伐

1. 加快银川都市圈建设

加快基础设施互联互通，实施都市圈天然气管网互联互通工程，推动银川市—大武口区公交试行线路和都市圈城市公交卡通用共享。推进产业集群集聚，牵头成立宁夏新材料产业联盟，加快杉杉锂电池、滨河新材料等项目建设；加快都市圈旅游一体化发展，推进典农河、沙湖及星海湖沿线旅游开发，开通旅游客运班线，推动旅游线路景区一票通。推进公共服务共建共享，加快“互联网+教育”“互联网+医疗”发展，抓好优质学校发展联盟、医疗特色专科联盟等重点工作，实现电子政务数据互联互通。推进生态环境共保共治，实施贺兰山自然保护区生态修复治理工程及都市圈生态廊道建设，加快重点入黄排水沟、河湖断面水质自动检测建设，打造银川都市圈亮丽北翼。

2. 加强城市基础设施建设

完善城市公共服务功能布局，围绕基础设施短板、民生需求和城市修补，实施大武口城区雨污分流、生活垃圾综合处置和天然气应急储气设施等项目，提升城市建成区绿地率和绿化品质，推进一批背街小巷、老旧小区、农贸市场改造，完成400套棚户区改造任务。打通市域“断头路”，合理布局停车场、停车泊位，实施环湖路及水毁抢修工程等项目。加快智慧公交建设，优化公共交通线路，构建优质公共交通服务体系。

3. 加快特色小镇和美丽乡村建设

扎实推进乡村振兴，持续推动10个美丽乡村、10个特色小镇建设，重点培育星海镇、红果子镇、陶乐镇3个中心镇，带动镇域经济加快发展。

推动一二三产业融合发展，重点抓好龙泉山庄等10个休闲农庄提档升级，新培育四星级以上休闲农业企业4个，举办“中国农民丰收节”等节会活动。加快互联网种子小镇建设，新培育农村电商企业4家，龙头企业电商覆盖率达30%以上，农产品网上销售额增长10%。深入开展农村人居环境整治行动，培育创建农村人居环境整治示范村、示范县区，不断提升村容村貌。

（五）深入推进改革开放，在激发内生动力上迈出更大步伐

1. 深化供给侧结构性改革

巩固钢铁去产能成果，严防“地条钢”死灰复燃；全力推进煤炭去产能，完成洪林兴达和祥顺通等4家煤矿兼并重组，加大铁合金、电石等落后产能淘汰力度。持续推动房地产去库存，实施棚改货币化安置，减少商品房存量，促进房地产市场平稳发展。坚决打好防范化解重大风险攻坚战，完善互联网金融安全监管平台系统，规范政府性债务风险防范管理，遏制隐性债务增长。保持基础设施领域补短板力度，完善基础设施和公共服务，提升基础设施供给质量。

2. 持续推进“放管服”改革

以“最多跑一次”助推“不见面”审批改革，全面落实“一网、一门、一次”，继续完善网上审批、“多规合一”“多证合一”等改革，完成“两级”政务服务标准化试点工作，市本级政务服务事项网上可办率稳定在80%，事项办事材料减少60%以上。深化商事制度改革，完善集中行政审批运行机制，实施“5550”审批服务，提升行政审批效能和效率。

3. 推进农业农村综合改革

推进国家级农村产权制度改革试点工作，全面完成194个村清产核资等改革任务，推动农村改革持续走在全区全国前列。探索“三权分置”多种实现形式，新培育新型农业经营主体50家，培育社会化服务组织5家。深化农村金融服务综合改革，发展农村普惠金融，发挥政府性融资担保作用支持“三农”发展。

4. 深化对外开放合作

主动融入“一带一路”、呼包银榆经济区等国家战略，加快内陆开放型经济试验区建设，推动重点企业与沿线国家产能合作，鼓励天地奔牛、东方钽业等企业加强先进技术设备、关键零部件和紧缺资源、原材料进口。畅通进出口关键环节，推进与沿边口岸、沿海港口铁路物流通道建设，推动石嘴山保税物流中心（B 型）和惠农陆路口岸联动发展，打造生产资料集散和跨境贸易结算中心，完善流通性简单加工和增值服务功能。全市实现外贸进出口总额增长 10%以上。着力招大引强，整合招商资源，完成招商引资实体项目到位资金增长 8%以上。

2018年吴忠市经济发展报告

王风全

2018年，面对复杂多变的经济发展环境，吴忠市坚定践行新发展理念和高质量发展要求，以供给侧结构性改革为主线，着力振兴实体经济，积极培育发展新动能，统筹推进稳增长、促改革、调结构、惠民生、防风险各项工作，全市经济发展呈现总体平稳、稳中有进的态势。

一、经济运行主要特点

（一）经济总体平稳发展，产业结构逐渐优化

2018年前三季度，全市实现地区生产总值400.8亿元，同比增长6.2%。其中，第一产业增加值41.1亿元，增长3.9%，对全市经济增长的贡献率是6.55%，拉动经济增长0.41个百分点；第二产业增加值247.8亿元，增长6.6%，对全市经济增长的贡献率是63.53%，拉动经济增长3.94个百分点；第三产业增加值112亿元，增长6.2%，对全市经济增长的贡献率是29.92%，拉动经济增长1.85个百分点。

加快产业转型升级，质量效益持续改善。全市在优化产业结构上下功夫，走质量高、效益好、结构优的转型发展之路，前三季度一、二、三产业结构的比为10.3:61.8:27.9。

作者简介：王风全，吴忠市统计局副局长，统计师，宁夏社科院吴忠分院特约研究员。

（二）农业经济稳步发展，产业体系不断完善

坚持质量兴农、绿色兴农、品牌强农，构建现代农业“三大体系”，全面提升农业质量、效益和竞争力。预计全年完成农业增加值增长4.5%。

一是特色优势产业不断壮大。2018年，全市粮食播种面积324万亩，压减籽粒玉米改种蔬菜、黄花等经济作物24万亩。奶牛存栏达24.1万头，规模化率达到98%。肉牛、肉羊、黑毛驴饲养量分别达到48万头、660万只、3万头。全市特色优势产业占农业总产值90%以上。

二是新产业新业态培育加速。大力发展富硒产业，打造金银滩镇“富硒产业核心镇”和红寺堡区“富硒黄花菜小镇”，全市富硒作物种植面积达16万亩。积极发展新型休闲农业，全市培育发展休闲农业经营主体130个。实施新型经营主体融合发展带动工程，创建产业化联合体16家，实现了粮食、畜禽、果蔬等产业全覆盖。

三是农业品牌建设成效明显。实施特色产业品牌工程，盐池滩羊入选首批中国特色农产品优势区，“吴忠亚麻籽油”成为全国首个亚麻籽油地理标志产品。塞外香、君星坊分别进入全国大米加工50强企业和全国亚麻籽油加工10强企业名单。全市新认证“三品一标”农产品58个，新增市级以上农业龙头企业40家、农民专业合作社16个、家庭农场28个。

（三）工业生产企稳回升，发展韧劲不断增强

全市坚定不移地实施“工业强市”战略，全力培育新兴产业，改造提升传统产业，做强做优特色产业，使工业经济稳步发展。1—11月，全市规模以上工业增加值同比增长6.8%，比1—10月提高1.3个百分点。

一是非公有工业发展快于国有控股工业。1—11月，全市规模以上非公有工业增加值同比增长7.9%，比1—10月加快0.3个百分点；国有控股企业增加值同比增长6%，比1—10月加快2.5个百分点。

二是轻工业发展加快。1—11月，全市规模以上轻工业增加值同比增长5.1%，比1—10月提高2.3个百分点；重工业实现增加值同比增长7.4%，比1—10月提高1个百分点。

三是中央及自治区属企业快速发展。1—11月，全市规模以上中央及自治区属工业增加值增长5.9%，比1—10月提高2.8个百分点；地方工业增加值同比增长 7.4%，比 1—10 月提高 0.1 个百分点。

四是部分重点行业贡献突出。11 月，全市 30 个工业行业大类中，15 个行业当月增加值增速较 10 月加快。增加值总量前十位行业中，7 个行业当月增加值增速较 10 月提升。

五是主要产品产量保持增长。1—11 月，全市卷烟增长 14.1%，发电量增长 6.3%，乳制品增长 25.8%，电解铝增长 5.6%，电石增长 21.6%，铁合金增长 41%，工业自动调节仪表与控制系统增长 3.1%。

六是工业能源消耗低。全市加快传统行业绿色提标改造，实施节能环保技术改造项目，加速工业绿色转型，深入推进工业去产能，淘汰水泥、铁合金、硫酸、造纸等落后产能。1—11 月，全市规模以上工业能源消费量为 510.4 万吨标准煤，同比增长 2.5%。六大高耗能行业能源消费量 473.5 万吨标准煤，占规模以上工业能源消费量的 92.8%，同比增长 4.5%。其中，非金属矿物制品业同比下降 12.3%，电力、热力的生产和供应业同比下降 2%，黑色金属冶炼及压延业同比增长 12.4%，石油加工炼焦及核燃料加工业同比增长 26.3%，有色金属冶炼及压延业同比增长 4.6%，化学原料及化学制品制造业同比增长 14.8%。

（四）狠抓项目建设质量，投资降幅持续收窄

坚持抓投量、促投效，不断培植主导产业、积蓄发展后劲。1—11 月，全市完成固定资产投资同比下降 12.7%，比 1—10 月收窄 2 个百分点。

一是商品房销售面积降幅收窄。1—11 月，商品房销售面积 135.1 万平方米，同比下降 2.4%，比 1—10 月收窄 3.3 个百分点，其中商品住宅销售面积 121.7 万平方米，同比下降 0.3%，比 1—10 月收窄 2.7 个百分点。

二是房地产去库存见成效。1—11 月，全市房地产开发投资完成 57.4 亿元，同比下降 16.6%。商品房待售面积 123.7 万平方米，同比下降 8.1%，其中商品住宅待售面积 62.5 万平方米，同比下降 15.6%。全市房地产库存持续下降，商品住宅价格均价略有增长。

三是招商争资态势良好。紧抓国家产业政策方向，加大争项目、争资金力度，坚持精准招商、绿色招商、产业招商，吴忠市上争项目和招商引资工作取得成效。

（五）服务行业健康发展，新兴产业不断显现

整合创新传统服务业发展模式，积极培育新兴服务业发展业态，努力激发服务业发展活力。前三季度，全市服务业完成增加值112亿元，同比增长6.2%，占全市GDP总量的27.9%，对经济增长的贡献率为29.9%。

一是七大行业各有贡献。前三季度，交通运输、仓储和邮政业实现增加值14.19亿元，同比增长6.9%，占服务业的比重为12.7%，对全市服务业的贡献率为15.2%，拉动服务业增长0.94个百分点；批发和零售业实现增加值11.54亿元，同比增长3.3%，占服务业的比重为10.3%，对全市服务业的贡献率为5.7%，拉动服务业增长0.35个百分点；住宿和餐饮业实现增加值8.7亿元，同比增长5.7%，占服务业的比重为7.8%，对全市服务业的贡献率为7.4%，拉动服务业增长0.46个百分点；房地产业实现增加值9.81亿元，同比增长2.7%，占服务业的比重为8.8%，对全市服务业的贡献率为3.8%，拉动服务业增长0.24个百分点；金融业实现增加值15.85亿元，同比增长1.5%，占服务业的比重为14.2%，对全市服务业的贡献率为2.3%，拉动服务业增长0.14个百分点；营利性服务业实现增加值13.85亿元，同比增长12%，占服务业的比重为12.4%，对全市服务业的贡献率为22.2%，拉动服务业增长1.38个百分点；非营利性服务业实现增加值35.67亿元，同比增长8.3%，占服务业的比重为31.9%，对全市服务业的贡献率为40.1%，拉动服务业增长2.48个百分点。

二是消费市场平稳发展。制定出台了《吴忠市促进消费拉动经济增长行动计划》《关于促进会展业发展的政策措施》，启动实施“十大促销行动”，有效激发了消费市场活力。前三季度，全市实现社会消费品零售总额85.7亿元，同比增长6.3%，比上半年加快0.3个百分点。

三是电子商务加快发展。大力推进国家电子商务示范城市创建工作，在韦州、大水坑等乡镇农村新建电商服务站16家，全市乡村电商服务站总量达到451个，覆盖率90.2%。新世纪、吴忠国贸等传统商贸企业电商应用率达90%以上，预计全年电商销售额15亿元。

四是全域旅游逐渐显现。加快推进黄河大峡谷和盐州古城5A级景区创建工作，盐池哈巴湖生态旅游区成功创建国家4A级景区，利通区城南生态文化园、青铜峡凤凰岛低空营地等建成运营，山水沟村等 4 个特色产业示范村初具规模，“宁夏观光夜市·吴忠早茶”引进落地金龙广场。预计全年共接待游客 528 万人次，实现旅游收入 38 亿元，分别增长 12%、15%。

（六）财政收支稳步增加，金融运行平稳

一是财政收入增加。1—11 月，全市一般公共预算收入完成 30.2 亿元，同比增长 3%，比 1—10 月提高 1.3 个百分点，11 月当月增速达 29.1%。其中：税收完成 20.5 亿元，同比增长 4.9%。税收占地方一般公共预算收入的比重由上年同期的 66.7%提高到 67.9%。

二是财政支出增长。1—11 月，全市一般公共预算支出完成 182.4 亿元，同比增长 0.8%。其中，一般公共服务支出增长 0.5%，科学技术支出增长 80.7%，社会保障和就业支出增长 10.5%，医疗卫生与计划生育支出增长 10%。

三是金融存贷增加。截至 11 月末，全市金融机构各项存款余额 696.4 亿元，同比增长 0.2%，其中住户存款增长 8%。全市金融机构各项贷款余额 623.2 亿元，同比增长 7.2%。其中，中长期贷款余额 288.1 亿元，增长 11.9%；短期贷款 307.2 亿元，增长 3.6%；票据融资 27.4 亿元，增长 6.3%。

（七）城乡居民收入增长，消费价格温和上涨

吴忠市委、政府高度重视城乡居民收入工作，出台和落实了各项惠民政策，促进了全市城乡居民收入的提高。

一是城镇居民收入稳步提高。前三季度，全市城镇居民人均可支配收入 19179.9 元，同比增加 1486.3 元，增长 8.4%，比上半年提高 0.6 个百分点。从收入构成看，四大项收入均实现增长，经营净收入增长最快，增速为 11.8%，工资性收入增长 7.5%，财产净收入增长 11%，转移净收入增长 8.4%。从各项收入占比情况看，工资性收入占比为 64.3%，转移净收入占比为 16.8%，经营净收入和财产净收入占比分别为 14.1%和 4.8%。从拉动增长情况看，工资性收入拉动作用最大，拉动可支配收入增长 4.9 个百分点。

二是农村居民收入增长较快。前三季度，全市农村居民人均可支配收入 8488.6 元，同比增加 722.6 元，增长 9.3%，比上半年提高 0.3 个百分点。工资性收入是拉动收入增长的主要动力。农村居民人均工资性收入 4304 元，同比增加 349 元，增长 8.8%，占人均可支配收入的 50.7%，拉动农民可支配收入增长4.5个百分点，对农民增收的贡献率为48.3%。经营净收入增长较快。全市农村居民人均经营净收入3381.8元，同比增加287.2元，增长9.3%，占人均可支配收入的39.8%，拉动农民可支配收入增长3.7个百分点，增收贡献率为39.8%。分产业来看，第一产业人均经营净收入1904.5元，同比增长12.9%；第二产业人均经营净收入96.4元，同比增长23.5%；第三产业人均经营净收入1380.9元，同比增长3.8%。全市农民人均转移净收入742.9元，同比增长13.3%，占人均可支配收入的8.8%，拉动农民可支配收入增长1.1个百分点，对农民增收的贡献率为12.1%。

三是消费价格稳中上涨。1—11月，全市居民消费价格总水平同比上涨2.6%，其中，非食品价格上涨2%，消费品价格上涨3.4%，服务项目价格上涨0.7%。居民消费价格调查的八大类商品及服务价格均比上年同期上涨，其中，食品烟酒类上涨3.6%，衣着类上涨2.1%，居住类上涨0.5%，生活用品及服务类上涨1.8%，交通和通信类上涨3.1%，教育、文化和娱乐上涨2.9%，医疗保健上涨2.5%，其他用品和服务上涨1.1%。

（八）攻坚工作筑牢夯实，发展活力不断增强

一是脱贫攻坚推进顺利。坚持把脱贫攻坚作为重大政治任务和第一民生工程，聚焦盐同红交界处集中连片贫困地区，加快道路交通、危房改造、安全饮水等项目建设，大力实施产业扶贫、金融扶贫等“造血工程”，全市年内有25个贫困村、10个深度贫困村稳定退出，34679名贫困人口脱贫。盐池县成为宁夏9个贫困县区中首个脱贫摘帽县区，获得2018年全国脱贫攻坚奖组织创新奖。

二是营商环境持续优化。出台实施优化营商环境25条，深化“多证合一”，推行企业登记全程电子化、电子营业执照、名称登记改革，实行个体工商户便利登记和依职权简易注销。积极探索投资项目并联审批改革，项目全流程审批时限由260多个工作日压缩到115个工作日，加快推动了信用体系建设。

三是对外开放深入推进。依托35个展示展销中心，组建宁夏宁优汇特色产品运营有限公司，与全区137家生产加工企业建立合作关系，对接入驻产品拓展到1441种。全年实现进出口总额8亿元，增长20%。

二、经济发展中存在的主要问题

经过一年的不懈努力，全市虽然呈现出经济平稳发展、民生持续改善、社会和谐稳定的良好局面，但也存在一些困难和问题。

（一）经济增长动能还不强

全市大项目、好项目不多，重点项目拉动不够。1—11 月，全市新建、续建固定资产投资项目下降 22.9%。金融业、房地产业等行业持续低迷等问题依然较为突出。

（二）工业增长基础还不稳

截至 11 月末，全市规模以上工业中减产、停产企业占全部规模以上工业企业总数的 49.6%。尤其是占规上工业总量 48.2%的电力、热力的生产和供应业，纺织业，煤炭开采和洗选业，食品制造业产值下滑。

（三）服务业发展水平还不高

前三季度，服务业七大行业中除非营利性服务业以外，其他行业增速较上半年均出现不同程度回落，批发和零售业、住宿和餐饮业、金融业、房地产业增速低于全市平均水平。

三、促进吴忠市经济发展的建议

2019 年是中华人民共和国成立 70 周年，也是全面建成小康社会的攻坚之年，更是贯彻落实党的十九大、推进自治区第十二次党代会精神落地见效的深化之年，全市经济社会发展随着国家、自治区相继出台促进民营经济发展、基础设施领域补短板、经济高质量发展等系列政策，经济发展蕴含重大机遇。建议抓好以下工作：

（一）千方百计抓工业，稳健推进提质扩量

工业在扩增量、优存量、削减量三篇文章下功夫，推动经济持续稳定健康发展。

一是帮扶企业健康发展稳增长。认真落实自治区“降成本 30 条”、“创新驱动 30 条”、《关于促进民营经济健康发展的若干意见》等惠企政策，出台《关于促进工业转型升级推动高质量发展的政策措施》，让工业企业享受更多政策红利。

二是培育壮大优势产业增后劲。以争创“中国制造2025”国家级示范区为契机，合力打造都市圈先进装备制造产业联盟，推动装备制造高端化、绿色化、智能化。

三是深入推进节能降耗提质量。大力发展战略性新兴产业，坚决淘汰落后产能，加快传统产业改造升级步伐，延伸产业链，提升产业层次及产品附加值，提高准入标准，限制高耗能、低效益项目，加大对生产企业的规范、制约力度，促进能源与经济、环境的可持续发展。

（二）千方百计抓项目，注重投资高效优质

坚持引进实施一批带动面广、关联度大、产业链长的大项目、好项目，提高项目对高质量发展的带动作用。

一是坚持不懈抓好项目储备。围绕创新驱动、生态环保、促进民营企业发展、基础设施补短板等重点领域，以产业类项目储备为重点，努力提高项目谋划质量。

二是持之以恒抓好项目建设。健全“谋划一批、储备一批、推进一批”项目工作机制，重点抓好节能技改、现代服务业、旅游业融合发展的产业转型升级项目。以钉钉子精神，做实、做细、做好项目建设各项工作，保持投资平稳增长。

三是全力以赴抓好招商引资。紧盯京津冀、长三角、珠三角等产业转移重点地区，围绕装备制造、现代纺织等产业不断补链、强链、延链。探索委托招商、中介招商、代理招商等市场化运作模式，提升招商专业化水平。

四是坚定不移抓好向上争资金。紧盯中央、自治区资金导向，紧抓促进民营经济发展、供给侧结构性改革、乡村振兴战略、基础设施补短板、自治区“三大战略”、融入银川都市圈等重大政策措施。

（三）激发活力抓服务业，换挡提速促进升级

大力开展“服务业提升年”活动，推动商贸、旅游等产业融合转型。

一是加快集聚提升。围绕旅游、商贸等领域，打造沿黄旅游、现代物流等服务业集聚区，将“吃在吴忠”的品牌优势转化为经济优势，增强集聚辐射带动能力。

二是推进全域旅游。实施黄河金岸旅游带等旅游项目，加快青铜峡黄河大峡谷、盐池古城历史文化景区创建国家 5A 级景区。

三是刺激市场需求。全力推进“十大促销行动”，组织各大商场、超市等商贸企业开展城市购物节、促销季等专题促销活动，激发消费市场活力。

四是培育新兴产业。持续深化国家级电子商务示范城市创建工作，实施电子商务进社区项目，围绕医养结合、养生保健、体育运动等健康养老等新兴产业。

（四）创新驱动抓改革，持续激发社会活力

持续推进关键领域改革开放坚定步伐，加大创新能力建设，以创新生动力，让改革增活力。

一是深化重点领域改革。调整优化政府机构和职能，深化“三医联动”改革。大力优化营商环境，全面优化审批程序，提升窗口服务质量，着力解决企业、群众后顾之忧。建立并完善“信用吴忠”平台，创建社会信用体系示范城市。

二是加快融入银川都市圈。坚持利青一体，主动融入银川都市圈，实现在协调发展中形成优势、增强后劲、引领发展。

三是加强创新能力建设。坚持以科技创新带动全面创新，加大 R&D 投入强度，培育更多国家级高新技术企业、自治区级科技型企业，深化产学研合作。

四是深化“开放吴忠”建设。着力培育以会展经济为主的新增长热点，引进专业会展公司进驻吴忠市。持续开展“吴忠特色产品全国行”活动，依托展示展销中心，举办滩羊、葡萄酒、旅游文化等专题推介活动，组织实施“宁夏一碗面”在各大城市发展餐饮连锁店，促使吴忠市经济健康持续发展。

2018 年固原市经济发展报告

计发斌

2018 年，在面对传统产业红利渐行渐远、风险约束日益增大、内外环境复杂多变、多重因素相互叠加、持续发展困难重重的情况下，固原市各级党委、政府以脱贫攻坚为统揽，迎难而上，攻坚克难，采取针对措施，积极作为，大力惠民生，全力补短板，尽力保增长，奋力促发展，使全市经济在艰难的环境中保持了较为平稳的运行态势。

一、固原市经济运行情况

2018 年，固原市预计实现生产总值 290 亿元，同比增长 7%左右。其中，第一产业实现增加值 53 亿元，同比增长 4%；第二产业实现增加值 81 亿元，同比增长 9.5%；第三产业实现增加值 156 亿元，同比增长 6%。具体呈现以下特点。

（一）农业经济增长平缓

全市完成农作物播种面积 545.6 万亩，其中粮食作物 331.72 万亩（夏粮 81.95 万亩、秋粮 249.77 万亩），经济作物 105.6 万亩（油料 38.3 万亩、瓜菜 47.8 万亩、中药材 19.5 万亩），饲草作物 44.5 万亩。粮食获得大丰收，全市粮食总产量达 84.29 万吨，比上年增长 17.6%；全市肉牛饲养量

作者简介：计发斌，固原市统计局科长。

60.13 万头，同比增长 5.9%（存栏 40.6 万头，同比增长 6.7%；出栏 19.5 万头，同比增长 4.2）；肉羊饲养量 134.03 万只，同比下降 2.1%（存栏 73.2 万只，同比增长 0.2%；出栏 60.8 万只，同比下降 4.7%）；生猪饲养量 27.69 万头，增长 5.4%（存栏 12.8 万头，增长 0.4%；出栏 14.9 万头，增长 10%）；家禽饲养量 468.11 万只，下降 14.4%（存栏 233.7 万只，下降 8.4%；出栏 234.5 万只，下降 19.6%）；肉类总产量 5.76 万吨，同比增长 1.9%。预计全市实现农业增加值 54 亿元，同比增长 4.2%。

（二）工业经济快速增长

2018 年以来，在市场环境复杂多变、内生动力不足、“三大攻坚战”任务加重的情况下，固原市工业经济逆势而上，保持了较好的增长势头，成为全市经济的主要拉动力。1—11 月，固原市规模以上工业实现工业增加值同比增长 20.3%，比全区平均水平高 12.7 个百分点，与其他四个地市相比，增幅优势逐步缩小。从轻重工业看，轻工业实现增加值同比增长 3.6%，重工业实现增加值同比增长 19.4%。从三大门类看，制造业实现增加值同比增长 42.7%，电力、热力、燃气的生产和供应业实现增加值同比增长 18.3%，采矿业实现增加值同比增长 7.3%。从重点行业看，化学原料和化学制品制造业增加值同比增长 162.9%，水的生产和供应业增加值同比增长 157.9%，燃气生产和供应业增加值同比增长 67.7%，非金属矿采选业增加值同比增长 26.9%，医药制造业增加值同比增长 13.9%，煤炭开采及洗选业增加值同比增长 5.0%，非金属矿物制品业增加值同比下降 48.78%，食品制造业增加值同比下降 46%，橡胶和塑料制品业增加值同比下降 38.7%。预计全市规模以上工业增加值比上年增长 20%。

（三）固定资产投资明显下降

1—11 月，固原市固定资产投资同比下降 17.6%，降幅低于全区 0.6 个百分点。其运行特点：一是地方投资呈增长态势。1—11 月，地方投资同比增长 30.9%，占全社会投资的 61%，对全社会投资贡献率为 67.3%，拉动全社会投资增长 11.9 个百分点。其中：民间投资（不含房地产）同比增长 31.1%，较 1—10 月提高 4.9 个百分点；基础设施投资同比增长 29.4%，较 1—10 月提高 6.1 个百分点；制造业投资同比增长 111.6%，较 1—10 月份提高3.5个百分点。分产业看，第一产业投资增长较快，完成投资同比增长59.9%，占地方投资的8.4%，拉动地方投资增长4.1个百分点；第二产业投资持续增长，完成投资同比增长39.3%，占地方投资的20.1%，拉动地方投资增长7.4个百分点；第三产业投资增长较快，完成投资同比增长26.1%，占地方投资的71.6%，拉动地方投资增长19.4个百分点。二是房地产投资大幅下滑。1—11月，房地产投资同比下降46.8%，较上月降幅扩大6.5个百分点，占全社会投资的比重为28%，下拉全社会投资20.3个百分点。三是厅局投资持续回落。1—11月，厅局投资同比下降50.3%，较1—10月收窄1.9个百分点，占全社会投资的比重为11.1%，对全社会投资贡献率为-52.3%，下拉全社会投资增长9.2个百分点。预计全年固定资产投资完成额比上年下降15%左右。

（四）消费品市场略显低迷

2018年以来，全市消费品零售额增长幅度在5%以下波动，预计全年社会消费品零售总额约74.5亿元，比上年增长4.8%。主要特点：一是城镇消费增长快于乡村。随着城镇化步伐加快，农村居民进城消费势头不断增强，城镇居民消费观念不断更新，有力地促进城市消费的增长，城镇消费品零售额同比增长5.9%，农村零售额同比持平，城镇消费水平明显高于农村消费，成为消费增长的主源头。二是住宿餐饮业一枝独秀。全市住宿餐饮业消费品零售额同比增长38.5%，其中：住宿业零售额同比增长19%，餐饮业消费品零售额同比增长40%，餐饮业成为拉动消费市场的主要增长点。三是批发零售喜忧参半。全市批发零售贸易业累计实现零售额同比下降28%，其中，批发业实现零售额同比增长26.6%，零售业实现零售额同比下降38%。

（五）地方金融运行质量不高

1—11月，全市地方一般公共预算收入完成15.36亿元，同比增长5.03%，环比下降2.6个百分点，完成变动预算的85.6%，其中：税收9.45亿元，同比增长1%，占地方级收入的61.9%，完成年度预算数的83.4%；非税收入5.91亿元，同比增长12.1%，占地方级收入的38.5%，完成年度预算数的89.3%。全市地方一般公共预算支出218.51亿元，同比增长

2.5%，完成变动预算数的 90.8%；“八项”支出 138.39 亿元，同比下降 6.5%，占地方一般公共预算支出的 63.3%，完成变动预算数的 94.8%。金融存贷款额持续下行。11 月末，全市金融机构各项存款余额 516.68 亿元（人行），同比下降 3.6%，降幅较 6 月末扩大 1.6 个百分点，较 9 月末扩大 2 个百分点，环比减少 4.09 亿元；各项贷款余额 392.91 亿元，同比增长 7.9%，增幅逐步缩小，较 2 月末最高峰减少 28.2 个百分点，较 10 月末减少 0.6 个百分点，存贷比 76.1%，较 10 月末减少 0.4 个百分点。

（六）城乡居民收入稳步提高

从前三季度看，全市城乡居民收入呈现稳步增长态势，农村居民收入增幅高于城镇居民，城乡居民收入差距缩小。城镇居民人均可支配收入 19327.4 元，增长 8.5%；农村居民人均可支配收入 5868.6 元，增长 10.9%。预计全年城镇居民人均可支配收入 26720 元，同比增长 8.5%；农村居民人均可支配收入 9480 元，同比增长 10.5%。

二、主要工作措施

（一）聚焦三县摘帽，打好脱贫富民攻坚战

全面落实固原市贯彻自治区脱贫富民战略、建设全国脱贫攻坚示范市“35 条”，统筹脱贫攻坚和区域发展，做好固原脱贫文章，销号贫困村 58 个，减贫 4 万人。

1. 对标发力扶真贫

整合资金和政策，聚焦 74 个深度贫困村，全面实现“两不愁、三保障”。坚持不懈抓产业扶贫、就业扶贫，瞄准特定贫困群众精准帮扶。把闽宁协作、“百企帮百村”等社会帮扶向深度贫困乡村倾斜，集中力量啃硬骨头。对 539 个脱贫村实施基础设施、公共服务提升工程，全面完成 1.1 万户危房改造和 2900 户 1.2 万人易地扶贫搬迁，从实从细补齐脱贫短板和任务，实现脱贫成效真实。

2. 紧扣增收真扶贫

实施金融扶贫提质工程，建成 100 个金融扶贫示范村，新增各项贷款 90 亿元，争取贫困户户均贷款达到 5 万元、脱贫户 6 万~10 万元。落实

“三大三强”行动，提升“两个带头人”工程，推广原州区姚磨跨村跨乡跨区域带动模式，把党支部建在产业链上，让老百姓富在产业链上。“有土”扶贫重点实施好“5·30”倍增计划，扶持特色种养业标准化和高质量发展，培育新型经营主体430个，完善利益联结和产销对接组织模式，实现户均有1~2个致富产业。“离土”扶贫对标职业市场，定向培训3.6万人，订单培训保姆、厨师、护工等5000人；多渠道搭建“扶贫车间”，打造自治区级创业示范基地2个，培育创业孵化基地5个，扶持新增创业创新主体2000户，创业带动就业8000人；转移就业30万人以上，创收65亿元以上，贫困户经营性收入、工资性收入增长10%以上。

3. 正向激励扶志气

脱贫先壮志，丰富脑袋才能装满口袋。调整政策扶持环节，采取贴息奖补、项目奖励等措施，激励贫困村、贫困户变“等着扶”为“干着扶”，大张旗鼓地表彰先进；通过开展农民培训教育年活动，让农民知晓党的“三农”政策，增强致富技能，推进移风易俗，进一步激发贫困群众摆脱贫困的斗志和奔向幸福美好生活的动力。

4. 精准退出脱真贫

紧盯国家对贫困县摘帽的评估指标，坚持缺什么补什么，干部下足苦功夫，换得百姓乐开怀。认真开展扶贫领域“作风建设年”活动，及时纠正各类问题，实现贫困人口信息化管理、扶贫资源阳光化使用、贫困农户精准化扶持、脱贫产业稳定化增收；落实工作责任，完成隆德、泾源、彭阳摘掉贫困县帽子的历史壮举。

（二）聚焦产业，延长链条，打好创新驱动攻坚战

全面落实固原市贯彻自治区创新驱动战略、建设西部地区绿色发展示范市“30条”，按照高质量发展要求，加快构建现代化产业体系。

1. 科技创新引领发展

推进“121”工程，以企业为主体，落实科技创新奖励政策，支持引导“产学研”协同创新，促进科技成果转移转化。整合政府扶持各产业创新资金，引导撬动企业和银行加大研发投入，实现R&D投入翻番。培育国家高新技术企业2家、自治区科技型企业10家。提升固原国家农业科技园核心区功能，加快建设四县现代农业科技示范园区，推广应用新品种、新技术，提升良种化、标准化和集约化水平。落实人才改革意见，建立固原市人才智库，让创新和科技人才成为高质量发展的制胜法宝。

2. 特色农业“接二连三”

要“反弹琵琶”，坚持质量兴农、绿色兴农，突出抓好五县区“5 个 10 亿农业产业集群培育”行动。实施汇源综合扶贫开发园、山东水发马铃薯循环产业园、宁夏森沃花卉及冷凉蔬菜现代农业科技园、重庆恒都 10 万头肉牛精深加工等项目，延长农产品价值链。每个县区至少引进 2 家产值过亿元的农产品精深加工企业。加强与宁夏宁苗、北京克劳沃、陕西海升等集团合作，把“一棵树、一枝花、一棵草、一株苗”培育成固原山绿与民富的种子，种出风景，种出财富。依托京东—固原扶贫馆，对接加盟全国知名市场，完善农产品质量安全追溯体系，实现小产业连上大市场，六盘山农产品卖出好价格。

3. 工业延链育新

坚持生态、环保、节水优先原则，实施“百家规上企业突破”和“非公经济提升”计划，引导现有企业联强靠大，延伸产业链，对标大市场，实现产业信息融合发展；依据市场有需求、企业有盈利、固原有优势，引进扶持培育创新型、创业型、劳动密集型企业，创造新时代固原新产业。开工建设一批产业新项目，建成并投产宁夏丰源 20 万锭纺纱项目。出台工业园区转型发展实施意见，低成本化改造工业园区，形成“一园一业一特色”。年内新增规上工业企业 15 家。

4. 全域旅游达标升级

全面落实自治区全域旅游“26 条”，完善旅游规划，实施旅游“双融”行动，创建六盘山长征 5A 级景区，改造提升将台堡红色教育基地，建成宁夏娅豪兴盛滑雪场和 14 条 218 公里旅游专线。扶持开发乡村民俗体验等增加老百姓收入的“短平快”项目，打造大店、冶家村等旅游示范村 13 个、特色农家乐 200 户、智慧民宿 100 家。办好六盘山山花节等节会，充分挖掘地域文化内涵，讲好固原故事，推动旅游和文化深度融合。发挥“旅游+”综合带动作用，开发避暑游、康养游、乡村游、冬季游等产品，加大中高端旅游产品供给，力争全年接待游客550万人次以上，旅游收入40亿元以上，使“天高云淡六盘山”名扬四海、享誉全国。

5. 服务业提质培强

制定现代物流业发展规划，开工建设金田阳光义乌小商品城，建成固原市公益性农产品批发市场、派胜世贸金街；实施“消费回流”计划，出台消费回流政策，支持打造精品街区、特色夜市，吸引外流消费回归、周边消费流入。抓好5县区电商产业园建设，培育电商企业10家、京东便利店100家；建成农产品冷链物流体系和3个“菜篮子”连锁超市，进一步做活城乡消费市场。培育发展信息技术、教育培训、养老服务、会展博览、住房租赁等新业态。引进金融机构2家以上，提升金融支持壮大实体经济能力。

（三）聚焦五河水质提标，打好生态环境保卫战

全面落实固原市贯彻自治区生态立区战略、建设全国生态文明示范市“30条”，抓好生态修复、河道治理、控源截污，守护好固原的绿水青山。

1. 植绿固原大地

推进造林绿化工程，实施六盘山三河源水质涵养、湿地保护与修复、市区生态屏障和绿色廊道、生态监测及人工增雨等项目，造林65万亩，森林覆盖率提高26%以上。治理蒋口等小流域300平方公里。

2. 守卫碧水蓝天

突出全民共治、源头防治，坚决完成中央环保督察反馈问题整改，坚决制止和惩处破坏生态环境行为。对标“大气10条”，推进“蓝天行动”，完成市区1000多家餐饮单位清洁能源改造；加快固原天楹循环产业园项目建设，实现秸秆有效利用和垃圾无害化处理，严控烟尘、扬尘等新增排放，市区PM2.5、PM10稳中有降，确保全年空气质量优良天数稳定在90%以上。对标“水10条”，推进“碧水行动”，压实河长、湖长责任，严格河湖岸线管控和水源地保护，加快五河流域水环境综合治理；建成城市污水处理厂污泥规范化处理、城镇排污管网和人工湿地项目，确保污水达标排放，坚决消除清水河劣五类水质，实现五河流域水质达标并稳定提升。

3. 厚植绿色根基

对标“土10条”，推进“净土行动”，减少农药、化肥使用，大幅增加有机农家肥、有机农药使用量，严控农村面源污染，农田残膜回收率达90%以上。开展全市生态环境现状调查，完成城镇开发、永久基本农田、生态保护红线落界工作。严格产业项目准入，加快工业固体废弃物综合利用，从源头上为生态环境减负。落实最严格的水资源管理制度，市区创建自治区水生态文明城市，四个县争创国家节水型城市。

（四）聚焦乡村振兴战略，打好城乡统筹大会战

坚持城乡一体、产城融合思路，持续改善城乡人居环境。

1. 提升中心城市品质

按照固原市空间规划，修编城市总体规划，完善控制性详规和综合交通、夜景照明、城市双修等系列规划。完成市区旧城（棚户区）改造5000户，实施35个老旧小区海绵化改造，建设城市公园5个，拓展城市休闲空间，不断满足人民日益增长的优美生态环境需要。深化城市“以克论净·深度保洁”机制，改进社区物业服务管理，巩固“五城联创”成果，启动全国文明城市、双拥模范城市和国家卫生城市、森林城市等“九城同创”工作。

2. 实施乡村振兴战略

围绕实现农业强、农村美、农民富目标，建立完善城乡融合发展体制，做好乡村振兴与脱贫攻坚的政策衔接、机制整合和工作统筹，推动农村基础设施、公共服务提档升级。打造张易、马建、陈靳、黄花、孟塬等7个特色小镇，沿旅游环线集中建设双泉、三合、锦华、集美、白岔等51个美丽村庄。开展“百村示范、千村整治”工程，完成524个行政村人居环境综合整治，建制镇和中心村生活污水处理率达50%以上，农村自来水普及率达95%以上；启动农村“厕所革命”，旅游乡镇、旅游村卫生厕所全覆盖，努力补齐影响群众生活品质的短板。

3. 夯实发展基础

全力以赴争取宝中快铁、G85线南坪至高寨塬高速公路项目开工，加快三条对外通道建设，新（改）建国省干线11条369公里和四好农村公路400公里；实施六盘山机场扩建停机坪工程；推进公交都市示范创建工作，优化市区路网，改建城市进出快速通道，解决交通拥堵问题。新建、改造提升南城拐子、什字等水库11座，新增高效节水灌溉面积4万亩。实施新一轮农村电网改造升级工程，完善天然气管网和配套基础设施。启动“智慧固原”建设，促进“互联网+扶贫监测”、城市管理、健康医疗、文化旅游等融合应用，让固原搭上新时代的信息快车。

三、2019年加快固原发展的对策与建议

2019年是固原市决战脱贫攻坚和决胜建成全面小康社会的关键之年。主要预期目标：实现地区生产总值增长7%，全社会固定资产投资增长5%，地方公共财政一般预算收入可比增长7%，城乡居民人均可支配收入分别增长8%和9%，社会消费品零售总额增长6%。主要对策与建议如下。

（一）增强创新驱动发展能力

一是搭建科技创新平台。加快产品创新、品牌创新、产业组织创新、管理创新、商业模式创新体系建设，形成创新产业链。建立政府、企业、科研机构相结合的机制，支持龙头企业建立研发中心和重点实验室，推动农业、农副产品精深加工、新能源材料等方面的技术创新和成果转化。围绕高效节水技术、优良品种引进农业机械化等领域，建立现代农业科技创新平台。支持企业加强自主创新，开展新产品、新工艺研发，创造新供给，开拓新市场。二是构建创新保障机制。健全以扶贫开发、产业发展、生态建设和改善民生为重点的考核奖惩机制，强化目标责任管理；健全经济社会发展综合评价机制，加强经济运行分析研判，强化重大决策、重点项目、重要工作跟踪督查。加快培育一批急需的创新创业领军人才，大力引进高层次专业技术人才、经营管理人才；搭建各类“双创”平台，创建示范基地。三是创建产业新模式。着力健全结构优化、清洁低碳、带动力强、附加值高的“3+X”产业体系。现代生态农业要围绕健全产业体系、生产体系、经营体系，推动五河流域特色农业发展。打造全国安格斯肉牛繁育基地、马铃薯种薯生产基地、冷凉蔬菜产业基地。大力发展花卉、中药材、生态养殖等林下经济。引进龙头企业，培育壮大新型农业经营主体，形成生产、加工、销售一体的农业产业链，打响六盘山生态农产品品牌。旅游产业要按照全域发展模式，引进大型企业整合开发旅游资源，以旅游环线和精品线路衔接联通4个重点景区、特色旅游小镇、精品旅游村、自驾营

地和梯田公园，为游客营造丰富而难忘的旅游体验，让“天高云淡六盘山”生态旅游品牌驰名全国。推进旅游与扶贫、产业、文化等深度融合发展，促进从“门票经济”向旅游全产业链转型。加快商贸物流业，把固原打造成“丝绸之路经济带”上重要的物流节点；推动金融、电子商务、养生、家政、教育培训、文化体育等新业态向专业化、高端化发展。新型工业要坚持生态、环保、节水优先的发展理念，采取市县共建共享机制，促进工业园区扩容升级、错位发展，重点发展农副产品价格和劳动密集型产业，选择发展新能源、新材料产业，打造特色农产品加工业集群和能源新材料产业集群。依托盐化工产业链，打造继宁东能源化工基地之后宁夏又一重要的国家级盐化工产业基地。

（二）建设宜居宜业美丽家园

一是统筹城乡发展。加快推进旧城改造，加强历史文化遗迹保护，彰显城市文化底蕴，再现丝路重城风貌。建设丝路公园、九龙公园、下沉式绿地和道路绿化带，打造黄土高原干旱半干旱地区海绵城市建设示范区。二是促进产城融合。发挥特色街区、公园园区、五河流域城镇的资源优势，积极发展现代服务业、商贸物流、农产品精深加工、连锁经营等业态，不断提高城市的辐射带动功能，实现城区、园区有机相连，产业与就业同步发展。加快特色城镇从单一的居住型向生产、服务、居住、消费等多点支撑转型。三是加强精细管理。建设“智慧固原”，实现电子围栏全覆盖和城市管理信息化、基础设施智能化和社会治理精细化。进一步理顺城市管理体制，制定主次干道、背街小巷保洁和公园广场管理标准。提高市民文明素质，营造“人民城市人民管”的良好局面。开展“五城联创”，积极争创国家森林城市、卫生城市和文明城市。

（三）营造青山绿水生态优势

一是践行绿色理念。优化生态、产业和城镇空间布局，划定生态红线，引导和约束开发行为。倡导绿色消费，推广绿色建筑，大力发展循环经济，推动生活方式绿色化，促进生产方式低碳化。加快节水型社会建设，强化全民节水意识，实行最严格的水资源管理制度和阶梯水价，加强中南部城乡饮水安全工程运行管理。二是织牢绿色屏障。围绕构建“三屏五带”生态安全格局，打造西部重要生态屏障，坚持不懈开展全域绿化行动，实施天然草原与湿地保护、荒山造林、绿色廊道、移民迁出区生态修复等生态重点工程。实施清水河城市段综合治理 、沈家河湿地保护等项目，打造城市生态绿心。加强水源涵养保护和禁牧封育，巩固生态建设成果，创建西北生态文明示范区。三是护好绿色家园。开展蓝天碧水绿色城乡专项行动，实施五河流域水环境综合治理工程；推进大气污染联防联控，彻底淘汰燃煤茶浴炉；深入推进农村环境综合整治，完善农村垃圾污水处理设施系统；实施五河流域综合治理，实现出境水质稳定达标。四是发挥绿色优势。争取建立六盘山跨省生态补偿机制，打好生态牌，引进新理念、新技术和大企业，做强做优以生态为核心的特色农业、旅游休闲、健康养老等业态，形成绿色生态产业集聚区，让绿色资源释放“生态红利”，走出一条生产发展、生活富裕、生态良好的路子。

（四）拓展跨越发展合作领域

一是优化发展环境。深化行政审批制度改革，实现市、县、乡权力清单、责任清单全覆盖；加强电子政务建设，大力推广“互联网+政务”，全面推行网上审批和并联审批。推动农村、土地“三权分置”、财政金融、城镇化、社会保障体制、文化体制、社会管理体制等重点领域改革，全面优化发展环境。二是建设开放通道。打通连接庆阳、宝鸡、兰州等高速断头路，改造提升省道、县道、农村公路，构建“两纵三横”高速公路、“五纵五横”普通公路、旅游环线公路网络总骨架。实施宝中铁路扩能改造和固原火车站改扩建，争取建设兰州—固原—平凉—庆阳快速铁路，开通固原至石嘴山城际铁路。改扩建六盘山机场，加密、开通更多航线。深入实施“互联网+”行动计划，建设“宽带中国”示范城市，构建全区信息高速公路和民生智慧平台。三是搭建合作平台。主动融入“丝绸之路经济带”建设，以六盘山国际旅游休闲度假区为窗口，拓展开放合作；鼓励支持骨干企业走出去，建设境外产业园区和经贸合作区；加强与西兰银省会城市在商贸物流、文化旅游、交通建设等领域的对接合作，不断提升区位优势。

2018年中卫市经济发展报告

陆　升

2018年以来，中卫市深入贯彻落实党的十九大和自治区第十二次党代会精神，坚持稳中求进工作总基调，紧紧围绕“转型追赶、高质量发展”这条主线，坚决打好“三大攻坚战”，大力实施“三大战略”中卫方案，全面落实“五个扎实推进”重大任务，全力以赴稳增长、调结构、抓改革、惠民生、促和谐，全市经济社会发展取得了新的重大进展。2018年，预计中卫市地区生产总值增长6.5%，固定资产投资增速下降30%，地方公共财政预算收入增长3.7%，社会消费品零售总额增长5.5元，城镇和农村常住居民人均可支配收入分别增长8%和8.7%。

一、工业转型升级加速推进

以打造“一区多园”的卫宁经济技术开发区为目标，扎实推进中卫、中宁工业园区整合发展，新材料、新能源、冶金化工等重点产业集群化、规模化发展，江苏瑞盛锂电池正极材料一期等一批重点项目建成投产，宁夏瑞泰系列化工、天津日久光敏新材料、中华国际锂电池负极材料等一批项目加快推进，京能中宁50MW风电、宁夏润华熔盐等一批招商引资项目签约落地。全面落实自治区“降成本30条”，全市42家企业参与电力直接

作者简介：陆升，中卫市发展和改革委员会办公室主任。

交易，22 家企业享受差别化电价补贴政策，累计节约成本 6770 万元。全力做好民营经济和民营企业服务工作，向社会各界发出《加强民营企业金融服务工作倡议书》，促成企业以应收账款（动产）担保融资 33.47 亿元。开展工业园区环境综合整治，盘活批而未建、长期未建等违规违法用地 1400 余亩。按照“一企一特色、一厂一景观”的发展思路，大力实施工业园区生态景观提升工程，着力打造生态园区、绿色工厂，园区生态环境得到极大改善，瑞泰科技等企业成为“绿色工厂”标杆。

二、特色农业提质增效明显

紧盯粮食+枸杞、硒砂瓜、草畜、马铃薯、果蔬“1+5”优势特色产业，重点在创品牌、定标准、举龙头上下功夫，优质饲草、蔬菜种植规模达 32 万亩和 20.5 万亩，全市特色优势产业产值占农业总产值的 78.8%。按照“一中心三基地”（3.0 研究认证中心、试验基地、种植基地、加工基地）的思路，大力发展富硒功能农业，完成全市土壤硒含量普查，成立中卫硒产业发展股份公司，建成富硒硒砂瓜、富硒枸杞示范种植基地 5.5 万亩，完成了富硒硒砂瓜、枸杞、苹果生产技术规程制定。香山硒砂瓜荣获宁夏十大农产品区域公用品牌。中宁枸杞荣获全国首个“农产品气候品质类国家气候标志”，品牌价值 172.8 亿元，居全国十大农业区域品牌价值第 4 位。乌玛枸杞在第五届世界硒博会上获评特色硒产品。农民专业合作社、家庭农场等新型经营主体不断壮大，新增农民专业合作社 70 家、家庭农场 100 家，全市自治区级以上农业产业化龙头企业达 56 家，万齐登榜农业产业化国家重点龙头企业，沙坡头区（南山台）列入 2018 年全国农村一二三产业融合发展先导区创建名单。成功举办了富硒农产品推介发布暨富硒产业发展研讨会，先后在上海、长沙、广州、北京等城市举办富硒硒砂瓜产品推介会，极大提升了中卫富硒农产品的影响力和知名度，中卫市被授予“中国塞上硒谷”称号。

三、经济发展新动能不断壮大

全域旅游示范市创建步伐加快，中卫游客咨询服务中心、沙坡头南岸半岛建成投运，沙坡头新北区等一批项目加快推进，沙漠星星酒店、旅游云轨一期、黄河生态康养旅游产业带等重大项目开工建设，完成旅游投资 5.5 亿元。成功举办 2018 年环球小姐世界总决赛、第九届大漠黄河国际旅游节等重大赛事活动，国内首台大型魔幻情境体验剧《沙坡头盛典》常态化公演，先后在陕西、四川、福建、深圳等重点客源地开展旅游宣传推介活动，中卫旅游知名度和影响力进一步提升。全面净化旅游市场环境，扎实开展打击黑车、黑导专项行动，有力地维护了游客合法权益和中卫旅游整体形象。预计全年接待游客数增长 11.4%，旅游收入增长 17.5%。云计算和军民融合产业势头强劲，亚马逊云计算中卫合作一期项目上线运营，中国移动数据中心一期建成投用，中国联通、炫我科技、天云网络等一批数据中心加快推进。成功举办首届云天大会，成立了中卫市云计算产业联盟等 4 个机构，发布了中卫市推进云计算和大数据产业发展的若干政策和有关标准，中卫被评为“最适合投资数据中心的城市和地区”，上网运行服务器 20 万台。国家级军民融合创新示范区创建加快推进，中国西部飞艇产业基地、商业卫星天线组阵、风云气象卫星等项目进展顺利；建成卫星地面接收站 1 个；“火冰”新型环保消防灭火器 2 条生产线建成投产；研制完成了第一个低轨载荷卫星。云计算和军民融合产业完成投资 21.3 亿元。交通物流产业加快发展。海同高速建成通车，中卫南站黄河大桥、中卫至兰州客运专线等一批项目开工建设，吴忠至中卫城际铁路建设进展顺利，沙坡头机场年旅客吞吐量突破 20 万人次，迎水桥保税物流中心、中卫综合货场、李旺物流园等项目正在积极推进，开通中欧、中俄国际货运班列 20 列。

四、城乡山川协调发展步伐加快

牢固树立全市“一盘棋”思想，强力推进中卫和中宁相向发展、联动发展，逐步提升区域整体竞争力。着力解决海兴开发区资产闲置问题，推动西北高端肉牛发展研究院、华润高端肉牛精深加工、都市牧歌纺织产业园、麦勒家电产业园等项目在海兴开发区布局，发展后劲进一步增强。针对城乡发展不平衡问题，召开市委四届五次全会，研究出台了关于实施乡村振兴战略、加快城乡一体化发展的意见，提出了“一带两廊”（沿黄生态经济带、脱贫富民产业廊、扬黄特色产业廊）空间布局，统筹发展规划、产业布局、城镇建设、基础设施建设和城乡文明建设，为推进城乡一体化发展指明了方向、提供了遵循。突出抓好美丽城乡建设，新建、续建城市道路37条，高铁站综合客运枢纽一期等重点工程进展顺利，完成了城市供热支管网工程，2018城市更新主题研讨会在中卫召开。开工建设美丽小城镇3个、美丽村庄20个。

五、改革红利不断释放

坚持把深化改革作为破解发展难题、推动高质量发展的关键一招，坚定不移推进各项改革任务落实，呈现出全面发力、多点突破、纵深推进的良好局面。制定了《中卫市2018年深化改革工作要点》，明确77项改革任务，逐项制订推进计划，明确每项改革推进的“时间表”和“路线图”。建立市级领导包抓重点改革任务机制，先后召开3次全市深化改革领导小组会议，研究审定了28个重大改革方案。健全完善改革任务落实督导机制和考核机制，出台了《中卫市2018年深化改革工作督察方案》《中卫市2018年深化改革工作考核办法》，提高了深化改革在全市效能目标管理考核体系的比重。重点领域改革成效显著。农业农村改革顺利推进，全面开展农村集体资产清产核资工作，农村集体资产股份制改革顺利推进，共办理农村产权抵押登记贷款2474户3.15亿元。国资国企改革持续深化，进一步理顺市属国有企业的管理，增强了国有企业的发展活力和综合实力。综合医改深入推进，城市公立医院医务人员薪酬分配制度、人员备案总量管理、医疗服务价格调整等改革实现历史性突破，全区领先。发展环境持续优化，行政审批制度改革成效明显，实现了职权事项目录化、编码化管理，取消没有法律依据的证照事项383项，“互联网+”登记注册网上办照率达70%，实行行政审批告知承诺制，80%以上的事项实现了“不见面、马上办”。直供电改革有序推进，2017年至今工业企业电力直接交易234.14亿度，节本3.85亿元。财政体制改革稳步推进，税收占公共财政预算收入70%以上。引导金融机构创新金融产品和业务，创新推进“宁科贷”项目，建立风险补偿资金池1600万元，贷款规模达1.6亿元，有效缓解了企业融资难、融资贵问题。科技创新改革成果丰硕，全市科技经费投入增速达40%，申请专利同比增长190.5%，新增国家级高新技术企业3家，“生物土壤结皮形成机理、生态作用及在防沙治沙中的应用”等多项成果荣获自治区科学技术进步奖，宁夏首个国家级科技惠民计划项目顺利通过验收。

六、生态文明建设成效明显

深入学习贯彻习近平生态文明思想，从严从实抓好突出环境问题的整改落实。中央环保督察反馈问题得到有效落实，建立重点企业市级领导包抓机制。中央环保督察组转办的群众投诉件办结率达79.6%；指出的17家企业30个问题，已完成整改11家企业24个问题。绿色低碳循环发展加快推进。加快传统产业改造升级，利安隆高分子材料、宁夏紫光蛋氨酸关键工艺、协鑫一期1GW节能、顺泰冶炼余热发电等技改项目顺利实施，完成工业技改投资4.88亿元，增长242.6%。全力抓好节能减排，严格限制高污染、高耗水、高耗能产业发展，全面落实淘汰落后和化解过剩产能任务，鼓励企业开展清洁生产，宁钢公司被自治区确定为绿色工厂建设示范单位，获得奖励资金300万元。加快推动能源资源全面节约和循环利用，全面启动节水型社会创新试点关键技术应用与示范项目，宸宇环保无害化处置中心、杭州锦江垃圾焚烧发电等一批项目开工建设，实现了经济效益和社会效益双赢。生态建设和环境保护持续加强。大力实施“增绿植绿”行动，完成防沙治沙、生态移民迁出区修复、退耕还林草14.3万亩，全市森林覆盖率提高到13.9%。坚持重拳出击、铁腕治理，大力实施蓝天碧水净土行动计划。全面取缔城区外燃煤锅炉192台，对辖区248家小、散、乱、污企业停产改造；重拳治理扬尘污染，严格落实“六个100%”扬尘防控措施，城市建成区主干道路机械化清扫实现全覆盖；落实秸秆回收利用补贴政策，“零容忍”查处秸秆焚烧行为。严格落实河湖长制，扎实推进清河专项行动，坚决打响新时代黄河保卫战，开展清水河海原段，沙坡头区第三、四排水沟，中宁县北河子沟等水质较差的河（湖）沟道垃圾清运及沟道整治892.5公里，取缔非法采砂场101家，清理各类垃圾3.26万吨，黄河中卫过境段下河沿和金沙湾断面水质均达到II类。切实加大对工业、建筑行业固体废物问题专项检查治理，严控农业面源污染，建立绿色防控示范区 3 个，农用地膜回收点 39 个，建成畜禽养殖污染防治配套设施 84 家。

七、民生福祉持续增进

紧紧抓住人民群众最关心的脱贫、就业、教育、医疗、养老、居住等问题，不断完善政策体系，创新工作机制，坚持把新增财力的 70%用于改善民生，民生保障水平进一步提高，人民群众获得感、幸福感显著增强。

一是坚决打赢脱贫攻坚战。全面开展与党中央精神不一致的政策文件、标语挂图清理和贫困人口信息“数据清洗”工作，采取以奖代补等办法加大对主动脱贫、自愿脱贫群众的奖励补助力度，共清理文件 519 件，清理不符合标准贫困人口 702 户 2802 人，有效解决了脱贫进度层层加码、精准扶贫不到位、脱贫内生动力不足等问题。因地制宜培育增收致富产业，在全市推广华润“基础母牛银行”模式，累计赊销基础母牛 2.2 万头；整合资金 14.3 亿元，发放扶贫小额信贷 2.48 万户 11.2 亿元，全市从事草畜、马铃薯、瓜菜、枸杞等特色种养业的建档立卡户达 65%以上。加大技能培训力度，对 1.3 万名贫困群众开展精准脱贫技能培训，打造就业扶贫基地 31 个，建成扶贫车间 11 个，建档立卡户贫困劳动力转移就业 9673 人。全面完成“十三五”易地搬迁任务，共搬迁 2892 户 12016 人。按照“三个新增”要求，加强贫困地区基础设施建设，宁夏中部干旱带西线供水工程中宁县喊叫水片区主体工程试运行，海原县三塘片区主体工程完工，国道 341、省道 204 线工程顺利推进，完成危窑危房改造 9813 户。深化闽宁对口帮扶工作，先后 6 次到福建漳州、漳浦县对接工作，建立漳浦县劳务服务就业创业基地，海原县闽宁纺织工业园投产运营。

二是坚持把教育事业发展放在优先位置。实施农村薄弱学校改造、普通高中办学条件改善等项目 207 个，新建、改建校舍 17.82 万平方米；着力提升办学水平，教育教学质量稳步提升，中高考再创佳绩。实施教育扶贫计划，为 1.55 万名大学生发放生源地助学贷款 9795.93 万元，实现了困难学生资助全覆盖。

三是医疗基础设施条件不断完善，市中医院迁建、中卫市及中宁县人民医院妇儿综合楼、海原县中医院迁建等项目顺利推进。医疗服务水平不断提升，组建家庭医生签约服务团队 372 个，开展服务 55 万人次，沙坡头区实现智能家庭医生签约服务乡村、社区全覆盖。国家卫健委—联合国儿童基金会新生儿安全项目落户海原县。国家卫生城市创建工作顺利通过自治区评审。

四是深入实施就业惠民工程，出台支持鼓励创新创业优惠政策，新培育自治区级创业孵化示范园区 3 家，创造新岗位 4203 个，转移农村劳动力 15.4 万人，高校毕业生就业率达 95%以上，城镇登记失业率 3.64%。

五是社会保障水平进一步提升，全面启动“同舟计划”二期，为 6.07 万名企业退休人员人均调增养老金 135 元/月，为 8.33 万名城乡居民人均调增基础养老金 20 元/月，全市建档立卡户养老、医疗保险参保率分别达 96.8%和 100%。加大住房保障力度，实施各类保障性安居工程 4.4 万套，有效满足了人民群众住有所居的需求。

八、2019 年中卫市经济工作的对策建议

当前和今后一个时期，中卫市将以重点项目建设为突破口，加速推进以下主要工作，促进全市经济平稳较快增长：一是加快推进在建项目建设步伐。工业项目上，加快推进江苏瑞盛锂电池二期、润安公司硝酸铵钙、宁钢封闭料场、天元锰业热电厂、卧龙电气风电场、海原华电风电场等项目；大数据及军民融合项目上，加快推进西云公司数据中心、美利云二期数据中心、中国大脑数据中心、炫云数据中心、西部飞艇产业基地等项目；交通物流项目上，加快推进中卫至兰州客运专线、中卫南站黄河大桥、海兴区至 S311 线公路等项目；城镇建设和社会事业上，加快推进高铁站配套基础设施、中卫市中医院迁建、中宁县宁安古镇、海原县中医院迁建、华润希望小镇等项目；房地产开发项目上，加快推进中卫新墩、五里等棚户区改造项目，加快推进碧桂园、恒大都市广场、金沙国际、中宁煜基观园世家、观园壹号、海原凤凰园二期等项目；农业项目上，加快推进“塞上硒谷”、阜民丰万头奶牛养殖基地、森沃农业科技产业园、太阳梁万头奶牛基地、西安高标准蔬菜基地等项目。

二是加快推进预备开工项目前期工作。工业项目上，加快推进国电投香山风电场、华润呱呱山风电场、绿能公司垃圾焚烧发电等项目前期工作，争取早日开工建设；大数据及军民融合项目上，加快推进联通公司数据中心、宽带资本数据中心、西部控股数据中心等项目进程；交通物流上，加快推进海原至平川高速公路、中卫铁路综合物流货场、乌玛高速公路、中卫天然气储气站等项目前期工作；旅游项目上，加快推进星星酒店、红帆公司旅游观光、中卫市栖息谷游养等项目前期工作。

三是加强招商引资和项目谋划。全面落实“9+3”招商工作机制，积极组织外出招商活动，寻找新的招商线索，跟踪对接旧的招商线索，力争签约落地一批新项目。加快谋划一批乡村振兴、环境保护、产业升级、基础设施改善、民生事业项目，夯实全市固定资产投资基础。

四是加强项目储备和资金争取工作。加大招商引资和项目谋划力度，对前期储备项目进行再梳理再完善，不断增加项目储备数量，主动到自治区相关厅局和金融部门沟通对接，及时了解国家和自治区项目资金支持方向，积极编制谋划推介上报项目，全力争取项目资金，为项目顺利实施打好基础。

2018年宁夏经济大事记

王愿如

1月

1日　宁东基地管委会正式实施《招商引资优惠政策十条（试行）》，奖励扶持内容涵盖项目落户、经营贡献、高管人才引进、员工租房奖补等10多个方面。

2日　宁夏人的消费方式进入“移动时代”，移动支付占比达90%，远超82%的全国平均水平。

3日　灵武市与台湾巨皇集团签署《海峡两岸（宁夏·灵武）现代农业科技创新园项目框架协议》，合作开展农业科技创新园项目。

同日　银川开发区为助力企业加快转型升级、增强自主创新和核心竞争力，对248家企业兑现了绿色企业扶持奖励资金5743.8万元。

4日　宁夏日盛实业有限公司生产的98.7吨、货值110万元人民币的偶氮二甲酰胺（又称发泡剂ADC），由上海港顺利启运前往韩国，这是宁夏该类产品首次出口国际市场。

5日　石嘴山市通过《关于加快工业转型发展的若干政策》，对部分重大产业项目进行扶持政策奖励并申请列入自治区重点项目库，同时享受项目库相关政策扶持。

同日　首批中国特色农产品优势区评选结果出台，“盐池滩羊”成功入选首批中国特色农产品优势区。

8日　宁夏工业产品试行“先证后核”审批，办理周期由27个工作日缩至3个工作日。

9日　全区397家企业参保了安全生产责任险，共缴纳保费2057.17万元，风险保障金达74.5亿元，为中小微企业构建了一道牢固的安全生产风险屏障。

12日　吴忠市被确定为国家知识产权试点城市。

同日　2017年，宁夏累计发运中亚和德黑兰国际货运班列68列、2802车，货物总重约11.68万吨，货值约4827.5万美元，较上年同期分别增长240%、239%、443%和239%。

同日　2017年，宁夏10万贫困人口通过发展特色产业实现了脱贫目标，占年度脱贫人口的50%以上。

同日　以“加强校企合作　促进产教融合”为主题的石嘴山市大武口区首届校企合作发展论坛举行，宁夏理工学院等6所院校与石嘴山和君纵达数据科技有限公司等6家优秀企业签署校企合作协议。

14日　宁夏全面推行企业投资项目“多评合一”，企业固定资产投资项目审批50个工作日内办结。

同日　自治区环境保护厅与中国人民银行银川中心支行联合签署《关于加强环保信息共享协作　推动区域绿色金融发展合作备忘录》，环境违法企业将受金融限制。

同日　自治区金融工作局与邮储银行宁夏分行共同主办“绿色金融”论坛，宁夏将充分发挥财政、金融、环保等领域的协同联动优势，创新金融工具和服务手段，切实破解转型发展的绿色命题。

16日　宁夏冷链物流公共服务信息平台暨生鲜365电商平台上线仪式在银川市举行，标志着宁夏冷链物流公共服务信息平台正式投入使用。

17日　出台《关于加快发展冷链物流保障食品安全促进消费升级的实施意见》，加快构建现代化冷链物流体系，破解农产品产地“最先一公里”和城市配送“最后一公里”难题。

18日　宁夏“农业部水产健康养殖示范场”已达74家，面积14.5万亩，占全区水产养殖面积的 20.5%。

同日　宁夏电力市场管理委员会在银川成立，该委员会的成立标志着宁夏电力体制改革和市场化建设迈出了关键一步。

19 日　宁夏制定出台《关于加快推进农业供给侧结构性改革大力发展粮食产业经济的意见》，计划用 3 年时间初步建成现代粮食产业体系。

同日　全区财政工作会议召开，会议公布 2017 年全区地方一般公共预算收入完成 417.5 亿元，首次突破 400 亿元关口，超收 9.6 亿元，同口径增长 10.1%，增速高于全国平均水平。

同日　全区质量技术监督工作会议召开，据会议公布宁夏羊绒及其制品连续 3 年国家抽查合格率 100%，食品相关产品质量抽检连续 3 年合格率达 95%以上。

22 日　在 2018 年西夏王葡萄酒新品发布暨经销商订货会上，宁夏西夏王酒业有限公司正式批量上市三款葡萄烈酒和白兰地，从而结束了宁夏产区无批量生产葡萄烈酒的历史。

23 日　上海交通大学（银川）材料产业研究院、中国电科（银川）军民融合创新中心揭牌并举行签约仪式。

26 日　宁夏八宝茶行业协会在银川成立。目前，宁夏涉及八宝茶行业的企业约有 200 家，其中具有规模的有 70 多家。

2月

1 日　金凤工业集中区正式移交银川经济技术开发区，拉开了银川工业园区整合提升的序幕。

3 日　宁夏科技型中小微企业风险补偿贷款累计为 241 家（次）企业发放贷款 6.26 亿元。

5 日　宁夏国税将实行“三减三提”，给企业“松绑”，为市场“腾位”，让实体经济轻装上阵。

6 日　2018 年脱贫攻坚工作会议在银川召开，会议要求聚焦脱贫攻坚难点，集中攻坚深度贫困，全力解决移民发展问题，着力补齐脱贫攻坚短板，重点抓好脱贫摘帽，确保难点逐个攻破。

同日　中国银川智能网联汽车测试与示范运营基地举行揭牌仪式。

同日　工信部发布《首台（套）重大技术装备推广应用指导目录（2017年版）》名单，宁夏共享集团铸造用工业级砂型3D打印机成功入选。

同日，中卫市与江苏阳光集团有限公司、中卫银阳新能源有限公司举行项目合作签约仪式，100亿元新能源产业项目落地中卫。

7日　《关于实施人才强区工程　助推创新驱动发展战略的意见》正式印发。

同日　全区农业工作会召开。会议指出，宁夏将围绕特色优势产业，突出质量兴农，加快科技创新，全面推进特色优势产业高质量发展。

同日　自治区粮食生产功能区划定工作领导小组办公室组织举办全区粮食生产功能区划定工作培训会，标志着宁夏粮食生产功能区划定工作将进入全面展开阶段。

8日　中国邮政储蓄银行石嘴山市分行与石嘴山高新技术产业开发区管委会、石嘴山市鑫鼎担保有限公司共同签订“成长创新担保基金”贷款业务合作协议，助力中小微企业快速成长。

9日　宁夏葡萄酒正式进驻澳大利亚最大的酒类专卖店，这是宁夏酒庄酒首次批量出口澳大利亚。

24日　《宁夏现代农业科技创新示范区建设总体方案（2018—2022年）》出台，宁夏将每年统筹安排1亿元用于现代农业科技创新示范区建设发展。

26日　2018年“宁夏百强企业”评选活动正式启动。

28日　宁夏检验检疫局向国家认监委推荐宁夏吴忠国家农业科技园区创建国家有机产品认证示范区，标志着宁夏有机产品认证示范区创建工作正式启动。

3月

1日　宁夏工业园区联合会召开，宁夏企业期待深度融入全球产业链，参与国家“一带一路”建设。

同日　中卫市与西部发展控股有限公司举行战略合作框架协议签约仪式，双方携手描绘云计算、旅游等项目建设新蓝图。

5日　由自治区农牧厅组织的2018年春季蔬菜产销对接推进会在银川召开，来自上海、重庆、浙江等地的蔬菜客商与宁夏蔬菜种植机构当场签订17项产销协议。

12日　《宁夏回族自治区矿产资源总体规划（2016—2020年）》正式下发执行，宁夏将紧紧围绕转变资源利用方式为主线，着力在地质勘查找矿、矿山绿色开采、矿产资源节约清洁高效利用等方面寻求突破，加快绿色矿山建设步伐。

13日　总投资16亿元的银和半导体科技有限公司大尺寸半导体硅晶棒项目落地银川经济技术开发区。

21日　由以色列驻华使馆、以色列经济产业部和自治区农牧厅共同主办的中国（宁夏）—以色列现代农业科技合作交流对接会在银川举行，13家以色列企业与宁夏130多家企业分别进行了项目交流对接。

23日　国家发改委公布国家企业技术中心2017—2018年评价结果，银川市参评的9家国家级企业技术中心全部通过评价。

24日　自治区全面深化改革领导小组审议通过《关于深入推进农村集体产权制度改革的实施意见》。

28日　宁夏出台《关于支持铁路建设推进土地综合开发的实施意见》，鼓励支持沿线地方政府培育壮大高铁经济新业态。

29日　盐池县出台《盐池县2018年滩羊产业发展实施方案》等扶持政策。

同日　同心县优质中药材银柴胡种植基地在中国药材市场网主办的第一届（2017）全国优秀中药材种植基地评选活动中荣获“全国特色中药材种植基地”称号。

4月

1日　宁夏税务部门推出助力地方经济发展的“30条”措施，以更好地服务自治区创新驱动、脱贫富民、生态立区“三大战略”。

10日　银川市农村产权流转服务中心挂牌运行。

12日　《银川市低碳城市发展规划（2017—2020）》出台，同时启动建立区域碳排放权交易市场体系。

13日 宁夏召开国有企业和民营企业结对帮扶深度贫困村协作会，35家国有企业和民营企业结对帮扶36个深度贫困村。

16日 自治区政府审议通过了关于建筑业持续健康发展的实施意见，从6个方面提出21条促进建筑业改革发展的具体措施。

17日 银川市承接加工贸易产业梯度转移对接会在广州市举行，银川综合保税区、银川丝路经济园、贺兰工业园等单位宣传推介宁夏投资环境和重大招商项目。

18日 自治区科技厅、财政厅下达了2018年知识产权补助资金，石嘴山市42家企业80件发明专利共获184万元补助资金。

19日 宁夏企业组团参加在迪拜举办的第八届阿联酋投资年会，与500余家国外企业开展对接洽谈，达成了在迪拜投资建设防火材料生产线项目和50个出口合作意向。

20日 宁夏移动在银川召开“万物智联 慧享宁夏”窄带物联网（NB-IoT）商用发布会，在全区正式商用NB-IoT网络，标志宁夏物联网发展迈入新阶段。

24日 自治区推进枸杞产业发展提升工作领导小组出台《2018年推进枸杞产业持续健康发展行动方案》，以促进宁夏枸杞高质量发展。

25日 银川市与中铁股份公司签署战略合作框架协议，重点在园区基础设施建设、水环境治理、棚户区改造、市政工程、轨道交通等领域开展多方面、深层次的战略合作。

同日 共享装备股份有限公司成为宁夏首家通过《企业知识产权管理规范》（GB/T 29490—2013）认证的企业，标志着宁夏知识产权贯标认证企业实现“零”突破。

26日 神华宁煤“目标传导式绩效管理研究与实践”科技成果创新项目达到国际领先水平，通过自治区科技成果评价。

同日 总投资4.6亿元的石嘴山通航小镇项目启动。

27日 “宁夏名特优产品五星展示展销中心”在马来西亚槟城开馆。

5 月

2日　自治区党委办公厅、政府办公厅印发《关于加快推进文化小康助力脱贫富民和乡村振兴战略的实施意见》，从6个方面提出18条措施，推进乡村产业发展和乡村文化繁荣，助力脱贫富民和乡村振兴。

同日　第三批自治区级创业孵化示范基地授牌，每个基地一次性获补助100万元。

8日　宁夏维尔铸造有限责任公司研制的“中国标准高速动车组铝合金枕梁”通过检测，该产品打破了我国高速动车组枕梁关键技术国外垄断的局面。

同日　宁夏启动电力辅助服务市场试点，标志着宁夏电力市场建设进入一个崭新的阶段。

9日　宁夏出台《关于扩大对外开放积极利用外资若干措施的实施意见》，从3个方面推出17条具体措施，放宽相关领域外资准入限制，鼓励外资参与重大工程建设。

10日　宁夏10家知名自主品牌企业和3家中小企业亮相首届中国自主品牌博览会和中国品牌发展国际论坛，产品受到热捧。

同日　我国首座大型钢结构间冷塔在华能宁夏大坝电厂四期项目工地顺利封顶，该间冷塔体积、直径、高度及其发电容量均为全球之最。

同日　宁东基地管委会与恒天纤维集团、宁夏恒利集团、宁夏恒达公司、宁东投资公司为共同合作的“环保型生物基纤维项目”举行签约仪式，该项目为西北最大环保型生物基纤维项目。

11日　宁夏股权托管交易中心与中国银河证券股份公司签署战略合作协议。

14日　宁夏发布《工业企业技术改造投资指导目录（2018年）》，涉及15个行业、53个领域利用新技术、新工艺和新装备实施技术改造投资的重点和方向。

17日　宁夏出台促进民间投资发展若干政策措施的意见，用30条“真金白银”的具体措施放宽民间投资市场准入，激活民间投资。

同日　银川市面向全国招募创新创业投资基金管理人，借此吸引更多优秀人才（团队）和优秀项目落户银川。

18日　国家知识产权局批准吴忠市建设中国智能装备制造（仪器仪表）产业知识产权运营中心，标志着宁夏拥有首个“国字号”产业知识产权运营中心。

21日　自治区政府审议通过了《关于加强金融服务助力小微企业健康发展的若干意见》，出台17条“金融措施”，提升金融供给能力，打通金融活水流向小微企业的“最后一公里”。

22日　“2018湖南·宁夏产业合作对接会”在银川召开，两地10家企业签订13个合作项目，总投资18.67亿元。

23日　自治区与南方航空集团公司签署战略合作框架协议，推动银川河东国际机场建设面向丝绸之路经济带沿线国家门户枢纽和西部地区区域性枢纽机场。

同日　自治区地质局出台《银川都市圈建设地质工作实施方案》，助推银川都市圈绿色、低碳、循环、安全、集约、智慧发展。

25日　《宁夏科技金融创新行动实施方案》出台，自治区科技厅、财政厅将不断加大财政科技金融投入力度，引导和撬动金融资本和社会资本支持科技创新。

27日　自治区科技厅、财政厅设立2.5亿元科技创新与高层次创新创业人才担保基金，助力科技型中小微企业创新创业。

同日　宁夏启动第四次全国经济普查工作，全面摸底经济出现的新变化、新亮点、新问题。

29日　自治区政府与中央军委联合参谋部战场环境保障局在北京举行《深化北斗卫星导航军民融合发展战略合作框架协议》签字仪式，同时授权宁夏建设国家北斗导航位置服务数据分中心。

同日　宁夏农林科学院植物保护研究所突破枸杞产品农残超标技术难题，从技术层面解决了制约枸杞产业发展的最大瓶颈。

同日　固原市与中国人保财险宁夏分公司签订支农扶贫“政融保”项目合作框架协议，“政融保”实行“金融扶贫、保险先行”的模式。

30 日　中卫至兰州高速铁路跨定武高速公路特大桥跨定武高速连续梁开工建设，标志着中兰铁路宁夏段建设工作全面启动。

31 日　大武口区人民政府、石嘴山高新技术产业开发区、宁夏天地奔牛实业集团有限公司和青岛东方弘坤生物科技有限公司签订合作框架协议，标志着大武口区打造高端装备全产业链、加快产业转型发展迈出了坚实的一步。

6 月

1 日　石嘴山市出台《加大全社会研发投入提升攻坚行动方案（2018—2020）》，主要围绕研发平台建设、科技合作、研发投入、成果转化等方面提出措施，为推动创新之城建设注入新动力。

同日　宁夏弘德慈善工业园区红寺堡区现代纺织扶贫产业园项目有序推进，该产业园是红寺堡区引进的最大扶贫车间，目前已完成 1 号纺纱扶贫车间的建设，设备入场并开始安装调试。

3 日　第三届中国西部花卉产业高峰论坛暨第五届中国杯西北、东北选拔赛在银川国际商贸城启幕。

4 日　发布《关于加快口岸发展的实施意见》，从优化口岸布局、完善口岸功能、推进通关便利化、发展口岸经济和规范口岸管理等方面，明确加快口岸发展的任务和措施，促进宁夏口岸服务“一带一路”建设，促进内陆开放型经济发展，支撑对外贸易增长。

同日　中国（宁夏）奶业研究院建设项目通过专家论证，宁夏将在吴忠建设中国（宁夏）奶业研究院，搭建涵盖健康养殖、疾病防控、乳品加工、质量控制、冷链物流、市场营销等的全产业链平台，助力中国奶业振兴发展。

5 日　彭阳县举办宁南山区苜蓿机械化收获现场演示会。

6 日　中宁县采取“互联网+基地（农户）+快递公司”的方式，成功打开枸杞鲜果销路，仅中宁县舟塔乡枸杞鲜果日订货量就达 1100 余公斤。

7 日　在 2017 年全国 219 家国家级经济技术开发区综合发展水平考核评价工作中，银川经济技术开发区综合发展水平考核评价总体排名第 75

位，跻身全国百强经济技术开发区行列。

同日　福建康众畅想科技有限公司与彭阳县人民政府签订了《闽宁信息产业园合作备忘录》，这是宁夏以国有土地作价入股形式与企业合作，采用线上孵化、线下落地模式打造的产业园。

10日　西北首家共享医疗MALL——月星·共享医疗项目落户银川。

同日　银川经济技术开发区共享集团股份有限公司的万吨级铸造3D打印成形智能工厂——共享装备铸造成形智能工厂建成。

11日　自治区人社厅、财政厅、扶贫办出台《关于进一步推进就业扶贫工作若干意见》，从促进就业创业、加强技能培训、开展公共就业服务三个方面制定了17条推进农村建档立卡贫困劳动力就业创业的具体措施。

13日　闽宁互学互助对口扶贫协作第二十二次联席会议在银川召开。

15日　国家税务总局宁夏回族自治区税务局挂牌仪式在银川举行，标志着宁夏回族自治区国家税务局、宁夏回族自治区地方税务局正式完成合并。

22日　第七届中国商务区联盟年会在银川召开，北京、广州等21个中国商务区联盟会员单位齐聚银川、共谋发展，这是中国商务区联盟年会首次在西北地区召开。

同日　“六盘山名特优农产品”推介会在银川国际会展中心举办，来自固原市的10家农业企业带来近100种特色农产品，开展为期3天的展示展销和专场推介。

25日　宁夏旅游推介会在湖南长沙举办，随着“湘约宁夏”湖南宣传周主题活动的逐一展开，湘宁两地旅游合作全线升级。

26日　2018枸杞产业博览会在中宁国际枸杞交易中心启幕。

27日　自治区本级财政在2018年补助市县一般转移支付预算中安排3亿元激励“红包”，用于促进市县增收奖补，目前奖励资金已全部兑现到位。

28日　盐池县出台《关于促进服务业加快发展的实施意见》，为全县服务业发展带来一大波红利，政策扶持力度比以往更大，企业可享受的优惠更多，更具含金量。

同日　250箱苹果酵素饮料出口马来西亚，这是宁夏首次出口苹果酵素饮料。

7月

5日　宁夏首家国有控股大数据产业发展公司——国投（宁夏）大数据产业发展有限公司——在银川举行公司战略合作签约仪式暨研讨会。

6日　中卫市举办以“云聚中卫引领未来”为主题的首届云天大会，国际国内云计算领域专家、学者、企业家等500余名嘉宾汇聚一堂，共话大数据技术革命，共商产业发展大计。

10日　第三届全国知名蔬菜销售商走进宁夏活动拉开帷幕，来自全国17个省（区、市）11家大型批发市场、60余家连锁商超的120名嘉宾及客商相约宁夏。

11日　全区特色小（城）镇培育建设工作推进会在石嘴山市惠农区召开，特色小（城）镇是城镇体系的重要组成部分，对实施乡村振兴战略、推进城乡融合发展、全面建成小康社会意义重大。

14日　自治区党委常委会学习贯彻中央关于弘扬企业家精神、支持企业家发展的部署要求，审议通过了《关于促进企业家创业发展大力激发市场主体发展活力的实施意见》。

17日　来自31个省（区、市）的300多位专家、学者、企业家代表和业内人士，以“区域合作与协调发展”为主题，讨论纺织服装产业转型升级和创新合作路径。

18日　投资45亿元的年产3万吨石墨烯改性三元正极材料项目在银川经济技术开发区投产，填补了宁夏石墨烯产业的空白。

19日　西部（银川）通用航空产业投资控股有限公司获得美国材料试验会（ASTM）的会员资格，意味着宁夏通航协会与美国标准化组织的沟通渠道进一步拓宽。

同日　中国工程院宁东煤炭清洁高效安全发展院士行活动在银川举行。活动期间，召开了中国工程院院士报告会暨院士专家咨询会，自治区与中国工程院签署了共建中国工程科技发展战略宁夏研究院的合作协议。

同日　全区农业特色产业发展暨产业扶贫现场推进会在银川市召开。会议全面落实党中央、国务院关于实施乡村振兴战略和打赢脱贫攻坚战的决策部署，安排部署宁夏农业特色产业发展和产业扶贫工作。

22日 银川市政府与中国电子信息产业集团有限公司签约战略框架协议，双方将按照产业生态发展理念，重点围绕军民融合、新型智慧城市、健康医疗、智慧教育等方面开展深入合作。

24日 自治区农牧厅确定“盐池黄花菜”区域公用品牌标识，此举将提升盐池黄花菜的品牌影响力和品牌价值，实现盐池黄花菜的优质优价，促进当地农民增收。

25日 宁夏国控所属宁夏金融资产管理有限公司就受托管理物资贸易特殊资产与长城国融投资管理有限公司、瑞隆物流签署了《物资贸易特殊资产托管协议》，托管债权资产35.56亿元，这是宁夏金融资产管理有限公司开展的首单“债权托管+资产重组”业务。

同日 宁夏出台《关于加强东西部科技合作推进开放创新的实施方案》，推动自治区高校、科研院所、企业与国家大院大所、东部科技强省建立长期稳定的科技合作关系，拓展科技合作领域与渠道，以宁夏所需精准对接东部所能，通过科技创新引领经济社会高质量发展。

26日 陕甘川宁毗邻地区经济联合会第32届年会在固原市召开。4省（区）嘉宾齐聚固原，以“创新区域合作、聚焦全域旅游、助推脱贫攻坚”为主题共谋区域经济合作发展大计。

30日 自治区十二届人大常委会第四次会议分组审议了《银川综合保税区条例（草案）》，这意味着宁夏将通过立法促进银川综合保税区建设发展。

31日 自治区政府办公厅、新华社中国经济信息社在北京签署合作协议，联手打造“宁夏之礼”文化旅游产业品牌。

8月

1日 由黄河农村商业银行与宁夏移动合力打造的“金融+通信”扶贫扶智工程正式启动，该工程将通过线上扶贫与线下扶贫、金融扶贫与通信扶贫的有机结合，打通农村金融服务的“最后一公里”。

同日 100公斤、货值1.3万美元的伊维菌素经银川海关检验合格，由上海港顺利启运泰国，这是宁夏首次出口该类产品。

3日　自治区科技厅、财政厅联合制定印发《宁夏回族自治区重点研发计划管理暂行办法》，对重大共性关键技术和产品研发、先进技术集成创新与应用示范等自治区重点研发计划项目的全流程管理作了详细规范。

同日　石嘴山保税物流中心（B型）通过银川海关、财政部驻宁夏专员办、税务、外汇等部门联合验收，标志着该物流中心向正式封关运营迈出了关键一步。

4日　宁夏第五届种业博览会在平罗种子小镇举行，本届博览会吸引了参会企业627家，展示4400个品种，落实签约项目22个。

同日　由银川产城资本参股投资的宁夏同创秸科生物科技有限公司举行首届股东大会，标志着西部地区首个25万吨秸秆综合利用循环经济示范项目正式启动。

7日　中国粮油学会食品分会在青铜峡市举办“新时代粮油食品科技创新高峰论坛”，国内业界翘楚汇聚论坛，为宁夏大米产业发展“问诊把脉”。

8日　2018中国（宁夏）·德国产业对接会在柏林举行，中德工商界有关人士介绍了自身状况及合作情况，并洽谈了下一步合作意向。

9日　自治区深度贫困地区脱贫攻坚推进会在固原召开，对宁夏深度贫困地区脱贫攻坚工作进行再动员、再部署、再推动。

同日　全区第四次全国经济普查工作会议在银川召开。

同日　全国富硒产业科技与经济融合论坛在吴忠市举行，论坛期间还召开了中国营养学会微量元素营养分会第十四次学术会议。

11日　银川市根据“整合园区、盘活存量、低端退出、转型升级”思路，立足实际制定了《关于推进全市产业园区转型发展的实施意见》。

12日　石嘴山市大武口区出台《招才引智暂时办法实施细则》，通过提高人才补助标准及发放校企合作育才补贴、基地建设补助经费、自主创业资助等举措大力推行“人才强区”战略。

15日　宁夏1650箱货值3.64万美元的炒货食品经银川海关检验检疫合格，由黄埔口岸运往马来西亚，这是宁夏首次出口炒货食品。

16日　自治区政府审议通过《关于加快“互联网+先进制造业”发展工业互联网的实施意见》，根据《意见》，到2020年，宁夏将建成20个智能工厂、30个数字化车间。

17日　自治区财政厅会同自治区经信委设立2年期总规模10亿元的工业企业贷款风险补偿金，缓解企业融资难、融资贵问题，第一批3亿元风险补偿金已拨付至托管机构。

19日　由宁夏基础测绘院承担的宁夏北斗卫星导航连续运行基准网（NXCORS）北斗升级项目通过验收，标志着宁夏北斗卫星导航系统升级版正式开通运行并向社会服务。

21日　中国纤维检验局发布了《2017年度山羊绒质量分析报告》，宁夏山羊绒质量多项指标优于全国平均水平。

22日　自治区质监局发布宁夏2017年区域品牌价值评价结果，并向4个参与评价园区颁发区域品牌价值评价证书，区域品牌总价值达272.62亿元。

23日　自治区政府与商务部签署《关于建立合作机制的框架协议》，从8个方面加大对宁夏的支持力度，这是商务部支持宁夏扩大开放、加快发展的具体举措。

28日　中宁枸杞在巴西注册成功。

30日　国务院新闻办举行宁夏回族自治区成立60年经济社会发展情况及庆祝活动发布会，介绍宁夏成立60年来经济社会发展及庆祝活动筹备情况。

9月

10日　银川市委十四届六次全会审议通过了《中共银川市委员会关于深入贯彻落实新发展理念加快银川都市圈建设推动高质量发展的决定》，对银川如何加快高质量发展、在都市圈建设中发挥龙头作用、释放“溢出效应”提出一系列措施办法。

同日　吴忠市正式启动“普惠金融提升工程”行动计划，计划到2020年，力争吴忠市普惠金融领域贷款增速高于各项贷款增速5个百分点，金融精准扶贫贷款、涉农贷款增速不低于各项贷款增速，小微企业贷款实现“两增两控”目标。

12 日　自治区工业对标提升转型发展推进会在银川召开，安排部署宁夏工业对标提升转型发展行动。

13 日　中国枸杞研究院在银川揭牌成立，宁夏农林科学院与中国科学院生物物理研究所、中国科学院上海药物研究所签署共建协议。

同日　科技部与自治区政府 2018 年部区工作会商会、“科技支宁”东西部合作推进会在银川召开。

14 日　宁夏出台《宁夏回族自治区科技创新券管理暂行办法》，规定：创新主体为法人机构和社会组织的，每年最高补贴额不超过 20 万元；创新主体为个人的，每年最高补贴额不超过 5 万元。

18 日　银川比亚迪新能源汽车基地首车下线，填补了宁夏新能源汽车产业空白，实现了“宁夏公交宁夏造”。

19 日　宁夏银行成功发行一期二级资本债券，发行规模 10 亿元，期限 10 年，募集资金用于充实二级资本。

20 日　自治区十二届人大常委会第五次会议表决通过了《宁夏回族自治区促进科技成果转化条例》，将宁夏有关推动科技创新的最新政策措施法定化、制度化。

同日　宁夏技术市场正式启动运行，标志着宁夏技术市场实现了线上线下融合的跨越发展。

27 日　第二届中国（宁夏）国际大健康产业博览会在银川国际会展中心启幕，标展总计 208 个展位，其中区外 90 多家企业参展。

同日　以“汇聚宁商力量·弘扬宁商精神·推动宁商发展”为主题的第三届宁商大会在银川召开。

同日　第三届宁商大会先进制造业分会在银川举行，围绕“创新驱动新机遇”主题，共商先进制造业发展之策，共寻制造业转型升级之路。

同日　在第三届宁商大会产业推介暨投资洽谈活动上，自治区商务厅和各市推介了宁夏现代农业、新能源、新材料、先进装备制造、生物医药、现代服务业六大重点招商引资产业。

同日　第三届宁商大会现代农业分会召开。

29 日　自治区实施乡村振兴战略暨深化农村改革工作推进会在银川召开，

会议贯彻落实全国实施乡村振兴战略推进会议和全国农村工作座谈会精神，安排部署宁夏实施乡村振兴战略和深化农村改革工作。

10月

5日　宁夏出台《关于推进电子商务与快递物流协同发展的实施方案》，从优化政策环境、完善基础设施、优化通行管理、提升服务能力、提高运行效率等方面出台14项举措。

12日　银川军民融合产业园开园暨首批项目签约仪式在贺兰县举行。

同日　吴忠市利通区政府与宁夏宝丰能源集团股份有限公司签订1484万立方米水权交易协议，这是利通区通过市场机制完成水权转换的第一单。

15日　自治区党委、政府出台了《开发区整合优化和改革创新实施方案》，要求2018年年底前，将全区现有的33家开发区整合优化为22家，实行企业项目审批“一站式”代办服务制度。

16日　工信部面向全国开展了服务型制造示范遴选，宁夏3家企业被确定为服务型制造示范企业（平台）。

同日　宁夏共有175个单位500人报名参加首届中国国际进口博览会。

18日　银川市与中国国际商会组织的10余家国内500强企业在北京宁夏大厦进行座谈，就2018中国国际生态竞争力峰会重点合作项目及投资意向进行对接。

19日　宁夏再担保集团分别与宁夏担保集团、石嘴山鑫鼎、吴忠开源、中卫众和顺、固原中小担保等23家担保公司签订了“5221”损失分担协议，与宁东担保、宁夏农投担保等4家担保公司签订了一般保证责任增信担保协议，标志着宁夏再担保体系建设迈出了关键性一步。

22日　第200万个中宁枸杞质量安全追溯标识发放，中宁枸杞正品的电子“身份证”经受了为期一年的市场考验，获得全国客户的认可和赞誉。

23日　在宁夏—山东经贸合作暨企业家交流座谈会上，自治区经贸合作考察团与山东集中签订了先进制造、精细化工、节能环保等领域招商引资合作项目11个，计划总投资85.47亿元。

24日　在宁夏—天津经贸合作暨企业家交流座谈会上，自治区经贸合作考察团与天津集中签订了合作协议 1 个、合作项目 7 个，涉及循环经济、精细化工、食品加工等领域，总投资 41.2 亿元，并与天津市政府签署“宁电入津”框架协议。

25 日　在宁夏—河北经贸合作暨企业家交流座谈会上，自治区经贸合作考察团就深化两地产业发展、经贸合作等事宜进行商谈，集中签订了总投资 49 亿元的 8 个合同项目，涉及新材料、精细化工、现代纺织等领域。

同日　“宁夏宏观经济基础信息共享库”正式上线运行，各部门综合统计数据将按照使用权限要求在工作库中共享，推进数据资源的集中整合和共建共享，这意味着宁夏政府统计数据整合共享应用水平走在了西部前列。

26 日　自治区政协召开“如何提升宁夏制造业数字化、智能化水平”专题协商会，就制造业转型升级过程中的数字化、网络化、智能化水平提升进行调研和谋划。

27 日　银川经济技术开发区银川华信智技术有限公司备值工业互联网大数据共享平台、宁夏力成电气集团有限公司配网开关设备制造信息化集成应用 2 个项目入选国家制造业与互联网融合发展试点示范。

30 日　自治区安委会办公室下发《关于在全区重点行业企业推行安全总监制度的通知》，在全区重点行业企业推行安全总监制度。

同日　银川综合保税区中亚粮油进口项目推进会举行，引进中亚农产品到综合保税区进行深加工，推动绿色无污染食品上宁夏市民的餐桌。

31 日　自治区推进“一带一路”暨宁夏内陆开放型经济试验区建设领导小组第一次会议召开，研究部署全区“一带一路”暨宁夏内陆开放型经济试验区建设各项工作。会议强调，要坚定不移扩大对内对外开放，用好内陆开放型经济试验区的“金字品牌”，打造丝绸之路经济带战略支点，努力构筑新时代全方位对外开放的新格局。

同日　投资 3.6 亿元的宁夏首家民营铁路物流中心——宁夏德昌铁路物流一期项目顺利完成与太中银铁路并轨，全面进入试运行阶段。

11月

1日　纪念改革开放40周年非公有制经济人士座谈会暨全区“五好”工商联、“四好”商会建设经验交流会在银川召开。

3日　《宁东基地人才政策十条》出台，从大力发挥“高精尖”人才引领作用、推动产业人才高地建设、畅通人才流动渠道等10个方面，为人才提供了创业空间、发展平台、提升渠道。

5日　第十六届中国国际农产品交易会在湖南省长沙市落下帷幕，宁夏展团收获颇丰，7个产品斩获参展农产品金奖。

6日　宁夏加快“互联网+先进制造业”融合发展现场推进会召开，宁夏企业上云专项计划暨数字化网络化、智能化专项工程正式启动。

同日　宁夏工业互联网产业联盟揭牌并正式成立，这标志着构建全区政、产、学、研、用一体化的工业互联网生态体系迈出了坚实一步。

8日　20款宁夏葡萄酒成为联合国采购用酒，贺兰红葡萄酒成为2019年联合国指定用酒。

9日　建行宁夏分行与宁夏宝丰集团有限公司、宁夏马斯特实业集团有限公司等6家民营企业签署了全面合作协议，为企业提供综合金融服务，支持民营企业转型发展。

同日　宁夏首批集体林地经营流转证在彭阳县发放，两家合作社取得了首批集体林地经营流转证。

10日　在银川高端智能制造产业新城项目签约仪式上，10多家国内知名轴承制造和销售企业与银川经济技术开发区管委会签订投资轴承智造小镇项目工区意向协议。

同日　自治区财政厅出台《宁夏回族自治区本级行政事业单位国有资产出租实施办法（试行）》，要求从2018年11月30日起，自治区本级行政事业单位国有资产出租统一进入自治区公共资源国有产权交易平台进行管理。

同日　在全区范围内对第一批106项涉企行政审批事项分别按照直接取消审批、审批改为备案、实行告知承诺、优化准入服务等4种方式实施“证照分离”改革。

12 日　银川市物价局制定的新能源汽车充电服务费试行收费标准正式施行，充换电设施经营企业可向电动汽车用户收取充换电服务费及电费两项费用。

13 日　全国政协副主席梁振英率考察团来宁夏，就进一步加强宁夏与香港经贸往来、深化务实合作进行考察座谈，并签订了宁夏全域旅游自驾营地项目战略合作仪式。

15 日　在全国新农村新技术创业创新博览会上，自治区农业农村厅与马沙夫—以色列国际发展合作中心签订了《共建中国（宁夏）—以色列现代农业（二期）合作备忘录》，双方将在农业领域，特别是在推广以色列灌溉技术方面进一步加强合作与技术交流。

同日　在工信部公布的第三批绿色制造名单中，宁夏伊利乳业有限责任公司、宁夏厚生记食品有限公司、宁夏中盛电缆技术有限公司、力成电气集团有限公司 4 家企业获批“国家级绿色工厂”。

同日　由农业农村部主办的第二届全国农村创业创新项目创意大赛总决赛在南京市落下帷幕，宁夏参赛的两个项目榜上有名，均摘得三等奖。

同日　中国氰胺产业创新技术创新战略联盟在石嘴山市成立，该联盟将以企业发展和市场需求为基础，大幅提高宁夏氰胺产业领域科技创新能力，促进氰胺产业结构优，使科研、生产、市场相互促进、协同发展。

同日　2018 年石油和化工行业绿色发展大会暨清洁生产与环境保护新技术、新产品、新设备交流会在西安举行，宁东能源化工基地等 3 家工业园区获得“绿色园区”殊荣。

18 日　由苏州市和银川市合作建设的苏银产业园开园并签约首批入园项目。首批签约的 13 个项目涉及制造业、服务业等领域，投资总额达 209.95 亿元。

19 日　宁夏工业互联网产业联盟成立，自治区工业和信息化厅聘请 10 位专家把脉宁夏工业互联网发展。

20 日　宁夏发布 2018 年企业工资指导线，企业货币工资增长上线（预警线）为 13%，增长基准线为 7%，增长下线为 2.5%。这是宁夏从 2002 年建立企业工资指导线发布制度后第 15 次发布企业工资指导线。

同日 在交通运输部、国家铁路局、中国民用航空局、国家邮政局、中国铁路总公司5部门举办的第三批多式联运示范工程发布会上，银川公铁物流港多式联运工程实施方案获得第三批国家多式联运示范工程。

21日 国家国防科工局带领中国船舶重工集团、中国船舶工业集团、中国核工业集团、中国航空发动机集团等到吴忠仪表有限公司召开现场需求对接会，协调推进高端控制阀在军工领域的应用，释放企业在军民融合中蕴含的增长潜力，促进吴忠仪表做强做大，助推宁夏军民融合产业快速发展。

22日 全区“互联网+教育”示范区建设启动大会在银川召开，教育部与自治区政府签署了《共建“互联网+教育”示范区合作协议》。

25日 中电建宁夏工程有限公司在银川经济技术开发区税务局完成第一笔境外施工携带物资的出口退税审批手续，获取增值税退税近10万元。

28日 全区质量大会在银川召开。

同日 银川—苏州飞地科研成果育成平台对接8个项目拟落户银川都市圈，并拟在北京建立2家离岸孵化器。

同日 自治区党委、政府出台《关于促进民营经济健康发展的若干意见》，围绕进一步降低民营企业经营成本、切实缓解融资难融资贵问题、支持民营企业发展壮大、着力优化营商环境、构建新型政商关系、依法保护民营企业合法权益、完善政策执行方式等7个方面，提出了20条政策措施，更好地促进宁夏民营经济健康发展。

30日 自治区党委军民融合发展委员会召开第一次全体会议，审议通过了《自治区党委军民融合发展委员会工作规则》《自治区党委军民融合发展委员会办公室工作规则》和《自治区党委关于贯彻落实〈军民融合发展战略纲要〉的实施意见》。

同日 宁东基地工业固废综合利用产业推进联盟成立，助推解决固废减排和综合利用问题。

12月

2日 2018年国家小型微型企业创业创新示范基地名单公布，宁夏迅联科技有限公司创业创新基地、石嘴山高新技术产业开发区中小企业孵化园、吴忠金积工业园区中小企业创业孵化基地、中卫市科源农贸有限公司小微企业产业孵化基地入选。

5 日　自治区安委办出台 8 条措施，为宁夏化工企业戴上“安全帽”。

同日　自治区“金融+”联席会议启动会在银川召开。

6 日　自治区发改委建立的宁夏企业债券信用风险管理系统已正式上线运行，将为宁夏有效防范企业债券风险、提升债券风险监管水平发挥重要作用。

11 日　年产 40 万吨乙二醇项目正式签约落户宁东能源化工基地，填补了宁东现代煤化工产业空白。

同日　宁夏危险化学品重大危险源数据库项目开发成功，运行平稳。目前，全区已有 90%危险化学品重大危险源企业登陆平台进行网上备案。

同日　宁夏银行发布进一步支持民营企业及小微企业发展的 20 条措施，更好地支持民营企业及小微企业发展。

17 日　大型现代煤制油化工项目管理论坛在银川召开。论坛重点围绕煤化工项目管理总体策略、商务、设计及采购、安全、质量、施工、试车等 20 个煤化工项目管理课题进行全方位探讨。

同日　2018 年度中国金融机构金牌榜在京发布，西部（银川）担保有限公司荣获“年度最具竞争力担保公司”，是西北地区唯一获奖的金融机构。

19 日　全区媒体深度融合推进会在贺兰县召开，贺兰县融媒体中心正式挂牌。

20 日　在中国（海南）国际农产品“冬交会”上，宁夏 48 个品种优势特色农产品亮相，展销收入近 20 万元，签订订单额度 500 多万元。

同日　腾讯“为村”网络扶贫公益项目启动仪式在银川市金凤区良田镇和顺新村举行，标志着腾讯“为村”平台正式入驻银川。

22 日　在 2018 年中国产业园区新驱动力峰会上，银川中关村创新创业科技园被授予“最具发展潜力产业园”称号。

23 日　中国工程院批复宁夏 5 个重大战略咨询研究项目立项，并获得 625 万元资金支持。

24 日　国家能源局西北监管局向固原市新合配售电有限公司颁发了宁夏首张增量配电项目电力业务许可证（供电类），此举表明民营资本可以参与宁夏增量配电网的建设、运营。

同日　宁夏预算联网监督软件系统建成并运行，这是全国首个由省、市、县三级一体开发的预算联网监督系统。

同日　自治区传达学习中央经济工作会议精神，强调要把思想和行动统一到党中央对当前经济形势的分析判断和决策部署上来，结合宁夏经济社会发展实际，按照自治区党委常委会部署要求，不折不扣地贯彻落实到位。

28—29 日　中国共产党宁夏回族自治区第十二届委员会第六次全体会议在银川举行，全会指出，要深刻认识明年经济社会发展的新形势新任务，明年经济社会发展的任务重、挑战多、要求高，必须聚焦问题短板、精准靶向施策，抓好重点工作任务，推动各项事业发展取得新成效。

注：根据《宁夏日报》、宁夏新闻网等资源信息整理。